잡동사니의 역습

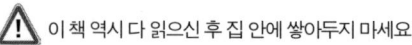 이 책 역시 다 읽으신 후 집 안에 쌓아두지 마세요.

죽어도 못 버리는 사람의 심리학

잡동사니의 역습

랜디 O. 프로스트 · 게일 스테키티 지음 | 정병선 옮김

월북

책을 쓰는 내내 아내 수의 지지가 큰 힘이 됐다.
나는 두 딸 에리카와 올리비아가 보여주는 관심과 열정에 힘입어
이 연구를 계속하고 있다.
– 랜디 O. 프로스트

책을 쓴답시고 서재에 처박혀 지낸 그 끝없는 시간을 인내해준
남편 브라이언에게 감사와 신뢰를 보낸다.
사리를 분별하고 이 세상에서 진짜로 중요한 문제에
집중할 수 있도록 도움을 주는 가족과 친구들도 고맙다.
– 게일 스테키터

누가 콜리어 저택의 형제를 죽였을까

1947년 3월 21일 금요일 오전, 할렘 경찰서의 전화가 시끄럽게 울렸다. "콜리어 저택에 시체가 있어요." 이웃 주민의 신고였다.

경찰은 괴짜로 통하는 콜리어 형제와 관련해 여러 해 동안 비슷한 내용의 전화를 수도 없이 받았다. 한때 부유층 거주지였던 할렘 지구에 자리한 콜리어 저택에는 동생 랭글리 콜리어와 형 호머 콜리어가 살고 있었다. 3층 규모의 방 열두 개짜리 브라운스톤Brownstone, 적갈색 사암으로 지은 집으로, 고급 주택이 많다─옮긴이으로 사람들은 그곳을 콜리어 저택이라고 불렀다. 신고가 들어왔으니 경찰로선 확인을 안 할 수 없었다.

오전 열시, 경찰이 현장에 도착했다. 경찰관들은 현관문을 통해 안으로 들어갈 수 없었고, 결국 쇠지레와 도끼를 가져와 지하실로 통하는 쇠창살문을 땄다. 문을 열자 신문지가 벽처럼 쌓여 있었다. 단단히 묶어놓은 작은 신문 꾸러미의 벽이 너무 두꺼워서 도저히 밀고 들어갈 수가 없었다. 지하실 뒤쪽의 문도 사정은 마찬가지였다. 폐품들로 봉쇄돼 있었던 것이다. 소방서에 지원을 요청했고, 급기야 사다리가 동원됐다. 경찰관들이 사다리를 타고 올라가 2층과 3층의 창문으로 들어가려고 했다. 하지만 대부분 방책으로 막혀 있어 역시 진입은 불가능했다. 그때쯤 호기심이 동한 구경꾼 수백 명이 저택 주변으로 모여들었고, 사태는 일대 소동으로 번져갔다. 두 시간 만에 경찰관 윌리엄 바커가 2층 정면 창문으로 들어가는 데 겨우 성공했다. 집 안 내부 모습을 들여다본 그는 대경실색했다.

집은 쓰레기로 가득 차 있었다. 신문, 빈 깡통, 잡지, 우산, 낡은 난로, 관棺, 책, 기타 등등. 각 방으로 구불구불 이어지는 통로는 마치 미궁 같았다. 종이 더미, 상자, 자동차 부품, 골동품 유모차가 통로 주변을 따라 천장까지 쌓여 있었다. 어떤 통로는 막다른 길처럼 보이기도 했는데 자세히 살펴보니 비밀 통로가 나왔다. 이상한 소리가 들리는 어떤 통로에는 방심한 침입자를 공격하는 장치가 숨겨진 경우도 있었다. 한 통로에 매달린 판지 상자를 건드리자 침입자를 향해 빈 깡통이 우수수 쏟아졌다. 더 위험한 부비트랩도 있었다. 위에 놓인 상자 속에 무거운 물체가 들어 있기도 했는데, 가령 그것이 돌일 경우 맞으면 실신할 수도 있었다.

바커는 천장 높이가 3미터인데 2.4미터 높이까지 폐품이 쌓인 방 하나에 진입했다. 그 방 한가운데 작은 빈 공간에 65세의 호머 노인이 죽어 있는 걸 발견했다. 바커가 몸을 숙여 창밖으로 고개를 내민 후 외쳤다. "사람이 죽었어요!"

여윈 상태의 시신은 해진 실내복 차림이었다. 앉은 자세로, 머리는 무룰을 향하고 있었다. 수년 동안 호머를 본 사람은 아무도 없었다. 더구나 지난 20~30년 동안 그의 사망 소식을 알리는 보도만도 여러 차례였다. 동네 사람 대부분은 호머가 죽은 상태로 여러 해 동안 방치됐을 것이라고 생각했다. 그러나 부검 결과에 따르면 그는 불과 열 시간 전에 사망한 것이었다.

호머는 1933년부터 앞을 못 봤고, 류머티즘으로 거의 움직이지도 못했다. 동생 랭글리가 형을 먹이고 돌봤다. 랭글리는 이웃 주민들에게 이렇게 말했다. 의사였던 아버지가 남긴 의학 서적이 아주 많기 때문에 의료진의 도움 따위는 필요 없다고 말이다.

랭글리는 형 호머의 질환을 식이 요법(매주 오렌지를 100개씩 먹였다)과 수면 휴식(호머는 항상 두 눈을 감고 지냈다)으로 치료하고자 했다. 부검 결과 호머의 사인은 심장 마비로 밝혀졌다. 심장 마비의 원인은 굶주림인 듯했다. 호머의 시신은 들것에 옮겨서 소방 사다리를 이용해 2층 창문으로 빼내야 했다.

이렇게 한바탕 소동이 벌어졌지만 정작 랭글리는 코빼기도 내밀지 않았다. 마지막으로 그가 목격된 때는 며칠 전이라고 했다. 동네 사람들이 그 퇴락한 브라운스톤의 계단에 앉아 있던 랭글리의 모습을 봤다고 증언하고 나섰다. 그가 아직도 집에 있을 것이라고 의심하는 이웃들이 많았다. 아마도 숨어 있으리라는 것이었다.

콜리어 형제의 변호사 존 맥멀린은 랭글리가 안에 있다면 당연히 밖으로 나오지 않겠냐고 항변했다. 그러나 토요일 오후가 되자 랭글리의 소재에 관한 우려의 목소리가 높아졌고, 경찰은 실종자 경보를 발하지 않을 수 없었다. 뉴욕 시민들은 랭글리를 찾아내고 말겠다는 열정에 사로잡혔다. 지하철에서 랭글리를 목격했다는 신고가 접수되기도 했다. 그러자 경찰은 역사를 막 벗어난 기차를 세우고 객차를 전부 수색하는 소동까지 벌였다. 랭글리의 소재를 제보해주면 보상하겠다는 신문사들까지 나왔다. 경찰 역시 랭글리가 정말로 집 안 어딘가에 숨어 있는 것은 아닌지 걱정했다.

호머의 시신이 발견된 후 며칠 동안 뉴욕에서 발행되던 각종 신문은 이 사건을 1면에 실었다. 3월 22일자 「데일리 뉴스」는 "쓰레기 궁전"이라는 제목을 뽑았다. 또 다른 신문의 표제는 다음과 같았다. "유령의 집'에서 시체가 나오다." '콜리어 형제'는 이내 대중이 일반적으로 사용하는 명사가 되었다.

사흘이 지나도 랭글리가 나타나지 않자 경찰은 저택 안으로 들어가 대대적인 수색 작업을 펼쳤다. 모여든 구경꾼이 수천 명이었다. 그들은 어떤 비밀이 밝혀질까 궁금해하며 촉각을 곤두세웠다. 콜리어 저택의 거주 여건은 실로 비참한 수준이었고, 건축주택부 당국은 그곳에 사람이 살려면 철거하고 새로 짓거나 대대적인 개보수가 요청된다고 진단했다. 지붕의 누수로 위층의 대부분이 훼손된 상태였다. 시 소속의 건물 감독관이 조사를 하던 중 3층이 무너지는 바람에 추락했는데, 임시방편으로 설치한 보 덕택에 간신히 목숨을 건질 수 있었다.

수색과 청소 작업은 지하실부터 시작됐다. 하지만 며칠 후 시 소속의 토목 기사들은 지지대 역할을 하고 있는 수 톤의 쓰레기를 치웠다가는 건물 벽이 위층 물건들의 무게를 견디지 못하고 무너져버릴 거라고 진단하고, 맨 위층부터 발굴 작업을 해야 한다는 주장을 펼쳤다.

경찰은 천장에 난 채광창을 통해 저택에 진입했다. 그렇게 들어간

방 안은 천장까지 남은 공간이 60센티미터 이내에 불과할 정도로 쌓인 온갖 잡동사니로 **빽빽**이 차 있었다. 동원된 인부들은 그 비좁은 공간을 기어다니면서 작업해야 했다. 창문을 통해 뒷마당으로 물건을 내던지면서 방을 치웠다. 가스 샹들리에, 마차 지붕, 녹슨 자전거가 마당에 내팽개쳐진 첫 번째 물건들이었다. 낡은 침대 용수철과 톱질 모탕나무를 패거나 자를 때에 받쳐 놓는 나무토막—편집자이 다음 차례였다. 군중은 끝없이 불어났다. 구경거리를 놓칠 수 없었을 뿐만 아니라 저택에 보물이 가득하다는 소문이 과연 사실인지도 직접 확인하고 싶었던 것이다.

작업을 개시한 후 이틀간 일꾼들은 19톤의 쓰레기를 치웠다. 값어치가 있다고 판단한 물건은 학교로 쓰였던 인근 건물로 옮겼다. 청소 작업이 진행될수록 X선 촬영기 초창기 모형, 자동차, 머리가 둘 달린 태아의 유해 등 새롭고 이상한 물건들이 계속 나왔다. 수색 작업에 참여한 경찰관들에게는 이 상황 자체가 악몽이었다. 집 안은 바퀴벌레와 쥐가 드글거렸고, 서른 마리 이상의 떠돌이 고양이가 그 저택에 살고 있었다.

일꾼들이 랭글리의 시신을 우연히 찾아낸 것은 거의 3주가 지나서였다. 형이 죽은 자리에서 3미터도 떨어져 있지 않은 곳이었다. 내부 통로를 기다시피 해 형에게 음식을 전달하는 과정에서 랭글리의 망토(랭글리가 즐겨 착용한 옷으로, 역시 괴상했다)가 뜻하지 않게 부비트랩을 건드린 것이었다. 랭글리는 신문 더미에 깔렸고, 서랍장과 침대용 용수철 사이에서 옴짝달싹하지 못한 채 질식사했다. 이미 쥐들이 얼굴, 손, 발의 일부를 뜯어먹은 상태였다. 랭글리가 먼저 사망한 게 분명했다. 호머는 눈이 보이지 않았고 움직일 수도 없었기 때문에 결국 얼마 지나지 않아 죽고 만 것이다. 아마도 동생에게 일어난 불행을 알고 있었을 것이다.

이즈음 청소 작업 일꾼들은 약 120톤의 잔해를 치운 상태였다. 그랜드 피아노 열네 대와 포드자동차 모델 T도 그 속에 있었다. 콜리어 저택에서 나온 쓰레기의 총분량은 170톤 이상이었다. 집을 전부 수색하고 청소했지만 랭글리가 어디서 잤는지는 도저히 알아낼 수 없었다. 미궁과 같은 통로 말고는 그가 누울 만한 장소는 보이지 않았다.

랭글리 콜리어와 호머 콜리어가 내내 이런 식으로 산 건 아니었다. 형제는 뉴욕에서도 부유하고 저명한 가문 출신이었다. 증조부 윌리엄 콜리어는 이스트 강변에 대단위 조선소를 지었고, 윌리엄의 형제 토머스 콜리어는 허드슨 강에서 최초로 증기선 회사를 운영했다. 호머와 랭글리의 어머니는 존경받던 또 다른 문중 리빙스턴 가의 일원이었다. 두 형제는 빅토리아 여왕한테서 피아노를 선물로 받기도 했다. 그들이 모은 열네 대의 그랜드 피아노 중 하나가 그것이었다.

아버지 허먼 콜리어는 유명한 산부인과 의사였고, 어머니 수지 게이지 프로스트 콜리어는 아름다운 미모로 명성이 자자한 오페라 가수였다. 그러나 사촌지간였던 두 사람이 결혼하면서 주변의 시선을 의식하는 콜리어와 리빙스턴 문중은 체면을 잃고 말았다. 그러자 가문 사람들 대다수가 그들에게서 등을 돌렸다.

부부는 1909년 할렘의 브라운스톤으로 이사했다. 허먼 콜리어 박사는 블랙웰 섬(지금은 루스벨트 섬으로 불린다)으로 이스트 강을 따라 직접 카누를 타고 출근했다. 그가 근무하는 시립 병원이 거기 있었기 때문이다. 그는 매일 밤 브라운스톤 자택으로 카누를 타고 다시 돌아왔다. 이 카누 역시 콜리어 저택에서 발견됐다.

　수지 콜리어는 두 아들에게 최상의 교육을 받도록 했다. 그리고 형제가 2만 5천 권 이상의 장서를 수집하는 데 일조했다. 두 사람 모두 컬럼비아 대학교를 다녔고, 특히 호머는 '파이 베타 카파Phi Beta Kappa, 미국 대학 우등생들로 구성된 친목 단체—옮긴이'에 선발될 정도로 성적이 우수했다. 호머는 법학 학위를 여러 개 취득했고, 해사법海事法 전문 변호사가 되었다. 하지만 그가 변호사 사무실을 개업하고 활동한 기간은 아주 짧았다. 동생 랭글리는 공학을 전공했지만 기사로 일하지는 않았다. 그러나 각종 기록을 보면 공학도로서의 그의 역량을 알 수 있다. 자동차 부품으로 손수 발전기를 만들었고, 그것을 지하실에서 가동시켰다. 공들여 만든 통로들을 보면 그의 재능이 반영되어 있음을 여실히 느낄 수 있다. 하지만 랭글리는 꽤 이름난 피아노 협주자가 됐다. 직업 피아니스트로 카네기홀의 무대에 오르기까지 했으니 말이다. 호머가 시력을 잃게 되자 랭글리는 형에게 쇼팽을 연주해주고, 고전 명작을 읽어줬다.

　콜리어 형제는 부모가 사망한 1920년대 이전부터 바깥세상과 점점 더 담을 쌓고 지내기 시작했다. 1917년에 전화를 끊었다. 1928년에는 도시가스를 차단했다. 1930년대쯤에는 전기가 끊겼다. 랭글리는 부동산 매매 중개인 클레어몬트 모리스에게 앞에서 말한 것들을 없애 검소하고 소박한 생활을 실현하겠노라고 말했다.

　"우리가 얼마나 자유로운지 모를 겁니다." 형제는 우편 제도를 이용하지 않았다. 그들이 바깥세상과 접촉하는 유일한 경로는 랭글리가 직접 만든 광석 라디오뿐이었다.

　집 밖으로 나온 호머가 마지막으로 목격된 때는 1940년대 초였다.

존 콜린스 경사가 나뭇가지를 저택의 지하실로 옮기는 형제를 보았던 것이다. 랭글리는 잡동사니로 인해 집 안이 어수선하다는 걸 부인하지 않았다. 집의 상태 때문에 지저분하고 게을러 보이지만 사실 그는 항상 바빴다. 해야 할 일만 하기에도 시간이 모자란다고 자주 불평했다. 그 할 일 가운데 하나가 집을 청소하고 정리하는 일이었다. 랭글리는 경찰에게 거듭 주장했다. 자급자족하기 위해 물건들을 모으는 것이라고 말이다.

콜리어 형제는 계속해서 법원과 갈등을 일으켰다. 그들이 '자유'를 행사한 게 문제였다. 형제는 세금을 안 냈다. 주택 대부금도 갚지 않고, 공공요금도 내지 않았다. 은행 계좌까지 방치했다. 법원의 강제 명령, 퇴거, 압류 처분이 이어졌다.

콘솔리데이티드 에디슨Consolidated Edison, 뉴욕 전기 공급 업체—옮긴이 사의 직원들은 몇 번 문전박대를 당하자 마침내 1939년 법원 명령서를 들고 와서 회사가 설치한 미사용 전기 계량기를 뜯어갔다. 그들이 문을 부수고 집 안으로 들어가자 신문지와 상자, 자갈돌 주머니, 통나무, 쓰레기가 벽을 이룬 채 버티고 있었다. 격분한 랭글리는 2층 창문에서 자기 집에 함부로 들어올 권리가 없다고 고래고래 소리를 질렀다. 그래도 어쩔 수 없는 일이었다. 남자들은 계량기를 떼어갔고, 랭글리는 그저 지켜보는 수밖에 없었다.

1942년, 은행은 콜리어 형제가 6,700달러의 담보부 어음을 갚지 않았다며 저택 압류 조치에 들어갔다. 수지 콜리어가 사망한 후부터 11년 동안 변제가 전혀 이루어지지 않았던 것이다. 콜리어 저택은 법률상 은행 소유로 넘어갔고, 시 보건 당국은 무너진 정면 장식을 소유권자인 은행에게 수리하라고 명령했다. 인부들이 현장에 도착하자 랭글리가 나타나 돌아가라고 요구했다. 몇 달 후 은행과 시청의 직원들이 콜리어 저택을 찾아갔다. 저택을 압류하고 형제를 퇴거시키기 위해서였다. 그들은 손도끼로 문을 때려 부쉈다. 그러나 종이 뭉치로 쌓은 견고한 벽이 진입을 가로막았다. 사람들이 모여들었다. '유령의 집'에서 소동이 일어날 때면 항상 있는 일이었다. 은행 직원들은 2층 창문을 통해 들어가려고 세 시간 동안 야단법석을 떨었지만 집 안으로 고작 0.6미터 나아가는 데 그쳤다. 은행 측의 침입에 불안감을 느낀 랭글리가 마침내 변호사를 만나게 해달라고 요구했다.

한때 콜리어 형제의 변호사로 일했던 존 맥멀린은 그들의 기벽을 잘 알고 있었다. 변호사는 허약하고 나이도 많았지만 소방 사다리를 타고 기어올라갔고, 내부의 통로를 지나 거실에 무사히 도착했다. 거실에 놓인 피아노 뒤에 랭글리가 숨어 있었다. 맥멀린이 퇴거를 피할 수 있는 방법은 6,700달러를 갚는 것뿐이라고 말해주었다. 그러자 랭글리는 호주머니에서 돈다발을 꺼내 건넸고, 펜을 빌려서 자기 집을 구제하는 서류에 서명했다.

1942년 가을, 호머가 죽었다는 소문이 이웃 주민들 사이에 퍼져나갔다. 그 풍문이 123번가 파출소의 콜린스 경사 귀에까지 들어갔다. 콜린스는 콜리어 형제를 잘 알았다. 그는 콜리어 저택에 찾아가 호머가 살아 있는지 확인하게 해달라고 랭글리를 설득했다. 두 사람이 부비트랩을 조심하면서 물건들의 바다를 헤쳐나가는 데 족히 30분은 걸렸다. 마침내 작고 어두운 빈터가 나타났다. 콜린스가 회중전등을 켜자 호머가 보였다. 낡은 외투를 걸친 수척한 형체가 접이침대 위에 앉아 있었다. 그가 말했다. "내가 변호사 호머 콜리어요. 보다시피 죽지 않았다오. 마비가 와서 움직이지 못하고 앞을 못 보는 처지지만." 이것이 호머가 랭글리 말고 다른 사람과 나눈 마지막 대화였다. 랭글리는 다음 날 이 일과 관련해 경찰에 고소장을 제출했다.

콜리어 저택은 1947년 7월에 철거됐다. 꺼낸 물건들은 경매로 팔렸지만 경매 총액이 2,000달러에도 못 미쳤다. 집이 서 있던 부지는 1951년에 팔렸다. 그리고 1965년 그곳에 작은 공원이 만들어졌다. 공원 조성 위원회 위원 헨리 스턴이 그곳을 '콜리어 형제 공원Collyer Brothers Park'이라고 이름 붙였다.

2002년 '할렘 5번가 주민 협의회'가 문제를 제기하고 나섰다. 공원의 활용도를 높이기 위한 그들의 첫 번째 사업은 공원 이름 바꾸기였다. 협의회 회장은 콜리어 형제가 "이 지구에 긍정적인 기여를 전혀 하지 않았으며 이미지도 좋지 않다"고 주장했다. 그리고 리딩 트리 파크Reading Tree Park라는 명칭을 제안했다. 위원회는 그 요청을 물리쳤다. 공원 조성 위원회 위원 애드리언 베넵은 이렇게 답변했다. "역사는 때로 우발적으로 씌어집니다. 모든 역사가 아름다울 수는 없습니다. 하지만 아름답지 않은 것도 역사입니다. 뉴욕의 많은 어린이가 부모님의 꾸중을 들으면서 자랐습니다. '방을 깨끗이 청소하지 않으면 콜리어 형제처럼 되고 말거야'라고 말입니다."

콜리어 형제의 행동은 기괴하고 이해하기 힘들다. 그러나 아주 특이한 것은 아니다. 현재는 콜리어 형제와 같은 행동을 '저장 강박hoarding'이라 정의한다. 사실 온갖 물건을 수집하고 저장하는 것은 아주 흔한 강박 행동이다. 콜리어 형제처럼 심각한 경우는 드물어도 많은 사람이 물건에 대한 애착으로 인해 삶에 간섭을 받는다.

우리는 저장 강박 행동 연구를 진행하면서 수천 통의 이메일과 편지와 전화를 받았다. 저장 강박 행동을 하는 사람의 친척과 친구, 저장 강박이 공공 보건과 안전에 미치는 위해적 요소들을 해결하기 위해 부심하는 공무원, 저장 강박 증상을 보이는 본인이 연락을 취해온 것이었다.

정신과 의사, 심리학자, 사회 복지사 및 기타 복지 활동 종사자 등 전문가들을 상대로 저장 강박 문제에 대해 강연할 때면 다음 질문을 한다. "여러분 가운데 심각한 저장 강박 사례를 개인적으로 접한 분이 계십니까? 본인, 가족, 친구, 직업상 찾아오는 환자 말고 다른 사람 중에서 꼽는다면요?" 손을 들어보라고 요청하면 거의 매번 모인 사람 가운데 최소 3분의 2가 손을 든다. 모두가 그 규모에 약간은 충격을 받는 분위기다. 그리고 강연이 끝나면 많은 사람이 다가와서 실토한다. 자기들한테 통제가 안 되며 쉬이 사라지지도 않는 문제가 있음을 깨달았고, 그 때문에 이 주제에 관심이 간다고 말이다.

당신도 저장 강박 문제로 곤경에 처한 사람을 알고 있을 가능성이 높다. 최근의 연구 결과를 보면 전체 인구의 2~5퍼센트가 저장 강박증을 앓는 것으로 나타났다. 미국인 600~1,500만 명이 저장 강박으로 고통을 겪거나 삶이 저해되고 있다는 얘기다. 약간의 징후가 있지만 저장 강박 행동이라고까지 생각하지 않았을 수도 있다. 그렇다면 이 책에 등장하는 사람들에 관한 사례들을 읽으면서 이전에는 몰랐던 자신 혹은 주변의 저장 강박 행동을 깨닫게 될 것이다. 콜리어 형제 이야기가 별나 보일 수도 있지만 사실 저장 강박 증상자가 물건에 보이는 애착은 우리의 애착과 그리 다르지 않다. 당신이 저장 강박을 앓고 있는 것은 아닐지도 모른다. 하지만 장담하건대 당신도 얼마간은 비슷한 감정을 느끼고 있을 것이다.

게일과 나는 이 책을 함께 썼다. 사례 조사와 면담 등 현장 연구의 대부분은 내가 했다. 일인칭으로 서술된 인터뷰와 사례들이 그 결과다. 하지만 개념은 전적으로 협력을 통해 도출해냈다. 우리는 책에 소개한 것보다 더 많은 '수집 저장광'을 만나고, 대화했다. 그 과정에서 외경심을 느꼈고 발견의 흥분을 체험했으며 그들에게 공감하기도 했다.

이 책에 등장하는 사람 대다수가 지능이 매우 높다는 사실은 결코 우연의 일치가 아니다. 저장 강박은 정신 장애로 간주되지만 비상한 재능에서 유래하는지도 모른다. 저장 강박 증상자들은 모든 물건에서 풍성한 정보를 읽어낸다. 보통 사람들은 잡지의 기사를 보면서 잡지 표지의 빛깔과 색조를 무시해버린다. 하지만 주의해서 보면 그 색상들이 발휘하는 위무 효과를 알아챌 수 있을 것이다. 이런 과정에서 잡지의 의미는 확대된다.

이렇듯 저장 강박 증상자들의 물리적 세계는 평범한 사람들이 지각하는 물리적 세계와 다르고 훨씬 포괄적이다. 물론 보통 사람들도 물건에서 무한한 가능성, 무한한 정보, 무한한 효용, 무한한 무가치를 본다. 하지만 이 책에 나오는 저장 강박 증상자들이 물건을 대하고 취급하는 통상적인 규칙에서 더욱 자유롭다는 것은 부인할 수 없는 사실이다.

자신의 저장 강박증을 고백함으로써 고통스런 오명을 쓰게 될 수도 있음에도 불구하고 이 책을 위해 용감하게 나서서 각자의 삶을 공개해준 이들에게 감사드린다. 그들의 사생활을 보호하기 위해 이름과 신분 등 기타 세부 정보를 바꾸어 익명으로 처리했음을 밝혀둔다. 이 모든 사람들의 도움으로 우리는 저장 강박의 동력을 더 잘 이해할 수 있었다. 나아가 우리 자신까지도.

랜디 O. 프로스트

CONTENTS

Chapter 0 | 연구를 시작하기에 앞서

수집 저장광의 비밀

우리가 얼마나 자유로운지 모를 겁니다.

_ 랭글리 콜리어

1940년대 콜리어 형제의 이야기가 신문 1면을 장식하기는 했지만, 우리가 저장 강박 연구를 시작할 때는 과학 문헌에서 관련 논문이나 언급을 거의 찾을 수 없었다. 내가 저장 강박 문제를 연구하게 된 것도 우발적인 일이었다.

1990년대 초 나는 스미스 대학교에서 학생들에게 강박-충동 장애 obsessive-compulsive disorder, OCD를 가르치고 있었다. 여러 해 동안 하던 수업이었다. 강박-충동 장애는 상대적으로 대중의 관심이 높은 증상으로, 미국인 약 600만 명이 이 병을 앓고 있다. 가장 유명한 환자는 고인이 된 기업가 하워드 휴즈일 것이다. 영화 〈이보다 더 좋을 순 없다〉와 TV 드라마 〈명탐정 몽크〉에서도 강박-충동 장애를 앓는 주인공들의 이야기가 그려진 바 있다.

하지만 그 강의는 탐구심이 비상했던 레이철 그로스라는 학생이 있었다는 점에서 특별했다. 학기 초에 그녀가 질문했다. "오염 공포증 contamination fear, 강박적 청소compulsive cleaning, 점검 의식checking ritual을 연구한 논문은 아주 많아요. 헌데 저장 행동을 연구한 논문은 거의 없단 말이죠. 왜일까요?" 레이철은 어린 시절부터 흥미를 느꼈던 유명한 저장 강박 사례를 제시했다. 콜리어 형제 얘기였다.

레이철의 궁금증은 학기말 보고서로, 별도의 연구 과제로, 졸업 논문 주제로 발전했다. 나는 연구 기획의 일환으로 신문에 광고를 내서, '쓸모없는 잡동사니를 모아두는 사람pack rat' 내지 '상습적으로 뭔가를 모으는 사람chronic saver'을 찾아보자고 제안했다. 반응이 미미할 것으로 예상했던 우리는 100통이 넘는 전화를 받고 깜짝 놀랐다. 정말이지 너무 많아서 별도의 연구를 두 개나 더 시작해야 했다. 우리는 자원자 몇 명의 집을 방문했고, 엄청나게 다양한 잡동사니를 목격했다. 비교적 증세가 가벼운 사람이 있었는가 하면 일부는 꽤 심각한 정도였다.

우리는 1993년 「행동 연구 및 치료Behaviour Research and Therapy」 저널에 저장 강박에 대해 연구한 논문을 발표했다. 아마도 체계적인 연구로는 최초일 것이다. 우리의 연구 결과는 후속 연구에 영향을 미쳤다.

저장 강박 증상자들은 완벽주의를 지향하고 매우 우유부단했다. 그들은 수월하게 결정을 내릴 만큼 빠른 속도로 정보를 처리하지 못했다. 어디를 가든 물건을 모았고, 매일이다시피 많은 물건을 가져왔다. 그들은 '만약을 대비한' 품목을 외면하지 못했다. 그들의 기이한 행동이 개별적이지 않다는 사실도 놀라웠다. 대다수는 가족 구성원 가운데 또 다른 사람이 저장 강박 증상을 보이는 경우가 많다.

그후 레이철은 대학원에 진학해 공중 보건을 공부하며 새로운 진로를 개척했다. 하지만 나는 저장 강박 행동과 저장 강박 증상자로부터 벗어날 수가 없었다. 나는 그때까지만 해도 강박-충동 장애와 그에 관련한 특유의 완벽주의를 주로 연구했다. 이 과정에서 게일 스테키티 박사를 알게 됐다. 그녀는 보스턴 대학교에 재직 중인 저명한 강박-충동 장애 전문가로, 내가 저장 강박 문제에 온통 마음을 빼앗겼을 때 이미 우리는 공동으로 강박-충동 장애를 연구하는 중이었다. 게일의 태도는 일찍이 레이철이 문제 제기를 했을 때 내가 보였던 반응을 빼박은 듯했다. 저장 강박은 협소하고 부차적인 범주의 강박-충동 장애로 보였고, 연구 대상으로는 그리 가치 있어 보이지 않았다. "왜 그렇게 희한하고 골치 아픈 걸 연구하지? 알아주는 사람도 없을 텐데." 하지만 내가 그랬던 것처럼 게일도 서서히 깨닫게 되었다. 저장 강박은 실재하는 흥미로운 현상이며, 공중 보건의 관점에서도 그녀와 내가 상상한 것보다 훨씬 넓고 깊게 만연해 있는 문제임을 말이다.

지난 20년 동안 우리가 깨우친 바에 따르면 저장 강박은 주변화되어 사람들이 그 중요성을 알지 못하는 고통인 것 같다. 저장 강박 행동은 대개 은밀히 이루어지기 때문이다. 우리는 이런 활동이 '비밀스런' 정신 병리라고 생각한다. 저장 강박 증상자들은 자신의 행동을 창피스러워하면서 공개를 꺼리고, 저장 활동을 방해하는 사람들을 달가워하지 않는다. 이것은 드문 증상이 아니다. 콜리어 형제 같은 사례를 자주 접할 수 있다.

긴급 구조대와 법률 분야에서는 그들의 일화가 자주 언급된다. 뉴욕 시에서는 오늘날까지도 소방관들이 '콜리어 저택'에 대해 이야기한다. 뉴욕 시의 주택법을 보면, 거주 장소를 잡동사니로 채우고 깨끗하게 유지하지 않는 주민을 '콜리어 거주자'라고 명시하고 있다. 뉴욕은 물론이고 전국의 다른 많은 도시에서도 콜리어 거주자는 상당히 큰 사회 문제다.

보통의 수집 저장 활동은 목숨을 위협하지 않는다. 수용 공간이 넓거나 소유물을 유지 관리할 능력이 되는 사람들에게는 물건을 모으는 일이 결코 위험하지 않다. 하지만 저장 강박증이 있는 사람들 대다수에게는 이 활동이 삶에 막대한 영향을 미치고, 그 결과 우울증에 빠지거나 의기소침해진다. 이런 사람들에게 수집 저장 활동이 병리적이라는 것은 분명한 사실이다. 대부분의 정신 건강 연구도 마찬가지지만 우리 연구에서도 그 행동이 특정한 장애인지 아닌지를 결정하는 요인은 고통과 기능 장애다. 잡동사니 때문에 생활 공간을 사용하지 못하고, 모으고 쌓아두는 행위가 상당한 고통을 야기하며, 일상생활을 방해한다면 그 행동은 병리적인 것이다. 그러나 정확히 어떤 종류의 병리 현상인지는 명확하지 않다.

저장 강박은 대체로 강박-충동 장애의 하위 범주로 여겨졌다. 강박-충동 장애로 진단 받은 환자의 약 3분의 1이 저장 강박 증상자다. 무척 흥미로운 점은, 상황을 약간 비틀어 저장의 고통을 호소하는 사람들만 연구했을 때 그중 4분의 1 이하만이 강박-충동 장애 증상을 보였다는 사실이다.

최근의 연구들은 저장 강박이 강박-충동 장애의 일부라는 견해에 이의를 제기하고 있다. 저장 강박 행동이 비록 강박-충동 장애와 특징을 일부 공유하기는 해도 전반적인 증상은 아주 다르며, 자체로 독립적인 장애일 수 있다는 것이다. 강박-충동 장애의 전형적인 증상들은 불안과 결부된다. 이런 식이다. 우선은 불쾌한 생각이 불쑥 끼어드는 것으로 시작된다(예컨대 '문손잡이를 잡고 돌려서 손이 더러워졌다'는 생각이 떠오른다). 그렇게 불쑥 끼어든 생각으로 찾아온 고통을 완화하기 위해 강박적 행동에 매달린다(반복해서 손을 씻고 닦는다). 보통 강박-충동 장애에 긍정적인 감정은 끼어들지 못한다. 고통과 불안을 줄이려는 욕구가 강박적 행동을 낳는다. 하지만 수집 저장 활동은 다르다. 우리는 모으고 쌓아두는 행위를 부추기는 감정이 긍정적인 경우를 빈번하게 확인했다. 물론 여기에도 부정적인 감정은 존재한다. 불안, 가책, 창피, 후회 등 말이다. 하지만 이런 감정들은 기존의 수집 저장물을 버리거나 새로운 잡동사니 획득을 포기할 때 발생한다.

또 다른 증거를 통해 저장 강박 증상자와 전형적인 강박-충동 장애자 사이에 결정적 차이가 있음을 확인할 수 있다. 유전자 관련성에서 저장 강박의 유전 양상과 강박-충동 장애의 유전 양상이 달랐던 것이다. 또 있다. 뇌 촬영으로 관찰한 대뇌 활동 양상에서도 저장 강박 증상자와 강박-충동 장애자는 차이를 보였다. 저장 강박 증상자들은 강박-충동 장애자들에 적용되는 치료법에 반응하지 않았다. 또한 그들은 강박-충동 장애자들과 비교해 가정생활을 영위하는 능력이 떨어지고 사회적으로도 더 무능하며 겪고 있는 문제의 본질을 파악하는 정도도 덜하다.

사실인즉슨 이렇다. 저장 강박 행동에는 기쁨과 고통이 함께 존재한다. 다른 온갖 종류의 불안 장애 및 기분 장애와 구분되는 점이다. 저장 강박은 여러 면에서 충동 조절 장애impulse control disorder, ICD와 닮았다. 해당 행위가 위험하고 해로워도 충동과 욕구를 이겨내지 못하고 굴복하는 것이 충동 조절 장애의 특징이다. 수집 저장 활동의 주된 요소인 강박적 구매를 생각해보자. 강박적 구매는 도벽처럼 충동 조절 장애로 간주된다. 또한 병적 도박도 충동 조절 장애로 분류되기 때문에 우리는 도박이 저장 강박과 관계가 있는지 궁금했다. 우리는 신문에 광고를 내서 도박으로 문제를 겪는 사람들을 물색했다. 아니나 다를까 도박이 심각하게 문제가 되는 사람들의 경우 잡동사니 모으기, 지나친 구매 행위, 물건을 버리는 일에 있어서 도박을 일삼지 않는 사람들보다 큰 어려움을 겪고 있었다. 충동을 조절하지 못하는 것 외에도 '기회 심리'가 이 장애들의 공통점인 듯했다. 우리 연구에 참여한 한 도박꾼은 이런 얘기를 했다. "편의점 계산대 위로 즉석 복권이 보인단 말이죠. 자연스럽게 나는 이런 생각을 합니다. '저 복권 가운데 하나는 분명히 당첨될 거야. 어쩌면 100만 달러짜리 복권일 수도 있어. 기회가 바로 여기 있는데 그냥 갈 수는 없지.' 저장 강박 증상자들도 모으는 물건과 관련해 비슷한 얘기를 한다.

이렇듯 저장 강박의 물욕적 특징은 충동 조절 장애와 닮았지만, 한편으로 저장 강박 증상자들은 수집물을 버리지 못하는 것과 무질서하다는 점에서 또 다르다. 저장 강박 증상자들이 버리는 행위에 보이는 감정 반응은 불안 장애 및 우울증과 더 닮았다. 『정신 장애 진단 및 통계 편람 Diagnostic and Statistical Manual of Mental Disorders』 다음 판에서는 저장 강박을 독립적인 별개의 장애로 분류해야 한다는 합의가 확대되고 있다. 향후 몇 년 집중적인 연구를 통해 결정이 내려질 것이다.

저장 강박에 관해서라면 정상과 비정상의 경계가 모호하다. 사람들은 모두 소유물에 애착을 가지며 남들이 모으지 않는 것들을 모으기도 한다. 우리 모두가 얼마간은 수집하고 저장하는 성향을 가진 이유다. 수집가의 열정, 꾸물거리면서 물건을 쉬이 치워버리지 못하는 우유부단, 개인사의 중요한 사건을 떠올려주는 기념물을 모아두는 감상성, 이 모든 게 저장 강박 얘기를 구성한다. 심각한 문제로 번지지 않는다면 아주 흔할 뿐만 아니라 정상적인 이런 경험들이 언제, 어떻게, 왜 저장 강박으로 변질되는 걸까? 이 강박적 수집가들은 무엇에 쫓기길래 스스로는 물론이고 빈번하게 다른 사람의 생활 환경까지 엉망으로 만드는 것일까? 그들은 왜 그렇게까지 극단적이 될까? 우리는 앞으로 이런 질문들에 답하고자 한다.

나는 약 15년 전에 아이린이라는 한 여성의 절박한 전화를 받았다. 아이린은 '강박 충동 재단Obsessive Compulsive Foundation, OCF'을 수소문해 자신의 증상에 도움이 될 만한 사람을 물었고, 그렇게 나와 만나게 되었다. (근년 들어 OCF에는 저장 강박 관련 문의가 크게 늘었다.) 내가 저장 강박을 연구 중이라는 걸 전해 들은 아이린은 자신을 연구에 포함시켜달라고 간청했다.

쉰세 살의 아이린은 바로 얼마 전 남편과 별거에 들어간 상태였다. 그녀에게는 자녀가 둘이었는데, 열세 살짜리 딸은 기숙 학교에 가 있었고, 올해 아홉 살이 된 아들은 아이린과 함께 살았다. 아이린은 부동산 회사의 시간제 영업 사원이었다. 그녀는 자기 소유의 집에서 20년 이상 살고 있었다. 기사로 일하는 남편은 여러 해 동안 잡동사니를 내다버리라고 아내를 종용했다. 쓰레기는 증감을 거듭했지만 완전히 없어지진 않았고, 남편은 쓰레기를 다 치우지 않으면 자기가 떠나겠다고 최후통첩을 했다. 그럼에도 그녀는 저장 강박을 떨쳐버리지 못했고, 결국 남편은 떠났다. 아이린은 이혼 소송 과정에서 자식들을 잃게 될까 봐 걱정했다.

저장 강박증을 앓는 다수는 각자 두드러진 테마가 있다. 낭비를 두려워한다든지, 혹시 있을지 모를 기회에 집착한다든지, 물건들이 주는 위로와 안정감을 느낀다든지 하는 것이다. 아이린은 이런 특성을 전부 갖고 있었다. 그녀는 앞으로 이 책에서 보게 될 많은 저장 강박 증상자들 가운데서도 단연 두드러진다.

Chapter 1 ㅣ 저장 강박이란

죽어도 버릴 수 없어요

아이린

나는 물건들에 의미를 부여합니다.
그럴 필요가 없는 것들에게까지도요.
_ 아이린

아이린의 집이란 걸 척 봐도 바로 알 수 있었다. 언덕 꼭대기에 있어서 사방이 내려다보였지만 어딘지 모르게 음침했던 것이다. 우거진 나무와 덤불에 가려져 길에서는 집이 거의 보이지 않았다. 칠은 떨어져나가는 중이었고, 담장은 수리가 필요했다. 사유 차도에 차 한 대가 서 있었는데, 그 안을 들여다보니 종이와 옷이 가득했다. 나는 대학원생 조교 타마라하틀과 함께 아이린의 집으로 향했다. 그 집의 창문 안쪽에 쌓인 상자, 신문, 옷가지 및 정체를 알 수 없는 잡다한 물건들이 눈에 들어왔다.

현관문을 두드렸지만 아무 대꾸가 없었다. 옆문을 다시 두드렸다. 집 안에서 기척이 느껴졌다. 우리 뒤쪽의 차고 문이 열리더니 그 안에서 아이린이 걸어 나왔다. 약간 과체중에 구겨진 옷을 입었으며 갈색 머리칼은 곧게 뻗어 있었고 미소는 다정했다. 아이린은 자신을 소개하며 불안하게 웃었다. 그녀가 문 앞에 선 우리에게 말했다. "거기로는 못 들어가요. 차고로 가시죠." 상자, 가방, 스키 지팡이, 각종 연장, 상상할 수 있는 온갖 것들이 차고를 완전히 뒤덮고 있었다. 그것도 가슴 높이까지 뒤죽박죽으로. 벽을 따라 난 좁은 통로가 보였는데, 쓰레기로 막히지 않아 집 안과 통하는 유일한 문으로 이어져 있었다.

아이린의 성격은 집의 불길한 외양과는 전혀 딴판이었다. 친절하고 밝고 매력적이었고, 우리 연구에 커다란 호기심을 보였다. 하지만 우리가 면담한 다른 사람들처럼 자신이 처한 상황을 고통스러워했고, 해결을 위해 어떤 시도조차 하지 못한다는 무력감에 의기소침해 있었다. 그녀는 기쁘게 우리를 맞이했지만 자기가 우리 시간을 낭비할까 봐 걱정했다. 아이린의 문제는, 직접 인용하면 "나 빼고는 그 누구한테도 전혀 중요하지 않다"는 것이었다.

아이린은 생각과 느낌을 또렷하게 표현할 줄 아는, 통찰력이 뛰어난 피험자였다. 그녀는 집을 깨끗이 치우겠다는 의지를 보였고, 나는 그녀와 함께 연구를 진행하기로 결정했다. 아이린은 이 과정의 느낌과 생각을 빠짐없이 설명해주겠다고 했다. 긍정적이든 부정적이든 그 어떤 경험도 걸러내지 않고 솔직하게 말이다.

아이린은 내가 재직 중인 매사추세츠 주 노샘프턴 지역의 대학교에서 약 150킬로미터 떨어진 곳에 살았다. 그녀를 찾아갈 때마다 장거리를 운전해야 한다는 얘기였다(18개월 동안 마흔다섯 번 방문했다). 방문에는 약 두 시간이 소요됐다. 그 대부분의 방문 여행을 타마라가 동행했다. 우리는 아이린의 집을 찾아가면서 전주에 알아낸 사항을 점검했고, 돌아오는 길에는 방문 결과를 토의했다(타마라가 휴대용 컴퓨터로 기록을 남겼다). 그런 식으로 아이린과의 연구가 막바지에 이르렀을 즈음에 저장 강박 이론이 만들어졌다. 향후의 연구를 뒷받침하는 토대이자 이 현상을 옳게 파악하는 중요한 돌파구가 되기를 기대하며 의욕적으로 시도한 구성 개념이었다.

일부 이론가는 수집 저장하려는 성향이 있는 사람들의 경우 사람보다는 소유물에 더 애착을 보인다고 단정했다. 에리히 프롬은 '저장 성향자'가 사회생활을 기피한다고 주장했다. 그에 따르면 저장 강박 증상자는 태도가 냉담하고 의심이 많다. 사람과의 교제보다는 물건과 함께 있는 걸 더 좋아한다는 것이다. 사회생활을 매우 불안해하는 일부 사람들에게는 소유물이 믿음직하고 편안한 동무가 되어주기도 한다.

그러나 아이린은 이런 범주에서 벗어나 있었다. 그녀에게는 친구가 많았다. 나는 방문 중에 그녀의 친구 가운데 몇 명을 만나기도 했다. 그들은 아이린을 무척 좋아했고, 그건 그녀도 마찬가지였다. 아이린은 재치가 있었고 유머 감각이 대단했다. 그녀는 잘 웃었고, 곤경에 처해 있으면서도 항상 명랑했다. 사람들이 아이린을 좋아하는 이유를 알 만했다.

하루는 신제품 타이어를 소개하는 신문 광고를 왜 모아두었는지 곰곰 생각하던 아이린이 별안간 미친 듯이 웃어댔다. 다음과 같이 적힌 광고가 눈에 들어왔던 것이다. "이 광고를 모으세요." 그녀는 감상적인 일을 겪으면 쉬이 눈물을 쏟기도 했다. 아들이 아장아장 걷던 시기에 그린 그림을 봤을 때도 그랬다.

아이린을 모델로 삼은 우리는 저장 강박을 사회적 고립 증후군으로 보는 고전적 정의에 결함이 있다고 생각했다. 그녀는 자신이 제일 좋아하는 활동 중 하나가 같은 관심사를 가진 사람들끼리 연결해주는 것이라고 얘기했다. 실제로 나와 죽이 맞을 것으로 여겨지는 주변 사람들을 자주 소개해주려고 했다. 또, 모아놓은 많은 물건 가운데서 적당하다고 판단되는 것을 친구와 지인들에게 나눠주기를 즐겼다. 하지만 아이린은 이런 식으로 연관 관계를 파악하는 능력 때문에 모은 물건을 오히려 버리지 못했고, 그게 그녀의 불행이었다.

그녀는 지적이었고 교육 수준이 높았다. 거의 모든 주제와 관련해 핵심을 아는 듯했고 호기심이 충만했으며 관심사가 광범위했다. 자신의 모든 소유물에 대해 풀어놓을 얘기가 있었다. 그 대다수가 아주 자세했으며 관심을 끄는 내용이었다. 예컨대, 하루는 그녀가 식탁 위의 물건들 사이에서 전화번호와 이름이 적힌 종이쪽지를 발견했다. 그러자 흥분해서 그 쪽지에 얽힌 사연을 풀어놨다.

"한 1년 전에 어떤 가게에서 만난 소녀예요. 하와이 출신인데, 멋진 하와이 얘기를 많이 들려줬죠. 줄리아(아이린의 딸)가 펜팔을 하고 싶을 거라는 생각이 들었어요. 나이가 같거든요. 아주 재미있는 애였고, 줄리아도 그 애를 기쁜 마음으로 사귈 거라고 생각했죠."

아이린은 둘을 연결해줄 생각에 얼굴 표정이 환해졌다.

"그런데 줄리아가 내켜하지 않았어요. 내가 직접 편지를 써야겠다고 생각했죠. 하지만 못 했어요. 그래도 이 쪽지를 버리고 싶지는 않아요. 줄리아의 마음이 바뀔지도 모르고요."

그때까지 나는 아이린처럼 세상에 관심이 많은 사람을 만난 적이 거의 없었다. 물론 그것이 저장 강박 증상자들의 흔한 특징이라는 걸 나중에 깨닫기는 했지만 말이다. 아이린이 모아둔 온갖 물건은 다양한 방식으로 그녀와 연결됐고, 고스란히 그녀 인생의 태피스트리를 완성시키는 씨실과 날실이 됐다. 타이어 광고 얘기는 자동차 얘기로, 자동차는 운전하고

싫어 하는 딸 얘기로 계속 이어졌다. 저장 강박 행동이라는 수수께끼의
한 조각이 제자리에 들어가 아귀가 맞는 듯싶었다. 아이린은 사람을 소
유물로 대체하지 않았다. 소유물을 통해 사람들을 연결하고, 더 크게는
세상과 접속하고 있었다.

저장 강박이 다수의 개별 요인(일부는 은폐가 잘 돼 있어서 전혀 뜻밖이었다)
으로 구성된다는 걸 우리는 이내 깨달았다. 아무튼 저장 강박을 구성하
는 가장 명백한 요소는 쌓아둔다는 단순한 사실이었다. 아이린은 정체
불명의 전화번호가 적힌 쪽지부터 중고품 판매장에서 구입한 깨진 꽃병
에 이르기까지 물건을 버리는 데 큰 어려움을 겪고 있었다. 물건들에 다
양한 가치를 부여했고, 모으고 보관하는 여러 이유가 있었다. 주변에서
벌어지는 온갖 사태를 외면한 채 무엇을 모으고 쌓아둘 것인지 궁리하는
것 같았다.

그녀는 아들과 딸이 자신의 저장물을 좋아하지 않자 크게 당황했다.
하루는 아이린이 식탁 위의 잡동사니 속에서 아들의 장난감 사용 설명서
를 찾아냈다. "이건 여기 네 물건 자리에 놔둘게, 에릭." 엄마의 말을 들
은 아이는 그 사용 설명서를 냉큼 집어 들어 휴지통 쪽으로 걸어가더니
내버렸다. 아이린이 하던 일을 멈추고, 놀란 표정으로 아들을 보았다.
에릭이 엄마에게 화를 냈다. "이제 필요 없어요. 어떻게 하는지 다 안단
말이에요." 아이린은 아무 대꾸도 하지 않았다. 몇 분 후 그녀는 책갈피
를 하나 발견했다. "와, 도서상 수상자가 다 적혀 있네. 에릭, 이거 너한
테 필요하겠지? 네 자리에 놓으마." "필요 없어요." 에릭은 엄마가 말을
끝맺기도 전에 답했다. "필요 없다고?" 아이린은 믿기지 않는다는 표정
을 지었다.

다시 몇 분 후 이번에는 에릭이 오래전에 받았던 생일 카드가 아이린의 눈에 들어왔다. 그녀는 아무 말도 하지 않은 채 아들 물건 자리 맨 위에 그것을 올려놓았다. 에릭이 때맞춰 곁으로 다가오더니 문제의 생일 카드를 내다버렸다. 아이린은 아들을 물끄러미 바라보았다. 중요하다고 여겨지는 물건에 아들이 전혀 관심을 보이지 않는 상황을 도무지 이해할 수 없었던 것이다.

아이린은 소유물에 정서적 애착을 보였고, 이는 저장 강박으로 도움을 요청하는 사람들도 마찬가지였다. 우리는 거듭해서 이 사실을 확인했다. 사실 대다수의 사람들이 유품이나 기념품에서 이런 정서를 느낀다는 점에서 크게 다르지 않다. 따라서 저장 강박 증상자들의 비정상은 정서 자체가 아니라 그 강렬함과 대상 범위의 극단적 방대함에 있는 셈이다. 내 경우만 해도, 신문을 읽다 보면 재미있는 기사들을 많이 발견한다. 하지만 다시 읽으려고 쌓아둔 신문 더미가 생활 공간을 침해하고 독서 능력을 넘어서기 시작하면 그 가치가 반감된다. 하지만 아이린에게는 저장물이 곤란을 야기해도 그 가치가 격하되지 않는 듯했다.

저장 강박은 물건을 버리는 데 어려움을 겪을 뿐만 아니라 물건을 과도하게 취득하는 두 가지 특징을 가지고 있다. 아이린의 집 2층 복도에는 남들에게 줄 선물로 준비한 것들이 가득 담긴 쇼핑백 수백 개가 있었다. 그녀는 멋진 선물이 될 거라고 판단되면 보이는 족족 구입했다. 줄 사람이 구체적으로 떠오르지 않을 때조차도 말이다. 그렇게 구매한 물건들은 아예 포장도 뜯지 않은 상태였다. 많은 사람은 필요를 느껴야 구매 행위에 나서고 선물을 준비한다. 그러나 아이린을 비롯한 저장 강박 증상자들은 마음에 드는 것을 발견하면 구매 충동을 억제하지 못한다.

아이린은 지나친 구매 행위 외에 공짜로 얻을 수 있는 것도 모았다. 이를테면, 그녀는 거주 지역의 우체국장과 약속을 하고 있었다. 우체국장은 배달이 불가한 신문과 잡지를 전부 상자에 담아 두었다가 토요일 아침에 그 상자를 우체국 휴게실에 내놨다. 그러면 아이린이 상자를 수거해가는 식이었다. 그녀의 집에는 그렇게 얻은 공짜 신문과 잡지가 가득했다.

집 구경: 모두 소중한 잡동사니

처음 방문한 날, 아이린은 집을 구경시켜줬다. 그녀는 방에 들어설 때마다 두 팔을 전방 위쪽으로 쳐들었는데, 손목을 구부려 양손은 다시 처지게 했다. 그 모습이 마치 손을 문질러 씻고 막 수술에 들어가려는 집도의 같았다. 아이린은 각 방의 미로를 작은 보폭으로 솜씨 좋게 나아갔다. 그러면서 우리한테 아무것도 손대지 말라고 주의를 주고는 우리가 헤쳐나가는 광경을 조심스럽게 지켜봤다. 어떤 곳에서는 물건을 건드리지 않는 게 불가능했다. 빠져나갈 여유 공간이 거의 없었기 때문이다. 쌓아올린 물건들이 천장까지 닿아 있었다.

아이린의 저장물 중 몇 가지는 특별히 눈에 띄었지만 모아놓은 물건들 대부분은 전형적이었다. 그런 물건들이라면 다른 저장 강박 증상자들의 집에서도 볼 수 있었다. 여러 해 전에 발간된 신문 더미, 재미있는 기사를 오려 모아놓은 스크랩, 수천 권의 책, 산더미 같은 옷가지, 이전에 정리를 시도하면서 마련한 각종 용기 등등. 잡동사니들이 전혀 정리돼 있지 않은 것도 다른 저장 강박 증상자들과 똑같았다.

우리는 '산양의 오솔길(goat path, 저장 강박 증상자들 사이에서는 유명한 말이다)'을 따라 각 방을 두루 살펴봤다. 그 비좁은 통로의 폭은 30센티미터 이하였고 마룻바닥도 가끔씩만 보였다. 우리는 다시 식당으로 돌아왔고, 의자에 앉으려던 나는 의자의 윗면을 손으로 닦았다. 그런 나를 본 아이린은 물티슈를 들고 한걸음에 달려와서 의자를 깨끗이 닦아주었다.

아이린이 방에 들어갈 때 손을 위로 내뻗던 모습과 이 흥미로운 행동을 지켜보면서 나는 그녀가 강박-충동 장애의 전형적 증상 가운데 하나인 오염과 씻기 행동으로도 고통 받고 있는지 궁금해졌다. 그즈음 우리는 아이린의 집보다 상황이 더 안 좋은 집을 거의 못 본 상태였다. (그 후로 더 극단적인 상태의 집을 다수 살펴보게 됐지만 말이다.)

아이린은 미안해하다가 자기 처지를 비관하며 눈물을 쏟았다. 이 잡동사니 때문에 바로 얼마 전 남편에게서 버림 받았던 것이다. 그녀는 경제적으로 아주 어려운 상태였다. 그리고 남편이 미성년자 보호 소송을 제기할 경우 집 안 꼴 때문에 아이들을 빼앗길지도 모른다며 두려워하고 있었다. 먼지 알레르기가 심한 딸은 이 집에 사는 게 적합하지 않았다. 아이린은 자기한테 문제가 있고, 특단의 조치를 취해야 함을 인정했다. 일부 저장 강박 증상자들은 자신의 습성을 냉철하게 보지 못한다. 이런 면에서 아이린은 운이 좋았다. 적어도 그녀는 정신과 의사와 심리학자들이 '통찰'이라고 부르는 순간을 통해 자신의 저장 강박이 불합리하다는 걸 깨달았고, 자신의 문제를 전반적으로 솔직하게 털어놓았다. 하지만 5년 묵은 신문을 버릴지 말지 결정하면서도 그걸 보관하는 게 어리석다는 것을 이해하지는 못했다.

우리는 첫 번째로 들어간 주방에서 아이린이 처한 곤경이 얼마나 심각한지 알 수 있었다. 식탁을 덮은 잡동사니의 높이가 무려 60센티미터였다. 엄청나게 다양한 품목의 물건이 보였다. 오래된 신문, 책, 아이들 놀이 도구, 시리얼 상자, 각종 쿠폰, 가족생활을 소소하게 기념하는 자그마한 장식품들. 식탁의 표면은 한쪽 귀퉁이만 조금 보였다. 음식을 담아 먹는 정찬용 접시를 딱 한 개 정도 올려놓을 만한 면적이었다. 아이린은 예전에 식탁을 치운 적이 있다고 했다. 5년 전 아들의 생일잔치를 위해 식탁 위의 물건을 바닥으로 옮겼던 것이다. 그리고 잔치가 끝난 후 물건들은 모두 식탁 위 원래 위치로 돌아갔다. 의자 네 개에는 옷가지, 무엇이 들었는지 기억나지 않는 내용물로 가득 찬 상자 및 기타 등등이 쌓여 있었다. 식탁 주위로 걸을 수는 있었다. 하지만 식탁과 의자 아래쪽 마룻바닥 공간에는 상자와 종이 봉지가 꽉 들어차 있었다. 조리대 역시 잡동사니 천지였다. 조리대 위가 오랫동안 엉망진창인 상태였던 게 분명했다. 설거지하지 않은 식기 더미가 개수대에 위태롭게 쌓여 있었다. 조리대를 덮고 있는 식기, 요리 기구, 각종 용기 사이로 약병과 펜 및 연필 더미가 간간이 눈에 들어왔다.

주방의 물건을 살펴보고 검토하면서 이상한 점이 눈에 띄었다. 저장물에 관한 그녀의 설명을 들어보면 대부분이 무가치하거나 낡은 것들이었다. 아이린의 주방에 쌓인 잡동사니도 이 모형과 일치하는 듯했다. 시리얼 상자는 비어 있었고 쿠폰은 유효 기간이 지났으며 오래된 신문이나 패스트푸드 가게에서 받아온 플라스틱 소재의 포크와 수저도 사정은 마찬가지였다. 그런데 빈 상자와 오래된 신문 사이에 자녀들의 아기 때 사진, 자동차 소유 증명서, 소득세 신고서, 수표 몇 장이 섞여 있었다.

한번은 내가 그녀를 설득했다. 시험 삼아 날짜 지난 「뉴욕 타임스」 일요판 한 부를 버려보라고 말이다. 재미있거나 중요한 정보가 있는지 살펴보는 절차를 생략하고 바로 버리라는 지시 사항을 보탰다. 아이린은 알았다고 하면서도 이렇게 대꾸했다. "그래도 중요한 게 있는지 얼른 확인해볼게요." 그녀가 훑어보던 신문 사이에서 현금 인출기 옆에 비치되는 봉투 한 장이 떨어졌다. 그 안에는 현금 100달러가 들어 있었다.

나는 그 실험에서 이런 결과가 나오리라고는 예상하지 못했다. 그래도 이것으로 중요한 사실이 판명됐다. 내가 볼 때 아이린의 잡동사니 속에는 쓸모없는 것과 귀중한 것이 섞여 있었다. 하지만 그녀에게는 모두 똑같이 귀중한 물품들이었다. 우리가 아이린의 물건 더미 가운데 하나를 살펴보던 어느 날 그녀가 얘기했다. "이 신문 광고가 나한테는 딸 사진만큼이나 중요하게 느껴져요. 모든 게 똑같이 중요해 보이죠. 모든 게 균질해요."

아이린과 집의 사정을 알아갈수록 그녀가 오염 공포에 시달린다는 사실이 점점 더 명확해졌다. 취사용 난로 옆의 조리대 위에는 상대적으로 깔끔한 물건 더미가 있었다. 신문, 잡지, 우편물들이 탑처럼 쌓여 있었는데, 높아지면서 기울어져서 금방이라도 옆의 난로 위로 쏟아져내릴 기세였다. 아이린은 그게 '깨끗하게 정리된' 물건이라고 설명했다. 이건 그 누구도 범접할 수 없었다. 방 안의 다른 어떤 물건과 섞이는 것도 금지였다. 그 밖의 다른 것은 전부 (오염돼서) '더러웠기' 때문이다. 그녀는 지갑을 그 물건 더미 바로 옆에 뒀는데 자신이 깨끗하다고 판단될 때만 직접 들고 나갔다. 만약 자신이 깨끗하다는 생각이 들지 않으면 지갑을 식품 포장용 랩으로 싸서 들었다. 지갑을 더럽히지 않으려는 조치였다.

식당은 집 안에서 상황이 가장 안 좋은 장소였다. 이곳 역시 온갖 잡동사니로 덮여 있어서 식탁이나 싱크대, 바닥 표면이 전혀 보이지 않았다. 옷, 용기, 책, 신문 더미의 높이가 내 키를 넘었다. 폭이 좁은 통로 하나가 주방에서 벽면을 따라 텔레비전 방으로 이어졌다. 그리고 훨씬 비좁은 길이 하나 더 있었는데, 인접한 벽을 따라 현관 복도로 이어졌다. 이 길에도 많은 물건이 쌓여 있었다. 잡지, 바구니, 옷가지, 종이, 상자, 심지어는 정리 방법을 알려주는 서적도 서너 권 보였다.

아이린에게는 깨끗한 것과 더러운 것을 갈라놓는 그녀만의 방법이 있었다. 식탁 위의 물건들을 담요와 수건으로 나눠놓는 것이다. 그녀는 수건과 담요가 깨끗하며, 그것을 더러운 물건들 위에 펼쳐놓으면 그 위로 깨끗한 물건들을 두어도 된다고 설명했다.

아이린은 대상마다 청결하게 하는 정도가 달랐다. 어떤 물건들은 다른 온갖 것에서 따로 떼어놔야 했다. '순수'하고 오염되지 않았기 때문이다. 하지만 순수한 상태라는 것은 명목일 뿐이었다. 물건들을 깨끗하게 유지하더라도 더러워지는 일이 잦았다.

그녀가 소파에서 종이 더미를 치우는 걸 도울 때였다. 그 깨끗한 더미에서 편지봉투 하나가 바닥에 떨어졌다. 오염돼버린 것이다. 아이린은 하던 일을 멈추고 떨어진 봉투를 집어 들어 냉큼 주방으로 달려갔다. 물을 틀고 수도꼭지 아래서 그 봉투를 씻었다. 그러고는 물에 젖은 봉투를 말리겠다고 소파 위 종이더미 위에 올려놨다. 안에 든 편지는 이미 봉투에 붙어서 떡이 됐는데도 말이다.

방문 첫날 아이린은 우리에게 집 구경을 시켜주면서 깨끗한 물건과 더러운 물건을 가르쳐줬다. 하지만 그녀의 구별 방식을 파악하기는 쉽지 않았다. 집 안의 모든 물건이 먼지를 잔뜩 뒤집어쓰고 있었기 때문이다. 그래도 시간이 지나면서 대충 가늠은 되었다. 마룻바닥에 있는 것은 더럽고, 가구 위에 놓인 것은 대체로 깨끗하다는 식으로 분류하고 있었다. 그녀의 분류법에 따르면 우리는 더러운 상태였다. 나와 닿거나 손을 맞잡고 악수를 했으니 아이린도 더러웠다. 자녀를 껴안아주는 일도 아이린에게는 먼지를 묻히는 행위였다. 어떤 날은 깨끗한 상태를 유지하려고 분투하는가 하면 다른 날은 그냥 포기하고 지저분하게 지내기로 한 것 같았다. 자기가 더러운 상태면 집 안의 깨끗한 물건을 일체 만지지 않으려고 했다. 물론 그녀는 깨끗한 상태로 유지하길 원했다. 하지만 더러워지면 비교적 정상적인 생활이 가능했다. 실상 아이린에게 더러운 상태라는 것은 대다수의 사람들이 정상으로 여기는 수준이었다.

아이린은 더러워졌을 때를 대비해 자신을 깨끗이 하는 특이한 청결법을 개발해놓고 있었다. 물티슈를 항상 윗옷 주머니에 휴대했다. 지저분할 때조차도 말이다. 뭔가가 오염됐다 싶으면 그 물티슈로 해당 물건을 닦았다. 내가 식당에서 의자를 닦으려고 했을 때도 그녀는 그 방법을 사용했다. 손에 음식이 묻었는데 물티슈가 없을 때는 어떻게 할까? 손가락을 입에 집어넣어 오염을 제거했다. 끈적거리는 음식을 핥아서 떼어내는 것이다. 손가락을 입에 집어넣는 행동은 정상처럼 보였다. 물티슈로 뭔가를 닦는 것도 마찬가지였다. 내가 의자를 닦을 때 아이린이 반응하지 않았더라면 그녀의 강박-충동 장애를 눈치 채지 못했을 것이다. 나는 면밀한 관찰을 통해서야 비로소 이 행동들이 오염의 악영향을 막으려는 강박-충동임을 알 수 있었다. 하지만 그녀가 막겠다는 악영향의 정체가 정확히 뭔지는 불분명했다.

많은 강박-충동 장애자를 보면 자신과 남에게 닥칠 수 있는 모종의 위해에 대응해야 한다는 느낌과 강박적 공포와 충동적 행동이 연결되어 있다. 그러나 아이린이 청결을 유지하려는 것은 오물이나 세균이 무서워서가 아니었다. 자기 몸에 탈이 나거나 남이 앓을까 봐 걱정하는 것도 아니었다. 다만 자신을 포함해 특정한 대상이 깨끗하지 않을 때 느껴지는 강렬한 불쾌감이 괴로웠던 것이다. 하지만 그녀의 청결 유지 방법은 보통 사람과 달랐다. 아이린은 그것을 '순수한' 상태, 오염되지 않은 본래의 완벽한 상태라고 설명했다. 그렇게 해서 아이린만의 편안하고 안전한 세계가 탄생했다. 우리는 이런 욕망이 저장 강박에서 중요한 역할을 하고 있음을 나중에 발견했다.

영국의 심리학자 프랭크 탤리스는 이런 유형의 '충동적 씻기'가 위해를 두려워해서가 아니라 완벽주의에서 기인하는 것으로 보았다. 대다수의 저장 강박 증상자가 완벽주의자이며, 완벽주의가 그들의 저장 강박 활동에서 중요한 역할을 수행한다는 사실이 우리 연구에서도 확인됐다.

아이린은 진짜 자기만의 공간과 어느 누구도 범접할 수 없는 대상을 갖고 싶다는 얘기를 자주 했다. 가만히 듣고 있으면 어떤 종류의 이상적인 상태를 열망하는 것 같았다. 지치고 괴로울 때 물러나 쉴 수 있는 혼자만의 공간을 원했다. 그곳에서라면 그녀는 청결하고 안전했으며 바깥 세상의 근심과 걱정에서도 자유로울 터였다. 아이린에게는 그런 안전한 쉼터가 집 안에 몇 군데 있었다. 이곳에는 자녀를 포함해 어느 누구도 들어오도록 허락하지 않았다. 침실이 그런 곳 중 하나였다. 아이린은 가장 아끼는 소유물을 거기에 두고, 오로지 자신만을 위해 간직했다. 그녀의 '보물' 책들도 그곳에 있었다. 한때 즐겨 읽었거나 그저 만듦새가 보기 좋아서 의미가 각별한 책을 아이린은 보물 책이라고 불렀다. 좋아하는 사진이 들어 있는 잡지와 아이들 때문에 더럽혀지는 걸 원하지 않는 다른 품목도 거기 들어갔다.

아이린의 충동적 씻기로 복잡한 사태가 벌어지기는 했지만 그것이 저장 강박만큼 심각하지는 않았다. 그녀는 오염 공포에도 불구하고 느낌이 올 때마다 물티슈로 더러운 물건을 닦아냄으로써 큰 문제없이 삶을 헤쳐 나갔다. 더러운 물건을 철저하게 씻고 닦는 일은 거의 없었다. 이 장애가 종종 그러한 것과 달리 아이린의 의식儀式에는 많은 시간이 들지 않았고, 더러운 상태로도 오랜 시간을 버텼다. 아이린의 청소 충동이 야기한 가장 큰 문제는 깨끗한 물건과 더러운 물건을 구별하려는 노력이었다.

끝나지 않는 악몽, 이상한 순환

텔레비전 방은 아이린과 자녀들이 가장 많은 시간을 보내는 곳이었다. 앞서 말했다시피 식당 바로 옆방이다. 한 개의 의자 위에는 아무 것도 없었다. 하지만 그 의자 외에는 앉을 수 있는 다른 공간이 전혀 보이지 않았다.

수백 개의 비디오테이프가 사방에 흩어져 있었다. 대다수가 아이린이 직접 녹화한 텔레비전 특집물이었다. 의도는 명확했다. 방송된 정보를 놓치고 싶지 않았던 것이다. 하지만 테이프 중에 제목이나 내용을 써 붙여놓은 건 한 개도 없었다. 아이린은 테이프가 너무 많다며 한숨을 내쉬었다. 그렇다고 이 수집물을 줄일 계획이 있는 것도 아니었다. 방 한쪽에

긴 의자로 뵈는 물건이 있었다. 종이로 완전히 덮여 있어서 겨우 추측만 할 따름이었지만. 실상 보이는 것이라곤 1.2미터 높이의 종이 더미뿐이었다. 벽에서 뻗어나온, 깊이가 약 1.5미터에 좌우 폭은 긴 의자였다. 커피 탁자도 그 더미 아래 파묻혀 있었다. 긴 의자의 한쪽 귀퉁이, 약 15센티미터 정도만 빼꼼 보였다. 이곳이 아이린이 물건을 분류하고 정리하는 장소였다. 매일 적어도 세 시간씩 여기서 종이들을 정리한다고 말했다. 하지만 갖은 노력에도 불구하고 종이 더미는 계속 느는 중이라고도 덧붙였다. 우리는 아이린에게 어떻게 작업하는지 보여줄 수 있겠냐고 물었다.

아이린은 더미 속에서 오려낸 기사를 하나 골라잡았다. 10대들의 마약 흡입에 관한 기사로, 부모와 자식의 대화가 중요하다는 내용이었다. 이미 여러 달 묵은 기사였다. 그녀는 딸에게 그 기사를 건넨 후 대화를 해보려 한다고 얘기했다. 하지만 딸은 기숙 학교에 머물고 있었고, 아이린은 딸이 올 때까지 기다려야만 했다. 그녀는 그 기사를 '여기' 두겠다고 말했다. "맨 위에 둬야 눈에 띄고 어디 있는지 알 수 있거든요." 그다음 집어든 건 전화 회사에서 온 우편물로, 장거리 전화를 할인해주겠다는 광고지였다. 이 전단을 읽어보고 장거리 전화 요금을 절약할 수 있을지 알아볼 요량이라고 말했다. 그러고는 이번에도 그 우편물을 더미의 맨 위에 올려놨다.

세 번째 골라잡은 종이에도 비슷한 논리가 적용됐다. 그것 역시 더미의 맨 위에 놓였다. 십수 개의 대상을 정리하는 데 이런 과정이 반복됐다. 10대의 마약 흡입 기사는 이내 묻혀버렸다. 아이린은 종이 각각에 대해 보관해야 하는 이유와 그것들을 더미의 꼭대기에 놓아야만 하는 이유

를 대고 정당화했다. 그 이유의 대부분은 사용하겠다는 의지 및 의도와
관계가 있었다. 철을 하거나 치웠다가는 잊어버리고 찾지 못할 거라는
게 그녀의 설명이었다. 그 결과 더미의 종이들이 뒤섞였고, 바닥의 종이
들이 맨 위로 옮겨졌다. 이 과정에서 버려진 것은 하나도 없고, 더 낫거
나 적당한 장소를 찾아 이동한 종이도 전혀 없다는 것을 지적해야겠다.
우리는 이런 행동을 다른 저장 강박 증상자들한테서도 빈번하게 목격했
다. 우리가 이른바 '순환churning'이라고 부르는 과정이다.

　우리가 아이린의 텔레비전 방에서 목격한 순환은 그 이전에 실시한 저
장 강박 연구에서 어느 정도 확인한 문제였다. 바로 의사 결정 장애다.
아이린은 골라잡는 대상의 어떤 속성이 중요하고, 무엇이 중요하고 중요
하지 않은지를 판별하지 못했다. 동일한 맥락에서 그녀는 중요한 물건과
그렇지 않은 물건을 구별해내려고 분투했다. 그러면서 대다수의 사람들
은 생각지도 못할 물건의 새로운 속성과 활용법을 생각해냈다. 펜 뚜껑
을 집어들면서 그걸 보드게임의 말로 쓸 수 있겠다고 말했다. 우리가 대
화를 통해 그 용처가 과연 적절한지 물건 고유의 성격을 살린 합리적인
사용인지 결론을 낼 때까지 그녀는 펜 뚜껑을 버리지 못했다. 주택 융자
회사가 보낸 광고 우편물에서도 같은 문제가 생겼다. 아이린은 무가치
한 우편물과 관련해서 뭐가 중요하고 뭐가 중요하지 않은지 파악할 때까
지 그것을 버리지 못했다. 물건을 내다버리기로 마음을 정하는 때도 가
끔 있었다. 하지만 그러려면 엄청난 노력이 필요했다. 그런 노력은 정말
이지 너무나 힘든 경우가 많아서 물건들은 다시 원래의 더미로 돌아가기
일쑤였다.

　다른 저장 강박 증상자들처럼 아이린도 쉽게 결정을 내리지 못했고,

이런 특성은 소유물에만 국한되지 않았다. 하루는 딸 줄리아가 친구와 함께 상점가에 가서 신발을 사겠다며 돈을 좀 달라고 했다. 아이린은 지갑에서 현금을 꺼내 딸에게 건네줬다. 딸이 돈을 받으려는 순간 아이린이 이걸로 되겠느냐고 큰 목소리로 물었다. 그리고 들고 있던 돈을 넣고 신용카드를 꺼냈다. 하지만 이번에는 딸에게 마스터 카드를 줄지 다이너스클럽 카드를 줄지로 고민했다. "뭐가 좋을까?" 이렇게 묻고 나서는 줄리아가 대답도 하기 전에 말했다. "모르겠어. 둘 다 주는 게 좋을지도." 그렇게 해서 딸에게 카드를 두 장 쥐어줬다. "아니야." 계속되는 그녀의 생각이 입 밖으로 튀어나왔다. "장을 보려면 나도 하나는 있어야겠지." 아이린은 두 장을 모두 회수한 다음, 줄리아에게 마스터 카드를 건넸다. 하지만 그걸로 끝이 아니었다. 마스터 카드를 다시 빼앗으면서 말했다. "장을 보려면 마스터 카드가 있어야 해." 그러고는 딸에게 다이너스클럽 카드를 쥐어줬다. 그러나 직후에 다시 말을 바꿨다. "다이너스클럽 카드를 아무 데서나 다 쓸 수 있나?" 아이린은 줄리아의 반응은 아랑곳하지 않고 다이너스클럽 카드를 회수하면서 짜증스런 어조로 말했다. "그냥 이걸 가져가려무나." 그렇게 해서 줄리아는 마스터 카드를 받았다. 그 일련의 과정에서 딸이 몹시 혼란스럽고 불만스러워한다는 게 빤히 보였다. 아이린은 한 가지 행동을 저버리고 다른 행동을 취하면 벌어질 수 있는 일들에 대한 생각이 홍수처럼 넘쳐났고, 그 때문에 쉽게 결정을 내리지 못하는 듯했다.

아이린의 '순환' 행동은 의사 결정을 하는 데 어려움을 겪는다는 사실을 드러냈다. 거기서 우리는 그녀가 겪고 있는 장애의 다른 측면을 추가로 확인했다. 아이린은 물건들이 시야에서 사라지는 걸 원치 않았다. 잊으면 안 되기 때문이다. 우리는 아이린의 침실을 둘러보면서 그 사실을 아주 명확하게 깨달았다. 화장대 위로 옷이 천장까지 쌓여 있었다. 화장대 아랫부분의 서랍은 텅 빈 채였다. 이건 어떻게 된 거냐고 물었다. "서랍장에 옷을 넣어두면 안 보이니까요. 그러면 그 옷이 있다는 걸 잊어버려요." 자택 요양 치료 제품을 광고하는 소책자를 살펴보면서 이렇게 말하기도 했다. "이 물건들을 기억해둬야겠어요. 팸플릿을 없애면 잊어버리고 말 거예요. 기억력이 형편없거든요."

아이린은 자신의 기억력이 좋지 않다며 스스로를 타박하는 일이 잦았다. 그러나 그녀가 들려준 여러 저장물에 대한 자세한 얘기를 고려해보면, 이런 진단은 받아들이기 어려웠다. 아이린은 물건을 획득한 시간과 장소를 자세히 기억했다. 누구랑 있었고 그날 자기가 뭘 입고 있었는지까지 꿰고 있을 정도였다. 그녀의 기억력은 형편없지 않았다. 하지만 그녀는 이 사실을 받아들이지 못했다. 여기에는 아이린의 정리 방식이 일정한 역할을 했을지도 모른다. 물건이 정확히 어디에 있는지를 기억하려고 애썼던 것이다. 집에 있는 물건의 품목은 수천 개였고, 그것들의 정확한 위치를 기억해낸다는 건 불가능한 과제였다. 그녀는 자신의 기억력에 너무 많은 걸 요구했고, 따라서 기억력에 대해 자신감이 없는 것도 놀라운 일은 아니었다.

우리는 다음의 일화를 통해 그 사실을 거듭 확인했다. 하루는 아이린이 다 읽은 신문 더미를 치우려고 했다. 그러면서 읽은 기사 내용이 생각나지 않기 때문에 그걸 버리는 게 편하지만은 않다고 털어놓았다. 신문을 보관하면 자신의 부족한 기억력을 효과적으로 보완할 수 있다는 논리였다. 아이린은 온갖 정보를 기억해야 한다는 생각에서(그 상당수가 그녀의 일상생활에서 아무 쓸모가 없었다) 신문을 쌓아두었던 것이다. 여기서 그녀가 기억력이 형편없다고 느끼는 이유도 설명이 됐다.

눈에 띄는 또 다른 문제는 분류하는 수완, 다시 말해 비슷한 물건을 한데 모아두는 성향과 관계가 있었다. 보통 대다수의 사람들이 각자 삶을 분류하면서 살아간다. 적어도 우리 삶의 일부는 물건과 관계를 맺고 있다. 연장은 연장통에 둔다. 납부할 청구서는 따로 보관하고 납입을 완료하면 철해둔다. 주방 기구의 제자리는 서랍이다.

그러나 아이린은 주변 세상을 시각적 · 공간적으로 조직하고 정리했다. 일반적인 분류 체계, 곧 범주화를 외면한 것이다. 내가 전기 요금 고지서를 어디 뒀냐고 묻자 이렇게 대꾸했다. "30센티미터 정도 떨어진 더미의 왼쪽에 있어요. 지난주에 거기서 봤습니다. 헌데 그 위에 또 많은 물건을 쌓아둔 것 같네요."

일반 사람들이 이런 식의 분류를 한다 해도 그 규모가 작다. 동료 교수들 가운데도 연구실에 종이 더미를 쌓아놓는 사람들이 있다. 그들은 내가 저장 강박 증상자라고 지적할까 봐 약간 긴장을 하기도 한다. 하지만 대다수는 각각의 더미에 뭐가 있는지 알고 있으며, 필요한 것은 즉시 찾아낸다. 뭐가 들어 있는지 잘 모르는 교수들도 더미들의 내용물이 중요도가 낮거나 사소하고 하찮다는 것만큼은 확실하게 말한다. 요컨대 그들은 자신의 기억력에 개의치 않는 것이다.

시각적 · 공간적 정리 방법이 규모가 크지 않을 때는 효과적일 수도 있다. 하지만 물건이 많아지면 효율이 떨어진다. 실제로 아이린은 더미 속에서 물건을 찾지 못하는 경우가 잦았다. 가지고 있다고 기억하지만 찾을 수 없는 물건의 대체물을 사는 일도 비일비재했다. 당연했다. 우리가 중요한 종이들을 분류해서 보관할 수 있는 체계를 마련해주자 아이린은 훨씬 쉽게 찾을 수 있게 됐다고 알려왔다. 하지만 그녀는 종이들을 볼 수 없게 되자 마치 잃어버린 것처럼 불편해했다. 이처럼 대상과 시각적으로 관계 맺는 것에 의존하는 성향은 저장 강박 증상자들의 보편적 특징이다.

아이린이 긴 의자에서 문제의 더미를 살펴보며 검토할 때 취하는 특이한 행동이 내 눈에 들어왔다. 더미 안에서 물건 하나를 집어들고 잠깐 보는가 싶더니, 시선을 돌려 다른 것을 흘긋 보는 일이 잦았다. 그다음에는 새 대상을 집어들고 첫 번째 것을 내려놨다. 정형화된 양상으로 비칠 만큼 이런 행동이 자주 반복됐다. 아이린은 의사 결정의 과제나 따분해 보이는 대상들에 주의를 집중하지 못했다. 내포된 의미가 긍정적이거나 이야기가 떠오르는 대상들에 주의를 집중하는 걸 좋아했다. 자기도 모르게 개인적인 얘기를 풀어놓으면서 하기로 했던 정리 및 분류 작업을 망각하기 일쑤였다. 누구나 지루한 일에는 주의를 집중하지 못한다. 당연한 얘기다. 하지만 아이린의 경우에는 이런 성향이 특히 두드러져 보였다.

우리는 아이린을 가까이서 자세히 관찰했고, 덕분에 저장 강박을 이해할 수 있는 첫 번째 이론의 틀을 대강이나마 잡을 수 있었다. 저장 강박은 부분적으로는 정보 처리 결손에서 기인하는 것 같았다. 물건을 계속 갖고 있을지 또 어떻게 정리할지 판단하고 결정하려면 분류 기술, 기억력에 대한 자신감, 지속적 관심이 필요하다. 질서를 유지하려면 물건의 가치와 효용을 능숙하게 평가하는 수완도 요구된다. 이런 정신 작용과 마음의 절차가 아이린에게는 매우 힘든 과제였다. 저장 강박 증상자들의 뇌가 작동하는 방식에 문제가 있기 때문에 이런 기능 장애가 발생하는 듯하다. 이 얘기는 앞으로 천천히 이어가겠다.

아이린의 과거

"내가 어쩌다가 이렇게 된 걸까요?" 아이린은 자신의 집이 거의 살 수 없는 곳이 되었다는 사실에 완전히 좌절했다. "나는 똑똑하고 능력도 있습니다. 그런 내가 왜 물건은 합리적으로 처리하지 못하는 걸까요? 남들은 잘 한다는 걸 알아요. 그런데 나는 왜 불가능한 거죠?" 내게는 아이린에게 들려줄 적당한 대답이 없었다.

우리가 저장 강박 연구를 시작하자 다른 정신 건강 전문가들은 저장 강박 행동이 궁핍 때문이라고 진단했다. 가령 1930년대의 대공황이나 홀로코스트 시기처럼 궁핍하게 살면 그런 경험이 장래에 재발하는 걸 막기 위해 눈에 띄는 것은 뭐든지 비축하게 된다는 것이다.

실제로 우리의 첫 번째 저장 강박 연구에서 많은 증상자가 자신들의 수집물 다수는 '만약에 대비한' 것이라고 설명했다. 그러나 그들에게 궁핍하게 산 적이 있느냐고 묻자 대체로 아니라고 답변했다. 그들 다수는 꽤 부유하게 자랐으며 음식, 돈, 사치품이 부족했던 적이 없었다. 아이린이 대표적이었다. 그녀는 중산층 가정에서 성장했다. 아버지는 고등학교 인가를 내주는 사람이었고, 어머니는 고등학교에서 타자와 속기를 가르쳤다. 그들은 많은 돈을 가지고 있었고 물질적 궁핍을 경험한 적이 없었다.

아이린은 저장 강박 행동이 시작된 정확한 시기를 기억하지 못했다. 다만 여전히 보관하고 있는 초등학교 때의 과제물들을 떠올렸다. 하지만 그녀는 어렸을 때 방을 잡동사니로 어지럽히지 않았고 가진 물건을 다루고 처리하는 데서 큰 곤란을 겪지 않았다.

아버지는 일 때문에 출장이 잦았다. 아이린은 아빠가 돌아와서 방문한 곳들에 대한 얘기를 해주면 넋을 잃고 들었다. 아버지의 얘기를 들으면서 살아오는 내내 여행에 대한 관심과 흥미를 유지했다. 아이린 자신이 직접 여행에 나선 경우는 극히 드물었다. 하지만 신문 기사의 여행면과 여행 안내 책자를 집 안 도처에서 볼 수 있었다. 아이린이 내다버리기가장 힘든 물건이 바로 그것이었다. 사랑하는 아버지와의 유대를 상징하는 물건이었을 테니까. 그녀가 아버지와 맺은 그 외의 관계는 별로 따뜻하지 않았다.

아이린은 여행 이야기 할 때 말고는 아버지가 늘 냉담한 모습이었다고 기억했다. 그녀의 성장기에 아버지는 몹시 화를 내곤 했다. 때린 적은 없었다. 하지만 아이린은 아버지가 무서웠다고 회상했다. 그런 관계는 성인이 되어서도 계속됐다. 하루는 아이린이 몇 년 전에 받은 아버지의 편지를 내게 보여줬다. 격식을 차리기는 했어도 딸의 집 안 정리 상태를 비판하는 내용이었다. "집과 마당을 제대로 관리하는 의무를 넌 소홀히 하고 있다." 아이린 부부는 아버지의 지원을 받아 그 주택을 구입했는데, 그는 사정이 개선되지 않으면 유산도 없다고 못 박았다.

아이린이 결혼하고 얼마 되지 않아 이런 일이 벌어지기도 했다. 그녀가 친구 몇 명이 남편에게 선물한 회색 양모 바지를 찾는데 보이지 않았다. 문득 집 뒤 헛간에 둔 상자에 다른 것들과 함께 넣어뒀던 일이 떠올랐다. 그런데 그 상자를 도무지 찾을 수가 없었다. 아이린은 아버지가 헛간을 들락날락했던 게 생각나 상자를 치웠냐고 물어보았다. 아버지는 그 바지를 버렸다고 대꾸했다. 딸이 찾지 못하게 몰래 내다버린 것이었다. 아이린은 쓰레기 매립지로 차를 몰고 가 여러 시간 동안 회색 바지를 수색했지만 끝내 찾지 못했다.

최근에도 비슷한 일이 있었다. 돌아가신 어머니가 손으로 직접 쓴 학습 계획안을 아버지가 찢어 내다버리는 것을 아이린이 목격한 것이다. 아버지가 그렇게 나올 때면 그녀는 격분했고, 그 대상물을 복구했다. 찢긴 어머니의 교안은 이제 아이린의 거실에 있었다. 어머니가 돌아가신 뒤로 그녀는 아버지가 보내는 생일 카드와 연하장을 더 이상 구경하지 못했다. 그렇지만 아버지가 남들에게는 편지를 보낸다는 사실을 알고는 있었다. 아버지가 딸에게 편지를 보내지 않는 건 자신이 딸의 잡동사니를 늘리고 싶지 않아서였을 수도 있고, 실망과 낙담 속에서 딸과 소통하는 일에 흥미를 잃었기 때문일 수도 있다. 그리고 보면 부녀는 세계관이 달랐다.

우리는 다정함이 결여된 양육이 저장 강박의 원인으로 작용하는 것은 아닌지 궁금해졌다. 최근의 몇몇 연구를 보면, 저장 강박증을 앓는 사람들이 부모, 특히 아버지와 관계가 단절됐었다고 회고했다.

반면 아이린은 어머니와 무척 친했다. 위기에 처했을 때면 어머니를 찾아가 조언과 위로를 구했다. 그래서 어머니와 관련된 것이면 뭐든지 소중하게 여겼다. 어머니가 돌아가신 후에는 더더욱.

그녀는 아주 행복한 어린 시절을 보냈다고 회고했다. 친구들도 많았고 취미 활동도 활발히 했다. 학교에는 동네 아이들과 함께 걸어서 다녔다. 동네 아이들은 방과 후 및 주말에도 전부 모였고, 주위에는 항상 같이 놀 친구가 있었다. 그런데 2학년에 올라가면서 가족이 교외로 이사했다. 새 동네에는 또래 아이가 한 명뿐이었다. 혼자가 된 아이린은 외로움을 느꼈다. 혼자서 버스를 타고 학교에 다녔는데 당시 버스 운전수의 큰 목소리가 위협적이었다고 기억했다. 그가 아이들에게 자주 고함을 쳐댔던 탓이다. 아이린은 운전수가 무서웠고 버스에서 아무하고도 이야기를 나누지 않게 됐다. 선생님도 나을 게 없어 보였다. 아이린은 잔뜩 겁을 집어먹고 학교에서 말이 좀체 없는 아이가 됐다. 학교 가는 것도 싫어하게 됐다. 아이린이 그때를 회상하며 말했다. "항상 무서웠어요. 끔찍했죠."

아이린은 이런 상황에서 어떻게든 동요하는 감정을 다잡아야 했고, 그 방법을 찾아나갔다. 그녀는 어릴 적 물건들에 파묻혔던 일을 떠올렸다. "물건들은 재미있었어요. 즐겁고 특별했죠. 물건들은 불안한 삶과는 거리가 멀었어요. 위로가 됐으니까요. 물건들 속에서 나는 더 이상 두려움을 느끼지 않았습니다." 아이린은 이런 말까지 보탰다. "물건은 사람보다 덜 복잡했고 덜 변덕스러웠어요. 사람들은 떠나거나 상처를 주지요." 그런데 남편이 떠난 원인 제공이 아이린의 물건들이었다는 사실이 참으로 얄궂다.

거의 50년이 지났지만 두려움이 여전히 아이린의 삶을 지배하고 있었다. 함께 연구를 진행하던 어느 날 그녀가 이런 말을 했다. "매일 공포를 느끼며 잠에서 깨요." 정확히 무엇이 두려운지 꼬집어 얘기하지는 못했다. 지금 그녀는 주위에 물건을 쌓아두는 방식으로 그 두려움에 대처하고 있었다. 어렸을 때 그랬던 것처럼 말이다. "어제는 그냥 아무 생각 없이 앉아서 주위에 작은 요새를 쌓았습니다. 기분이 좋았고 편안했어요."

인터뷰하는 동안 그녀는 이런 말을 수도 없이 했다.

아이린은 일고여덟 살 때부터 자신의 물건들을 특이한 방식의 질서로 정리하기 시작했다. 책과 종이를 책상 모서리와 직각으로 놓고 완벽하게 줄을 맞췄다. 처음에는 이 충동이 대수롭지 않은 수준으로, 아이린의 삶을 크게 방해하지는 않았다. 그런데 시간이 지날수록 충동이 강렬해졌고 물건들을 정리하고 또 정리하며 점점 더 많은 시간을 보내게 됐다. 그러자 숙제를 하고 일상을 꾸리고 심지어는 제시간에 등교하는 일까지 어려워졌다. 누가 정리하는 것을 못 하게 하거나 도중에 방해를 받으면 불편하고 불안했다. 아이린이 소유물과 맺는 관계에서 문제가 있음을 알리는 첫 번째 징후가 바로 이것이었다. 균정均整 강박과 정리 충동을 보이는 아이들이 저장 강박증도 앓는다는 연구 결과와 일치하는 내용이다. 균정, 정리, 저장 강박은 모두 물리적 사물과 연관되어 있기 때문에 사람들이 물리적 세계와 상호 작용하는 방식 혹은 관계를 끊는 방식에 더 큰 문제를 발생시키기도 한다. 다행스럽게도 아이린의 경우는 균정 강박과 정리 충동이 없어졌다.

학창 시절 초기에 아이린은 살이 찌기 시작했고, 이후로 줄곧 체중 문제로 고민해왔다. 고교 시절부터는 식습관이 이상하게 바뀌었다. 아이린은 그때 거식증을 앓았는지도 모르겠다고 회고했다. 그녀는 몸무게와 저장 강박이 연결된다고 믿고 있었다. "내 몸과 집은 같아요. 위안을 얻으려고 몸과 집에 물건들을 들이는 걸 보세요." 우리는 체중 문제가 저장 강박과 관련이 있다고 믿는 저장 강박 증상자를 많이 봤다. 직접 진행한 한 연구만 보더라도 그들의 체질량지수는 평균보다 더 높았다.

아이린이 아홉 살 때 조부모가 가족과 함께 살게 됐다. 그들은 늘그막에 유럽에서 건너오신 분들로, 몸단장 습관이 아이린과 크게 달랐다. 좀처럼 목욕을 하지 않았고 탈취제도 안 썼다. 아이린에게는 두 사람이 가는 곳마다 악취를 풍기는 존재로 인식됐다. 그녀는 조부모 가운데 한 명이 방금 앉았던 의자에는 앉지 않았다. 역겹게 느껴졌던 탓이다. 오래지 않아 조부모가 한 번 앉은 의자는 아예 앉지 않게 됐다. 그렇다고 해서 청소 충동이 있었던 건 아니다. 그저 역겹다는 느낌만 가지고 있었다. 이 경험이 십중팔구 아이린이 갖게 된 오염 공포의 전조였을 것이다.

어린 아이린은 물건들에 특별한 의미가 있다고 생각했다. 궁핍하지는 않았지만 다른 또래 애들과 비교하면 장난감이 적었기 때문에 가진 것을 소중히 여겼다. 그녀는 꾸러미에서 많은 장난감을 꺼내본 적이 없다고 회상했다. 이때부터 그녀에게서 대상의 효용보다는 소유 자체를 더 높이 평가하는 성향의 조짐이 나타난 듯 보인다. 아이린은 보물처럼 여기던 물건 한 가지를 기억하고 있었다. 윗부분에 거울이 달린 원통 모양의 페이즐리 무늬 손가방이었다. 그녀가 열 살이 됐을 쯤 부모가 이 물건을 내다버리자 챙겨두었던 것이다. 그때쯤 이런저런 물건을 끝없이 모으고, 종종 분명한 생각 없이 제멋대로 행동하는 딸에게 부모는 화를 내기 시작했다. 이런 과정을 거치다가 몇 년 후 아이린은 한 친구에게 어처구니없는 짓을 저질렀다. 그녀의 청소를 돕기로 한 친구가 껌 종이를 하나 버렸다고 쫓아낸 것이다. 아이린은 물건을 내다버리라고 강권하는 사람들을 좌절시키는 정교한 전략을 개발했다. 남편이 신문 더미를 내다버리면 그녀는 정리하는 데 쓰려고 사온 상자들 바닥에 깔겠다며 그 신문지를 다시 집 안으로 들여왔다.

감정이 동요하지 않는 손실조차 문제가 됐다. 잠재적 기회가 사라지는 것은 더욱 문제였다. 아이린의 텔레비전 방에서 함께 청소를 하던 어느 날 나는 그 사실을 깨달았다. 전화번호가 적힌 쪽지가 하나 나왔다. 더미 깊숙한 곳에서 나왔고 누렇게 변색된 것으로 미루어볼 때 쪽지는 꽤 오랫동안 처박혀 있던 것 같았다. 아이린이 눈에 띄는 아무 종이에나 급하게 휘갈겨 쓴 게 분명했다. 문제의 쪽지가 나온 종이 더미의 다른 정보 대다수처럼 그녀는 시간을 갖고 다시 확인해보지도 전화번호부나 주소록에 넣어두지도 않았다. 그것은 그저 쪽지에 적힌 숫자에 불과했다. 아이린은 그 쪽지를 집어들고 말했다. "와우, 전화번호네! 이 더미에 뒀다가 나중에 처리해야지."

내가 물었다. "그 번호를 갖고 있어야겠다고 생각하는 이유가 뭐죠?" 그녀의 대답은 이랬다. "내가 썼잖아요. 나한테 틀림없이 중요했을 겁니다. 전화를 걸어 정체를 알아내는 데 시간도 얼마 안 걸리고요. 하지만 당장 할 필요는 없겠죠. 우리한테 방해가 될 테니까요." 아이린은 쪽지가 더미에 처박혀 있던 여러 해 동안 당연히 그 번호로 전화하지 않았다. 전화를 했다고 한들 그녀가 번호를 계속 갖고 있기로 마음을 굳히는 데 보탬이 됐을지 알 수 없는 일이다. 어쩌면 전화번호로 인한 잠재적 기회라는 관념이 전화를 해서 얻는 실재적 현실보다 더 좋았을 것이다.

고등학교 시절 아이린의 이상 행동은 더욱더 극단적인 방향으로 치달았다. 그녀는 일 처리를 특정한 방식으로 해야 한다는 압박감을 느꼈다. 구체적으로 숙제가 그랬다. 특출한 학생이었지만 치러야 할 대가가 만만치 않았다. 항상 연필심을 아주 가늘게 만들어서 사용했다. 글씨를 정확하게 쓰려면 반드시 그래야 했다. 또한 모든 내용을 아주 작은 인쇄체로 썼다. 한 글자라도 실수하면 해당 쪽을 처음부터 다시 쓰곤 했다.

대학 시절에 쓰던 방은 잡동사니 천지가 아니었다. 하지만 여러 상자 안에 많은 물건을 구겨 넣어 보관했다고 한다. 그보다는 다른 기벽들 때문에 상당히 불편했다. 다른 애들이 방에 들어와 침대에 앉으면 몹시 괴로웠다. 조부모가 앉았던 의자에서 악취를 느꼈던 게 떠오른 것이다. 하지만 그녀는 그 괴로움을 입 밖에 내지 않았다. 겉으로만 보면 대학 생활을 아주 잘 해내고 있었다. 친구들이 많았고, 학점도 전부 A였다. 그러나 4학년 무렵 엄격하게 통제되던 아이린의 세계가 분출하기 시작했다.

아이린은 미술사를 전공했고, 이란의 미술과 건축을 주제로 학부 졸업 논문을 쓰겠다고 마음먹었다. 주제 관련 도서를 모으고 읽었다. 그런데 도처에서 연결점이 보이기 시작했다. 이해하기 힘든 한 가지가 또 다른 것으로 이어지자 그것들 간의 관련성을 찾아내야 한다는 압박감에 시달렸다. 그녀는 이 모든 걸 놓치지 않기 위해 읽는 책마다 방대한 분량의 노트를 만들었다. 노트가 책 자체의 분량에 육박하는 경우까지 있었다. 그녀는 논문 작성에 착수하려면 머릿속에서 '완벽한' 그림이 그려질 때까지 정보를 모아야 한다고 느꼈다. 완벽주의를 추구했고, 거기에 미치지 못하는 것이면 무엇이든 불명예스러웠다. 학기 말이 됐지만 그녀가 작성한 논문의 분량은 극히 적었다. 아이린은 일생일대 처음으로 실패와 좌절의 기미를 느꼈다. 하지만 다루는 주제를 제한하고 좁히는 방법이 있다는 건 알지 못했고, 계속해서 자료를 수집했다.

그녀는 결국 논문을 완성할 시간이 없다는 걸 깨닫고는 자살 충동마저 느꼈다. 제출 일자가 무시무시한 공포로 다가왔고, 자살하고 싶다는 생각은 일종의 유예 조치 같은 것이었다. 이내 매일이다시피 구체적인 자살 방법을 생각하게 됐다. 논문을 쓰는 대신 인근 호수로 자동차를 몰고 갈 계획을 세웠다. 학업에 실패하고 망신을 당하느니 차라리 죽는 게 더 나을 것 같았다. 그녀는 결국 그동안 자료로 작성한 노트 일체와 겨우 써낸 논문 몇 쪽을 봉투에 담아 담당 교수에게 제출했다. 자신이 겪고 있던 고충에 대해 털어놓으면서. 교수는 아이린을 가엾게 생각했고, C학점을 줬다. 이 점수는 그녀가 대학에서 A 이하로 받은 유일한 학점이었다.

아이린은 그 이후로 우울증에 시달렸다. 물론 더 이상 자살 충동을 느끼지는 않았다. 하지만 잡동사니들을 효율적으로 관리 통제하지 못하게 됐다. 우울증을 겪으면서 물건을 정리하지도 버리지도 않았다. 그녀가 자신의 기분을 달랠 수 있었던 몇 안 되는 활동 가운데 하나가 쇼핑이었다. 쇼핑으로 문제는 더욱 악화됐다. 저장 강박 증상자들은 우울증도 흔하게 경험한다. 우리 연구에 자원한 저장 강박 증상자의 약 60퍼센트가 중증 우울증 진단을 받았고, 우울증의 상당 부분이 저장 강박 자체에서 비롯됐다. 저장 강박 증상자들은 거주 공간을 유지 관리하지 못하는 무능을 지적하면서 자신이 보잘것없고 아무짝에도 쓸모가 없다고 여겼다. 또한 가족 구성원을 즐겁게 해주지 못한다는 사실에 고립감을 느꼈고, 나아가 사회생활에도 제약을 받았다.

아이린의 집을 처음 찾아갔던 날, 우리가 물건 정리를 도울 테니 그 과정을 연구하는 일을 허락해주겠냐고 묻자 아이린이 이상한 말을 했다. "나 같은 사람한테 왜 당신의 귀중한 시간을 낭비하려고 하는 거죠?" 나는 그게 무슨 말인지 더 자세히 얘기해달라고 요구했다. 아이린은 주저하며 반신반의했다. 자부심이 낮아서라기보다는 자신을 낮게 평가하는 것이 분명했다.

그녀는 밖에서 남과 대화하거나 쇼핑을 할 때는 그런 감정을 느끼지 않았다. 하지만 집에만 들어오면 사정이 달라졌다. 잡동사니가 눈에 들어왔고, 아이린에게 자신이 하찮은 존재라는 생각을 하도록 만들었다. 그러나 소유물 하나하나는 그녀에게 위협을 가하기보다 위안이 돼줬다. 아이린도 또렷하게 알고 있었다. 어이없게도 자신의 저장물이 위안인 동시에 괴로움의 근원이라는 걸 말이다.

대학을 마친 후 아이린은 1년 동안 부모님과 한집에 살면서 근처 대학에 등록해 다녔다. 다음 해에 대학원 과정을 시작할 계획을 세웠다. 바로 그때 처음으로 지저분한 방에 살게 되었다고 했다. 대학 때 모은 책과 노트를 '깨끗한' 종이 가방들에 담아 전부 보관했는데, 방이 가득 찰 정도의 양이었다. 짐 때문에 방에 놓인 두 개의 1인용 침대 중 겨우 하나만 볼 수 있었다. 방에 들어온 사람이 침대가 두 개인 걸 눈치 채지도 못했다. 30년이 지났지만 그녀는 그때의 책과 종이와 옷가지를 여전히 갖고 있었다.

다음 해 아이린은 계획대로 도서관학 대학원 과정에 입학했다. 그녀는 도서관 자료를 분류해 목록화하고 정리하는 데 아무런 문제가 없었다. 아이린의 것이 아니었으니 당연했다. 하지만 소유권이 그녀에게 넘어가면 사정은 달라졌다. 물건들을 정리하려고 애썼지만 번번이 실패했다. 그녀는 책과 종이로 가득 찬 위층 아파트에서 살았다. 방이 아주 지저분해졌지만 집주인 아줌마가 시각장애인이라 실상을 알지 못했다. 아이린이 가는 곳마다 커다란 종이 가방을 휴대하면서부터 저장 강박 행동이 뚜렷하게 감지됐다. 그 가방들에는 책, 종이, 기타 등등의 그녀가 필요할지도 모른다고 판단한 온갖 것이 담겨 있었다. 아이린의 '만약의 경우에 대비한' 목록이었다. 이런 활동과 행태가 아이린을 구성하는 이미지의 일부를 차지했고, 주위 학생들은 농담 삼아 그녀를 '가방 여사'라고 불렀다.

오염에 대한 걱정도 이 시기에 더 강렬해졌다. 선생들이 수업 시간에 자료를 나눠주면 아이린은 병원균을 무력화하기 위해 받아들기 전과 만진 후에 손가락을 핥았다. 이후로 강박-충동 장애가 심각해졌을 때 그녀는 이 의식을 가장 주된 '오염 제거' 전략 가운데 하나로 삼았다.

아이린은 대학원 과정을 마칠 무렵 남자친구와 결혼했고, 부부는 아파트를 얻어 함께 살기 시작했다. 곳곳에 놓인 잡동사니는 결혼 생활 초기부터 이 집 안의 특징이었다. 다행인 것은 집 안이 그렇게 엉망인데도 두 사람의 관계가 한참 후까지 비교적 굳건하게 유지됐다는 점이다. 잡동사니는 대부분 책과 종이가 가득 담긴 상자 형태였다. 아이린은 대학도서관에서 일을 시작했고, 구간 자료 '솎아내기' 업무를 맡았다. 신문, 잡지, 도서를 폐기하는 것도 업무에 속했다. 이 자료의 상당수가 집으로 옮겨지면서 그녀의 저장물은 대폭 늘어났다.

아이린의 과거 이력 가운데서 어떤 경험과 요소가 저장 강박과 관련 있는지는 사실 잘 모른다. 하지만 여러 저장 강박 증상자들의 이력을 살펴보면 공통적인 특징들이 있다. 아이린은 어렸을 때부터 감수성이 예민했고 근심과 걱정이 많았으며 완벽주의를 지향했다. 지능이 매우 높았지만 어른들을 무서워했고 신체 접촉을 몹시 싫어했다. 또한 소유물에서 안정감과 위로를 얻었다. 어쩌면 그녀는 이런 특징 속에서 물건들을 통해 삶에 의미를 부여하고 더 넓은 세상과 접속했을 것이다. 아이린의 저장 강박 행동이 발달하는 데는 여러 해가 걸렸다. 당연히 이 행태를 제거하는 노력 또한 오랜 시간이 걸릴 것이고, 그 과정 역시 고될 터였다.

치료와 회복

플라스틱 통들이 아이린의 집 여기저기서 보였다. 그 대다수가 텅 빈 상태로 층층이 쌓여 있었다. 이 용기들은 안의 내용물을 확인할 수 있도록 투명하게 만들어진 것이었고, 뚜껑은 전부 제거된 상태였다. 아이린이 물건들을 정리해보겠다는 의도로 여러 해에 걸쳐 그 플라스틱 용기를 구매했지만 성공하지 못했다. 결국 그렇게 사 모은 플라스틱 용기까지 잡동사니가 되었다. 정리 방법을 안내해주는 수많은 서적도 사정은 마찬가지였다. 저장 강박으로 고생하는 사람들은 가장 기초적인 정리조차 하지 못하는 경우가 대부분이다. 그들의 노력이 부족해서가 아니다. 대다수의 저장 강박 증상자도 아이린처럼 소유물을 정리하려고 애쓰면서 셀 수 없이 많은 시간을 보낸다. 하지만 성공하는 경우는 거의 없다. 계획, 분류, 정리, 주의 집중 등에 대한 실행 기능이 모자란 저장 강박 증상자들은 물건들의 바다에서 길을 잃고 만다. 그리고, 그다음에 뭘 해야 할지 모른다.

아이린과 나는 집 안의 종이를 분류 정리하는 체계를 함께 고안했다. 그녀는 사서였고, 자기 소유가 아닌 것들을 두고는 그 일을 쉽게 해냈다. 하지만 자기 문제가 되면 똑같은 일이 엄청나게 힘든 과제로 돌변했다. 모든 소유물에 너무 많은 의미가 담겨 있었고, 한 가지 방법으로는 도저히 분류할 수가 없었다. 모든 물건이 상호 참조가 되게 하는 작업은 힘들었다. 그렇지만 새로운 분류 정리 체계는 곧 빛을 발했다. 이 방법대로 정리하고 일주일이 지난 후 아이린은 흥분해서 말했다. "작년에 자동차 사고가 났는데, 보험회사에서 보낸 편지를 찾아야 했어요. 보험 서류철로 달려갔고, 바로 찾아냈죠. 그전이라면 찾는 데 몇 주는 걸렸을 거예요."

하지만 평생에 걸쳐 형성된, 무더기를 쌓아 정리하는 습관은 쉽게 바뀌지 않았다. 아이린은 뭔가가 필요할 때면 그 물건의 마지막 위치가 머릿속에 그림으로 떠오른다고 푸념했다. 물건이 다른 곳으로 옮겨졌을 가능성이 많음에도 불구하고, 이 마음속의 그림 때문에 물건들의 위치를 알고 있다고 느낄 수 있었다. 그러나 새로운 분류 정리 체계가 갖추어지자 물건들은 아이린의 시야를 벗어났다. 그녀는 머릿속에 그림을 떠올릴 수 없었고 길을 잃었다고 느꼈다. 우리는 아이린이 분류 정리 체계를 발전시켜갈 뿐만 아니라 그걸 충분히 활용하면서 편안함과 자신감을 느낄 수 있도록 도와야 했다.

아이린이 물건에 보이는 애착의 정체가 무엇이고, 또 얼마나 강렬한지 확인하는 실험을 주로 했다. 정체불명의 전화번호가 적힌 문제의 쪽지를 버리는 일을 아이린이 어려워하자 나는 실험을 제안했다. 그 쪽지가 그녀에게 얼마나 중요한지 확인해보자고 한 것이다. "그 쪽지를 버리면 과연 어떤 느낌일지 알아봅시다." 내 말에 아이린은 고개를 끄덕였고, 그 종이를 재활용함에 던져 넣으며 얘기했다. "아무래도 불안하다는 생각이 들어요. 중요하다고까지는 말 못해도 자꾸 걸리는 거 있죠. 이겨낼 수는 있어요." 그러고는 잠시 뜸을 들이더니 말을 보탰다. "그래도 전화 한 통이면 해결할 수 있잖아요." 나를 바라보는 그녀의 표정은 애원조였다. 나는 이 실험을 계속 밀어붙이면 어떻게 되는지 알아보자고 단호히 말했다. 아이린은 마지못해 동의하고는 청소 작업을 재개했다. 하지만 불과 2~3분 후에 하던 일을 멈췄다. "전화는 몇 분이면 돼요. 중요할지도 모르잖아요." 그러고는 재활용함에서 쪽지를 꺼냈다.

대다수의 저장 강박 증상자도 물건을 버릴 수 있다. 다만 물건이 낭비되는 게 아니라 좋은 집을 찾아가거나 이 경우처럼 그로 인한 기회가 더 이상 유용하지 않다는 확신이 있어야 한다. 그러나 이런 확신에 필요한 시간과 노력의 양이 집으로 쳐들어오는 물건의 양을 따라잡거나 보조를 맞추는 것은 불가능하다. 그들이 결국 단념하고, 다시금 잡동사니의 더미가 쌓여도 수수방관하게 되는 이유다. 아이린이 그 번호로 전화를 해서 기회가 사라졌다는 걸 알아냈을 수도 있다. 그랬다면 그녀가 쪽지를 버리는 데서 편안함을 느꼈을지도 모를 일이다. 하지만 스쳐지나가는 기회를 포기하는 방법을 배우지 못했을 것이다. 그 실험은 실현되지 않은 기회와 관련된 불확실성을 참는 법을 가르치는 걸 목표로 삼았다. 우리와 많은 얘기를 나눈 끝에 아이린은 실험을 계속하기로 했다. 그녀는 쪽지를 다시 재활용함에 집어넣었다. 하지만 자기도 모르게 몇 분마다 재활용함에 시선이 가는 것까지 막을 수는 없었다. 그럴 때마다 전화를 걸고 싶고, 그러면 자기 기분이 훨씬 나아질 거라는 말을 되풀이했다. "쪽지가 보이는 게 꼭 등대 같아요. 눈길이 가면 생각까지 따라가게 되네요. 안 보이게 덮어버려야겠어요." 그녀는 쪽지를 가린 후 다시는 그 얘기를 꺼내지 않았다.

아이린은 이런 실험을 통해 물건들에 대한 생각을 꾸준히 바꾸었고, 판단과 결정을 내리는 능력도 개선해나갔다. 처음에 그녀는 나의 요구를 거의 참지 못했다. 첫 번째 치료를 시작하면서 쪽지를 하나 버린 다음 불과 5분 만에 말했다. "그만 중단했으면 싶어요." 하지만 그녀는 1년 반 동안 꾸준히 인내하며 열심히 노력했고 집을 말끔히 치워냈다. 매 단계를 거치면서 정상적인 생활에 조금씩 더 다가섰다. 그녀는 깨끗한 식탁에서 자녀들과 모여 앉아 식사할 수 있게 되었다. 주방 전체가 청결해지자 아이린은 요리를 다시 시작했다. 어수선하지 않고 깔끔한 방에서 사는 것이 정상으로 느껴지기 시작했다. 우리가 아이린과의 연구를 종료할 시점에는 집 안 공간 대부분이 잡동사니에서 해방된 상태였다.

나는 아이린을 만나면서 그녀가 저장 강박 증상자의 원형原型임을 선명하게 깨달았다. 아이린은 우리가 다른 저장 강박 증상자들에게서 관찰해온 특성을 전부 보여줬다. 완벽주의, 우유부단, 물건들에 대한 강렬한 믿음과 애착. 소유물은 자신의 정체성을 형성하는 데서 일정한 역할을 했고, 그녀는 물건들 속에 자기 역사를 간직했다. 물건들의 안녕과 복지에 책임감을 느꼈고, 물건들은 그녀에게 위로와 안정감을 제공했다. 물건들은 삶에서 누려야 할 온갖 것을 경험할 수 있는 기회와 가능성이기도 했다.

아이린은 회복했다. 우리는 그녀를 통해 저장 강박이 어떻게 변화할수 있는지에 대해 아주 많은 것을 배웠다. 가장 중요한 점은 아이린이 무엇을 보관하고 무엇을 버릴지에 대한 모든 결정을 직접 내렸다는 사실이다. 그 자유는 할 수 있는 게 거의 없는 자유였을지도 모른다. 하지만 아이린은 감연히 나섰고 아끼는 소유물을 버리는 고통을 기꺼이 참고 이겨냈다. 그런 노력이 없었더라면 성공하지 못했을 것이다.

모든 소유물에는 나름의 사연이 있었다. 아이린은 그 사연을 얘기하는 것만으로도 대상물과 맺은 애착 관계가 어느 정도 느슨해지는 느낌을 자주 받곤 했다. 그녀는 이런 방식의 지속적인 치료를 통해 물건들을 떠나보낼 수 있게 되었다.

Chapter 2 | 수집과 저장

제리 사인펠트의 셔츠니까 특별한 거죠

강박의 역사

남이 나라고 부르는 것과 나의 것이라고 부르는 것 사이에 경계선을 긋기가 어렵다는 것은 너무나도 분명하다. 우리가 우리 소유의 특정한 대상과 관련해 느끼고 행동하는 양상을 보면 스스로에 대해 느끼고 행동하는 양상과 무척이나 닮았다는 걸 알 수 있다.
_ 윌리엄 제임스

    나는 최근에 수업을 듣는 학생들에게 가진 것 중에서 의미를 두는 물건이 무엇이냐고 물었다. 한 여학생이 수줍어하며 고백하기를, 자기한테 제리 사인펠트Jerry Seinfeld, 미국의 영화배우─옮긴이가 입었던 셔츠가 있다고 했다. 이베이에서 직접 구입했다는 말도 보탰다. 사인펠트가 한 번 입었다는 사실만으로도 그 셔츠가 가치와 의미를 지닌다는 것에 모든 학생이 동의했다. 정확히 어떤 의미를 가지는지 딱 부러지게 말하지는 못했지만 말이다. "하지만 제리 사인펠트가 입었다고요!" 이 말이 그들이 할 수 있는 최선이었다.

    나는 물었다. "제리 사인펠트가 입었다는 걸 모른다면 그래도 특별한 가치가 있을까?"

    "아니요, 절대로 안 돼요." 이구동성으로 들려온 대답.

    "그렇다면 그 가치라는 건 여러분의 머리에 있는 것이지 셔츠에 있는 것은 아니지 않나?"

학생들은 이의를 제기했다. 사인펠트의 어떤 정수精髓가 그 셔츠와 연결돼 있다는 것이었다. 그가 거기에 자신의 일부를 남기기라도 한 것처럼 말이다. 학생들은 그 셔츠는 세탁을 하더라도 그 속성을 잃지 않는다고 믿고 있었다.

"그게 사실이라 쳐도 어쨌다는 거지? 왜 가치가 있는 건데?"라고 묻자 "셔츠를 입는 사람이 제리 사인펠트와 연결될 테니까요." 또 다시 이구동성으로 들려온 대답이었다.

수업이 끝나고, 나는 이런 생각이 들었다. '아이린이 하던 게 이거 아니었나?' 아이린은 물건을 통해 세상과 연결되려고 애썼다. 그녀에게는 모든 소유물이 제리 사인펠트 셔츠와 같았다. 그것들은 아이린을 더 큰 무엇과 연결해줬고, 그녀에게 확장된 정체성과 더 의미 있는 삶을 선사했다. 물건 자체를 높이 평가한 것은 아니었다. 아이린이 높이 평가한 것은 물건들이 상징하는 연관성이었다. 우리가 연예인들의 옷, 베를린 장벽이었던 콘크리트 조각, 타이타닉 호에서 나온 갑판 의자, 5톤에 달하는 오래된 신문을 수집하는 것도 똑같다. 물건들이 상징하는 사람이나 사건의 정수가 마법처럼 떨어져 나와 우리의 일부가 된다고 상상하는 것이다.

19세기 말 스코틀랜드의 인류학자 제임스 조지 프레이저는 『황금 가지』라는 대저를 썼다. 주술과 종교를 논한 이 책은 소유물이 발휘하는 마법 같은 매력을 조명한다.

프레이저가 설명하는 두 가지 형태의 공감 주술에 따르면 물건들은 특성이 서로 닮았을 때(유사, similarity), 또는 과거 한때 접촉했거나 물리적으로 가까웠으면(감염, contagion) 공감한다. 물건 두 개가 공감하면 그것들은 지속적으로 서로에게 영향을 주고받는다.

공감 주술의 형태 중 하나인 감염이 바로 우리가 물건에 대해 느끼는 성향의 핵심인 것 같다. 마치 제리 사인펠트의 셔츠에서 신비한 힘을 느끼는 것처럼 말이다. 한 연구에 따르면 아이들은 영국 여왕이 만진 물건을 똑같지만 안 만진 물건보다 더 중요하다고 생각했다. 여왕이 만진 물건에는 물리적 특성으로는 식별할 수 없는 정수가 담겨 있다고 판단한 것이다.

감염은 다른 방식으로도 저장 강박을 야기한다. 이때는 다른 사람이나 다른 것과 연결되고 싶은 욕구가 아니라 자신의 일부와 단절되는 게 두려운 마음에서 비롯된다. 다수의 초기 문명에서 사람들은 신체의 버리는 부분들(손톱, 머리칼, 이빨), 나아가 옷가지 등에 남이 접근하지 못하도록 갖은 노력을 다 했다. 공감 주술의 법칙에 따르면 이런 물건들은 잃어버린 당사자에게 영향을 미치거나 그(또는 그녀)를 통제하는 데 사용될 수 있었다. 이를테면, 타인의 머리칼을 입수한 사람은 그것으로 마법을 부려, 머리카락의 주인이 사랑에 빠지도록 (또는 사랑에서 깨어나도록) 만들수도 있다는 것이다.

심각한 저장 강박 사례 중에서 몇몇 환자들은 자기 몸과 결부된 것이면 그 어떤 것도 버리기를 거부하는 비이성적 공포를 드러낸다. 깎은 손톱, 사용한 탐폰, 심지어 똥과 오줌까지 못 버리는 사람들이 있다. 망상적으로 보이는 이런 행동에서 주술적인 감염을 읽어낼 수도 있다. 인류학자들은 이런 류의 생각이 과학적 사고의 원형이라고 본다.

소유한다는 것

아이린은 소유한 물건과 소유하게 될 물건만 탐닉했다. 타인의 물건에는 매력을 느끼지 않았다. 소유한 '보물'들을 주변에 놔두는 걸 좋아했다. 다른 사람이 그 보물을 건드리지 않으면 더 좋았다. 이와 같은 일련의 행동을 살펴보며 저장 강박이 물건 자체가 아니라 소유와 관련된 것이라는 사실에 우리는 거듭 충격을 받았다.

저장 강박을 제대로 이해하기 위해 먼저 간단한 질문부터 해보자. 무언가를 소유하는 게 어떤 의미일까? 이 질문의 답은 그렇게 간단하지 않다. 철학자들은 소유가 무엇인지를 놓고 계속 토론해왔다.

기원전 4세기에 활약한 플라톤으로 거슬러 올라가보자. 플라톤은 물건을 소유하는 것이 피해야 할 악덕이라고 확신했다. 사적 소유를 금하고, 모든 재산을 공유해야 한다고까지 주장했다. 플라톤의 제자인 아리스토텔레스는 정반대 견해를 가지고 있었다. 그는 도덕성이 발달하려면 사적 소유가 반드시 선행돼야 한다고 믿었다. 하지만 아리스토텔레스도 소유권은 재산을 사용할 줄 아는 사람들한테만 허용돼야 한다고 생각했다. 13세기의 신학자 토마스 아퀴나스는 중도를 취했다. 그는 소유가 아니라 '관리 책임'을 얘기했다. 사람들이 하느님의 재산을 잠시 잠깐 수호할 뿐이라는 논리였다. 17세기로 가보자. 존 로크는 물건을 얻기 위해 노력하는 사람들만 그 대상을 소유할 수 있다고 말했다. 한 세기 후 데이비드 흄이 등장했다. 흄은 우리가 타인이 소유한 물건을 보면서 그 대상을 그 사람의 일부로 받아들인다면 주인과 소유권을 결합하는 것이라고 이론화했다. 소유권이 어느 정도는 사회적 합의로 규정되는 이유이다. 이들 철학자는 사회를 조직하고 경제를 운용하는 방식에 관심을 두면서 소유권에도 관심을 가졌다. 개인적인 차원에서 소유가 가진 의미를 탐구 모색하는 과제는 더 최근의 철학자들과 사회 과학자들이 떠맡았다.

장 폴 사르트르는 우리가 무엇을 소유했는지 관찰해보면 우리가 누구인지 알 수 있다고 주장했다. 그는 대다수의 구체적인 유형有形 대상의 경우 획득하거나 만들면 소유하게 된다고 말했다. 능동적으로 획득하거나 제작하는 것이 열쇠인 셈이다. 대상을 수동적으로 획득했다면(획득했다고 하더라도) 장악하거나 관련 지식에 정통함으로써 소유할 수 있다. 또한 사르트르는 소유가 구체적인 물건뿐만 아니라 무형無形의 대상까지도 포괄한다고 생각했다. 가령, 기술에 숙달하면 보잘 것 없던 소유권도 바뀐다. 대상에 정통해짐으로써 그걸 소유하기도 한다. 도보 여행자를 예로 들어보자. 산악 통행로를 속속들이 '파악하고 있는' 도보 여행자는 그 길을 '소유하고 있다'는 느낌을 받는다. 사르트르는 존재의 의미에 대해 사유하면서 이렇게 썼다. "'소유'는 인간이 겪는 가장 기본적인 세 가지 형태의 경험 가운데 하나다. '행위'와 '존재'가 나머지 둘을 구성한다."

사르트르를 제외할 경우, 20세기에 소유 문제를 다룬 사유와 저술의 대다수는 사회 과학 및 생물학 분야에서 이루어졌다. 1918년 심리학자 윌리엄 제임스는 '전유專有' 및 '획득'을 본능이라고 설명했다. 태어날 때부터 존재하며, 평생 지속되는 인간 본성의 일부라는 것이다. 이 본능이 우리의 자아의식을 형성한다. '나'가 '나의 것'과 융합되고, 우리의 '자아'는 우리가 소유한 것으로 구성된다. 행동을 설명하기 위해 본능을 동원하는 행태가 19세기 말과 20세기 초에 유행했다. 그러던 것이 이후 수십 년 동안 한물갔다가 최근 몇 년 사이에 부활했다. 이는 신경 과학의 연구 성과 덕택이다.

　대상을 획득하는 행동이 본능에 의한 것인지 문화에 의한 것인지, 혹은 둘 다에 의한 것인지는 불분명하다. 하지만 명확한 것도 있다. 소유 개념이 문화에 따라 매우 다양하고, 문화권 내에서도 획득 성향이 무척 큰 편차를 보인다는 것은 분명한 사실이다. 초기 문명 일부에서는 소유물을 개인의 생령生靈, 곧 자아의 일부로 인식했다. 인류학자들은 이것이 소유를 깨달아가는 기본적인 심리 절차로 보았고, 문화적 요소들에 의해 점차 세련되게 재정비된다고 밝혔다. 마거릿 미드가 1930년에 서술한 파푸아뉴기니 동북부의 마누스 섬 사람들을 보면 이런 믿음이 명백하게 감지된다. 그들은 소유물을 신성하게 여겼고, 잃어버리면 가족이 죽은 것처럼 슬퍼했다.

　20세기 중반에 정신분석학자 에리히 프롬은 성격 이론을 하나 개발했는데, 사람들이 주변 세상과 관계를 맺는 한 가지 방식으로써 물건을 획득한다고 말했다. 그는 물건 취득 양상이 성격의 '가장 중요한' 측면을 구성한다고 믿었다. 지나치게 취득하는 양상을 그는 '수집 저장 지향'으로 지목했다. 그게 네 가지 유형의 '비생산적' 성격 가운데 하나라는 것이었다.

　그가 보기에, 수집 저장을 지향하는 사람들은 물건을 모으고 보관하는 데서 마음이 든든하다고 느낀다. 또한 그들은 내성적이고 강박적이며 의심이 많고 타인과 소원하게 지내고 규칙을 잘 따르고 청결과 시간 엄수에 지나치게 민감하다고 설명했다. 프롬은 후기 저술에서 실존existence에는 대비되는 두 측면, 곧 소유having와 존재being가 있다고 상정했다. 그리고 소유, 곧 탐욕이 인류의 가장 부정적인 특징이라고 주장했다.

카를 아브라함 같은 전형적인 정신분석가들은 소유를, 사회가 배설물 보관을 금지하고 그 대안으로 용인한 행위라고 보았다. 모든 아이에게 자아의 일부를 보유하려는 충동이 있다고 했다. 아브라함에 따르면 어린 이는 대변 간직 욕망을 더 무난한 충동으로 대체한다. 소유물 취득이 그 대체 충동이라는 것이다.

정신분석적 사유를 이끄는 최근의 대상 관계 학파는 이 상황을 약간 다르게 설명한다. 도널드 위니콧은 '과도적 대상' 단계를 도입해, 아이들 이 부모로부터 자율성을 획득해가는 과정에서 강한 애착을 보이는 물리 적 대상을 언급한다. 예를 들어, 담요나 봉제인형은 엄마의 대체물로, 엄 마한테서 벗어나 독립하는 이행을 대변한다. 초기에는 엄마가 아이를 달 래고 진정시킬 수 있다. 그런데 어느 시점에서 과도적 대상이 그 역할을 떠맡는다. 그러다가 아이가 스스로를 위무할 만큼 나이를 먹는 것이다. (내 딸에 관해 말하자면 '마나'라고 부르는 담요에 애착을 보였다. 그 아이는 20대가 된 지금도 여행할 때면 여전히 마나를 가져간다.)

지그문트 프로이트는 저장 강박에 대한 얘기를 거의 하지 않았다. 하지 만 항문 고착에서 기인한다고 본 세 가지 특성을 설명했다. 질서, 인색, 완고가 그것들이다. 그중의 하나인 인색이 수전노나 자린고비처럼 돈을 모으는 것이다. 랭글리 콜리어는 이 특성들 가운데 적어도 두 가지, 곧 인색과 완고에 부합했던 것 같다. 그가 규칙을 잘 지켰다는 증거는 없지 만 말이다. 프로이트는 돈을 모으는 행동이 배설물 보유를 상징하는 것 으로 보았다.

항문적 성격의 3대 특성 가운데 두 가지, 곧 질서와 완고는 강박성 인 격 장애obsessive-compulsive personality disorder, OCPD를 진단하는 현행의 기준에서 찾아볼 수 있다. 강박-충동 장애와 전혀 다른 강박성 인격 장애는 프롬이 수집 저장 성향자를 설명한 내용과도 일치한다. 예컨대, 강박성 인격 장애를 판정하는 여덟 가지 기준 가운데 하나는 지엽말단, 규칙, 질서, 체계에 집착하는 것이다. 돈에 인색한 것이 또 하나요, 세 번째 기준은 융통성 없이 고집스러운가 여부다. '정서적인 가치가 전혀 없는데도 낡았거나 소용없는 대상을 버리지 못하는 것'도 여덟 가지 기준에 포함된다. 관찰자에게는 저장물이 아무런 가치가 없을지도 모른다. 하지만 저장 강박 증상자는 저장물이 무가치하다고 말하는 법이 거의 없다.

과학자들이 이 이론들을 경험 조사 자료로 검증하기 시작한 것은 불과 30년 안팎이다. 리타 퍼비는 소유와 소유물 분야의 선도적 연구자로, 사람들이 대상을 소유하는 행태를 연구하고 설명했다. 그녀는 전 연령대에서 중요한 특징을 세 가지 찾아냈다.

첫 번째이자 가장 상습적인 특징은, 소유자가 소유물을 바탕으로 뭔가를 하거나 이룰 수 있다는 것이었다. 요컨대, 소유자는 소유물을 통해 자신의 힘과 효험을 자각한다. 소유물의 가치는 도구적이라는 데 있다. 소유물은 과제를 수행하는 도구다. 우리가 작업을 하고 환경을 제어하려면 물건들이 필요하다.

우리가 처음 저장 강박을 연구하면서 알아낸 사실에서도 이를 확인할 수 있었다. 실험에 참가한 저장 강박 증상자와 비증상자 모두 이렇게 말했다. 자기들이 물건을 소유하는 것은 다 용도가 있기 때문이라고. 거의 모든 저장 강박 증상자가 쌓아둔 물건들에 대해 이런 주장을 편다. 저장 강박 증상이 없는 사람들도 그건 마찬가지다. 그러나 두 그룹의 차이는 '유용하다'고 보는 물건들의 양과 종류에서 발생한다. 예컨대, 나이 지긋한 한 저장 강박 증상자는 식품 깡통과 병에서 상표를 뜯어내 편지지로 사용했다.

퍼비가 찾아낸 두 번째 특징은 대상을 소유하면 마음이 든든해진다는 것이었다. 위니콧의 과도적 대상이 떠오르는 대목이다. 알프레드 아들러도 이 특징을 강조했다. 아들러는 소유라는 것은 인간이 태어나면서 야기되는 열등감을 보상하는 한 가지 방식이라고 제안하면서 고전적인 정신분석과 결별했다.

이렇게 생명이 없는 대상한테서도 위로를 얻을 수 있다는 사실은 해리 할로가 원숭이 새끼를 동원해 진행한 유명한 실험으로 증명됐다. 새끼 원숭이들은 철망으로 만든 대리모보다 부드러운 천 소재의 대리모를 선천적으로 더 좋아했다. 철망 소재의 대리모가 새끼들에게 먹을 것을 제공하고 천 소재의 대리모는 먹을 것을 주지 않았음에도 불구하고 말이다. 원숭이들은 소스라치게 놀라면 천 소재의 대리모에게로 달려갔다. 물건의 재질이 위로와 안심을 제공한다는 사실을 뒷받침하는 결과였다. 대상의 이런 위무적 특성 속에서 아이린은 물건들로 성채를 쌓았다. 우리를 찾아오는 다수의 저장 강박 증상자들이 자기 집을 '고치cocoon'나 '보호막', '은신처'로 묘사하는 것도 같은 맥락에서다.

스티븐 켈렛은 최근 발표한 저장 강박 이론에서 저장 강박 행동은 안심이 되는 거주 공간을 만들고 유지하려는 노력에서 비롯된다고 제안하였다. 동물들한테서 볼 수 있는 보금자리 만들기 행동과 비슷하다는 것이다.

퍼비가 확인한 세 번째 주요 특징은 소유가 자아의식의 일부를 구성한다는 것이었다. 사르트르가 생각했던 바와도 일치하는 발견이다. 이런 종류의 애착은 미묘하지만 강력하다. 사람들은 물건을 소유함으로써 지위와 힘을 더 크게 의식한다. 물건이 사람들의 잠재력과 가능성을 확장해주는 것이다. 예를 들어, 피아노를 구입한 사람은 피아노 연주자가 될 가능성이 생긴다. 그런 식으로 개인의 정체성이 확장되는 것이다.

물건들이 개인의 이력을 보존해주기 때문에 동일성도 유지된다 앞문장의 '정체성'과 해당 문장의 '동일성'은 identity의 역어다―옮긴이. 대다수의 사람들은 개인사를 기념하는 물건들을 보관한다. 이 기념품은 일찍이 경험했던 감각, 사고, 감정이 저장된 곳이다. 급작스럽게 몰려온 향수가 마음속에서 일렁이면서 지난날의 노래가 들리고 향기가 진동하는 감각 작용이 일어나는 것이다.

수집의 의미

거의 모든 문화에서 사람들은 취미로 물건을 수집해 보관한다. 현재 이라크에 해당되는 우르Ur의 페르시아인 무덤들을 발굴해봤더니 최초라 할 만한 수집 행위의 증거가 상세히 확인됐다. 진흙 덩어리에 새겨진 인장이 무려 1,100개가 출토됐는데, 이것들은 기원전 5세기로까지 거슬러 올라간다. 지금 사회를 보더라도 많은 사람이 다양한 물건을 수집한다. 골동품 자동차에서 성냥갑에 이르기까지 말이다.

한 추정에 따르면 미국 성인의 3분의 1이 뭔가를 수집하고, 전체 가구의 3분의 2에는 최소 한 명 이상의 수집가가 산다. 이상한 것, 가령 빈 담뱃갑이나 커피 깡통을 수집하는 사람들이 있는가 하면, 특정한 수집 행위에 몰두하는 동호회를 결성하기도 한다. '미국 우표 수집 협회', 더 특이한 예로 '빅토리아 시대 단추 수집가 협회'를 들 수 있다. 저장 강박을 연구하는 아주 협소한 과학 분야에 비해 수집에 관한 연구의 역사는 아주 길다. 수집 연구의 대부분은 사회학, 인류학, 소비자 행동 경제학 분야에서 이뤄졌다.

정확히 무엇이 수집이고, 누가 수집가인지는 규정하기가 힘들다. 우표에서 거품 제거용 막대에 이르기까지 거의 모든 걸 수집할 수 있고, 실제로 수집되고 있다. 그런데 과연 거품 제거용 막대를 몇 개나 모아야 수집일까? 수집을 연구하는 대다수의 학자는 일련의 물건들이어야만 수집물이라고 할 수 있다고 생각한다. 일련의 물건들이라니? 우선 두 개 이상이어야 한다. 여기에 해당 품목이 어떤 식으로든 관계를 맺어야 한다는 조건이 보태진다. 물건들을 결합해주는 모종의 주제가 있어야 한다는 얘기다. 물건들이 적극적·능동적으로 취득돼야 한다는 조건도 추가된다. 대상을 찾아내 획득하려는 열정과 열의가 있어야 한다는 말이다. 앞의 두 정의에 부합하더라도 대상을 선물로 받기만 하는 사람은 수집가가 아니다.

수집 절차에 아주 공을 들여야 할 때도 있다. 어떤 사회학자들은 그래서 이 과정을 구애에 비유한다. 수집가들은 대상물 획득 계획을 세우고, 마침내 그것을 수중에 넣는 순간을 짜릿하게 떠올리며 많은 시간을 보내는 것이다. 일단 취득된 수집물은 본래의 용도를 잃는다.

대학 시절 나는 한 친구의 기숙사 방을 방문한 적이 있었는데, 포장지를 뜯지 않은 마블 코믹스 만화책들을 보면서 이런 특징을 분명하게 깨달을 수 있었다. 되는 대로 한 권 꺼내 읽다가 친구의 룸메이트에게 공격을 당했던 것이다. 그는 내게 딱 잘라서 말했다. "그것들은 읽으려고 산 게 아니야!" 물건들이 모종의 방식으로 정리된다는 게 수집의 또 다른 특징이다.

우리는 연구를 시작한 초창기에 스스로를 '숲쥐pack rat'라고 부르는 여자를 만났다. 그녀의 집을 방문했는데 티끌 하나 없이 깨끗했다. 깔끔했을 뿐만 아니라 거의 텅 비어 있었다. 하지만 그녀는 미국에서 발행되는 모든 주요 신문에서 오려낸 영국 왕가 기사를 지하실에 잔뜩 보관 중이었다. 오려낸 스크랩 자료가 상자들에 가득했고 천장까지 쌓여 있었으며 연도 및 가족 구성원 별로 줄지어 정리돼 있었다.

수집이라고 규정할 수 있는 핵심적 특징들을 정리해보자. 첫째, 두 개 이상 모아야 한다. 둘째, 수집물은 어떻게든 서로 관계를 맺어야 한다. 셋째, 물건들은 특정한 방식으로 취득돼고 정리돼야 한다. 내 책상 서랍 속에 들어 있는 펜과 연필 십수 개는 수집물이라고 할 수 없다. 필기도구를 새로 입수할 때마다 그냥 처박아둘 뿐더러 사용할 일이 있으면 꺼내서 쓰기 때문이다. 하지만 내가 필기도구를 적극적으로 찾고 취득해 정성스럽게 정리하며 사용하는 일이 전혀 없거나 거의 없으면 (더불어서, 남이 사용하는 것도 일체 허용하지 않으면) 그것들은 수집물이 된다. 이런 식으로 수집한 물건을 보유한 사람이면 누구나 수집가다.

온갖 유형의 수집가가 있고, 수집가의 연령 또한 천차만별이다. 수집을 연구하는 사람들은 거의 모든 어린이가 물건을 모은다고 얘기한다. 그들에 따르면 무려 세 살 때 수집이 시작되는 경우도 있다고 한다. 바로 그즈음에 아이들이 '나의 것mine'과 '너의 것yours' 같은 소유대명사를 이해하기 시작한다는 것은 결코 우연이 아니다. 아이들이 '너의 것'이란 말을 사용하기에 앞서서 '나의 것'이란 말을 사용하는 듯하다는 사실도 흥미롭다. 통상 두 살에서 두 살 반 사이에 일어나는 일이다. '너의 것'이란 어휘를 처음 사용하게 되는 양상을 보면, 대부분 자기는 이미 뭔가를 가졌으니 '나의 것'으로 삼지 않겠다는 의사를 상대에게 납득시키려는 경우다.

일반적으로 보면 누구든 자아를 정교하고 수준 높게 인식한 후에야 무언가를 소유할 수 있다는 것도 알게 된다. 아이들이 '나의 것'이라는 말을 처음 사용할 때를 살펴보면, 획득하거나 획득물을 간직하기 위해 신체를 공격하는 행위를 하는 일이 잦다. 그러나 이후로 소유대명사 사용 양태는 공유 행동과 더 많이 결부된다. 2세 미만의 영아 대다수는 소유 및 소유권을 분명하게 알지 못한다.*

열정적인 수집가들은 수집물과 관련된 활동을 하면서 많은 시간을 보낸다. 수집을 연구하는 학자들은 그들이 정확히 무얼 하는지에 관심을 가졌다. 어떤 학자들에 따르면 수집가들은 일련의 절차에 따라 수집을 한다. 뭘 수집할지 목표를 세우는 게 1단계다. 결정이 내려지면 취득 계획을 세운다. 목표 대상을 공상하는 것은 계획 과정의 부산물이다. 그 공상 속에서 목표 대상의 주관적 가치가 커지고 신비로워진다. 목표 대상의 가치는 이내 기능적 효용과 단절되고 그것을 능가한다. 그다음은 취득 활동이다. 수집 활동에서 흔히들 가장 즐거운 단계라고 한다. 다수

* 마거릿 미드의 관찰 결과는 아주 흥미롭다. 그녀에 따르면 아이들이 '나의 것'이란 말을 깨닫기 시작할 무렵 걸음을 떼고 남의 물건에 탐을 내고 주인을 위협한다고 한다. 그래서 이때 아이들이 소유 관계 침해로 혼나기 시작하고, 그에 따라 소유권의 의미를 깨닫게 될 가능성이 보다 높아지는 것인지도 모른다.

의 수집가가 이때 이른바 '플로우 단계flow state'로 이행한다. 플로우 단계란 활동 자체에 몰입하여 주변 환경을 의식하지 못하는 상태로, 신체를 최고치로 가동하는 운동선수 또는 게임이나 과제에 열중하는 사람이 흔히 경험한다.

벼룩시장에서 뭔가를 열정적으로 모으는 수집가를 지켜보노라면 이 '수색 및 취득' 과정에서 그 또는 그녀의 의식 상태가 변하고 있음을 분명하게 알 수 있다. 수집가는 주변에서 벌어지는 사태에 거의 주목하지 못한다. 수집 대상을 추적하는 활동만이 중요해지는 것이다. 그렇게 해서 찾아낸 대상을 획득하면 극도의 행복감이 몰려온다. 물건을 감상하는 것은 물론이다. 이런 환희와 감상이 취득 '스토리'의 일부가 된다. 수집가가 흥분한 상태에서 획득한 물건을 목록화하고 수집물에 추가해 보여줄 준비를 하는 것이 수집의 마지막 단계다. 새로 획득한 대상들에는 미묘한 의식들이 따라붙는 경우가 많다. 예를 들면, 프로이트는 새로운 취득물을 식탁에 올려놓고 식사 중에 감탄하면서 바라보았다고 한다.

어떤 사람들은 미학적 욕구에서 수집을 한다. 명망이 목표인 사람들도 있고, 정통했다는 느낌을 얻기 위해 수집에 열중하는 사람들도 있다. 그러나 대다수의 수집 이론은 자아를 규정하고 보호하며 확장하는 시도에 관해 더 많은 얘기를 한다. 자연 재해나 절도로 인해 수집물을 잃은 사람들의 반응을 보면 이 사실을 또렷하게 알 수 있다. 대다수의 피해자는 자신이 침해당했다고 느낀다. 다수의 여성 수집가는 그 피해를 강간에 비유하기도 한다.

인류학자들은 사람들이 물건을 핥거나 만지면서 스스로와 대상을 연결하는 문화적 행태에 대해 다수 기술했다. 어떤 문화권에서는 사랑하는 사람이 죽으면 그 망자의 소유물을 애도한다. 이러한 행위는 소유를 정체성 확장으로 보고 대단히 중요하게 여겼음을 알 수 있다. 수업 중 제리 사인펠트 셔츠에 대해 학생들과 얘기하면서 목격한 것과 동일한 현상이다. 물건과 그것의 전 소유주가 연결돼 있다는 믿음은 합리적인 생각이 아니다. 그것은 상징적이고 신비한 믿음이다.

다수의 수집가는 각자의 수집물이 후손은 물론이고 세상 사람들에게 전달돼야 할 유산이라고 생각한다. 미술품 수집가와 역사 유물 수집가들은 자신의 수집물을 박물관에 기증하거나 직접 박물관을 세워서 후대에 전하기도 한다. 일부 학자들이 수집에 대해 일종의 불멸을 창조해냄으로써 죽음의 공포를 돌파하는 한 방식이라고 말하는 이유다.

이것은 사회 심리학에서 인기 있는 공포 관리 이론terror management theory, TMT과 일치한다. 공포 관리 이론은 사람도 동물처럼 언젠가는 반드시 죽는다는 실존적 곤경에서 출발한다. 하지만 동물과 달리 사람은 필멸의 운명을 의식한다. 죽음이 불가피하고 예측할 수 없다는 것을 알면 극심한 두려움이 엄습한다. 문화는 이 잠재적 공포에 대처해야 했고, 그것을 관리하는 믿음, 의식, 사회적으로 승인된 전략들을 제공했다. 죽은 후에도 자신의 일부가 계속 산다는 믿음도 그런 전략 가운데 하나다. 가치 있는 것을 만들어내거나 모으는 것 역시 공포를 관리하는 한 가지 방법이다. 수집이 잠재적으로 불멸인 이유다.

앞서 밝힌 이론과는 크게 다른 수집 이론도 있다. 보상 이론은 사람들이 자부심을 어림하는 방식과 관련이 있다. 이 이론은 자부심이 약한 사람들의 경우 자신이 가치 있고 중요하다는 걸 납득할 수 있는 증거가 필요하다고 말한다. 물리적 증거라면 세상을 장악하고 있다는 게 명확하게 감지된다. 수집가는 수집 활동의 피드백을 통해 자부심이 고양되고, 자아상이 긍정적으로 바뀐다.

허스트 출판의 설립자인 (영화 〈시민 케인〉의 모델이기도 한) 윌리엄 랜돌프 허스트는 태피스트리, 그림, 조각, 가구, 동전 등등을 광범위하게 수집했다. 허스트는 그 가운데 일부로 대궐 같은 집을 꾸몄다. 하지만 나머지 대부분은 전국에 산재한 창고에 처박힌 채 먼지를 뒤집어쓰고 있었다. 허스트는 세상을 장악하고 있다는 증거가 필요했고 그 때문에 수집을 했을 것이다. (그의 수집품은 이제 캘리포니아 주의 샌시메온에 있는 허스트 성 Hearst Castle에서 관람할 수 있다.)

어떤 수집가들은 기벽과 병리적 현상의 경계를 오가는 극단적인 행동을 보이기도 한다. 화가이자 영화 제작자이며 사진가로 활약했던 유명 인사인 앤디 워홀은 팝 아트(예술이 당대의 대중문화를 반영해야 한다는 운동)를 발전시킨 것으로 이름이 드높다. '캠벨'이나 '코카콜라' 같은 브랜드 제품이 나오는 워홀의 그림들은 특출한 것이 아니라 일상적인 것을 보존하면서 문화를 재창조했다. 워홀은 열정적인 수집가이기도 했다. 거의 매일 벼룩시장, 골동품 가게, 경매장, 화랑들을 쏘다녔다. 그는 어디에서라도 흥미로운 물건들을 찾아내곤 했다. 갖은 양식과 온갖 시대의 미술뿐만 아니라 많은 사람이 쓰레기로 취급하는 것까지 모았다. 워홀도 다른 유명 수집가들처럼 입수한 것을 거의 보여주지 않았고 대부분 창고에 처박아두었다. 그럼에도 불구하고 뉴욕에 있던 워홀의 5층짜리 집은 발딛을 공간이 없었고, 그는 겨우 방 두 개에서 생활했다. 수집 활동에 자주 동행한 친구 스튜어트 피바에 따르면 워홀은 수집물의 일부를 팔 계획이었다고 한다. 하지만 그 실행 계획을 세우는 단계에 있다가 58세에 죽었다는 것이다. 워홀이 과연 그 단계를 넘어설 수 있었을지는 의문이다. 그가 어떤 골동품 가게에 멕시코의 의식용 가면을 팔아달라고 넘기기도 했지만 실제로 팔릴까 봐 두려워서 이내 회수해갔던 일화를 보면 말이다.

워홀의 가장 특이한 수집 활동은 죽기 직전에 이루어졌다. 워홀은 1970년대와 1980년대에 수중에 들어오는 일회용품을 거의 전부 보관했다. 그는 책상 옆에 종이상자를 비치해두고 충동이 생기면 책상 위의 물건을 전부 상자에 쓸어 담았다. 예외는 없었다. 값비싼 판화, 현금, 사과심 등등이 몽땅 워홀이 '타임캡슐'이라고 부르는 상자에 들어갔다. 그는 날짜를 기입하고, 한쪽으로 치워 보관했다. 그렇게 해서 쌓인 상자가 600개가 넘었다.

워홀의 타임캡슐 가운데 지금까지 약 100개가 개봉됐다. 살펴보면 뭘 집어넣을지 아무런 고려도 하지 않은 것 같다. 전기 요금 고지서, 비행기에서 내리면서 가져온 식기류, 전화 받으면서 끼적인 비망록, 많은 액수의 현찰 등등. 그의 인생에서 마침 그 순간 곁에 있던 것이면 뭐든 상자로 쓸려 들어갔다. 워홀의 타임캡슐들은 대중문화를 연구하는 고고학자라면 꿈에도 그리던 물건이다. 타임캡슐들은 워홀의 삶을 사소한 것까지 상세하게 기록하고 있다. 그것은 시도할 수 있는 가장 완벽한 기록이다. 이 타임캡슐에서 나온 물건들이 전 세계의 박물관에서 전시된다. 워홀은 그렇게 불멸의 존재가 됐다.

워홀이 겉으로 볼 때 아무 관계가 없는 물건들을 한 용기에 수집한 최초의 인사는 아니다. 16세기 유럽에서는 경이전驚異殿, Wunderkammer이 아주 흔했다. 완전한 그림은 아닐지라도 당대의 세계를 충실히 재현하겠다는 목적에서 이상한 것, 놀라운 것, 진기한 것, 기이한 것들을 뒤죽박죽 모아놓은 방이 경이전이다. 초기 박물관의 효시격인 경이전에는 수집가가 흥미롭다고 판단하는 것이면 뭐든 채워졌다. 워홀은 확실히 이 전통을 따랐다. 하지만 그는 모든 게 다 흥미로웠다. 벼룩시장에서 찾아낸 재스퍼 존스의 그림에서부터 함께 구입한 싸구려 플라스틱 장신구에 이르기까지 워홀은 예술을 전방위적으로 규정했다. 워홀은 나아가 수집 과정까지도 일종의 예술로 생각했다. 많은 사람이 그의 타임캡슐을 바탕으로 이런 판단을 내렸다.

무조건 모으고 쌓는 행위, 저장 강박

수집의 열정은 병리 현상일까? 수집이 수집가의 건강과 행복, 나아가 타인들의 건강과 행복을 위협하지만 않는다면 물건의 소유량은 전혀 문제가 되지 않는다. 그러나 반대의 경우라면 콜리어 형제 및 아이린의 사례에서 보듯 그 결과는 극적으로 바뀐다. 정상적인 수집과 저장 강박의 경계에 고통과 장애가 있다. 우리가 만나본 많은 사람이 저장 강박 행동 때문에 고통스러워했다. 저장 강박 증상자들은 물건을 모으고 쌓아두면서 재정적·사회적으로 엉망이 됐다. 가족이 떠났고 기본적인 생활조차 영위하지 못했다. 어떤 경우에는 이웃들과 가족 구성원들의 삶까지 망가졌다. 소유물의 수나 양으로 저장 강박이라 규정하지는 않는다. 물건을 취득하고 관리하는 활동이 소유자에게 미치는 영향을 저장 강박의 판단 기준으로 삼는 것이다. 저장 강박 증세로 고통을 받고 기본적인 활동 수행 능력에 장애가 생기면 선을 넘은 병리 현상이라고 본다.

저장 강박을 이렇게 정의하면, 생활 공간이 좁거나 저장 공간을 임대할 자원이 없는 사람들이 저장 강박을 앓을 위험이 더 많다는 말이 된다. 그러나 우리의 경험으로 판단해보건대 저장 강박 증상자들은 갖추고 있는 저장소의 수나 크기에 개의치 않고 거주 공간을 채운다. 우리는 소유한 주택이 네다섯 채나 되는 증상자들도 보았다. 그들은 한 집을 다 채우고는 다음 집으로 이동해서 재빨리 그 집을 채웠다. 그러고는 계속해서 그다음 집으로 옮겨갔다. 요컨대, 그들은 이용할 수 있는 공간이 많을수록 더 많은 물건을 채워넣었다. 아마도 그게 목표였을 것이다. 공간을 채우는 것 말이다.

저장 강박의 경계가 언제나 명확한 것은 아니다. 지나치게 많은 잡동사니는 저장 강박의 전형적인 특징이며, 이는 고통과 장애를 발생시킬 가능성이 많다. 그러나 무엇이 잡동사니인지에 관한 규정은 그야말로 천차만별이다. 어떤 정신과 의사에게 환자를 소개받은 일이 있었다. 의사는 심각한 저장 강박 증상자를 치료하고 있었는데, 우리 연구가 소개된 신문 기사를 접하고는 좋은 탐구 대상이 되겠다고 판단했던 것 같다. 문제의 환자는 우리에게 아내가 떠나버릴 정도로 저장 강박 증상이 심각하다고 호소했다. 우리는 잔뜩 긴장한 채 그의 집으로 향했다. 그런데 집안은 깔끔하기만 했다. 식탁 아래 한 무더기, 거실에 있는 의자 뒤쪽으로 한 무더기가 잡동사니의 전부였다. 우리는 그가 기적처럼 집을 청소해냈다고 생각했다. 하지만 그는 지금의 상태가 그 어느 때보다 나쁘다면서 쓰디쓴 어조로 한탄했다. 집이 이토록 어수선하니 아내가 떠났다는 것이었다. 그는 저장 강박 증상을 전혀 보이지 않았다. 스스로 자신의 저장 강박이 문제라고 담당 의사를 납득시킨 게 분명했다. 정신과 의사도 환자의 집을 방문해보지 않고서 진단을 내린 것이었다.

아무튼 우리는 아내가 집을 나간 이유가 궁금했다. 그리고 저장 강박 증상자라는 그를 겪은 지 몇 분만에 사정을 명확하게 이해할 수 있었다. 불 같은 성격, 고집불통 및 통제 행동이 아내가 집을 나간 원인으로 가능성이 더 높아 보였다. '잡동사니'란 단어에 대한 그의 이해와 우리의 이해가 다르다는 게 분명했다. 우리는 연구 내용을 남과 얘기할 때 자주 이런 일을 겪는다.

우리는 '잡동사니'를 정확하게 가늠할 필요가 있다고 판단했다. 말에 기대지 않는 비언어적 판단 기준을 개발하는 일이 선행되어야 했다. 시험 삼아 물건들로 가득한 내 연구실을 촬영했지만 그리 적절해 보이지 않았다. 집에서 가져온 신문, 옷, 상자, 가방 및 기타 등등의 물건 더미가 연구실에서 보니 꼭 꿔다놓은 보릿자루 같았다. 나는 4학년 토론 수업 참가 학생들에게 도와달라고 요청했다. 우리는 게일이 재직 중인 대학교에서 나온 지원금으로 학교 소유의 아파트를 하나 임대했다. 다음 순서는 아파트에 물건을 채워넣는 것으로, 진행하던 수업의 일부이기도 했다. 각 방을 다양한 수준의 잡동사니로 채운 후 사진을 찍기로 했다. 학생들은 신문, 잡지, 옷 및 이 프로젝트가 아니었다면 쓰레기 수집함으로 갔을 게 뻔한 물건들을 아파트에 채워넣는 일을 즐겼다.

우리는 심리학과의 허락을 받아 휴게실에서 빌려온 소파와 의자도 아파트에 비치하기로 했다. 그러나 휴게실에서 가구를 빼가도록 허가했다는 전언이 캠퍼스 안전 담당 부서에 통보되지 않았다는 게 문제였다. 강의는 저녁에 잡혀 있었고, 우리는 수업이 끝난 후 휴게실 가구를 빼내 내차 지붕 위에 실었다. 아파트에 도착해 짐을 내렸을 때는 거의 자정에 가까웠다. 집에 도착했는데 전화가 울렸다. 캠퍼스 안전 담당 요원이었다. 내 학생들이 심리학과 휴게실에서 가구를 훔쳐갔다는 신고가 접수됐다는 것이었다. 나는 자초지종을 설명했다. 학생들이 아니라 내가 가구 이전을 지휘했으며 학과장한테서 허락도 받았다고 말이다. 그는 나의 해명을 믿지 않았고 상황이 얄궂게 꼬였다는 것도 이해하지 못했다. 캠퍼스 안전 담당 요원은 내게 즉시 가구를 갖다놓아야 한다고, 그러지 않으면 나와 학생들을 기소하겠다고 통고했다. 작은 대학에서 근무하는 것의 장점 중 하나는 함께 일하는 사람을 대부분 알고 지낸다는 것이다. 캠퍼스 안전 담당 요원이 상황 보고한 시설 책임자가 마침 나와 알고 지내는 사이였다. 다행히도 그 친구는 유머를 아는 사람이었다. 나는 새벽 1시에 전화를 걸어, 곤혹스러운 처지를 설명했다. 그의 해명 덕분에 우리가 체포되는 아찔한 상황은 모면할 수 있었다.

방 세 개(주방, 거실, 침실)에 집중하기로 했다. 각 방을 거의 천장 높이까지 물건으로 채우고 사진을 찍은 다음, 원상태로 치우는 게 우리가 할 일이었다. 일을 좀 쉽게 해볼 요량으로 먼저 빈 복사 용지 상자를 바닥에 몇 층으로 깔았다. 그러고는 그 위에 학생들이 모아온 물건을 쌓았다. 단계를 조정하기 위해 상자를 빼면서 사진을 찍었는데 다행히도 맨 윗부분은 대체로 비슷한 형태를 유지해줬다. 우리는 이 작업을 통해 콜리어 형제의 집 안 수준에서 잡동사니가 전혀 없는 상태에 이르는 각 방의 단계적 사진을 확보할 수 있었다.

그런데 방에서 상자를 빼는 일이 쉽지 않았다. 하는 수 없이 우리는 방 뒤쪽의 잡동사니 속에 학생을 한 명 '묻어두었다'. 단계를 조정한 다음 사진을 촬영하기 위해 준비할 때쯤 묻혀 있던 여학생이 잡동사니 아래서 상자를 몇 개 끌어안고 나왔다. 교수가 산더미 같은 잡동사니 아래 학생을 파묻는 수업이라니! 학부모가 과연 딸자식의 등록금이 제대로 쓰이는 건지 의구심을 가지리라는 생각이 들었다.

과제를 완료한 우리의 수중에는 상이한 수준의 잡동사니가 담긴 각 방의 사진 아홉 장이 들어왔다. 이제 상담 요청자들은 자신의 침실, 거실, 주방과 가장 비슷한 사진을 고르기만 하면 됐다. 우리도 '잡동사니'란 말을 자기 식대로 풀이한 그들의 제멋대로 해석에 더 이상 의지할 필요가 없어졌다. 우리는 '잡동사니 사진 등급Clutter Image Rating'을 활용해 후속 연구 대부분을 진행하고 있다. 이 등급표를 통해 문제의 심각성 정도를 확실하게 파악하고 '잡동사니'란 말도 명확히 규정할 수 있게 되었다.

저장 강박을 다룬 문학 작품들

문학의 역사를 살펴보면 저장 강박 관련 이야기를 쉽게 찾아볼 수 있다. 무려 14세기의 문학 작품에 저장 강박이 언급된다.

단테는 『신곡』 「지옥편」 중 제4옥에서 '저장 강박자들'과 '낭비자들'을 그렸다. 찰스 디킨스의 작품에도 저장 강박 증상자들이 여럿 나온다. 『황폐한 집』(1852~1853)의 크룩이라는 인물이 대표적이다. 디킨스는 크룩이 "모든 걸 갖춰놓고도 아무것도 안 파는 듯한" 가게에서 "서류에 몰두하는" 것으로 묘사했다. 오노레 드 발자크의 『사촌 퐁스』(1847)에서 주인공은 골동품 수집가로 나오는데, 발자크 자신에 기초한 인물일 것으로 추측된다.

아서 코난 도일의 소설에서 왓슨은 짝패인 셜록 홈즈를 "서류 파기를 극도로 두려워한" 인물로 묘사했다. 그 대목을 보면, "온 방 안에 비망록과 서류가 잔뜩 쌓여 있었다"고 나온다.

러시아 소설가 니콜라이 고골은 『죽은 혼』(1842)에서 전형적인 저장 강박 사례를 기술했다. 여기 나오는 플류쉬킨은 부유한 지주로, 농노들은 그를 '어부'라고 부른다. 플류쉬킨이 마을을 "훑으면서 낡은 신발, 여성 농노의 누더기, 쇠못, 깨진 도기 조각을 모으기" 때문이다. 그는 그렇게 모은 물건들을 이미 한가득인 저택에 몽땅 집어넣었다. 이 책이 출간된 후로 러시아에서는 남이 버린 것, 쓸모없는 것, 깨진 물건을 모으는 사람을 가리켜 '플류쉬킨'이라는 시쳇말을 쓰게 됐다. 러시아 정신 의학계에서 '플류쉬킨 증후군 Plyushkin syndrome'은 쓰레기처럼 쓸모없는 물건들을 모아 보관하는 장애를 가리킨다.

저장 강박은 서구에서만 발견되는 현상이 아니다. 2005년, 일본에서 영어로 발행되는 일간지 「마이니치 신문」에 한 56세 남자의 얘기가 실렸다. 20년간 모은 신문과 잡지의 무게를 이기지 못해 아파트의 바닥이 무너져내렸다는 기사였다. 일본에서는 이런 경우를 고미 야시키ごみ屋敷, 곧 '쓰레기 저택'이라고 한다.

영국의 인류학자 파비오 지기가 그 사안에 대해 연구 중이다. 저장 강박은 남극을 제외한 전 세계 모든 대륙에서 보고되고 있다. 심각한 정도는 천차만별이다. 이집트냐 중국이냐 지역에 따라 모으는 품목이 달라지기도 한다. 따라서 물건을 과도하게 수집해 저장하는 행동이 전적으로 한 문화에 종속된 증후군은 아닌 게 분명하다.

Chapter 3 | 저장 강박의 쾌락

쇼핑은 내 가치를 증명해줘요

재닛 · 콜린 · 빌리

중고 물품 구매라면 제 전문이죠. 정말 좋아요. 물건을 싸게 사면 기분이 날아갈 듯합니다. 원래 토요일 오전에는 일을 해야 하지만 중고 장터를 찾아다녀요. 지갑에 돈이 남아나지 않지만 어쩔 수 없죠. 좋으니까요. 기분이 훨씬 좋은 상태에서 일을 할 수 있답니다.

_ 아이린

그녀가 고속도로를 타지 않았다면 그 일도 일어나지 않았을 것이다. 만약 남쪽이 아니라 북쪽으로 방향을 틀었다면 사정은 달라졌을 것이다. 하지만 그녀가 간 남쪽에는 쇼핑몰이 있었다. 그리고 '타깃Target' 사 광고 게시판에 낚이고 말았다. 심사숙고할 겨를도 없이 어느새 주차장에 차를 댔고, 자동차 안에서 빠져나왔다. 그쯤 되자 어디로 갈지는 전혀 중요하지 않았다. 쇼핑을 유도하는 자극적 기표들이 그녀를 에워쌌고, 마음을 끄는 가게들이 온 사방에 널려 있었다. 물건을 획득하는 구매 행위의 쾌락을 그녀는 잘 알았고 도저히 저항할 수 없었다.

재닛은 그렇게 흥청망청 쇼핑을 하고 나서 얼마 안 돼 우리를 찾아왔다. 그녀의 집은 잡동사니로 심각하게 어질러져 있었다. 하지만 더 큰 문제는 재닛의 지나친 구매 행위였다. 성공한 전문직 여성인 그녀는 수입이 좋았음에도 불구하고 항상 돈이 부족했다. 신용카드를 한도액까지 썼고

빚이 2만 5,000달러 이상이었다. 3년 동안 빚을 청산하려고 애썼지만 실패했다. 사실인즉슨, 이자까지 포함해 갚아야 할 돈이 줄어드는 건 고사하고 느는 중이었다.

재닛은 재정 상황 때문에 남편과 심하게 다투었다. 우리를 찾아오기 일주일 전에 남편은 그녀의 과소비를 비난하면서 요리와 세탁을 돕지 않겠다고 선언했다. 그녀는 화가 났고 낭패스러웠다. 모멸감을 느끼며 남편이 자기를 '올해의 노예'로 지정했다고 푸념했다. 그러고는 남편과 더 이상 다투고 싶지 않아 드라이브나 하려고 차에 올랐다.

운전을 하던 재닛은 어느새 쇼핑몰에 다다랐다. 자각하기도 전에 이미 옷가게에 들어가 있었다. 집에서 다툰 일이 여전히 뇌리를 떠나지 않았다. 그때까지만 해도 쇼핑은 필연적인 것이 아니었다. 아직 뭘 살까 궁리하지도 않은 상태였다. 하지만 스멀스멀 떠오른 생각이 재닛을 저버렸다.

처음에는 쇼핑이 아니라 남편 생각을 했다. '내가 내 돈 쓰는데 남편이 이래라저래라 할 권리가 어디 있어? 난 열심히 일하고, 봉급도 많아. 예쁘고 좋은 걸 사도 된다고!' 생각이 이렇게 흘러가면서 구매 충동을 억누를 가능성과 기회가 몽땅 사라지고 말았다. 재닛은 심각한 쇼핑 중독인 자신의 상태를 잘 알고 있었다. 하지만 자신의 가치를 증명하기 위해서도 반드시 쇼핑을 해야 한다는 느낌을 받았다. 그런 감정 상태에서 눈앞에 옷들이 보였고 재빨리 자기 합리화했다. 그녀는 궁지에 몰린 자신을 냉정하게 바라볼 수 없었다.

재닛은 옷을 한 벌 입어봤다. 점원이 참으로 잘 어울린다는 얘기를 보태자 기분이 밝아졌다. 남편과의 말다툼을 어느새 잊었다. 판매원의 배려는 흡족하기만 했다. 자신이 존중 받고 있으며 중요하고 가치 있다는 느낌이 들었다. 집에서는 기대할 수 없는 감정들이었다. 옷과 어울리는 구두와 벨트가 눈에 들어왔다. 행복해졌다. 결국 사용 한도가 넘지 않은 카드를 꺼내 500달러 이상어치의 물품을 구매했다. 그리고 희열을 느끼며 가게를 빠져나왔다.

그러나 자동차에 탑승하기도 전에 재닛의 생각이 바뀌었다. 얼마를 쓴 거지? 이게 정말로 500달러가 넘는단 말이야? 그녀는 이번 달까지 신용카드 부채를 그만큼 갚겠다고 계획했었다. 그런데 바로 지금 그만큼 빚을 늘려버리다니! 이 사실을 남편에게 어떻게 말한다? 재닛은 남편을 그다지 잘 속이지 못했다. 그는 재닛의 신용카드 청구서를 일일이 살펴보았다. 이걸 보면 얼마나 화를 낼까?

재닛이 이 문제를 골똘히 생각할수록 구매한 물건들의 의미가 또렷이 인식됐다. 그녀는 주차장에 주저앉아 울음을 터뜨렸다. 후회와 걱정이 재닛을 집어삼켰다. 스스로를 비하하는 결론을 내리기 시작한 건 더 나빴다. 가끔씩 격렬한 우울증이 도질 때만 의식의 수면 위로 떠오르는 결론 말이다. '내 문제가 뭘까? 남편과 아이들을 돈에 쪼들리게 만들다니, 난 형편없는 존재야. 완전히 무가치하다고.'

그 사건 후 재닛은 계속 우울해했다. 삶에서 그녀를 달랠 수 있는 방법이 거의 없어 보였다. 쇼핑이 효과가 있긴 했다. 쇼핑을 할 때만큼은 자신이 중요하고 존중 받는다는 느낌을 받았다. 하지만 그것도 잠시뿐이었다. 그후에는 훨씬 우울해졌고, 자신이 무가치한 존재라는 생각에 괴로웠다. 쇼핑으로 사고를 친 날이면 집에서는 대판 싸움이 벌어졌고, 재닛은 다시금 쇼핑 충동을 억누르기가 그만큼 더 어려워졌다. 악순환이었다.

저장 강박이 강박-충동 장애와 구분되는 한 가지 특징은 문제의 행동이 당사자에게는 매우 즐겁다는 점이다. 대다수의 저장 강박 증상자에게 쇼핑이나 취득 활동 경험은 너무나 달콤해서, 그 순간에는 자신의 행동이 가져올 결과를 고려하지 못하게 한다.

최근에 우리는 저장 강박 증상자를 1,000명쯤 조사했다. 그 가운데 3분의 2 이상이 지나친 구매 행위를 하고 있었고, 절반 이상이 공짜 물건 획득에 집착했다. 게일과 나 모두 저장 강박 관련 도움 단체에 참석해 자주 대화를 한다. 우리는 그 자리에 유인물을 절대로 가져가지 않는다. 참가자 다수가 여러 장씩 들고 가서 잡동사니를 늘린다는 사실을 경험으로 깨우쳤기 때문이다.

저장 강박 증상자들은 소유한 물건에서 얻는 즐거움도 각별하다. 아이린을 방문했을 때의 일이다. 그녀가 흥분해서 이렇게 말하는 것이었다. "보여드릴 게 있어요." 아이린이 옆방으로 냉큼 달려가더니 커다란 비닐봉지를 들고 나타났다. 병마개가 가득 들어 있었다. "이 병마개 좀 보세요. 예쁘죠? 모양과 색깔이 다 제각각이에요." 나도 그녀에게 공감해보려고 애썼다. 하지만 그 수집품에 아이린만큼 열광하기는 힘들었다. 낡은 병마개? 아이린은 도대체 거기서 뭘 보았을까? 내가 공감하지 못한 눈치를 보이자 그녀는 상심한 듯했다.

저장 강박 증상자들은 남들이 간과하는 물건의 특징을 알아본다. 아마도 그들이 시각적·공간적 특성에 주목하기 때문인 것 같다. 아이린은 '놀라운 쓰레기'라고 써 붙인 상자에 부서진 장난감 조각과 포장 재료 따위를 넣어 보관했다. 자녀들이 어렸을 때는 그걸 가지고 놀았다. 하지만 아이들은 곧 흥미를 잃었고, 별 수 없이 아이린만 가끔 상자를 꺼내 그 안에 들어 있는 보물들을 감상하며 그 특징들에 탄복하고는 했다. 세계를 인식하는 방식이 달라서 이런 일이 벌어지는 것일까? 우리들은 무심히 지나쳐버리지만 그들은 대상의 미학적 쾌감에 주목한다? 만약 그렇다면 이 사태는 축복인가, 저주인가?

저장 강박의 즐거움은 미학을 뛰어넘는다. 아이린의 저장물 다수가 신문, 잡지, 책이었다. 그녀는 자신을 정보광이라고 소개했다. 비망록, 직장에서 동료들한테 추천 받은 식당 목록, 가봐야 할 곳 리스트, 시청해야 할 특별 방송 일람, 각종 경구를 적은 메모들이 집 안 곳곳에 똬리를 틀고 있었다.

텔레비전 방의 더미 속에서 뜯어낸 잡지 기사를 본 경험에 대해 얘기해보고자 한다. 기사의 내용은 이랬다. "고양이가 약을 안 먹으려고 하면 털에 쏟는 방법을 써볼 수 있다. 고양이에게는 핥아내는 본능이 있으므로." 아이린은 고양이를 기르지 않으면서도 그 기사를 보관하고 있었다. 고양이를 기르는 친구에게 그런 조언이 필요할 수도 있다고 판단했던 것이다. 그녀는 이처럼 자세히 파악하는 걸 좋아했고, 자신의 기억력을 불신했다. 그런 면에서 '보관'이 좋은 방법으로 여겨졌을 것이다. 아이린의 수집물은 점차 감당할 수 없을 만큼 늘어났다.

"전에는 신문을 한 면씩 꼼꼼히 살피면서 재미있는 기사를 찾았습니다. 발견하면 읽은 다음 오려내고, 나머지는 버렸죠. 좀 지나니까 시간을 절약해야겠더라고요. 신문을 대충 훑어보면서 재미있는 기사를 오려냈지만 읽지는 않게 됐죠. 얼마 후에는 대충 훑어본 다음 재미있는 기사가 있으면 통째로 보관하니까 더 편하더라고요. 그러다가 더는 신문을 훑어보지 않게 됐어요. 그냥 다 쌓아두는 거죠. 시간이 나면 읽을 생각입니다."

시간이 흐르면서 신문을 보유하는 행위가 읽기를 대체해버린 것이다. 보유 사실을 인지하는 것만으로도 실제로 읽는 만큼이나 즐거워했다. 심지어는 읽고 나서도 바로 버리지 못했다. 읽은 내용을 잊어버리지 않을까 걱정이 되었던 것이다.

저장 강박 행동이 즐겁다는 건 물건 획득 과정에서 훨씬 뚜렷하게 드러난다. 남편이 떠나자 아이린은 매우 궁핍해졌는데도 물건 구입을 멈추지 못했다. "중고 물품 구매라면 제 전문이죠. 정말 좋아요. 물건을 싸게 사면 기분이 날아갈 듯합니다."

그녀가 쇼핑을 통해 맛보는 고양 상태는 대다수 강박 구매자의 경험과 일치하며, 약물 및 알코올 중독자의 경험과도 비슷하다. 어떤 학자들은 강박적 구매 행동이 약물 의존과 유사한 일종의 중독 행동이라고 보았다. 그렇다면 쾌감과 강화 작용을 조절하는 뇌의 공정 절차가 관련됐을 수 있다. 중독 연구자들은 코카인, 헤로인, 알코올 같은 특정 물질이 뇌의 보상 체계에 작동하는 양상을 알아냈다. 코카인은 신경 전달 물질 도파민의 시냅스 탈출을 막는다. 시냅스는 뇌 세포들 사이의 구역으로, 여기서 교신(정보 전달)이 이루어진다. 도파민이 쌓이면 쾌감 중추가 자극을 받는다. 고양 상태가 만들어질 뿐만 아니라 정상적인 판단과 기억이 방해를 받는 것이다. 약물을 끊기가 어려운 이유다. 헤로인도 마찬가지다. 도파민의 효과를 억제하는 신경 전달 물질들을 차단함으로써 쾌감 중추에 같은 사태沙汰가 일어난다.

강박 구매자들의 뇌에서 신경 화학 물질이 제대로 전달되지 않는다는 연구 결과는 아직까지 보고된 바 없다. 그러나 강박 구매, 나아가 강박적 도박 같은 중독 행동이 작은 습관에서 출발하여 중독으로 진전될 수도 있다는 게 이론상 충분히 가능하다. 쇼핑하고 싶은 충동을 억누르면 그에 따른 대가를 치러야 한다. 사지 않는 것보다 사는 게 더 쉽기 때문이다. 나는 아이린에게 중고 물품 판매 현장에 가고 싶은 충동을 억누르면 어떤 느낌이 드냐고 물었다. 그녀는 "뭔가를 잃어버렸다는 느낌이 들어요. 그게 필요하거나 갖고 싶을 수도 있을 텐데 잃어버리는 거죠"라고 대답했다.

아이린의 집 2층 복도에는 구매한 물건이 담긴 쇼핑백이 빽빽이 놓여 있었다. 그녀가 쓸모 있는 선물이 될 거라고 스스로를 안심시키며 구매를 합리화한 물건들 말이다. 아이린은 이 쇼핑백이 결국에는 남한테 갈 물건들이라 가정하고 자신의 저장 강박 문제에서 제외했다. 하지만 그건 그녀 생각일 뿐 쇼핑백들은 수년째 그녀의 집 복도를 아수라장으로 만들고 있었다.

아이린은 이런저런 가정하에 선물들을 샀다. 그 가운데서도 가장 주된 생각은 누군가에게 선물을 해야 하는데 쇼핑할 시간이 없는 상황에 대비해야 한다는 것이었다. 우리는 처음 연구를 하면서 저장 강박 증상자들이 '만약을 대비해' 추가로 구입하는 물품이 비증상자들보다 많다는 사실을 확인했다.

연구 초반에 참여한 증상자 가운데 한 여성은 감춰둔 샴푸 서른네 병을 보여주면서 말하기를, 한 병을 다 쓰면 빨리 채워놔야 한다는 압박에 시달리기 때문에 항상 서른네 병을 사용 대기 상태로 유지한다고 했다. 비누도 예외가 아니었다. "비누가 요만큼 작아졌을 때 알면 좋죠." 그러면서 그녀는 엄지손가락과 집게손가락을 불과 2~3밀리미터 때 보였다. "비누도 열다섯 개 더 있어요." '만약의 경우에' 대비해 필요한 여분의 양을 산정하는 그녀의 감각이 다수의 일반 사람들과 크게 다르다는 게 분명했다.

아이린은 기회라는 관념에 중독돼 있었는데, 이것 역시 그녀의 구매 행동에 큰 영향을 미쳤다. 중독 실태는 자못 심각해서 대도시 방문을 기피해야 할 정도였다. 신문 가판을 지나치는 게 아주 힘들었기 때문이다. 불에 뛰어드는 나방처럼 신문 가판을 그냥 지나치지 못했다. 수많은 다양한 신문과 잡지에 실린 갖은 내용은 생각만 해도 아찔할 정도로 좋았다. 아이린은 자신의 사고 과정을 다음과 같이 설명했다.

"다채롭고 풍요로운 온갖 간행물을 바라보면서 이렇게 중얼거리죠. '와우, 저 신문과 잡지 좀 봐. 저것들 어딘가에 내 인생을 바꿔줄 정보가 있을지도 몰라. 내가 되고 싶은 사람으로 거듭나는 것도 가능할 거야. 어떻게 그런 기회를 외면하고 걷어차버릴 수 있겠어?'" 찾기가 힘들어서 그렇지 이렇게 중요한 정보를 외면한다는 것은 그녀에게 고문과 다를 바 없었다. 아이린이 도시에 갔을 때 이런 유혹을 견뎌내는 유일한 방법은 신문 가판이 보일 때마다 길 반대편으로 건너가 다른 쪽을 보는 것이었다.

흥미로운 사실은 실제로 그녀가 문자를 읽는 데는 극히 적은 시간을 쓴다는 점이었다. 문자를 읽는다는 관념과 독서하는 자기 모습을 마음으로 그리는 행위가 아이린을 움직이게 한 것이지, 독서 그 자체는 아니었던 셈이다.

구매 행동은 재닛에게도 큰 영향을 끼쳤다. 재닛은 집에서 자기 문제를 곱씹을 때 가치 있는 존재라거나 존중 받는다고 느끼지 못했다. 반면 가게의 판매원들은 그녀를 존중해줬다. 과거에 재닛을 시중들었던 점원들은 더욱 그랬다. 그녀는 쇼핑을 할 때면 자제력을 잃고 말았다. 쇼핑 중에는 가족 갈등과 빚 걱정을 잊었다. 쇼핑은 비난을 일삼는 남편에게 불쾌하다는 의중을 전하는 간접적인 수단이기도 했다. 잠시나마 근심과 불안에서 벗어나는 탈출구였고 그때만큼은 죄책감, 갈등, 우울증을 잊을 수 있었다.

재닛은 산 물건을 쓰는 법이 없었다. 그녀의 집에는 꼬리표도 떼지 않은 옷들이 가득했다. 우리와 상담한 다른 환자들처럼 재닛도 애초의 포장 용기에서 꺼내지도 않은 많은 물건을 가지고 있었다. 저장 강박 말고 강박 구매에 시달리는 사람들은 구입한 물품을 흔히 반환하거나 되팔거나 남한테 줘버린다. 반면 저장 강박 증상자들의 경우에는 상자들이 쌓이면서 생활 공간이 사라져간다.

대다수의 강박적 쇼핑은 보통 기분이 엉망인 상태에서 시작되고, 기분을 전환시켜주는 수단이다. 하지만 기분이 좋아서 쇼핑을 하는 경우도 가끔 있다. 치료 회합이 있었던 어느 날, 재닛은 한 주 내내 쇼핑하고 싶은 충동을 억누를 수 있었다며 스스로에게 만족하고 들떠서 병원 문을 나섰다. 그녀는 상황이 개선된 게 자랑스러웠고 어두운 땅굴의 끝에서 뭔가 빛이 보이는 듯했다. 그런데 집으로 돌아가는 길에 사달이 났다. 쇼핑몰로 이어지는 나들목 바로 앞에서 차량들의 흐름이 느려진 것이다. 재닛은 얼마 안 돼 한 가게에 들어가 치료의 진척과 성공을 구매 행위로 축하했다. 충분히 예측 가능하겠지만 그 결과는 더 큰 후회와 우울증과 자책이었다.

우리들은 상상이 잘 안 되지만 강박 구매자들은 쇼핑 욕구가 발동하면 자신과 주변 환경을 완전히 망각한다. 나는 몇 년 전에 〈데이트라인

NBC)과 함께 저장 강박을 다룬 특집 프로그램을 만들었다.

그 쇼에는 필이라는 사람이 등장한다. 필은 구매와 수집 활동 때문에 직장과 집이 날아간 상태였고, 결혼 생활마저 위기에 처해 있었다. 하지만 카메라가 중고품 할인 판매점으로 필을 따라갔을 때 그는 충동을 이기지 못하고 왼손잡이용 골프채 세트 한 벌을 사고 말았다. 필에게는 왼손잡이용 골프채가 이미 여러 벌 있었다. 더 큰 문제는 그가 오른손잡이인 데다가 골프도 잘 치지 않는다는 사실이었다. 그것들이 희귀해서 특별하다는 점이 그를 매혹했던 것이다. 필은 그 순간의 자신을 이렇게 설명했다. "지름신이 빙의해 다른 것은 도무지 생각이 안 납니다."

우리를 찾는 환자들은 강렬한 충동에 사로잡혀 이런 식으로 쇼핑하는 때를 일종의 분리 상태라고 흔히 설명한다. 꽂힌 품목에 정신이 팔린 나머지 생활 전반(예컨대 돈, 유지 관리할 수 있는 공간, 필요 여부)을 망각한다는 것이다. 남들보다 더 손쉽게 '플로우 상태'를 체험하는 사람들이 있다. 강박 구매자나 저장 강박 증상자가 될 가능성이 높은 사람들인 셈이다. 분리 상태에서 벗어나 정신을 차리고, 해당 구매 행위가 과연 타당한지 찬찬히 살펴보는 것은 매우 어려운 일이다.

독일의 정신 의학자 에밀 크래펠린은 과학적 정신 의학의 창시자로 널리 인정받는다. 20세기 초, 그가 '오니오마니아 oniomania'라는 장애 개념을 제안했다. 그리스어로 '오니오스 onios'가 '사고 판다'라는 뜻이므로, 오니오마니아는 결과가 유해함에도 불구하고 물건을 구매하고자 하는 통제할 수 없는 병리적 충동을 뜻한다.

정신 의학의 초기 개척자로 스위스인 오이겐 블로일러도 있다. 그는 오니오마니아를 '정신 착란적 충동'으로 묘사했다. 두 정신 의학자 모두 오니오마니아를 심각한 장애로 여겼다. 메리 토드 링컨과 이멜다 마르코스 같은 명사들은 잘 알려진 오니오마니아의 사례이다. 정신 의학과 심리학이 이른 시기부터 인식된 오니오마니아를 1990년대 초반까지 외면했다는 사실은 참으로 얄궂다. 오니오마니아는 '강박 구매'로 다시 명명되면서 화제의 중심으로 부상했다. 정신 의학, 심리학, 각종 사업, 나아가 인류학 분야까지 나서서 엄청난 연구를 진행하고 있다. 강박 구매를 장애로 여기든 아니든 많은 사람이 그로 인해 엄청난 문제에 봉착해 있다는 것은 분명하다. 강박 구매자들은 비강박 구매자들보다 갚아야 할 부채가 두 배 더 많다는 게 밝혀졌다. 강박 구매자들은 지나친 구매 행위로 결혼 생활에서 상당한 어려움을 겪고, 빈번하게 소송에 휘말릴 뿐만 아니라 감정적으로 치르는 대가(부끄러움, 낭패, 후회, 우울)도 크다. 우리는 강박 구매가 아주 흔한 현상임을 이제야 겨우 인식하기 시작했다. 스탠포드 대학교의 정신 의학자 로린 코런 연구진의 최근 연구는 미국 성인의 약 6퍼센트가 강박 구매자라는 것을 알렸다. 또한 일부 연구에 따르면 여자들이 강박 구매 증상자가 되기 쉬운 듯하지만 최근 연구에서는 남자도 그에 못지않음을 밝히고 있다.

사람들은 구매 행동의 원인을 제공하는 것들을 의식적으로 피함으로써 강박 구매 충동을 부분적으로나 혹은 일시적으로 통제하는 경우도 있다. 아이린이 신문 가판이 보이면 재빨리 외면한 것처럼 재닛도 화장품 매장들이 가까워지면 시선을 돌려버렸다. 도시에 갔다가 방문하지 않고는 못 배기는 가게 때문에 아예 그 도시로 가는 것 자체를 피하는 사람들도 있다. 이런 류의 회피 행동은 실패하기 마련이다. 우리가 사는 세상은 점점 더 소비자가 주도하는 방향으로 변해가고 있다. 그런 세상에서 끊임없이 구매를 권하는 여러 신호들을 완벽히 피하는 일은 거의 불가능하다.

쓰레기통 뒤지기와 공짜 물건

재닛처럼 소비를 하지 않으려는 사람들에게도 함정은 많다. 이를테면, 〈데이트라인 NBC〉에 출연한 필은 충동을 이기지 못하고 동네에서 나오는 쓰레기를 뒤졌다. 자녀들이 또래 아이들한테 놀림을 받았지만 필은 그 행동을 멈추지 않았다. 하루는 방송 제작진이 필에게 저장물 중에서 아무거나 하나를 내다버리라고 지시했다. 필은 생각 끝에 얼음을 만드는 오래된 용기 두 개를 버리기로 마음을 정했다. 제작진이 촬영을 하는 가운데 필은 쓰레기 수거함에 그 얼음 제조 용기를 버렸다. 아무것도 못 버리는 한 남자의 승리가 필름에 담기는 순간이었다. 그런데 그때 필의 눈에 카메라 가방이 들어왔다. 그는 누군가가 카메라 가방을 내다버렸다는 사실을 믿을 수가 없었다. 계속해서 다른 물건이 필의 시선을 끌었다. 그는 순식간에 쓰레기 수거함으로 뛰어들어갔고, 자신의 저장소로 직행할 보물들을 꺼내기 시작했다. 예기치 않게 펼쳐진 사건의 전말이 고스란히 카메라에 포착됐고, 얼마 후 필은 쓰레기 수거함에 뛰어드는 자신의 모습을 전국 방송으로 시청하면서 대경실색했다. 필을 포함한 대다수 저장 강박 증상자는, 주인 없는 물건의 가치와 쓸모가 여전하다고 판단되면 그에 저항하지 못한다.

쓰레기통이나 폐기물을 뒤지는 사람들만 물건을 공짜로 취득하는 것은 아니다. 60대 중반의 콜린은 화랑 소유주이자 미술 기획자로 잘 나가다가 은퇴한 명랑한 남자다. 콜린도 비슷한 문제를 가지고 있었다. 물론 그가 쓰레기 수거함에 뛰어들지는 않았지만. "내 삶이 요동치고 있습니다. 버그도프 굿맨Bergdorf Goodman, 뉴욕의 고급 백화점—옮긴이과 삭스 피프스 애비뉴Saks Fifth Avenue, 뉴욕 5번가에 본점을 두고 있는 패션 중심의 고급 백화점 체인—옮긴이가 격돌했으니까요. 정말이지 도처에서 옷이 보입니다. 나는 능력이 있습니다. 하지만 옷이라면 사족을 못 쓰죠. 해결책이 필요합니다." 콜린은 집으로 찾아가는 걸 내켜하지 않았고, 게일은 하는 수 없이 자기 연구실에서 그와 면담했다.

콜린은 값비싼 여가복을 우아하게 차려 입고 나타났다. 지퍼가 달린 검정색 상의는 흰색으로 섬세하게 장식이 돼 있었고 운동복 바지와 멋지게 조화를 이뤘다. 부드러운 가죽 소재의 구두가 발을 감싸고 있는 모습도 아주 인상적이었다. 그가 사무실 의자에 자리를 잡고 앉아 게일의 질문에 답하면서 강조하고 싶은 내용에는 장식적인 몸짓을 보탰다. 콜린은 소유물들이 "자신을 통제하고 있는 것 같다"고 푸념했다. "상황이 심각해지고 있습니다. 요즘에는 물건들이 나에게 딴죽을 걸고 공격을 하고 나를 만들고 있어요. 내가 주도력을 발휘할 수 없다니까요." 콜린의 말투에서 그가 아니라 물건들이 삶의 주인이 되었음을 알 수 있었다. 콜린은 2~3년 전까지만 해도 저장 강박과 무질서가 문제임을 깨닫지 못했다고 말했다. 그때쯤에야 찾으려는 물건을 찾지 못하고 있다는 사실을 깨달은 것이다. 그는 혹시 안경이 필요한 게 아닌가 하고 우스워했다.

콜린은 면과 비단 소재의 고급 셔츠가 수백 벌이었고, 금장 커프스단

추, 값비싼 손목시계와 디자이너 브랜드 양복 및 그가 가장 사랑하는 윙
팁wing tip, 날개 모양의 구두코, 즉 W자형의 앞부리 장식—옮긴이 구두가 수십 개였다.
"색상별로 다 있죠." 그의 말에서 자부심이 느껴졌다. "서른 개씩은 될 거
예요." 수입산 트위드 재킷이야말로 특별한 즐거움 자체였다. 그 직물의
감촉과 직조 방법에 따른 색상들은 콜린의 낙원이었다. 콜린이 일선에서
활약할 때는 하루에도 대여섯 번씩 옷을 갈아입었다. 하지만 은퇴한 후
고작 두 번 내지 많아야 세 번 갈아입는 게 현실이 됐다. 격식에 맞게 옷
을 입는 게 중요하다고 그는 말했다. 콜린은 미술 기획자 시절부터 드라
이클리닝을 무료로 이용할 수 있었기 때문에 비용을 걱정할 필요도 없었
다. "그런데 요즘은 찾고 싶은 걸 못 찾겠단 말이죠." 콜린은 산더미 같
은 옷과 장신구 가운데서 적절한 것들을 고르느라 옷 입는 데만 두 시간
씩 걸리기도 한다고 했다. "마치 분장실에서 사는 것 같습니다."

콜린은 거의 모든 옷을 공짜로 얻었다. 디자이너 친구들과 과거의 동
료들이 오트쿠튀르haute couture 의상을 그에게 수시로 보내왔다. 이 선물
들은 콜린의 지지를 구하려는 목적을 가진 것이거나 과거에 베푼 호의
에 대한 답례였다. 그가 여행을 하는 데 뭔가가 필요하다고 친구에게 슬
쩍 흘리기만 해도 런던과 모스크바와 파리에서 해당 물품이 그의 집 문
앞으로 몰려들었다. 이제 콜린은 은퇴를 한 상태였고, 불가피하게 수입
이 고정되었으므로 지금껏 해오던 대로 살려면 옛날 동료와 친구들에게
의존하지 않을 수 없었다. "여행에 나설 때면 먼서 부티크에 들러 필요한
물건들을 살펴봅니다. 하지만 돈을 내고 사지는 않죠. 나는 그들이 사업
을 성공적으로 시작할 수 있게 도왔습니다. 뭔가가 필요하면 알려주지
요. 그러면 물건이 옵니다." 콜린은 몇몇 친구와 함께 왕족 같은 유럽 여

행에 나서면서 사전에 시간을 내 커프스단추, 셔츠 깃, 양말 멜빵, 장식용 금속 단추, 윙팁 구두, 선물용 꽃다발을 요구했다. 그가 유럽의 호텔 스위트룸에 도착했을 때는 모든 물건이 이상 없이 배달돼 있었다.

그런데 콜린은 최근에 사교 행사 참가 계획을 줄이는 중이라고 실토했다. 시간에 맞춰 준비를 하지 못하기 때문이었다. 적당한 옷과 장신구를 찾아내는 일이 점점 더 어려워지고 있었다. 친구들 때문에 고급 의상을 좋아하게 됐고 그렇게 쌓인 옷이 너무 많다고 걱정했다. 생활 공간을 되찾고 싶다는 것이다. 이제는 여행이 조금은 공포스러운 일이 돼버렸다. 특대형 여행 가방을 몇 개나 가져가야 할지 또 그 안에는 뭘 담아야 할지 마음을 정하지 못했다.

우리가 면담한 다른 수많은 증상자들처럼 콜린도 완벽주의로 인해 일 처리를 힘들어했다. "외모가 중요하지 않다는 말은 내게 하지 마세요. 스타일은 중요합니다." 그는 손을 휘두르며 말했다. 옷이 날개라는 것은 사실이다. 하지만 콜린은 그 경구를 극단으로 밀어붙였다. "모든 게 다 조화를 이뤄야 해요. 속옷까지도요." 콜린이 구두의 가죽과 어울리는 허리띠를 차려고 하면서 옷 입기는 악전고투가 되고 말았다. 그는 보유한 쉰 벌의 파랑색 핀 스트라이프 양복을 자랑스럽게 여겼다. 같은 파랑색이라도 쉰 벌 모두 약간씩 색깔이 달랐다. 콜린의 관점에서 볼 때 색깔은 중요했다. 안성맞춤의 조합을 달성하기 위해 사활을 거는 것처럼 보이기까지 했다. 양복과 셔츠에 완벽하게 어울리는 타이는 말할 것도 없었고, 구두, 허리띠, 커프스단추까지도 조화를 이뤄야 했다. "완벽한 상태에서 시작해야 진전과 향상을 이룰 수 있는 겁니다." 콜린의 선언에는 자부심과 긍지가 배어 있었다.

콜린은 자신이 "매우 인색하다"고 인정했다. "나는 돈도 저장합니다." 외식을 할 때면 남들이 계산을 했다. 그는 구두쇠였지만 그럼에도 불구하고 남을 돕는 걸 즐겼고 자선 사업을 재미있어 했다. 익명으로 장학금을 기부해 제3세계 나라의 아동 교육을 지원하기도 했다. 그가 어느 빈국貧國을 여행하면서 한 동성애자 술집에 들렀을 때의 일이다. 콜린은 가장 별 볼일 없는 남자 여러 명을 무작위로 뽑아 아이팟을 선물했다. "정말이지 그들의 삶이 달라졌을 겁니다."

그런데 물건을 기꺼이 내놓는 일이 점점 더 어려워지는 듯했다. "이제는 물건들이 더 중요해졌어요. 쌓아둘 수 있기 때문이죠." 콜린의 말은 계속됐다. "나도 이젠 늙었습니다. 한때는 매력이 넘쳤고, 재미있었고, 여자들한테도 인기가 많았죠. 이제 활용할 수 있는 수단은 경험과 재산이에요." 그는 드러내놓고 얘기하진 않았지만 현행의 값비싼 의류 및 장신구 지원이 중단될 수도 있음을 걱정하는 눈치였다. 지인들이 오래전에 진 신세를 다 갚았다고 판단하고 더 이상의 지원을 끊어버릴 수 있으니까 말이다.

콜린은 자신의 가치를 걱정했고, 그 때문에 집착하는 듯했다. "직접 얻는 것보다 사람들이 내게 주는 게 더 많죠. 그 때문에 내가 더 가치 있다고 생각할 겁니다." 자기도 한때는 주목과 관심의 대상이었지만 이제 잊혔다는 생각도 종종 든다고 말했다. "더 괴팍해졌고 화까지 많이 냅니다. 심사가 뒤틀려 변덕을 부리는 거죠. 내가 언제 개구쟁이 데니스Dennis the Menace, 미국의 행크 케첨이 그린 만화 주인공으로, 영화·시트콤 등으로 여러 차례 각색됐다—옮긴이에서 윌슨Mr. Wilson, 데니스의 터무니없는 행동에 자주 화를 내는 이웃—옮긴이으로 바뀐 걸까요?" 콜린의 말은 애절했고, 이는 많은 다수의 저장 강박 증상자들도 마찬가지다. 그들은 자신을 표상한다고 믿는 물건에 자아상을 의존하고 있기 때문이다.

절도

빌리는 자녀를 여섯 둔 75세의 할머니였다. 고관절 장애로 보행 보조기를 사용하는 그녀는 내 강연에 여러 차례 모습을 드러냈고, 나에게 저장 강박 증상에 대해 편지로 상담하기까지 했다. 하지만 그녀의 친구가 빌리 몰래 연락을 취해올 때까지 나는 그녀에게 도벽이 있다는 사실을 전혀 알지 못했다.

빌리는 거동이 불편했지만 매우 밝고 적극적인 성격이었다. 매번 정신 없이 바쁜 듯했고 항상 뭔가를 계획하며 움직였다. 하지만 그녀는 저장 강박, 잡동사니, 강박 구매와 평생 싸우고 있었다.

그렇게 감당이 안 되던 심각한 쇼핑 중독과 드잡이를 하다가 도벽을 갖게 됐던 것이다. 그녀는 쇼핑 중독을 해결하기 위해 물건을 사면 안 되는 구실과 핑계를 만들었다. 빌리의 머릿속에 떠오른 가장 근사한 핑계는 다음과 같았다. "이 물건은 그만 한 돈을 주고 살 값어치가 없어." 스스로에게 이런 핑계를 대다가 어느 날 다음과 같은 생각을 하기에 이르렀다. '그렇다면 그냥 슬쩍 하면 되겠네. 돈을 안 내도 되잖아.' 주된 방어책이 사라졌고, 빌리는 다시 취득 활동을 시작했다. 가게에서 물건 훔치는 법을 잘 알고 있었다. 어렸을 때 삼촌네 가게에서 일하며 좀도둑을 경비했던 것이다. 빌리는 훔치는 행위에서 전율을 느꼈다. 다른 어떤 일에서도 그와 같은 '고양 상태'는 경험할 수 없었다. 그녀는 가게 점원과 경비 요원들을 어떻게 속였을까? 그들의 경계 태세에 맞서 교활한 책략과 할머니라는 사실을 이용했다.

몇 년 전 어느 백화점에서 있었던 일이다. 빌리가 골프 관련 소책자 한 권을 주머니에 찔러넣었다. 그녀는 골프를 치지 않았다. 해당 절도품은 골프를 치는 사위의 생일 선물이었다. 빌리는 몰랐지만 그 책에는 계산을 하지 않고 매장을 벗어나면 감지기가 작동하는 암호가 내장돼 있었다. 경보가 울리자 점원들이 달려왔다. 빌리는 다시 매장으로 향하면서 무슨 일이 벌어지는 건지 모르겠다는 투로 행세했다. 책이 적발되자 그녀는 쇼핑용 손수레에서 떨어질까 봐 그걸 주머니에 집어넣은 거라고 침착하게 해명했다. 결국 계산해야 할 책을 주머니에 넣은 채 깜빡한 것으로 일단락되었다. 빌리는 속으로는 깜짝 놀라 당황했지만 천연덕스럽게 행동했고, 어리둥절할 뿐이라는 연기까지 멋지게 소화해냈다. 그녀는 뭐가 뭔지 몰라 혼란스러운, 영락없이 당황한 할머니였다. 점원들에게 의도적인 절도 행위가 아님을 납득시켰고, 그들은 그녀를 자동차가 있는 주차장까지 바래다주었다. 내게 이 사건 얘기를 해주던 빌리의 표정에는 어떤 자부심까지 어려 있었다. 이 사건을 전혀 수치스러워하지 않았고, 일말의 근심이나 걱정도 없어 보였다.

빌리는 병적 도벽을 그대로 요약해 보여주는 것 같았다. 절도를 계획하지는 않았다. 도둑질은 그냥 일어났다. 그녀는 재정적으로 궁핍하지 않았고, 훔친 물건을 살 수 있는 능력이 있었다. 빌리의 절도 품목을 보더라도 그 대부분이 값어치가 거의 없는 것들이었다.

우리는 도벽이 저장 강박, 강박 구매, 병리적 도박이 함께 묶이는 장애

군의 일부로 추정한다. 도벽과 강박 구매가 저장 강박에서 관찰되는 취득 활동과 비슷하다는 것은 분명하다. 기회의 심리가 이들 장애를 묶어주는지도 모른다. 획득할 수 있는 뭔가를 외면하는 것은 소유를 통해 기대할 수 있는 편익을 걷어차버리는 것이라는 논리다. 우리들은 어떤 행동을 취한다는 것이 하나의 기회를 추구하면서 동시에 다른 기회는 포기하는 것임을 안다. 이 문제로 고통 받는 사람들은 기회를 활용해 얻는 이익보다 기회가 사라지는 걸 더 두려워한다. 따라서 논리적으로는 어떤 기회도 잃는 법이 없다. 하지만 곰곰 따져보면 어떤 기회도 추구하지 않는 것임을 알 수 있다.

몇 주 후 빌리의 친구가 다시 전화를 해왔다. "큰일 났어요! 당신 때문에 판도라의 상자가 열린 것 같습니다. 빌리가 아무거나 다 훔치고 있어요." 나는 즉시 빌리에게 전화를 했다. 친구의 보고에 과장이 있기는 했지만 그녀가 이미 몇 차례 도둑질을 했다는 것은 사실이었다. 내용도 평소보다 더 심각했다. 빌리가 즐겨 찾는 보석 가게가 팔찌, 반지, 목걸이의 가격을 인하했다. 평소라면 40~50달러에 팔릴 장신구들이 개당 5달러의 가격으로 판매 중이었던 것이다. 빌리는 팔찌 두 개를 사면서 여덟 개를 슬쩍했다. 구매한 두 개는 자기가 착용하고, 나머지는 딸에게 줄 생각이었다.

빌리가 도둑질을 끊으려면 그 행동이 자아에 어떤 의미를 가지는지 검토하면서 그 결과를 체험해봐야만 했다. 나는 그녀에게 도둑질한 일을 되돌아보면 자신에 대해 어떤 생각이 드느냐고 물었다. 그러자 기본적으로 자기가 정직하지만 명예로운 사람은 아닌 것 같다고 대꾸했다. 그녀가 정직과 명예의 차이를 또렷하게 구분하지는 않았다. 그래서 나는 보석 가게에서 훔친 팔찌와 관련해 그녀가 명예로워지려면 어떻게 해야 하냐고 물었다. 처음에 빌리는 더 이상 훔쳐서는 안 될 것 같다고 대답했다. 나는 보석 가게 사건을 들먹이며 그녀를 압박했다. 그러자 빌리는 훔친 물건을 아무도 모르게 살짝 갖다 놓을 수도 있다고 말했다.

"그게 명예로운가요?" 내가 물었다.

"아니죠." 빌리가 대꾸했다.

"뭐가 명예로울까요?"

"물건을 돌려주고, 그게 실수로 내 가방에 들어왔다거나 잘못해서 주머니에 집어넣었는데 돈 내는 걸 잊었다고 말해야겠죠."

"그게 정말 명예로운 걸까요?"

"다른 도시의 같은 가게에 갖다줄 수도 있을 것 같아요. 체인점이니까요."

"그렇게 하는 게 명예롭다고 생각해요?"

"아니요."

"어떻게 해야 할까요?"

"가서, 가게 지배인에게 내가 한 짓을 고백하고 자수해야겠죠."

"할머님께서 그렇게 하시면 어떻게 될까요?"

"모르겠어요."

"그래도 더 생각해보도록 하지요. 가게 지배인이 뭐라고 할까요?"

"글쎄, 화를 내겠죠. 맞아요, 화를 낼 겁니다. 어쩌면 경찰도 부를 기예요."

"경찰이 출동하면 어떻게 될 것 같습니까?"

"나를 체포할 테죠."

"수갑을 채울지도 모르고?"

"예."

"이제 당신은 어떻게 해야 하죠?"

"딸아이에게 전화를 해서 보석을 신청해야겠죠."

"하면 따님이 경찰서로 오겠군요. 따님에게 자녀들이 있던데 어쩌면 함께 올지도 모르겠네요. 그렇죠?"

"예."

"당신이 경찰서에 있고, 딸과 손자들이 들어오고, 경찰관이 당신의 범행을 설명하겠군요. 그럼 어떨 거 같습니까?"

빌리는 울음을 터트렸다. 그러나 포기하지 않고 상황을 묘사하면서 딸의 얼굴에 어린 실망감과 혼란과 걱정이 뒤섞인 손자들의 표정을 곱씹었다.

나는 자신의 행동으로 야기될 수 있는 결과를 빌리가 체험해보도록 했다. 그녀가 처음 내게 해준 도둑질 얘기는 전율과 흥분으로 윤색돼 있었다. 적발될 수도 있다는 사실에 전혀 신경 쓰지 않았고 한 사람의 인격체로서 도둑질이 자신을 어떻게 규정하는지에 대해서도 아무런 의식이 없었다. 이제 빌리는 도둑질의 결과를 상상해보면서 그 잘못된 행동에 대한 태도와 심경에 변화를 일으킨 것 같았다.

대화가 끝날 무렵 빌리는 사태를 바로잡기로 했다. 도둑질에 따른 결과를 순순히 받아들이기로 한 것이다. 몇 주 후 빌리의 친구가 다시 내게 전화를 걸어왔다. "빌리한테 뭐라고 하신 거예요? 딱 끊었어요. 빌리가 몇 주 동안 아무것도 훔치지 않았다고요. 그리고 싶은 생각이 안 든대요."

나중에 빌리에게서 직접 소식을 들을 기회가 있었다. 도둑질을 그만뒀다고 얘기했다. 욕구가 생기면(이제는 거의 생기지 않지만) 경찰서에서 마주하게 될 딸과 손자들의 표정을 떠올린다고 했다. "그럴 만한 가치가 없어요." 빌리의 어조는 단호했다. 그러나 팔찌를 반납하지는 않았다. 만에 하나 생길지도 모르는 최악의 사태가 두려워서였을 것이다.

저장 강박 증상자의 극소수만이 물건을 훔친다. 요컨대 대다수의 저장 강박 증상자는 취득 활동과 관련해 다른 문제로 고생을 한다. 우리는 강박 구매 연구를 통해 왜 그런지 그 이유를 조금 알 수 있었다. 앞에서 언급된 사례들에서 봤듯이 수집은 그들 다수의 삶에서 확인되는 주된 특징이다. 그들의 자아의식과 자아 존중감은 소유물과 결부되는 듯하다. 물론 그 결부 양상이 간단하지는 않지만 말이다. 우리는 그동안의 연구를 통해 다음과 같은 사실을 깨달았다. 강박 구매와 저장 강박은 우울증의 사례에서 보듯 자부심이 낮아서 생기는 게 아니었다. 그것은 자신의 가치를 확신하지 못하거나 모순적으로 느끼는 사람들과 관계가 깊었다. 결론보다는 의문이 그들을 규정하는 셈이다. "과연 내가 가치 있는 사람일까?" 그들은 이런 의문 속에서 자신의 가치를 입증할 증거를 찾는다. 우리의 문화는 확실하고 구체적인 형태의 증거를 몇 가지 제공하고 격려하기도 한다. 성공과 물질 소유가 그런 것들이다. 자아 존중감이 이런 유형의 증거들에 좌우되면 정서상의 문제가 발생한다.

정신없이 몰두하면 매우 만족스럽고 즐겁다. 하지만 정서적으로 가장 안정된 사람일지라도 자부심이 무너져내리는 경우가 있다. 진퇴양난의 상황인 셈이다. 해도 곤경에 처하고, 안 해도 난관이기는 마찬가지. 이 문제를 해결하려면 영웅적이라 할 만큼 굉장한 노력이 필요하다. 의사를 결정하는 데 있어 인생의 전체 맥락을 숙려해야만 하는 것이다. 일반인들 가운데 평소 이렇게 사는 사람은 거의 없다. 이것은 바라는 소유물을 보고 대응하는 양상을 재학습하는 것이다. 관심을 좁혀 집중해서는 안 된다. 관심을 확대해서 이 물건이 자기 인생의 태피스트리 속에 얼마나 부합하고, 또 알맞은지 곰곰이 생각하는 법을 배워야 하는 것이다.

재닛은 치료사의 도움을 받아 쇼핑이 자신의 정서적 삶에서 어떤 기능을 수행하고 어떻게 작용하는지 파악에 나섰다. 두 사람은 재닛이 쇼핑으로 기분이 나아지는 다양한 상황들을 점검했다. 재닛은 그동안 쇼핑 행위에만 몰두했기 때문에 진짜 구매 이유를 전혀 깨닫지 못하고 있었다. 쇼핑이 인생이라는 큰 그림 속에서 어떤 자리를 차지했는지가 재닛의 눈에 보이기 시작했다. 그녀는 이어지는 몇 가지 질문에 답하면서 큰 변화를 경험했다. 당신은 구매 행위를 통해 다음의 문제들을 정말로 만족스럽게 해결하십니까? 가정 문제, 자아 존중감, 자제력, 기분 전환, 남편과의 소통. 구매 행위로 이런 문제를 해결할 수 있다고 보세요? 재닛은 엉망인 기분을 달래기 위해 쇼핑을 했는데 장기적으로 치러야 할 대가가 순간의 희열과 만족을 크게 능가한다는 것을 깨달으면서 치료사와 함께 문제를 해결하기로 마음을 굳혔다. 그렇게 그녀는 기분을 다스릴 수 있는 보다 적절한 방법을 찾아나갔다.

그럼에도 불구하고 쇼핑몰 근처를 지나면 충동을 억누르기가 쉽지 않았다. 쇼핑 충동을 효과적으로 억제하려면 구매 행위가 어떻게 일어나는지 아는 것 이상의 노력이 요구된다. 재닛은 치료 초기에 구매 충동을 이기지 못하고 여러 차례 쇼핑에 나서 물건을 사들였다. 자제력을 확보하는 우리의 접근 방식은 신체 조건화 프로그램과 아주 흡사하다. 하지만 우리는 운동과 연습이 아니라 획득 욕망의 강도와 지속 시간을 서서히 늘려가는 방법을 쓴다. 담당 치료사는 이를 위해 재닛과 함께 '쇼핑을 하지 않는 쇼핑몰 유람'을 했다. (공짜 물건을 모으는 사람들과는 '아무것도 획득하지 않는 유람'을 한다.)

재닛은 불가불 구매 유인들에 노출됐다. 짐작하겠지만 이것은 그녀의 저항력 내지 내성을 기르기 위한 조치였다. 음주, 마약, 도박 충동을 억누르기 위해 사용되는 방법들과 비슷한 방법인 셈이다. 재닛은 구매 유인을 철저히 외면하는 게 아니라(일상생활에서 그렇게 하기는 불가능하다) 자기 문제와, 즐겁고 위로가 되는 쇼핑이 없는 세상에 직면하는 법을 배워야 했다. 그녀는 가게 옆을 그냥 지나가는 것부터 시작했다(우리는 이걸 쇼핑하지 않고 그냥 지나치기라고 부른다). 다음 순서로는 가게에 들어가 물건을 만지작거리다가 그냥 두고 나오기를 시도했다.

이 절차는 아주 단순해 보이지만 충동을 억누르는 데 익숙하지 않고, 스스로를 보호해줄 감정의 방호 기관이 전혀 없는 사람들에게는 고통스러우리만치 힘들 수도 있다. 재닛은 처음으로 혼자서 쇼핑을 하지 않는 쇼핑몰 유람을 하면서 아주 힘겨워했다. 어찌나 청바지가 사고 싶었던지 가게에 있는 동안 몸살이 날 지경이었다. 이런 난관에도 불구하고 그녀가 끝까지 버텨냈고 구매 충동도 서서히 사라졌다. 그녀는 빈손으로 집에 돌아가면서 자신이 이뤄낸 성취를 자랑스러워했다.

저장 강박 증상자들을 조사한 우리의 연구에 따르면 획득 욕구와 그러지 못하는 데 따른 고통 모두 쇼핑을 하지 않는 쇼핑몰 유람을 시작하고 몇 분 후면 바로 진정됐다. 우리가 지켜본 환자들은 쇼핑을 하지 않는 쇼핑몰 유람을 하면 할수록 충동이 빨리 가라앉았고 그 강도도 약해졌다. 이 점을 이해하는 것이 치료에서 매우 중요하다.

치료사 한 명이 쇼핑을 하지 않는 쇼핑몰 유람 치료를 위해 가게에서 담당 환자를 만나기로 약속했던 일화를 소개한다. 여성이었던 그 환자는 자신이 30분 먼저 도착해서 치료사에게 보여주고 싶은 물건들을 사놓았다고 득의양양해했다. 그러고는 하는 말이, 이제 자신은 쇼핑을 하지 않는 쇼핑몰 유람을 할 준비가 되었다는 것이었다. 그 환자가 요점을 놓쳤다는 것은 명확하다. 그녀는 충동을 참아야 하는 이유를 이해할 때까지 제대로 치료 받지 못했다.

'아무것도 획득하지 않는 유람' 치료법이 얼마간 효과가 있는 것은 치료사가 환자들에게 충동을 설명하면서 맥락화해줄 수 있기 때문이다. 치료사들이 환자를 24시간 따라다닐 수는 없기 때문에 우리는 획득 활동과 관련된 질문 목록을 만들어 휴대할 것을 주문한다. "비슷한 것을 이미 갖고 있지는 않은가?" "보관할 장소는 있나?" 이렇게 간단하고도 상식적인 고려 사항을 담은 질문들이다. 재닛의 경우는 이런 질문들이 크게 도움이 됐다. 질문들은 치료사가 동행할 때만큼이나 효과가 있는 듯했다. 물론 그 질문들을 호출하여 자문할 때만 쓸모가 있을 테지만 말이다. 나는 치료 동아리의 한 회원이 다른 성원에게 이렇게 말하는 걸 우연히 들은 적이 있다. "지난주에 쇼핑을 하러 갔어요. 질문지는 안 가지고 갔죠. 갖고 가면 아무것도 안 살 테니까요."

이 치료를 받은 사람 대다수는 쌓아놓은 잡동사니 제거보다 획득 활동 통제법을 더 쉽게 배웠다. 그 효과가 재정적 보상으로 나타나는 사람도 있었다. 예컨대, 재닛은 신용카드 빚을 전부 변제했고 치료를 마칠 때쯤에는 은행 잔고가 1만 달러를 상회했다. 또한 그 무렵의 그녀는 진열대의 옷을 훑어보고도 사지 않고 가게를 나올 수 있게 됐다. 획득 통제는 아주 쉽다. 그러나 소유물이 갖는 의미를 바꾸고, 집 안에 저장한 잡동사니를 없애는 것은 훨씬 어렵다.

Chapter 4 | 은신처와 고치

내 보물섬으로 오세요

크리스 · 버나데트

한 주 내내 너무 끔찍했어요.
집에 가서 보물 속에 파묻혀 있고 싶을 뿐입니다.
_ 아이린

크리스는 캘리포니아 주 버클리 외곽의 작은 단층집에 살았다. 수목과 관목이 무성하게 자라서 길에서 그녀의 집은 보이지 않았다. 바깥 현관도 화분에 심은 식물들로 대부분 가려져 있었다. 크리스는 페르시아 양탄자를 보는 안목이 있었다. 집 안 복도는 천장부터 마룻바닥까지 그 양탄자들로 도배돼 있는 것처럼 보일 정도였다. 양탄자는 여덟 개 내지 아홉 개가 층으로 쌓여 있었고, 복도의 너비가 적어도 30센티미터는 좁아지는 바람에 집은 꼭 동굴 속 같은 분위기를 자아냈다. 허리 높이까지 쌓인 책, 옷가지, 잡지, 기타 물건들이 집을 가득 채웠고, 그 사이로 '산양의 통로'가 요리조리 나 있었다. 크리스의 잡동사니 양은 삶의 질이 훼손될 만큼 엄청났다. 그녀는 냉장고가 최근에 고장났다고 말했다. 하지만 물건들의 미궁에 갇혀 있어 내다버릴 수 없는 지경이었다. 새 냉장고를 들여놓는 일은 당연히 꿈도 못 꿨다. 새로 구입한 냉장고가 지하실에 안

착할 수밖에 없었던 이유다. 안 그래도 복잡한 크리스의 삶에 불편 사항이 추가된 것이다. 우리가 만난 다른 많은 사람처럼 크리스도 매우 지적이었다. 그녀가 집 안을 온통 뒤덮은 책 수백 권 대부분을 읽은 게 분명했다. 간호사인 크리스는 온라인 저장 강박증 지원 단체를 통해 나를 알게 됐다. 우리는 직접 만나기 전에 꽤 오랫동안 교신을 했다. 그녀는 타인들에게 크게 도움이 되는 존재였지만 자신의 수집 저장에 대한 열정을 제어하지 못해 어려움을 겪고 있었다.

크리스가 한번은 내게 이렇게 썼다. "길에서 저장 강박 증상자의 집을 가려내는 방법을 연구하기 시작했어요. 차를 천천히 몰고 가면서 내 집과 같은 앞마당을 찾는 겁니다. 수백 주의 식물로 정글을 이룬 곳을 찾으면 되는 거죠. 집 앞 현관도 무성한 경우가 많을 겁니다." 그녀는 이 문제를 탐구해보겠다고 말한 후 사진을 찍었고, 문이나 창문이 열려 있으면 살짝 다가가서 관련 정보를 확인했다. "이곳 버클리에서는 구역block 당 한 집 정도가 저장 강박 내지 잡동사니 가구 家口, household 같습니다." 사는 동네와 주민들을 잘 아는 그녀는 우리에게 '버클리 지역 저장 강박 관광'을 시켜줬다. 저장 강박에 시달린다고 판단되거나 아는 사람들의 집을 일일이 지목해보았다. 그리고 그런 집들을 "내 집처럼 복잡하고 밀림 같다"고 묘사했다. 수목과 관목의 전지 작업이 우선순위에서 밀렸다는 것은 분명했다. 시종일관 드리워진 그늘은 창문을 집어삼킬 듯했고, 그 안은 불안정해 보이는 물건의 더미들이 무너져내린 상태였다. 낡고 찌그러진 양동이, 고장 난 잔디 깎는 기계, 페인트 통, 목재 더미가 마당 여기저기에 흩어져 있었다. 그것들마저 대부분 잔디와 잡초가 웃자라 잘 안 보였지만 말이다.

이런 집들의 다수는 수리와 도색이 필요했다. 하지만 그 지점에서 저장 강박 증상자들은 저마다 약간의 편차를 보인다. 우리를 찾은 가장 심각한 저장 강박 증상자 가운데 한 명은 잡지 「하우스 앤드 가든」에 특집으로 실릴 만한 외양의 집에 살았다. 하지만 내부를 보면 참혹하기 이를 데 없었다. 우리의 연구 결과에 따르면 저장 강박 증상자로 확인된 사람 중 절반 정도만 황폐한 집에 산다. 우리가 버클리에 사는 저장 강박 인구의 절반만을 본 것이라고 내가 판단한 이유다.

차를 타고 지나면서 저장 강박 증상자들의 집을 살펴봤는데 그 어두움이 내게는 특히 인상적이었다. 집은 동굴이나 다름없었다. 그 집들이 황량하고 무섭게 느껴졌다. 하지만 곧 깨달았다. 크리스 같은 저장 강박 증상자들한테는 자기 집이 매우 다르게 보인다는 것을 말이다. 그들이라면 작고 담이 쳐진 개인 공간을 좋아할 수 있다. 밀실공포증과는 정반대의 특성인 셈이다.

아마도 그들은 고치처럼 편안하고 안전하다는 느낌을 얻기 위해 생활 공간을 둘러쌀 것이다. 힘겨운 하루를 마감한 아이린이 집에 가서 '보물 속에 파묻히고' 싶다고 말했던 게 떠올랐다. 그녀는 자신의 '보물' 속에서 안락함을 느꼈다. 위태로운 상황에 놓이면 특히 더 그랬다. 공포를 연구하는 학자들은 위험을 신호하는 사태와 안전을 신호하는 사태를 구별한다. 통상 위험 신호가 있어야 공포를 느낀다고 생각한다. 하지만 안전 신호가 없거나 제거돼도 공포가 촉발될 수 있다. 다수의 저장 강박 증상자는 소유물이 없어지는 상황을 생각하는 것만으로도 두려움에 사로잡힌다.

우리는 여러 집 마당에서 물건을 가득 실은 자동차와 트럭이 세워진 것을 보았다. 트럭 짐칸, 뒷좌석, 심지어 운전석에까지 신문과 옷 및 기타 등등의 집에서 흘러넘친 물건들이 가득했다. 녹슨 바비큐용 그릴이 잔디밭에 흩어져 있었고(대개 여러 개였다), 각종 용기, 통, 낡아 빠진 쓰레기통, 화분도 상황은 마찬가지였다. 각종 용기에 담긴 물건들은 정리가 안 돼 혼란스러워 보였고, 여러 해 동안 손을 전혀 안 댔다는 것이 너무 빤했다.

구역 당 두세 가구는 고치 같은 집이었다. 잡동사니 쌓아두는 사람을 찾는다는 광고를 처음 냈을 때 엄청난 수의 전화를 받으면서 깜짝 놀랐던 일이 새삼스럽게 떠올랐다. 우리 가운데 이렇게 많은 사람이 물건을 통제할 수 없단 말인가?

담을 쌓아 위험에서 도망치기

버나데트는 흑인 여성으로 몸집이 크고 피부색이 밝으며 매력적인 데다가 옷을 맵시 있게 잘 입었다. 그런 모습과 인상으로 처음 치료를 받으러 왔다. 그녀는 우울하지 않을 때에는 자기의 개성을 돋보이게 할 줄 알았다. 어떤 날은 옷을 아주 잘 입었다. 구두와 지갑, 스카프도 멋지게 조화를 이뤘다. 분홍색과 에나멜가죽을 좋아했다. 하지만 어떤 날은 사정이 달라졌다. 차림새로 버나데트의 기분 상태를 어실하게 알 수 있었다. 우울한 날에는 눈에 띄는 것 아무거나 되는 대로 걸치고 왔다. 눈이 올 때 신는 장화에 파자마 차림일 때도 있었다.

그녀는 다년간 교사로 근무하다가 마흔네 살에 딸을 출산하면서 학교를 그만뒀다. 출산 후 버나데트 부부는 사내아이를 한 명 입양했다. 딸과 아들은 이제 각각 다섯 살과 세 살이었다. 열성적 목사인 남편은 아프리카계 미국인 사회에서 회중을 인도하느라 정신없이 바쁘게 살았다. 버나데트와 아이들의 삶도 남편의 교회를 중심으로 돌아갔다. 그녀는 집사가 돼 남편을 도왔고, 성경 공부 모임에 참가했으며, 누구든 도움이 필요하다면 동료 교인들과 함께 찾아가서 기도해줬다.

하지만 이제는 버나데트 자신에게 도움이 필요한 때였다. 그녀와 가족은 옷, 신발, 아이들이 그린 그림, 취미 활동 관련 물건과 갖은 생활용품들의 더미에 파묻혀 살았다. 버나데트의 저장 강박 행동으로 방이 열네 개나 되는 3층짜리 빅토리아 시대풍 가옥이 점령당하자 수 년째 남편과의 다툼이 계속됐고, 그녀는 마침내 자신의 문제를 치료하기로 결심했다.

우리가 찾아갔을 때 버나데트의 집은 사람이 거의 살 수 없는 수준이었다. 내부 현관과 1층 층계참에는 아이들의 옷가지와 장난감, 신발, 각종 휴일과 축일을 기념했던 장식물, 책, 주일 학교 신문, 교사 시절의 학습 계획안들이 가득했다. 다른 많은 집에서 본 것처럼 빈 플라스틱 상자가 무수했고, 뚜껑들은 한쪽에 쌓여 있었다. 정리를 해보려던 시도가 실패한 게 분명했다. 거실과 식당에도 비슷한 종류의 잡동사니가 허리 높이까지 쌓여 있었다. 옷과 신발, 식탁용 매트와 탁자 장식물, 정리가 안 된 신문, 자질구레한 골동품 등등. 계단통에는 플라스틱 용기와 덮개, 무너진 신문과 잡지 더미, 옷과 신발이 더 많았다. 침실은 산더미 같은 옷과 신발들이 허리 높이로 쌓인 방에서 천장에 닿은 방까지 다양했다. 아이들이 각자의 침대에서 잘 수는 있었다. 아주 가까스로 말이다.

버나데트는 매일이다시피 쇼핑을 했고, 구입한 대부분의 물건이 집에 쌓였다. 그녀는 자녀들에게 헌신하면서 자기는 가져본 적 없는 것들을 아이들이 누릴 수 있게 해줬다. 돈이 거의 없었기 때문에 절약하려고 애썼고, 주로 할인점을 이용했다. 그럼에도 불구하고 그녀의 구매 행위는 가족 재정에 큰 부담이 됐다. 결국 요금 미납으로 전기가 끊기고 말았다. 파산 직전이었다. 어떻게든 전기를 해결해야 했기에, 그들은 딱 하나 작동 중인 지하실의 콘센트에서 어수선한 계단통 위로 연장선을 설치했다. 임시변통으로 전등을 켜기는 했지만 그로 인해 비상시 탈출이 쉽지 않을 집이 화재 위험마저 커졌다.

아동 가정국이 가정 형편을 조사하러 나왔다. 그 결과 버나데트가 옷과 장난감을 집 안으로 가지고 들어오는 일을 멈추지 못하면 아이들을 빼앗길 수도 있었다. 그럼에도 그녀의 쇼핑은 계속됐고, 남편의 분노는 극에 달했다. 집 안 꼴이 엉망이 되자 그는 중요한 서류를 찾을 수도 집으로 교회 관계자를 초대할 수도 없었다. 아이들이 친구들을 집으로 불러 노는 것도 불가능했다. 남편은 일이 이 지경이 된 경위와 아내가 계속해서 물건을 집으로 들이는 이유를 알고 싶어 했다.

우리는 맨 처음 저장 강박을 연구할 때부터 소유물과 안도감이 연결돼 있다는 것을 알았다. 우리를 찾은 수많은 저장 강박 증상자들은 남이 자기 물건을 버렸을 때 큰 상처를 받는다. 그 심정을 이렇게 표현했다. "성폭행을 당한 것처럼 느껴져요."

일부는 심각한 트라우마에 대응하면서 저장 강박 행동을 발달시켰을 수도 있다. 그들은 해당 증상을 보이지 않는 사람들과 비교할 때 심리 외상성 사건을 더 다양하게 경험했을(평균 6대 3) 뿐만 아니라 그런 사건을 당한 횟수도 더 많았다(평균 14대 5).

가장 빈번하게 경험한 트라우마 유형은 위협과 폭력 속에서 무언가를 빼앗기거나 성행위를 강요당하거나 폭행당하는 일이다. 사람들은 심리 외상성 사건을 당하면 흔히 물건을 집어든다. 2001년 세계 무역 센터 테러에서 살아남은 생존자들을 조사한 한 연구에 따르면, 거의 절반에 가까운 사람들이 피난 전에 소지품을 챙기면서 시간을 보낸 것으로 나타났다. 생각해보라. 발 아래서 건물이 흔들리고 있는데도 자기의 물건을 챙겼다는 사실을.* 트라우마에 대응하는 이런 현상의 극단적 형태가 저장 강박일 수 있다.

물론 모든 저장 강박이 트라우마에서 생겨나는 것은 아니다. 그러나 일부 사례에서는 그 연관성을 부인할 수 없다. 한 연구에 따르면 심리 외상성 사건을 경험한 저장 강박 증상자들이 트라우마를 경험하지 않은 그룹보다 증세가 더 심각했다. 이 연구에서는 예기치 않은 사실도 하나 확인됐는데, 트라우마와 결부되는 건 버리거나 지나치게 취득하는 과정에서 겪는 어려움이 아니라 잡동사니라는 점이었다. 아이린과 버나데트 같은 일부 저장 강박 증상자는 집에서 잡동사니를 통해 안전하다고 느낀다. 심리 외상성 경험 때문에 저장 강박을 앓게 된 사례를 살펴보면 트라우마가 더 이상의 위해로부터 스스로를 지키기 위해 은신처를 구축하려

---

* 국립 정신 보건원의 키아라 크로머 연구진은 이 조사에서 더 나아가, 저장 강박 증상자와 강박-충동 장애자(하지만 저장 강박 증상은 없는)를 비교했다. 그들의 결론은, 심리 외상성 경험이 여러 가지 정신 장애가 발생하는 것과 관계가 있기 때문에 저장 강박과의 연관성을 특정할 수는 없다는 것이었다. 트라우마가 반드시 저장 강박으로 이어지지는 않았지만 그들이 조사한 저장 강박 증상자의 69퍼센트는 적어도 한 차례 이상 심리 외상성 사건을 경험했다. 강박-충동 장애자는 51퍼센트였다.

는 본능을 끌어낸 것처럼 보인다.

버나데트는 인생 대부분의 시간을 불행과 역경에 맞서야 했다. 어렸을 때 그녀는 감당할 수 있는 몫 이상의 폭력에 노출됐다. 범죄가 빈발하는 동네에서 자랐고, 가정환경도 좋지 않았다. 아버지는 병적인 거짓말쟁이에 자잘한 범죄를 저지르고 다니는 집안의 골칫덩이로, 그녀가 태어날 때부터 감옥을 들락거렸다. 어머니는 딸을 무자비하게 타박했고, 감수성이 예민한 소녀에게 완벽을 요구하면서도 자식의 요구는 모르쇠로 일관했다. 어릴 때 부모가 이혼한 이후로 그녀는 친척 집을 전전하며 자랐다. 버나데트는 대가족 내에서 가장 안정된 친척인 종조모와 가까웠다.

버나데트는 열 살 때 의붓아버지한테 성 학대를 당했다. 이 경험 때문에 그녀는 자신의 기본적인 안전을 확신하지 못했고 자아 존중감도 갖지 못했다. 10대의 버나데트는 약물과 가벼운 섹스에서 위안을 찾았다. 대학에 진학하면서 독립생활을 시작할 무렵에는 쇼핑이란 것을 시작했다. 그녀는 같은 물건을 여러 개 샀다. 예를 들어, 탐폰을 상자째 사곤 했는데 남한테 빌려야만 하는 상황을 피하기 위해서였다. 그리고 이렇게 지나친 쇼핑으로 결국 1만 달러 이상의 빚을 지게 됐다. 버나데트의 표현을 빌리면, 집 안의 '엉망인 더미'가 점점 커졌다. 하지만 그때까지만 해도 물건을 내다버리는 데서 별다른 어려움을 겪지는 않았다.

버나데트는 20대 중반에 종교에서 새로운 힘과 위안을 발견했다. 하느님에 헌신했고, 다시금 삶의 용기를 끌어냈다. 하느님의 말씀이 들리던 순간을 마음에 새기고 신을 위해 더 이상 섹스하지 않겠다고 맹세했다. 결혼 전까지 순결을 지키겠다고 서약한 것이다. 그녀는 새로 발견한 신앙을 좇으면서 쇼핑과 저장 강박에서 벗어날 수 있었다.

그러나 서른 살 때 상황은 완전히 달라졌다. 당시 버나데트는 교사로 재직 중이었고, 집도 마련한 상태였다. 그러던 어느 날 밤, 괴한이 그녀의 2층 침실로 침입했다. 빗물 홈통을 타고 기어오른 것이었다. 놈이 칼로 위협하며 버나데트를 강간했다. 이 끔찍한 폭행은 그녀에게 치명적인 상처를 남겼다. 전혀 예상하지 못했고, 막을 수도 없는 사건이었다. 더구나 그녀는 어린 시절에 당한 학대로 안전감에 대해 상당히 취약해져 있는 상태였다. 담당 목사는 너무 바빠서 버나데트와 이야기를 나눌 시간이 없었고, 이것은 마치 그녀가 행실을 잘못해서 강간범을 불러들이기라도 한 것 같은 암시를 풍겼다. 주변의 도움도 거의 받지 못했다. 버나데트는 신한테 버림을 받은 것 같아서 화가 났다. 수치심도 밀려왔다. 자기가 뭘 잘못한 것 같다는 생각마저 들었다.

버나데트의 가족이 빗물 홈통 철거를 도왔다. 하지만 그녀가 안전하다고 느끼기에는 충분하지 않았다. 다른 방으로 침실을 옮기고, 창문에 자물쇠를 달았다. 그러나 여전히 공격을 받을지도 모른다는 불안에 시달리면서 우울증이 깊어졌다. 세상은 버나데트에게 안전한 곳이 아니었다. 그녀는 어쩌면 자기가 마음 든든하게 안심하며 살 자격이 없다는 생각까지 하게 됐다. 행복한 인생은 그럴 자격이 있는 훌륭한 사람들한테나 허락된 것이라는 생각마저 들었다.

버나데트는 환멸을 느꼈지만 신앙을 포기하지 않았다. 강간 사건에서 연상되는 갖은 생각을 떨치려고 노력했고, 계속해서 삶을 이어나갔다. 기독교도로서 있는 힘껏 책임과 의무를 다했다. 하지만 그런 활동은 그다지 위로가 되지 않았다.

결국 그녀는 위안이 되는 한 가지 활동, 곧 쇼핑에 몰두하게 됐다. 옷

사는 것을 아주 좋아했고, 사는 물건이 점점 많아졌다. 사건 후 사용하지 않고 방치해두었던 침실에 구입한 물건을 들여놓았다. 그 방은 이내 꽉 찼고, 쇼핑한 물품들은 계속해서 복도를 채운 다음 계단으로 흘러넘쳤다. 집 안의 다른 공간 역시 점령당되었다.

강간 사건이 있고 거의 10년이 흐른 후 버나데트는 동네에서 신도를 이끌던 목사를 만나 결혼했다. 남편이 그녀의 집으로 이사해들어왔다. 신혼 2~3년은 행복했다. 집이 어지럽기는 했어도 아직까지는 참아줄 만한 정도였다.

하지만 버나데트는 마흔두 살에 다시 한 번 엄청난 불행을 겪게 되었다. 자연 유산을 한 것이다. 그런데 태아가 몸에서 빠져나오지 않았다. 버나데트는 비탄에 빠졌다. 조산사가 죽은 태아를 수술로 제거해야 한다고 강권했고, 결국 버나데트는 3주 후 그 권유에 응했다. 이후로 쇼핑과 저장 강박 행동은 점점 악화됐고, 잡동사니가 집을 점령해나갔다. 곧 다시 임신을 하게 된 그녀는 다행히도 별탈없이 딸을 낳았다. 1년 후 버나데트 부부는 아들을 한 명 입양했다. 그녀는 삶이 개선되었음에도 과거의 심리 외상성 경험에서 자유롭지 못했다. 자주 죄책감을 느꼈고 우울증에 시달렸다. 자기한테 뭔가 근본적으로 문제가 있다는 확신마저 들었다.

버나데트는 쇼핑에 매달렸다. 쇼핑을 하면 몇 시간이나마 기분이 좋았다. 하지만 이내 다시금 실망감과 우울증이 엄습했다. 그녀는 취득 활동의 규칙을 세워보려는 시도를 하기도 했다. 하지만 지키기 힘들었다. 구매 충동은 너무나 강렬해서 도저히 억누를 수 없는 지경이었다. 쇼핑을 할 때면 주변 세상이 더 안전하게 느껴졌고, 상황과 사태도 더 명료하게 이해됐다. 버나데트의 목표는 '고급스럽고, 세련돼' 보이는 것이었다. 자신에게 잘 어울리는 밝은 색상과 스타일을 고를 줄 아는 자신의 옷 취향에 자부심을 느꼈다. 또한 옷을 잘 차려 입으면 중요 인사가 된 듯했다. 버나데트는 마차 한 대분의 옷을 사놓고도 정작 입는 것은 서너 벌에 불과한 상황이 됐다. 그녀가 다음으로 주의를 기울인 건 아이들의 필요와 요구였다. 아이들에게 아무런 부족함이 없도록 해주려면 쇼핑이 불가피하다며 자신의 행위를 정당화했다. 무더기로 구매하는 예전의 습관이 부활했다.

전형적인 쇼핑 행동을 다음과 같이 묘사하곤 했다. "아들에게 입힐 흰색 셔츠를 구하러 갑니다. 애가 체구가 커서 옷 입히기가 힘들어요. 내가 월마트에 가는 이유죠. 오호라, 애한테 딱 맞는 사이즈의 흰색 셔츠가 보이네. 이제 나는 몇 벌을 살까 고민합니다. 사내아이니 셔츠가 금방 지저분해지잖아요. 적어도 다섯 벌은 있어야죠. 가격이 아주 좋네요. 안성맞춤인 옷을 찾기가 쉽지 않으니 여섯 벌은 사야겠어요. 함께 신길 스니커즈도 찾아보고요."

집 안의 물건을 내다버리는 것은 불가능했다. 정리나 분류를 거의 하지 않았고, 남편과 자녀들이 자기 허락 없이는 아무것도 못 버리게 했다. 뭔가를 직접 버려보려고 시도해보았지만 그녀는 그때마다 알 수 없는 불편함과 두려움을 느꼈다.

남편의 불만은 충분히 이해할 수 있었다. 하지만 남편이 자신의 지나친 행태를 탓할수록 스스로 못나고 부적격이며 실패작이라고 확신하게 됐다. 이런 감정 상태에서 벗어날 수 있는 유일한 탈출구가 쇼핑인 듯했다. 버나데트는 악순환의 고리 속에 갇혀 있었다.

다른 트라우마 생존자들이 약물이나 알코올로 자가 치료를 시도하는 것처럼 버나데트도 물건 쇼핑으로 자기 치유를 했다. 문제는 동원된 치료책이 질환 자체보다 더 악화됐다는 점이다. 그럼에도 불구하고 버나데트의 고통은 아주 현실적이었고, 그녀의 방법은 즉각적으로 효과를 발휘했다. 저장 강박 증상자들은 심리 외상성 사건을 경험한 경우가 많지만, 외상후 스트레스 장애posttraumatic stress disorder, PTSD를 앓는 사람은 비교적 적다. 반면 다른 불안 장애 및 우울증은 외상후 스트레스 장애를 동반하는 경우가 많다. 우리는 2006년에 수행한 한 연구를 통해 저장 강박 증상자의 6퍼센트만이 외상후 스트레스 장애로 고생한다는 걸 확인했다. 심각한 심리 외상성 사건을 많이 겪고도 외상후 스트레스 장애가 적다는 사실은 뭔가가 발병을 제지하고 있음을 시사한다. 어쩌면 저장 강박이 발병을 막아주는지도 모른다.

저장 강박의 원인을 밝히려면 저장 강박 행동이 생기는 즈음에 증상자의 삶에서 무슨 일이 일어났는지 조사해야 하는 경우가 많다. 우리는 저장 강박 행동이 어떻게 시작되는지 조사하면서, 그들에게 자신의 행동을 맨 처음 깨달았을 때의 생활을 설명해달라고 요구했다. 절반 이상이 긍정적인 의미에서든 부정적인 의미에서든 중요한 사건을 기억해냈다. 그 사건은 손실 내지 죽음과 연결되는 경우가 많았다. 버나데트처럼 이런 사건을 떠올린 사람들의 저장 강박은 트라우마를 구체적으로 기억하지 못한 사람들의 저장 강박보다 나중에 나타났다. 심리 외상성 사건이 계기가 돼 저장 강박 증세를 보이는 사람이 있는가 하면 저장 강박이 비교적 일찍 시작되어 꾸준히 악화되는 사람도 있었다.

저장 강박이 궁핍 때문이라는 흔한 상식은 말이 안 된다는 걸 우리는 알고 있었다. 앞에서 밝혔듯이 많은 저장 강박 증상자가 풍족한 삶을 누렸다. 하지만 궁핍과 박탈이 반드시 물질적인 것만은 아니다. 정서적 박탈 상태도 파괴적일 수 있는 것이다.

우리는 정서적 박탈과 저장 강박의 관계를 알아보고 싶었고, 저장 강박 증상자와 강박-충동 장애자 및 어느 쪽으로도 문제가 없는 사람들을 대조군으로 비교했다. 집단은 어렸을 때의 가정생활을 회고한 내용과 애착에 기초해서 나눴다. 저장 강박 집단과 강박-충동 장애 집단은 둘 다 대조군보다 애착 경험이 적었다. 두 집단 모두 다음과 같은 진술을 더 자주 했다. "남들에게 항상 변덕을 부렸습니다." "남들이 날 어떻게 생각할지 자신이 없었어요." 그러나 저장 강박 증상자들과 강박-충동 장애자들 사이에는 차이가 전혀 없었다. 이 사실로 판단해보건대 애착 부족은 저장 강박을 특정하는 어떤 것이기보다 정서 장애가 뚜렷해서 일어난 결과일 수도 있다.

두 번째 기준, 곧 어린 시절의 가정생활을 회고한 내용을 살펴보자. 저장 강박 증상자들은 나머지 두 집단 모두와 비교해, 따뜻하고 서로를 격려하는 가정에서 양육됐을 가능성이 훨씬 적었다. 따라서 그들이 다음과 같은 진술을 할 가능성 또한 더 적었다. "어렸을 때는 항상 가족이 힘이 된다는 생각 속에서 살았습니다." "가족들은 항상 나를 믿고 용인해줬죠." 그들의 경우 소유물에서 위로를 구하는 행태는 보호가 불충분한 어린 시절에서 비롯된 것으로 보였다.

트라우마와 애착에 관한 사실 및 소유물이 저장 강박 증상자들에게 발휘하는 듯한 위무 효과를 보면 저장 강박 행동의 일부는 삶의 환경이 어려워서 공격 받고 있다는 느낌과 연관되는 것 같다. 저장 강박 행동은 해당 증상자 다수에게 상황을 통제하고 있다는 환상을 심어주고, 두려움을 안전하다는 느낌으로 바꿔준다. 안전과 통제가 동력으로 작용하는 사람들을 치료하려면 어쩔 수 없이 고통스런 개인사를 더듬어야만 한다. 따라서 저장 강박에서 벗어나려면 자신을 면밀히 관찰해야 한다. 그래야만 그 원인을 옳게 파악할 수 있다. 저장 강박 증상자들은 획득 및 저장 강박 행동뿐만 아니라 오도된 인식과 믿음도 바꾸어야 한다. 달리 표현해보자. 그들은 말과 의견을 실제 행동으로 옮겨야 한다. 그래야만 핵심적 가치들이 바뀌어, 강박적 구매 및 저장 행동을 자제할 수 있다. 버나데트가 자녀와 신앙에 헌신한 것처럼 말이다. 물론 버나데트의 상황이 증명하듯 이것을 몸소 실천하는 일은 말처럼 쉽지 않다.

버나데트의 치료는 단속적으로 이루어졌다. 그녀는 때때로 잡동사니를 깨끗이 치울 수 있었는가 하면 도저히 그러지 못하는 때도 있었다. 치료사는 버나데트가 강간 사건을 떠올리는 것, 가령 당시의 방을 찍은 사진이나 그 방의 커튼과 비슷한 직물과 마주치기라도 하면 감정이 마비돼 더 이상 아무것도 하지 못한다는 걸 인지했다. 강간이 일어난 침실의 물건을 정리하려 할 때마다 비슷한 사태가 반복됐다. 버나데트에게 그 침실은 여전히 소름끼치는 곳이었다. 그녀는 그 방 아니, 3층 전체에 담을 둘러친 것이나 다름없었다. 어느 날 치료사는 버나데트가 어떤 악당도 다시는 침실에 침입할 수 없도록 탁월하게 조치해놨음을 지적했다. 버나데트는 치료사의 언급을 곰곰 되씹더니 이렇게 말했다. "뭘 했는지도 모르겠어요."

이 악순환의 고리를 끊어야 했다. 치료사는 다른 것은 제쳐놓고 강간 사건에만 집중해보자고 제안했다. 버나데트가 그 고통스런 사건을 받아들이는 법을 배울 수 있게 돕기 위해서였다. 두 사람은 그 심리 외상성 사건과 버나데트의 대응을 화제 삼아 조심스럽게 이야기를 나눴다. 그러자 버나데트가 강간 사건을 자신을 저주하고 매도하는 방식으로 해석하고 있다는 것이 명백하게 드러났다. 죄의식과 자신의 약점을 똑바로 쳐다볼 수 없었고, 강간 사건을 의식에서 차단해버렸다. 회피가 저장 강박 행동의 일부이듯 심리 외상성 사건을 반추하지 않고 외면하는 것도 불안, 우울증, 외상후 받는 스트레스의 일부다.

버나데트의 획득 및 저장 강박 행동과 그 결과인 잡동사니는 한 가지 목적에 봉사했다. 옷을 사면 잠시나마 우울증에서 벗어날 수 있었다. 물건을 쌓아두면서 안전하다고 느꼈다. 잡동사니, 특히 침실의 잡동사니가 강간의 기억과 약점으로부터 그녀를 보호해줬다. 취득 활동, 쌓아두기, 잡동사니를 제어할 수 있으려면 버나데트가 그런 기억과 생각들에 맞서야만 했다. 몇 번에 걸쳐 강간을 중심에 놓고 상담을 진행하자 물건에 의지해 안전감을 느끼려는 버나데트의 필요와 요구가 줄어들기 시작했다. 그렇게 그녀는 저장 강박 치료를 받을 수 있는 준비를 갖췄다.

이 치료의 주요 초점은 버나데트가 소유물과 그것들의 가치에 두는 강렬한 믿음에 맞춰졌다. 우리는 치료사가 물건 정리를 돕는 과정에서 그 믿음에 관해 얘기를 나눴다. 버나데트는 가진 것을 보관할 것, 줄 것, 재활용, 버릴 것으로 분류 정리했다. 치료사는 그녀에게 분류하는 각각의 물건에 대한 생각을 들려달라고 했다. "이 양말은 보관할 거예요. 나머지 한 짝도 찾을 수 있을 겁니다. 작아서 아들 녀석은 못 신겠지만 다른 사람에게 쓸모가 있을 거예요." 다음의 설명도 들어보자. "이 구두(분홍색 에나멜가죽 소재였는데 검은 얼룩이 많았다)를 정말 좋아했어요. 안 맞아서 이제는 못 신지만 신고 다녔던 그때를 기억하고 싶어요." 버나데트는 자신의 사고방식과 감정 양상을 인식하는 데 능숙해졌고, 그걸 평가하고 도전할 준비를 마쳤다. 그녀에게 특히 효과적이었던 한 가지 방법은 물건을 진정으로 필요로 하는가와 단순한 욕구 및 바람을 비교 숙려하는 것이었다. 예컨대 버나데트는 그 절차를 통해 두 아이 모두에게 더 이상 맞지 않는 옷을 보관하는 것은 진정한 필요가 아니라 공상적 소망이라고 판정했다. 그녀는 더 나아가 진정으로 필요하지 않은 물건(이를테면, 커서 더 이상 안 맞게 된 옷)을 보관하는 행위의 유리한 점과 불리한 점을 꼽아보았고, 보관해서 얻는 손해(아이들이 지금 입는 옷을 보관해야 하는데, 그 옷장의 공간을 빼앗기는 사태)가 이익(멋진 추억, 하지만 버나데트에게는 이를 대체할 사진이 있었다)보다 훨씬 더 크다고 결론지었다. 이런 고민은 상당히 단순해 보이지만 버나데트와 같은 사람들의 믿음은 융통성이 없는 데다가 강경하게 고수되기 일쑤다. 우리는 그런 믿음들의 지배력을 느슨하게 풀어, 다른 관점에서 생각하도록 돕고자 했다. 버나데트가 우리의 전략 방침(필요 대 욕구 및 유불리 평가 방식)을 익히자 치료사는 한 걸음 더 나아가 그녀에게 다른 사람의 관점을 채택해보라고 권했다. 구체적인 물건들에 대한 판단을 내릴 때 교회에서 만난 믿음이 가는 동성 친구라면 어떻게 할지 떠올려보라는 식이었다. 버나데트는 친구가 취할 만한 행동을 참조하면서 거의 모든 물건을 버렸다. 친구의 '지혜'를 인정하며 간소한 생활을 받아들인 것이다.

우리는 버나데트를 치료하는 초기에 물건 버리는 일에 역점을 두지 않았다. 그보다는 소유물에 대한 그녀의 사고방식을 바꾸는 과제에 집중했다. 버나데트가 자신의 사고방식이 가치가 있는지 판단하면서 이의를 제기하는 일에 어느 정도 성과를 낸 후부터 우리는 버리는 사안을 강조했다. 저장 강박 증상자 대다수에게 이것은 시간이 많이 걸리는 과정이다. 그들은 수개월에 걸쳐 집에 쌓아둔 물건을 자세히 살펴보며 정리한다. 환자가 치료 과정을 통해 자신의 저장 강박적 사고에 도전하고, 남들이 자기 물건을 건드려도 용인하는 단계에 이르면 우리는 더 강력한 방법을 도입한다.

버나데트가 그런 환자였다. 그녀는 아이들을 위해 구입한 옷에 대한 집착을 끊는 데 성공했다. 집 안의 잡동사니가 엄청났고, 버나데트가 옷에 대한 자신의 사고방식에 성공적으로 이의를 제기하자 담당 치료사가 여러 사람이 함께 나서서 청소해보자고 제안했다. 치료사와 조수들이 동원되는 '집단 청소'는 고도로 체계적인 치료 절차다. 게일과 다섯 명의 요원이 두 개의 교대조를 구성해 집을 찾아갔다. 버나데트와 담당 치료사는 이미 마음을 정하고, 그날의 규칙을 상세하게 작성해놓은 상태였다. 아이들한테 너무 작은 옷은 버나데트의 허락을 따로 받지 않고 가방에 싸서 반출해 기증하기로 했다. 좋은 옷이라도 청소조가 같은 옷을 두세 벌 발견하면 한 벌만 남기고 나머지는 기증 물품 가방에 넣었다. 버나데트가 아이들이 지금 당장 신는 신발은 벽장에 넣어뒀으므로 주위에 널려 있는 신발 역시 전부 정리하기로 했다. 청소조는 종이류와 기타 가재도구를 유형별로 분류해 버나데트와 담당 치료사가 나중에 처리할 수 있도록 상자에 담아두었다.

버나데트와 치료사가 2층 침실에 앉아 있었고, 청소조는 그녀가 정한 규칙이 적용되지 않는 물건을 들고 와서 보여줬다. 버나데트가 그 물건들을 보고 결정을 내려야 했다. 담당 치료사는 그녀의 사기를 북돋우면서도 동시에 도전적인 질문을 던지는 역할을 맡았다. 가령 이런 질문들이었다. "그걸 언제 쓸 건데요?" "어디다 둘 거죠?" "비슷한 다른 물건을 가지고 있지 않나요?" 이 절차는 저장 강박 증상자들에게 보관할지 폐기할지 결정하는 법을 훈련시키려는 의도에서 만든 것이다. 옷을 보면서 자신이나 자녀들에게 얼마나 잘 어울릴지만을 생각하는 게 버나데트의 전형적인 사고방식이었다. 이제는 공간이나 사용 가능성 같은 다른 사안들을 고려해야 했다. 담당 치료사는 압박을 가해 버나데트가 함부로 물건들을 버리지 않고 신중하게 행동하도록 도왔다. 스스로 결정을 내리는 게 중요했다. 그녀가 치료사의 질문들을 숙고한 후에도 두기로 결정하면 인정해주었다.

저장 강박 증상자들이 겪는 최악의 경험 가운데 하나는 혼자든 다함께든 남이 집을 치우겠다고 들이닥치는 것이다. 그런 일은 흔히 좌절한 가족 구성원이나 공중위생 부서의 명령 내지 요청으로 일어난다. 관찰자는 물건을 치우러 온 사람에게 증상자가 과민 반응을 보이는 것이라고 쉽게 말한다. 더미들이 아무 가치 없는 쓰레기로 보이기 때문이다. 그러나 저장 강박 증상자는 분류하고 정리하는 데서 난관에 봉착한 것이기 때문에 그 더미들에는 쓰레기 이상의 것이 들어 있기가 다반사이다. 그런데 청소 작업에 동원된 인부들은 더미들을 무턱대고 퍼내 쓰레기 하치장에 버리는 경우가 많다. 하지만 수십 년 된 신문 아래 자동차 소유 증서나 여러 해 전에 분실한 다이아몬드 반지가 있을 수도 있다. 저장 강박 증상자들은 거의 항상 이런 시나리오를 떠올리면서 가장 소중한 재산을 빼앗겼다고 생각한다. 실제로 그런 일이 일어나기도 한다. 이것 말고도 그들 대다수는 잡동사니 안에서도 물건들은 나름의 위치가 있다고 생각한다. 타인이 잡동사니의 일부라도 옮기거나 버리면 이 '질서' 의식이 망가진다. 우리는 강제 청소 작업 후에 자살한 저장 강박 증상자를 몇 명 알고 있다.

강제 청소 작업에 들어가는 시간, 비용, 트라우마를 떠올린다면 다른 대안이 가능할 경우 절대로 그래서는 안 된다. 집의 상황이 일시적으로 나아질지는 모르지만 증상자의 행동은 변하지 않기 때문이다. 게다가 그런 트라우마를 안기고도 다시 협조를 받을 가능성은 크지 않다. 공중위생 부서들을 조사해본 결과 매사추세츠의 어떤 도시는 강제 청소 비용으로 1만 6,000달러를 집행했다(시 공중위생 예산의 거의 전부였다). 불과 1년 후 문제의 그 집은 과거 어느 때보다 상황이 더 나빠져 있었다.

버나데트는 집단 청소에 동의했고, 청소조와 협력해 판단과 결정을 내렸다. 힘든 경험이었지만 매우 유익했다. 그녀는 치료사를 신뢰하고 있었고, 청소조가 자신이 정한 규칙과 목표에 따라 작업하리라는 걸 알았다.

시간이 흐를수록 정문 현관에 쓰레기와 기증할 물건들을 담은 가방이 쌓여갔다. 버나데트에게 녹록치 않은 절차였지만 결코 포기하지 않았다. 청소가 끝나갈 즈음, 남편과 두 아이가 바깥나들이를 마치고 돌아왔다(버나데트가 청소에 집중할 수 있도록 사전에 계획된 일정이었다). 집을 떠나려는 물건이 현관에 산더미처럼 쌓여 있는 광경에 남편은 흥분했다. 이제 입구의 통로, 거실, 침실의 나무 바닥이 보였다. 그가 입구의 복도로 사람들을 모아 둥근 대형으로 서게 했다. 청소 작업 전에 그렇게 모이려 했다면 옷과 신문과 상자가 쌓인 90센티미터 두께를 관통해야 했을 것이다.

그가 기도를 했다. 하느님을 찬미하는 성가와 청소조를 축복하는 기도가 율동적으로 고조됐다. "할렐루야! 할렐루야! 할렐루야!" 모두가 손을 맞잡고, 그의 축원에 몸을 흔들었다. 그 순간의 기쁨을 만끽한 것이다.

Chapter 5 | 정체성과 애착

그걸 버리면 살아갈 의미가 없어요

데브라

너무 많이 버리면
내게는 아무것도 남지 않을 거예요.
_ 아이린

데브라는 열세 살 때부터 잡지를 모았다. 「세븐틴」, 「영 미스」, 「라이프」를 좋아했다. 그녀는 이 잡지들을 통해 세상을 보았다. 호기심이 많고 조숙한 10대에게 그 잡지들은 마땅히 제공돼야 하는 온갖 가능성의 입구였다. 세상을 알고 싶었다. '모든 걸 배우고' 싶었고, '온갖 걸 경험하고' 싶었다. 데브라는 나이 들어가면서 수집 분야를 확대했고, 그 영역이 여행, 요리, 뉴스, 여성 잡지까지 넓어졌다. 새로 발행되는 잡지들은 항상 그녀가 배워야 할 더 많은 것을 담고 있었다. 그녀는 오래잖아 읽기보다 수집 활동에 더 많은 시간을 쏟기 시작했다. 다수의 저장 강박 증상자처럼 시간이 나면 모아 놓은 잡지를 읽기로 했다. 하지만 수중에 들어오는 정기 간행물을 버리지 않았고, 잡지와 신문이 방에 쌓이기 시작하면서 읽을 시간이 점점 부족해졌다. 그녀의 논리는 이랬다. 아무튼 갖고 있으면 읽을 시간이 날 거다.

읽을 시간이 없다는 게 스스로에게도 명백해지자 더 위험한 동기가 읽겠다는 의지를 대신했다. 데브라는 잡지 읽기를 중단하고 그냥 보관만 하기로 했다. 스스로를 '잡지 보관인'으로 여기고 있었다. "잡지를 보관하면 우리가 사는 시간을 보존할 수 있죠." 이런 그녀의 생각은 정체성으로 발전했다. "갖고 보관하고 유지하는 활동은 내 정체성의 일부입니다." 각각의 잡지는 그 자체가 타임캡슐이었다. 2장에서 언급했던 앤디 워홀의 타임캡슐 상자와 비슷했다. 그 잡지들은 데브라가 살면서 구체적으로 자신의 존재를 표상한 시간, 아니 적어도 그녀가 살아 있을 때 벌어진 사건들을 보존했다. 그녀가 이 동기를 떨쳐내려고 몇 번 시도하기도 했다. 한번은 이런 종류의 유지 관리 활동이라면 정부가 나서서 하는 게 더 적합하다는 믿음을 공고히 하려고 의회 도서관을 찾아갔다. 자신이 보유한 잡지가 도서관에 전부 있는지 확인하고자 했던 것이다. "내가 갖고 있는 것의 절반도 없었습니다!" 그것은 탄성에 가까웠다. 그때 데브라는 자신이 그 일을 더 일찍 시작했어야만 했다는 아쉬움을 느꼈다고 한다.

데브라의 보관 활동은 잡지에서 텔레비전 프로그램으로 확장됐다. 처음에는 오락 프로그램만 녹화했다. 시청 활동에는 아무런 관심이 없었다. 유일한 관심사는 유지 보관 활동이었다. 그녀는 「TV 가이드」를 꼼꼼히 들여다보기 시작했고, 비디오카세트리코더 세 대를 동원해 오락뿐만 아니라 뉴스와 토크 프로그램까지 녹화했다. 텔레비전 프로그램을 녹화해야 한다는 데브라의 강박은 아주 강렬했다. 우리의 연구 프로젝트에 참여하기 전에 데브라는 교통사고를 당해 병원 신세를 진 적이 있었다. 의사들은 그녀의 척추 부상이 심각할 수도 있다고 판단해 움직이지 못하도록 특수 침대에 눕혔다. 이때 데브라는 남편이 집에 가서 대신 프로그램을 녹화해주기로 할 때까지 극심한 공황 상태를 보였다.

미국 정신 의학회가 간행한 『정신 장애 진단 및 통계 편람Diagnostic and Statistical Manual of Mental Disorders』은 정신 장애를 진단하고 정의하는 필수 지침서다. 이 책의 최신판은 저장 강박을 강박성 인격 장애의 여덟 가지 증상 가운데 하나로 적고 있다. 거기에서 저장 강박은 "정서적 가치가 전혀 없는데도 낡고, 쓸모없는 물건들을 버리지 못하는 것"으로 정의된다.

우리는 데브라, 아이린, 그 외 많은 저장 강박 증상자들과 이야기를 나누면서 이처럼 물건에 정서적 가치가 없다고 강조하는 것이 상황을 헷갈리게 한다는 걸 알았다. 요컨대 정서적 가치가 전혀 없는 물건이란 말은 주관적인 표현이다. 우리의 연구에 따르면 저장 강박 증상자들의 집에 있는 많은 물건은 정서적 가치가 높은 것들이었다. 물건에 정서적 가치를 부여하는 행위는 특이한 게 아니다. 중요한 사람이나 사건과 결부된 물건들에 정서적 의미를 부여하는 것은 흔히 있는 일이다. 대부분의 사람들이 보통 그렇다. 마음에 든 음악회 입장권의 절취하고 남은 부분, 오래전 거행된 결혼식 축하 케이크의 장식 조각, 종잇조각에 자녀가 처음 그린 그림 등 말이다. 그렇게 보면 저장 강박 활동에서 벌어지는 사태도 색다를 게 없다. 아이린, 데브라 같은 저장 강박 증상자와 비증상자들과의 차이점은 그들이 아주 많은 소유물에 정서적으로 강하게 애착한다는 것이다. 평범했을 물건, 심지어 쓰레기에까지도 말이다. 그들은 남들과 달리 독특함과 가치를 볼 줄 안다. 그들의 특별한 재능은 탐구적이고 창의적인 마음에서 비롯되며, 결과적으로 앞서의 애착 반응을 유도하는지도 모른다. '모든 것을 경험하고' 싶은 욕망이 그들의 애착 범위를 확대하는 것이다.

평범한 것들을 없애버리는 것에 아이린은 몹시 상심했다. 몇 십 년 된 역사책을 매각물 상자에 집어넣고는 곧 울음을 터뜨렸다. "죽고 싶은 기분입니다. 나의 보물 도서 가운데 한 권이거든요. 30년 동안 한 번도 들여다보지 않았다는 건 인정해요. 하지만 나의 일부처럼 느껴지네요." 아이린은 마치 사랑하는 사람이라도 잃은 것처럼 슬퍼했다. 교과서의 공식적인 설명과는 정반대로 물건들에 정서적으로 강하고 광범위하게 애착하는 성향이 저장 강박의 특징적 요소임은 분명한 사실이다. 저장된 물건들은 저장 강박 증상자의 정체성 내지 개인사의 일부가 된다. 어떤 의미에서는 저장물이 그들의 정체성을 규정해주는 것이다.

우리들 대다수는 자주 쓰는 물건들을 보관하고 나머지는 버린다. 물건을 사용하면서 즐거움을 누리고, 그렇게 물건의 가치를 구별하여 정한다. 그러나 아이린은 사용하지 않는 물건들을 보관했다. 그녀에게서 심리 강화 요소는 물건의 용도가 아니라 갖고 있다는 관념이었다. 아이린에게 호소력을 발휘한 것은 물건들이 지닌 잠재력이었다. 가령 아이린은 300권 이상의 요리책을 보유한 것으로 추정했다. 거기다가 여러 신문의 요리면과 잡지에서 본 요리법을 보관하고 있었다. 하지만 그녀는 그렇게 모은 요리책과 요리법을 한 번도 사용하지 않았다. 사실 잡동사니 때문에 가스레인지와 조리대에 접근조차 할 수 없었다. 그저 요리책과 요리법을 보유한 것만으로도 요리하는 자신의 모습을 떠올리며 즐길 수 있었고, 요리사라는 잠재적 정체성을 즐겁게 상상했다. 그녀는 다양한 저장물을 통해 다양한 정체성을 공상했다. 위대한 요리사, 박식하고 세련된 인물, 책임을 다하는 시민 등등을 말이다. 아이린의 물건들은 현실이 아니라 꿈을 대변했다. 그런 물건들을 버리는 것은 꿈을 빼앗는 것이나 다름없었다.

'잡지 보관인' 데브라

몇 년 전 강박-충동 장애 재단 모임에서 데브라를 처음 만났을 때 그녀는 30대 후반이었다. 데브라는 우리가 주관한 연수에 참석 중이었고, '아무것도 획득하지 않는 유람'에 참가하겠다고 자원했다. 우리는 그녀의 얘기를 통해 소유물과 정체성이 어떻게 융합되는지에 관해 많은 것을 알 수 있었다.

데브라와 남편은 어머니 및 의붓아버지와 중산층 가정에서 함께 살았다. 두 사람이 분가해 따로 살 수 있었음에도 불구하고, 부부의 수입 대부분이 세 개의 커다란 저장소 임대료와 데브라가 모으는 잡지와 기타 물건 구입에 쓰였던 것이다.

내가 처음 데브라를 만났을 때 거주하는 집의 주요 생활 공간은 비교적 잡동사니가 없었다. 그녀는 어머니와 남편의 엄청난 노력 덕에 그나마 이 정도라고 실토했다. 두 사람은 주요 생활 공간을 지속적으로 관리했고, 데브라가 뭘 남기든 치웠다. 그녀가 불평을 늘어놓고, 가끔씩 화를 낸 것은 당연했다. 남편과 함께 쓰는 침실은 사정이 완전히 달랐다. 물건들이 방바닥을 완전히 덮고 있었던 것이다. 종이, 책, 잡지, 비디오테이프, 기타 등등으로 만들어진 요새가 침대를 에워싼 채 천장까지 닿을 기세였다. 데브라 부부는 그 요새를 기어올라야만 침대에 누울 수 있었다. 우리는 밤에 잠을 자려면 물건들을 옆으로 치워야만 하는 사람을 많이 봤다. 그런데 놀랍게도 데브라의 침대 위는 깨끗한 상태였다. 위층 복도 끝에는 데브라가 어린 시절에 쓰던 방이 있었는데, 그 방 역시 그녀가 어린 시절에 수집한 물건들로 차고 넘쳤다. 데브라가 입장을 허락해 준다 해도 아무도 비집고 들어갈 수 없는 수준이었다. 그녀는 이외에도 3×12미터의 저장 공간을 세 개 빌려썼다. 그 창고 역시 천장까지 가득 찼음은 물론이다.

내가 데브라를 만났을 즈음 그녀의 집 사정은 악화일로에 있었다. 그녀는 계속해서 집 안의 다른 곳에 물건을 쌓아뒀고, 어머니와 남편은 지쳐갔다. 데브라의 물건들이 2층 복도로 흘러넘쳤다. 어머니의 침실과 거실 구석에 비디오테이프의 산이 생기는 중이었다. 식당은 새로 입수한 잡지들에 완전히 점령당했다. 현관 역시 데브라의 침실과 모습이 비슷해져갔다.

데브라의 부모는 그녀가 두 살 때 이혼했다. 그래서 여덟 살 때까지 엄마, 할머니와 함께 살았다. 아버지와는 교류가 별로 없었고, 우리가 만나기 3년 전에 아버지가 사망했는데 그때까지도 부친에 대해 아는 게 거의 없었다. 그녀는 아버지가 죽고 나서야 그도 저장소를 운영해왔음을 알았다. 창고에는 아버지의 삶의 편린이 가득했다. 데브라는 아버지가 유품으로 남긴 물건을 정리하면서 그가 딸과의 온갖 대화 모습을 녹화하고, 그 내용을 녹취해놨음을 발견했다. 아버지는 당신이 쓴 여러 편지도 사본을 남겨놨다. 그것은 데브라도 하는 일이었다. 아버지는 말 그대로 수 톤의 잡지, 장바구니, 종이를 쌓아뒀다.

데브라는 열한 살 내지 열두 살경에 저장 강박이 시작된 것으로 기억했다. 하지만 어머니는 딸의 저장 강박 행동이 훨씬 일찍 시작됐다고 주장했다. 할머니가 돌아가신 일곱 내지 여덟 살경이라는 것이었다. 데브라는 할머니에게서 안전감과 편안함을 느꼈다. 할머니는 데브라를 잘 달랬고, 방을 깨끗이 쓰라고 부드럽게 타일렀다. 데브라는 할머니가 돌아가셨다는 걸 알았을 때 방에 처박혀 몇 시간 동안 청소에 몰두했다. 할머니가 하신 말씀을 잘 따르면 다시 돌아오실지도 모른다고 기대한 것이다.

할머니가 돌아가시면서 데브라와 엄마는 살던 집을 팔고 이사해야만 했다. 두 사람이 그 집에 딸린 조그마한 땅뙈기를 여전히 보유하고는 있었지만 이사해야 한다는 사실에는 변함이 없었다. 데브라는 상실감을 느꼈고, 할머니의 유품에 매달렸다. 그녀는 그것들이 '나를 확장시켰다'고 믿었다. 할머니가 남긴 나머지 부동산마저 처분하려는 삼촌의 계획에 데브라는 절규했다. "그렇게 하면 내 눈에서 영원히 눈물이 마르지 않을 거예요! 결코 다시는 행복하지 못할 거예요."

데브라의 엄마는 몇 년 후 재혼해 성을 바꿨다. 데브라는 마음에 안 드는 남자에게 엄마를 빼앗겼다고 생각했으며, 의붓아버지 때문에 저장 강박 행동이 시작됐다고 성토했다. 의붓아버지는 항상 화를 냈으며, 아이들을 싫어했고, 자기를 기숙 학교에 보내버리고 싶어 했다는 것이다. 그리고 의붓아버지가 자기 물건을 훔쳐가는 것이 괴로웠다고 주장했다. 자기가 보려고 쌓아둔 신문을 읽기도 전에 없애버렸다. 그녀는 쓰레기통에서 신문을 '구조'해, 다시 집으로 가져왔다. 의붓아버지의 훼방은 집요했다. 신문을 일터로 가져가버렸던 것이다. 결국 데브라는 이웃집 쓰레기통에서 신문을 훔치게 됐다. (내가 데브라를 만났을 때 그녀는 그렇게 훔친 신문 다수를 여전히 갖고 있었다.) 의붓아버지와의 다툼이 계속됐고, 데브라는 시간이 흐를수록 소유물과 관련해 더 방어적이고 비밀스러워지면서 항상 방문을 잠그고 생활했다.

데브라는 학교를 졸업한 후 서점에 취직했다. 그녀가 좋아하는 것들이 사방 도처에 있었기 때문에 서점은 이상적인 직장인 듯했다. 발송 담당으로 열심히 일했고, 매일 밤늦게까지 직장에 머물렀다. 할 일이 남은 상태에서 일과를 마감하는 게 영 내키지 않았기 때문이다. 교대 시간이 다가오면 그녀는 이렇게 생각하곤 했다. '이거 하나만 더 하고 집에 가야지.' 하지만 그 하나가 다른 하나로 이어졌다. 서점 직원 생활 막바지에는 몇 차례나 직장에서 잠이 든 채 밤을 보냈다.

서점이 보유한 전체 도서와 주문 도서 목록을 관리하는 일도 그녀의 몫이었다. 그 목록들이 이내 신성한 지위를 차지했다. 데브라는 목록을 갖자 그 책들을 장악하고 통달했다는 느낌이 들었다. 마치 목록의 책을 다 읽은 것 같았다. 불현듯 존재하는 모든 책을 목록화해야겠다는 생각이 들었고, 그 목록을 복사하기 시작했다. (데브라는 여전히 이 일감의 문서철 상자를 여럿 갖고 있었다.) 그녀는 결국 탈진했고, 직장을 그만두지 않을 수 없었다.

데브라의 개인사도 그녀의 보존 네트워크 안에 놓였다. 그녀는 과거를 기억하면서부터 줄곧 변화를 두려워했다. "나는 미래가 싫습니다. 과거가 좋아요." 데브라가 어린 시절에 겪은 가장 커다란 변화는 상실이었다. 아버지를 잃었고 할머니를 잃었고 마음속에서 엄마를 잃었다. 그런 상실의 경험 속에서 자아와 정체성을 확신하지 못했다. 자신이 누구이고, 어디로 가기를 원하는지 도무지 파악이 안 되는 듯했다. 데브라는 시간을 동결하는 활동에 매달렸다. 예컨대, 거의 모든 것을 사진으로 찍었다. "인생의 매 순간을 상세히 기록할 수 있습니다. 기억하고 싶으면 나는 사진을 찍어요." 심지어 쓰레기까지 촬영했다. 우리가 맨 처음 만나기 전에 그녀는 한 달 평균 30롤가량의 필름을 사용했다. 데브라에게 사진 촬영은 일종의 대응 전략이었다. 소멸하는 것들, 그래서 그녀가 보관할 수 없는 것들을 없애는 방식이었던 셈이다. 사진을 찍어, 물건들의 어떤 본질 내지 정수를 보존하고자 했다.

'우리가 사는 시간'을 보존하려는 데브라의 노력과 활동은 불멸을 얻고자 하는 일종의 시도로서 공포 관리 이론에 부합하는 것 같았다. 데브라는 자신보다 더 오래 지속될 무언가를 만들어낸다고 본 것이다. 그러나 내가 수집물로 뭘 하고 싶으냐고 묻자 데브라는 생각해본 적이 없다고 대답했다. 놀라지 않을 수 없었다. 실상 그녀는 남편이 전부 내다버린다고 해도 별로 신경 쓰지 않는다고 말했다. 자기가 사는 시간을 상세히 기록하겠다는 목표는 무언가를 남기겠다는 바람이 아니라 모든 것을 경험하고 싶은 욕구에서 비롯했다. 그녀는 사들인 잡지를 거의 읽지 않았고 녹화한 방송 테이프도 보지 않았다. 그러나 그것들을 갖고 있는 것 자체로도 거기 담긴 내용을 경험했다는 느낌을 받았다. 잡지와 녹화 테이프를 보관하는 한 그것들은 그녀가 하는 경험의 일부였다. 그것들을 없앤다면 그 경험들을 상실하는 것이었다. 데브라에게 수집 활동의 원동력은 삶의 경험을 놓쳐버리거나 기억하지 못하는 것에 대한 두려움인 듯했다.

원본과 완벽주의

데브라는 잡지를 사기 시작하면서 겉모양의 작은 부분, 곧 의도치 않은 사소한 흠결들을 인지했다. 점원이 묻히는 지문이나 구겨진 표지 같은 것 말이다. 사소한 흠이었지만 신경이 쓰였다. 구매하는 잡지들이 완벽하지 않다는 생각이 들면 불편했다. 그래서 판매대에 진열된 책더미의 바닥에 있는 잡지를 꺼내는 방식을 썼다. 취급 과정의 부주의로 인해 원본 상태가 변경됐을 가능성이 더 낮을 거라는 판단에서였다. 바닥에 놓인 책들은 제작 완료 시점의 원본 상태를 그대로 유지했다. 이 점검 사항이 데브라에게 점점 더 중요해졌다. 그 이유를 묻자 다음과 같이 말했다. "사람들은 잡지를 집어들고 보면서 피부의 지문과 기름을 남겨요. 페이지에 구김이 생기는 건 말할 것도 없고요."

머지 않아 데브라는 인쇄 결함도 없는 잡지를 찾게 됐다. 「오프라 매거진」 표지의 "O"가 제자리를 벗어나거나 가장자리의 접히는 부분에 닿을 때가 있었던 것이다. 하지만 인쇄 상태가 완벽한 잡지를 찾아내도 문제는 모두 사라지지 않았다. 계산을 하기 위해 점원에게 건네줬다 돌려받는 과정에서 잡지의 원본 순도가 훼손되었기 때문이다. 데브라는 반스 앤 노블Barnes & Noble, 미국의 유명 체인 서점—옮긴이에 근무하는 여직원들과 안면을 텄고, 그녀들을 설득해 구매 잡지는 자기만 만질 수 있도록 허락을 받았다. 한동안은 이 조치가 효과적으로 느껴졌다. 자신의 취급 행동으로도 잡지가 훼손된다는 걸 깨닫기 전까지는 말이다. 잡지를 들여다보면 구김과 접힘이 생겼다. 애초의 빠닥빠닥한 종이 질감이 사라지는 것도 문제였다. 자신의 지문이라고 다르게 여겨지지는 않았다. 그때부터는 두 권씩 사기 시작했다. 하나는 읽기용, 다른 하나는 원본 그대로 보존하는 용도였다. 저장물들이 그녀의 시간을 점점 더 많이 차지하게 되면서 잡지 읽기를 완전히 중단했다. 하지만 두 권씩 구입하는 행위는 계속됐다.

어느 날 데브라는 판매원들이 잡지를 선반과 진열대에 비치할 때 지문을 남길 수도 있겠다는 생각이 들었다. 그녀는 안면을 튼 서점의 판매원들에게 자신이 직접 적하물 상자를 개봉할 수 있게 해달라고 설득했다. 이후로는 데브라가 사려는 잡지에 아무도 손대지 못하는 체계가 갖추어졌다. 잡지들은 인쇄소에서 그녀에게 직행했다. 오염과 훼손을 피하려는 노력이 결실을 거두는 듯했다.

그다음에는 데브라가 상자에서 직접 잡지를 꺼낼 때 자기로 인한 오염이나 손상을 차단할 수 있는 전략이 필요해졌다. 그녀는 이른바 '세 권 이론'이라는 걸 생각해냈다. 배송 상자에서 세 권을 꺼냈고, 신중에 신중을 기하며 위와 아래의 책들만 만졌다. 가운데 잡지는 전혀 손을 대지 않았다. 데브라에게는 이제 읽기용 한 권(그때쯤에는 이미 전혀 읽지 않았지만), 특별히 필요한 기사가 있을 경우 스크랩할 용도 한 권(오려내기 역시 전혀 하지 않았지만), 보관용 한 권 이렇게 세 권이 갖추어졌다.

그러나 갖은 노력으로 갖춰놓은 체계에도 문제는 있었다. 어느 날 신참 점원이 계산대에서 직접 계산을 하는 그녀를 적발하고는 고래고래 소리를 지르며 뛰어왔던 것이다. "지금 뭐 하는 거예요?" 서점에 있던 사람 모두가 하던 일을 멈추고 데브라를 쳐다보았다. 그녀는 마치 영화의 한 장면 같았다고 회상했다. 해명을 시도했지만 결국 다음과 같은 사실을 인정하는 것으로 사건은 일단락되었다. "나는 저장 강박 증상자이고, 강박-충동 장애가 있습니다."

결국 데브라가 구축한 체계는 완전히 붕괴하고 말았다. 일단은 비용이 가정 경제에 큰 부담으로 작용했고, 투자한 시간과 노력 속에서 스스로 탈진해버렸다. 덜 완벽한 해결책과 타협하지 않을 수 없었다. 정기 구독을 신청했다. 그리고, 매 호당 한 권만 주문했다. 정기 구독을 시작했을 때 받아든 잡지들의 상태가 좋지 않아서 크게 당황했다고 한다. 책이 도착하면 몸져누울 지경이었다. 신규 잡지들을 취득하려고 한동안 서점에도 나갔다. 이런 행동은 그녀의 불편한 마음이 서서히 누그러질 때까지 계속됐다. 매달 100권 정도의 정기 구독 잡지가 저장 창고로 직행했다. 구독물이 '세 권 이론'을 적용하여 구매한 잡지들만큼 새것 같지는 않았지만 그래도 공장 출하 상태에 최대한 근접한 조건을 유지하기는 했다. 데브라는 집배원에게도 주의를 주고, 잡지에 어떤 표시도 하지 말 것과 가능한 한 조심해서 다뤄줄 것을 요구했다.

데브라의 완벽주의는 잡지에만 국한되지 않았다. 처음에는 어머니와 남편이 집 안의 잡동사니를 없앴다. 그러나 데브라는 가구의 위치, 주방 찬장에 들여놓는 식료품 깡통의 정돈 상태, 냉장고 속 음식물 정렬 방법 등을 단속하고 통제했다. 누가 가구를 옮겨놓기라도 하면 그걸 제자리로 갖다놓을 때까지 안절부절못했다. 식료품 깡통들은 상표가 정면으로 오도록 배열 정돈돼야만 했다. 집에서 아무 물건이나 옮겨도 그녀가 당황하지 않는 유일한 존재는 남편뿐이었다.

데브라의 완벽주의로 인해 고가의 물건을 구입해야 할 때도 문제가 발생했다. 그녀와 남편이 컴퓨터를 샀을 때의 일이다. 두 사람은 상자에서 컴퓨터를 꺼내보지도 못했다. 부부는 1년 동안 헛된 시도를 하다가 단념하고, 매장에 전시됐던 제품을 샀다. 데브라가 새 물건을 훼손했다는 죄책감에 시달리지 않도록 하려는 조치였다. 현찰 취급에서도 비슷한 문제가 드러났다. 그녀는 현금을 수천 달러나 갖고 있었지만 절대 쓰지 않았다. 종잇장이 빠닥빠닥한 새 돈이라는 게 이유였다. 그런 돈을 접어서 주름이 생기게 한다는 것을 도저히 받아들이지 못했다. 빳빳한 현찰을 조심스럽게 침실 한쪽에 보관해두고, 대부분 신용카드나 직불카드로 물건을 구매했다. 그래도 반드시 현찰을 사용해야 할 때가 종종 있었는데, 그런 경우에는 은행에 가서 낡은 지폐로 바꾸어 썼다. 우편으로 「TV 가이드」가 도착해도 비슷한 문제가 발생했다. 이때는 남편이 나섰다. 남편이 '잡지를 엉망으로 만들어,' 더럽고 주름이 가게 했던 것이다. 그런 오손이 없었다면 데브라의 텔레비전 프로그램 녹화 계획도 실행되지 못했을 것이다.

저장 강박 증상자들의 집 안 상태를 보고, 그들이 완벽주의자라고 생각하기는 힘들다. 그러나 실수를 극도로 두려워하는 것은 그들의 전형적인 특성이다. 예컨대, 우리를 찾은 환자 가운데 한 명은 신문이 일정량의 꾸러미로 완벽하다 싶게 묶이지 않을 경우 재활용을 하려고 하지 않았다. 재활용품을 수거해가는 사람들이 자신을 탓하는 것을 원하지 않았던 것이다. 또 다른 환자는 숨어 있는 열쇠가 나올 때까지 낡은 여행 가방을 버리지 못했다. "돌았죠. 옳지 않아요." 예로 든 사람들과 같이 다수의 저장 강박 증상자는 사소한 실수를 실패로 간주한다. 일반인들은 사소한 실수를 인간적인 요소의 일부로 보지 자아를 폄하하는 빌미로 삼지 않는다. 그러나 저장 강박 증상자는 그렇지 않다.

데브라는 가구가 적절하게 배치 정렬돼야 한다고 고집을 부렸다. 물건들을 완벽한 상태로 유지하고 싶어 했다. 이를 통해 그녀에게 질서와 정돈에 대한 강박이 있음을 알 수 있었다. 물건들을 특정한 방식으로 조화롭게 배열해야 한다는 생각에서 그런 충동이 비롯된다. 이른바 '균정 강박symmetry obsession'이라고 하는데, 흔한 강박—충동 장애 유형이지만 사람들은 이러한 사실을 거의 모른다. 물건들을 '꼭 그대로' 둬야 위험과 재해를 차단할 수 있다는 사고방식이 깔끔하고 신중하게 배열할 필요를 느끼게도 한다. 하지만 데브라가 체험한 것이 더 흔한 형태이다. 그녀는 가구가 옮겨졌다고 해서 부정적인 사건이 일어나리라 예상하며 두려워하지 않았다. 다만 거북하고 마음이 편치 못했던 것뿐이다. 물건들이 '어울리지 못해 부적당하다'고 느낀 것이다. '부적당하다고 느끼는 체험not-just-right experience, NJRE'을 일부 강박—충동 장애 연구자와 환자들은 그저 간략하게 NJRE라고 부르기도 한다. 비교적 흔한 증상으로, 강박—충동 장애자들만 겪는 것도 아니다. 가려움, 옷이 딱 안 맞는다는 기분, 벽에 비뚜로 걸린 그림을 봤을 때 생기는 느낌처럼 NJRE는 우리가 기대하는 질서를 위반한다.

대다수는 그런 위반 상태를 참는 법을 배운다. 혹은 뭔가가 부적당하거나 상태가 좋지 않음을 전혀 눈치 채지 못하거나 단순히 인지하는 선에서 그치기도 한다. 그러나 강박—충동 장애자들한테는 NJRE가 아주 극적인 효과를 발휘한다. 내가 찾아본 한 젊은이의 경우 각종 NJRE로 정상적인 생활이 거의 불가능했으며, 입원 치료를 받고 있었다. 출입문을 지나칠 때 두 어깨가 문설주와 등거리를 유지하지 못하면 찝찝한 느낌을 떨쳐버리지 못했고, 방에 들어가서도 계속 불쾌한 기분에 사로잡혔다. 문을 통과할 수 있는 유일한 방법은 냉큼 뛰어넘는 것이었다. NJRE를 오래 가지 못하게 하려는 고육지책이었던 셈이다. 그가 병실에서 쏜살처럼 뛰어나오려 할 때마다 복도의 장애물을 제거하기 위해 여러 명의 직원이 나서야 했다.

질서와 정돈 강박은 흔히 저장 강박을 동반한다. 저장 강박증 아동 4분의 3 이상이 질서와 정돈 관련 장애도 앓는다. 우리를 찾은 많은 환자가 데브라처럼 증언했다. 어렸을 때 방에서 신중한 태도로 물건을 정돈했고, 혹시라도 위치가 바뀌면 불편함을 느꼈다고 말이다. 일부 연구자들은 이런 NJRE가 전두 대상 피질에서 기원하는 것으로 본다. 전두 대상 피질은 잘못을 감지한다고 여겨지는 뇌의 부위다. 그들의 가설에 따르면, 사물이 마땅히 그래야 하는 방식으로 존재하지 않을 때 실수를 했다는 전언을 뇌가 보낸다는 것이다. 그렇게 해서 데브라 식의 인식이 발생한다. 가구가 제자리에 없거나 잡지가 마땅히 그래야 하는데 그런 상태가 아니라는 식이다. 데브라가 잘못됐다는 신호를 받고, 그 원인을 찾는 과정에서 구매한 잡지들이 지문으로 외관이 훼손됐거나 구겨졌다고 결론 내렸을지도 모른다.

균정 강박과 연관된 또 다른 형태의 완벽주의로 '완비 완전完備完全, completeness'을 염두하며 지나치게 걱정하는 태도가 있다. 데브라의 저장 강박 행동 다수에서 완비 완전의 태도가 드러났다. 예를 들어보자. 데브라는 받은 우편물의 내용물과 봉투를 분리해 따로 보관하는 걸 매우 어려워했다. 이 경험을 딱 부러지게 말로 설명하지는 못했지만, 아무튼 들어보자. "합쳐서 전체를 이루는 거죠. 그런데 그걸 나눈다고 생각해보세요. 파괴나 다름없습니다. 엄마와 자식을 떼어놓는 거랑 비슷해요." 데브라는 애초의 봉투가 없는 우편물, 심지어 광고 우편물도 절대 버리지 않았다. 한동안 우편물을 열어보지조차 않았다. 그녀에게 우편물은 열어

봐서는 안 되는 것이었다. 그런 행태가 별안간 중단된 것은 우편으로 도착한 사소한 교통 위반 딱지를 처리하지 않는 바람에 운전면허를 상실했기 때문이었다.

이런 완비 완전 의식이 훼손되면 자아의식까지 영향을 받을 수 있다. 데브라가 공황 상태에 가까운 공포를 느꼈던 일화를 설명해줬다. 그녀의 비디오카세트리코더가 말썽을 일으켜 〈엘런 디제너러스 쇼 미국의 인기 토크쇼—옮긴이〉를 녹화하지 못했던 것이다. 문제의 쇼가 며칠 후 재방송됐지만 데브라는 그것마저 놓치고 말았다. 나는 그녀에게 이 쇼가 왜 그렇게 중요한지 알고 싶었고, 인지 행동 치료사들이 '하향 화살표 기법 downward arrow technique'이라고 부르는 일련의 질문을 던졌다. 이 기법은 사람이 명확하게 설명하는 일에 어려움을 겪는 중요한 이유나 믿음을 밝혀내는 걸 목표로 한다. 하향 화살표 기법은 그런 믿음을 사실 진술에서 가정으로 전환하려는 시도이기도 하다. 데브라와의 대화는 이렇게 진행됐다.

나: 그 쇼를 놓친 게 당신에게 왜 문제가 됩니까?

데브라: 내게 없는 유일한 쇼니까요. 잃어버린 퍼즐 조각 같습니다.

나: 그 한 편이 없는 게 그렇게 중요합니까?

데브라: 특별하니까요.

나: 그 쇼 한 편이 없습니다. 당신 인생이 어떤 영향을 받을까요?

데브라: 그걸 놓쳤다는 걸 평생 잊지 못하겠죠.

나: 그 일이 그렇게 안 좋게 기억될 필요가 있나요?

데브라: 그 회차를 녹화할 수도 있었는데 못하고 날려버렸어요. 쇼 하나 제대로 녹화할 수 없을 만큼 나한테 문제가 있는 거죠.

나: 원하는 쇼를 녹화하지 못하면 자기한테 뭔가가 잘못된 것이고,
        그 '과오'가 평생 따라다닌다고요?

이 대화에서 드러난 데브라의 신념 체계는 토크쇼 자체의 가치나 내용
과 무관했다. 중요한 것은 쇼를 녹화해 보유하는 것뿐이었다. 거기에는
두 가지 이유가 있었다. 첫째, 녹화를 못했을 때 평생 따라다닐 괴로움
과 자학이 걱정됐다. 둘째, 녹화를 못하는 게 인간으로서 부적격인 실패
작임을 의미한다고 생각했다. 물론 이것이 데브라의 저장 강박 활동 전
반과는 동떨어진 얘기지만 그런 패배 의식에서 벗어나려는 시도 때문에
저장 강박이 발생했을지도 모른다.
　데브라는 무엇보다 잘못과 실수를 두려워했다. 어렸을 때 그녀의 학
교 성적은 우수했다. 동급생 대다수보다 더 똑똑했음에도 무슨 실수라
도 하게 되면 자신이 무가치하고 공허하다고 생각했다. 그녀는 4학년 때
엄마와 해변에 놀러갔던 주말을 생생하게 기억하고 있었다. 그때, 데브
라는 내내 심한 격통을 느꼈다. 집으로 돌아오자마자 그녀는 엄마에게
고백할 잘못이 있다고 말을 꺼냈다. 엄마가 그 실수 때문에 자기를 미워
하지 않기를 바랐다. "영어 시험에서 89점을 받았어요." 데브라는 성적이
90점 이하로 떨어져본 적이 없었다. 그래서 자신이 '실패자 같다'는 생각
이 들었다. 중학교 시절에도 상황은 나아지지 않았다. 수학 시험에서 계
속 100점을 받았지만 선생님 컴퓨터의 성적 처리 프로그램은 두 자릿수
만 기록했고, 그 바람에 시험 성적이 99점으로 처리됐던 것이다. 시험을
볼 때마다 1점씩 깎이는 것을 도저히 참을 수가 없었다.
　신학기를 맞아 엄마와 함께 새 학년 준비 물품을 사러 상가에 갔던 일

들도 몹시 괴로운 경험으로 남았다. 데브라는 엄마가 옷가게에서 몸에 꼭 맞는 옷과 색상을 찾느라 몇 시간을 보낸 후 낭패스런 표정으로 나타났던 걸 잊지 않고 있었다. 이후 일정에서도 엄마의 인내심은 혹심한 시험대에 올랐다. 데브라는 새로 장만한 옷을 안 입겠다고 고집을 부렸던 것이다. 새 옷이 망가지는 걸 참을 수 없었기 때문이다. 나중에는 데브라도 여러 각도에서 옷을 촬영해놓으면 새것일 때의 상태를 기억할 수 있고, 입을 수도 있겠다는 걸 깨닫기는 했다. 그러나 데브라의 저장 창고 가운데 하나에는 한 번도 입지 않은 어릴 적의 새 옷들이 여전히 많이 걸려 있었다.

그녀는 결국 완벽주의 때문에 마비되고 말았다. 침실을 자기 기준에 맞출 수 없음을 깨달았다. 모든 노력과 시도를 중단했다. 방을 완벽하게 만들지 못해서 느끼는 좌절감보다는 차라리 혼란스럽게 사는 게 더 편했다. 우리를 찾는 다수의 저장 강박 증상자가 공통으로 겪는 장애도 바로 이것이다.

안전 수납

데브라는 어렸을 때 자기 물건을 엄중하게 지켰다. 많은 걸 쌓아뒀지만 방은 단정하고 아주 세심하게 정리돼 있었다. 모든 물건을 각자 고유한 각도로 배치했고, 그 각도를 일일이 기억할 정도였다. 방에 들어섰는데 누가 방에 들어와 뭐라도 옮겼거나 만졌거나 비뚜름한 게 있다면 단박에 알아챘다. 데브라가 열두 살 때 일이다. 놀러온 이웃집 소녀가 데브라의 방에 들어가 문을 잠가버렸다. 데브라가 고래고래 소리를 질렀지만 그 아이는 30분 동안이나 문을 열어주지 않았다. 그 경험은 데브라에게 심리 외상성 사건으로 남았다. 외동딸이었던 그녀는 뭘 공유하는 것에 익숙지 않았고, 친구의 행동에 감정이 상했다.

데브라는 자기를 새끼 곰들을 거느린 엄마 곰 같다고 말했다. "내 물건을 지키기 위해서라면 뭐든지 해요." 어느 누구도 감히 그녀의 물건을 건드리지 못했다. 자기 물건을 옮겨도 좋다고 허락한 건 남편뿐이었다. 그녀는 남편을 믿었다. 어머니도 데브라의 물건을 옮길 수 있었지만 약간뿐이었다. 어느 날 데브라가 내게 이런 태도를 설명하려고 했다. "만화의 말풍선을 상상해보세요. 내게는 그런 풍선이 1억 개예요. 광고 우편물도 그 가운데 하나고요. 내가 광고 우편물을 버리면 위험에 노출되겠죠. 내 주위의 풍선과 온갖 소유물을 안전하게 단단히 간수하고 싶어요. 내 물건은 하나도 위험에 노출시키고 싶지 않죠."

데브라는 집을 나설 때 꼭 필요한 것만 몸에 지녔다. 외출하기 전에 핸드백과 자동차 내부를 다 비웠다. 그녀의 자동차는 빈 공간을 채우고 싶어 안달하는 저장 강박 증상자들의 자동차와는 아주 달랐다. 그녀는 여행에 나설 때 지녀야 할 것들을 전부 목록으로 작성했다. 그런 방식을 통해 자기 물건들을 속속들이 파악했고, 최대한 안전하게 수납할 수 있었다.

물건들을 위험에 노출시키지 않는 데브라의 행태를 더 자세히 이해하기 위해 우리는 한 가지 실험을 했다. 나는 이름과 주소 말고는 아무것도 적지 않은 우편엽서를 데브라에게 보냈다. 받은 우편엽서를 버리고 그 후에 어떤 기분이 드는지 지속적으로 기록하는 게 그녀의 과제였다. 데브라가 우편엽서를 받은 2~3일 후에 내가 전화를 걸었다. 그녀는 기분이 좋지 않았다. 우편엽서를 충분히 오래 갖고 있지 못했다고 토로했다. 그녀는 우편엽서를 마음속으로 그려놓고 싶어 했다. 더 쉽게 기억에서 불러낼 수 있도록 말이다. 데브라는 우표와 소인이 찍힌 날짜를 말했다. 전화 통화가 계속되는 가운데 그녀가 주방으로 걸어가 우편엽서를 쓰레기통에 던져 넣었다. "이런 기분 정말 마음에 안 드네요. 조금만 더 가지고 있으면 안 되나요?"

다시 거실로 돌아와 앉은 그녀는 쓰레기통에 처박힌 우편엽서의 각도가 그려진다고 말했다. 그러고는 기억에서 불러낼 수 있을 만큼 오랜 시간 보유하지 못했기 때문에 우편엽서의 세부 사항들을 써둬야겠다고 속으로 생각했다. 사정이 그러했음에도 데브라는 엽서에 붙어 있던 마사 그레이엄Martha Graham, 현대 무용의 개척자로 불리는 미국의 무용수 겸 안무가—옮긴이 기념 우표, 스미스 대학교필자 중 한 명인 랜디 프로스트가 재직 중인 학교—옮긴이의 소인, 파랑색 잉크로 쓰인 그녀의 이름을 기억했다. "정말이지 다시 가져와서 세부 사항들을 머리에 담아두고 싶네요. 그래야 안전하게 수납을 하죠." 데브라는 자신의 고통과 괴로움을 100점 기준에 80점으로 판정했다. 주방 음식이나 다른 쓰레기가 우편엽서 위로 버려지면 그 지수가 치솟을 거라고 말했다. 엽서가 더러워질 것이기 때문이었다. 그것이 처음 집으로 배달됐을 때와 같은 상태를 더 이상 유지할 수 없다는 논리였다. 또한 우편엽서가 포함된 쓰레기가 집밖으로 버려지면 고통지수가 다시 한 번 높아질 거라고 했다. 나머지 전화 면담 시간 내내 그녀는 상당히 고통스러워했다. "평생 그 우편엽서를 잊지 못할 거예요. 절대로 0점으로 하락하지 못해요. 이것은 나한테 정말 큰일이라고요. 물건을 이렇게 버려보기는 몇 년 만에 처음이에요. 적어도 의미 있는 물건 가운데서는 처음이란 말입니다. 일신상의 사적인 물건이니 더욱요."

내가 일주일 후에 다시 전화를 걸자 데브라는 다른 일들로 경황이 없었다고 말했다. 남편이 쓰레기를 내다버려서 우편엽서 생각을 별로 하지 않았다는 것이었다. 일단 우편엽서가 보이지 않자 괜찮아졌다. 최악의 시간을 지나 고통의 강도가 약해지고 있었다. 남편이 쓰레기를 내다버리고 일주일이 지나자 데브라의 고통지수는 40으로 하락했다. 고통과 괴로움이 줄어들지 않을 거라던 자신의 말을 기억하지도 못했다.

그런데 데브라가 실험 과정에서 속임수를 약간 썼다고 실토했다. 우편엽서에서 생각나는 것을 전부 적어뒀던 것이다. 우편엽서를 깡그리 잊어버리게 될까 봐 두렵고, 그렇게 된다면 자기는 공허해지고 말 거라고 했다. "존재했던 것을 잃고 싶지 않아요." 그 속임수로 그녀의 불편함이 조금은 가셨을 것이다. 하지만 다른 한편으로 생각해보면 그 속임수 때문에 공허감이 사라져 우편엽서의 특징들은 아무 의미가 없음을 깨닫지 못했을 수도 있다. 사실상 데브라는 우편엽서를 상징적으로 안전 수납하고 있었던 것이다. 우편엽서의 세부 사항을 적어둔 메모는 데브라의 창고로 들어갔고, 그녀가 그것을 거들떠보는 일은 다시 없겠지만 해당 경험을 잃지 않았다는 인식은 남게 됐다.

나는 1년쯤 후에 데브라와 다시 그 실험에 대해 얘기를 했다. 그녀는 자신이 했던 과거의 예언과는 달리 우편엽서를 "안전하게 수납하지 못했지만 별 탈 없이 잘 지낸다"고 말했다. "무의미할 만큼 사소하죠." 나는 그녀가 속임수를 통해 상징적 안전 수납 조치를 취하는 과정에서 이런 물건들의 저장 필요성에 관한 신념 체계가 바뀐 건 아닌지 궁금했다. 데브라는 광고 우편물에 관한 생각이 조금 바뀌었다고 말했지만 그 우편엽서는 다른 온갖 우편물과는 다르다고 단언했다. 그녀는 다만 내가 시켜서 우편엽서를 버렸다. 스스로 그런 일을 하지는 않았을 것이다. 하지만 그녀는 상황이 적당하고 결과가 심각하지 않을 경우 중요한 것이라도 버릴 수 있음을 알게 됐다고 시인했다. 데브라가 이 도전에 나서기로 아직 마음을 정하지 못했다는 게 유감이었다.

분신과 같은 소유물

데브라는 자신의 경험을 언급하면서 소유물을 몽땅 폐기하면 기분이 좋을지도 모르겠다고 말했다. "그렇게 하면 누구도 내 물건을 건드릴 수 없게 되는 거죠." 남편 말고 자기 물건을 건드리는 사람이 있으면 침해당한다는 기분을 느꼈던 것이다. 그녀와 결부된 모든 것에 해당되는 얘기였다. 심지어 광고 우편물조차도 말이다. 데브라의 설명을 들어보자. "뭐가 됐든 목적이 있으니까 내 삶에 들어오는 겁니다. 내가 보유해야만 하는 거죠. 그 대상은 내 일부예요. 나의 연장이란 말입니다." 그런 '연장물'을 버린다고 생각하면 극심한 공황 상태에 빠지게 된다고 했다. "나한테 자식을 내다버리라고 시키는 거랑 다름없어요. 죽고 말 겁니다. 차라리 내가 죽어서 그런 사태를 막아야지요." 데브라는 자기 불건이 버려지면 자살할 것 같다고 말했다. "슬픔 속에 비통해하느니 자살하는 게 나아요." 봉투에 적힌 이름 말고는 이해관계가 전혀 없는 광고 우편물조차 중요한 의미가 있었다. 컴퓨터가 작성한 목록을 바탕으로 기계가 봉투에 찍었을 뿐인 그녀의 이름은 어느새 덩굴처럼 데브라를 휘감고 있었다. 데브라는 단호한 어조로 말했다. "나의 분신입니다."

우리를 찾는 저장 강박 증상자의 다수가 비슷한 증언을 한다. 그들의 얘기를 듣다 보면 저장물이 자아의식 및 지난 과거와 연결돼 있음을 알 수 있다. 예컨대, 아이린은 과거의 사건과 연계된 물건을 버리는 데서 큰 어려움을 겪었다. 아이린과 함께 작업할 때의 일이다. 그녀는 긴 의자를 덮고 있던 종이 더미를 살펴보면서 보관할지 버릴지를 고민 중이었다. 그러면서 현금 자동 인출기에 비치됐던 봉투를 하나 집어들었다. 무려 5년 전의 것이었다. 봉투 겉면에는 인출 날짜와 뽑은 현찰의 용처가 적혀 있었다. 특이 사항은 전혀 없었다. 약, 식료품, 자질구레한 것 몇 가지를 사는 데 쓴 것 같았다. 아이린은 당시 구매한 물품이 이미 오래전에 소진됐다면서도 한두 개 정도는 아직 있을지도 모른다고 말했다. 그녀는 봉투를 재활용 상자에 던져 넣고는 울기 시작했다. "말이 안 된다는 거 알아요. 오래되고 낡은 봉투일 뿐이죠. 하지만 그날의 내 삶이 손아귀에서 빠져나가는 것 같네요." 잠시 후에 말을 보탰다. "너무 많이 버리면 내게는 아무것도 남지 않을 거예요." 아이린의 자아의식은 소유물과 밀접하게 연결돼 있었고, 물건을 버릴 때마다 자신의 일부가 죽는다고 생각했다. 저장 강박 증상자들은 그런 경험을 가족 구성원이나 자아의 일부가 죽거나 상실되는 것에 비유하는 경우가 빈번했다.

보존과 완벽에 대한 집착이야말로 데브라의 정체성이었다. 데브라는 '잡지 보관인'이다. 그녀가 수집을 중단하고 모은 것을 폐기한다면 자아의식이 사라지고 말 것이다. 내가 이에 관해 데브라의 의견을 묻자 다음과 같은 대답이 돌아왔다. "멈춘다고요? 내 인생의 그 모든 날이 헛수고

이자 낭비가 되겠군요. 나라는 존재가 무효가 되겠어요." 그렇게 대답하면서도 치러야 했던 비용과 희생이 떠올랐던 모양이다. 데브라는 최근에 내게 이렇게 말했다. "내 삶은 엉망이 되어버렸어요. ……나는 똑똑하고, 창의적이에요. 행복할 수도 있었죠. 하지만 지금은 아무것도 아닙니다. 이룬 게 아무것도 없어요. 나는 삶을 살지 않고 수집하죠. 내가 뭔가 긍정적인 기여를 할 수 있는 희망이란 게 과연 있다면 내 사연이 소개돼 이런 일이 다른 사람한테 일어나는 것을 막는 것뿐일 거예요."

Chapter 6 | 동물 저장 강박

고양이 집에서 그녀를 구해주세요

파멜라

나는 평생 남을 돌봤습니다. 내가 필요하다는 생각은 들지만 사랑 받거나 환영 받는 존재는 아닌 것 같아요. 동물들이 그런 내면의 공허감을 채워줬습니다. 이 동물들을 사랑하고, 돌봐줄 수 있는 사람은 나뿐이에요. 내가 길 위의 거친 삶에서 녀석들을 구조하는 이유입니다.

_ 고양이 예순여섯 마리를 데리고 있는 한 여자

1950년대 20대의 파멜라는 눈에 띄게 아름다웠다. 그녀는 다큐멘터리 영화 제작자로 일하면서 뉴욕의 사교계 명사들과 가깝게 지냈다. 그녀는 파티를 사랑했고 섹스를 즐겼다. 모임에 나가면 자고 싶은 남자를 골랐고, 혼자서 집으로 돌아가는 일은 없었다. 마흔 살 때까지 사귄 애인이 전 세계를 포괄해 100명 이상이었다고 추정했다. 이스탄불에서 함께 살았던 약혼자와의 관계는 곧 끝났다. 페루 출신의 연인을 좇아 부에노스아이레스까지 따라간 적도 있었는데 거기서 버림을 받았다. 그러고는 스물네 살의 상당한 시간을 로마에 머물면서 이탈리아 르네상스를 공부하고 배관공 겸 무용수와 격정적인 사랑을 하는 데 바쳤다.

그녀는 30대에 접어들면서 직업 경력이 쌓이기 시작했다. 미국을 순회 공연 중이던 비틀스와 인터뷰를 촬영하기도 했다. 전 세계에서 영화 계약을 성사시켰고, 어렸을 적 꿈이었던 모험에 나설 수 있었다. 돈을 쓸어 담을 정도로 벌었고, 영화 업계에서 명성도 높아졌다. 파멜라는 전쟁 초기 한 해 동안 베트남에서 다큐멘터리를 찍었다. 그때 베트남의 고통, 특히 아이들의 고통을 목격하게 되면서 큰 충격을 받았다.

다시 10년이 흐르는 사이, 파멜라의 직업 경력도 종막을 고했다. 연애는 더 이상 없었다. 그녀는 자신이 수집한 200여 마리의 고양이와 담당 정신과 의사가 수집한 600마리가 넘는 고양이를 돌보느라 분주했다. 그러던 어느 날, 쉰두 살의 파멜라는 한밤중에 맨해튼의 가로를 달리고 있었다. 피골이 상접해 탈진한 그녀는 자신의 담당의와 고양이들에게서 벗어나려고 했던 것이다.

파멜라를 내게 소개해준 이는 미국 동물 학대 방지 협회 뉴욕 시 지부에서 일하는 동료였다. 내가 이 사례를 아주 흥미로워할 거라고 보았던 것이다. 면담했을 당시 70대였던 파멜라는 동물 저장 강박 증상자로 살아온 여러 해의 세월을 심층적으로 자세하게 설명해줬다. 그녀의 얘기는 저장 강박 사례 연구 기록에서조차 특이하다. 디킨스 소설의 등장인물들처럼 힘겨운 어린 시절을 보냈고, 성인이 되어서는 타블로이드 신문에나 어울릴 법한 삶을 살았다. 그럼에도 불구하고 파멜라의 사례는 동물을 모으는 매우 해로운 형태의 저장 강박 활동이 갖는 핵심적 특징의 일부를 분명하게 보여준다.

절대 다수의 저장 강박 증상자는 무생물을 모으고 저장한다. 그런데 소수의 증상자한테는 동물이 안전감, 정서적 애착, 정체성의 원천으로 기능한다. 동물 저장 강박 사례는 아주 극적이기 때문에 널리 알려지기 일쑤다. 증상자와 수집된 동물들 간의 유대는 강렬한 정서적 애착이 특수하게 발현된 형태이다. 동물, 특히 고양이와 개를 대량으로 수집하는 사람들은 자신의 행동을 흔히 동물 구조 임무의 일환으로 본다. 그들은 자기들한테 그런 특별한 재능과 힘이 있다고 믿는 경우가 많다. 그러나 일반적으로 동물들의 생활 환경이 처참하고, 건강 상태 또한 열악하다는 것을 의식하지 못한다. 우리가 정부의 공중위생 부서를 조사하면서 만나본 관리자들의 증언에 따르면, 동물이 대량으로 발견되는 경우가 가장 다루기 힘들다고 한다. 협조적으로 해결되는 동물 저장 강박 사례가 10퍼센트 미만이라는 것이다. 이게 전부가 아니다. 대개의 경우 동물과 사람 모두가 개탄스러운 환경에서 살고 있는 것도 문제다.

어느 동네나 한 번쯤은 '고양이 여사'가 있었을 것이다. 하지만 왜 이런 종류의 저장 강박 행동이 발생하는지에 대한 이해는 매우 빈약하다. 무생물을 수집 저장하는 사람들에 대한 연구는 많지만 동물을 수집하는 사람들에 대한 연구는 거의 없다. 그나마 몇 안 되는 연구도 동물 구조대원, 동물 애호가 협회 간부, 법정 기록, 심지어 뉴스 보도 같은 출처의 정보에 기초하고 있다. 동물 저장 강박 증상자들한테서 직접 얻은 정보는 아주 드물다. 그 이유를 짐작하기란 어렵지 않다. 동물 저장 강박의 경우, 사태가 백일하에 드러날 때쯤에는 공중위생 부서, 동물 애호가 협회, 시 당국 및 이웃 주민과 이미 커다란 마찰을 빚는 경우가 대부분이기 때문이다. 촬영된 동영상과 신상 정보가 여러 뉴스를 장식한다. 사정이 그렇다 보니 저장 강박 증상자가 나서서 얘기할 기회를 찾지 못하는 것도 당연하다.

'고양이 여사' 파멜라

파멜라는 부유한 가정에서 태어나 고급스러운 생활을 했다. 하지만 정서적 삶의 질은 상당히 낮았다. 그녀의 어머니는 레즈비언 연애를 하다가 들통이 나면서 가족들이 강제로 결혼을 시켰다. 사회적 지위를 몹시 의식하는 집안으로, 명성에 흠이 갈 것을 두려워해서였다. 내키지 않는 결혼을 억지로 하게 된 어머니는 파멜라를 낳은 후 딸과 거의 유대 관계를 맺지 않았다. 고용된 여자 가정교사들이 파멜라를 돌봤다. 돈 많은 집안과 결혼해 난봉꾼 생활을 즐겼던 아버지도 파멜라 곁에 머무는 일이 드물었다. 파멜라는 부모가 악의적이었다기보다는 아이 같았다고 회상했다. "남자 형제와 나는 담장 너머로 버린 씨앗 같았어요. 알아서 자라야 했죠."

가학적 성향의 프랑스어 가정교사가 파멜라의 어린 시절 대부분을 지배했다. 어린 파멜라는 가정교사가 두려웠다. 엄마는 그런 상황을 전혀 몰랐고 관심조차 없었다. 가정교사는 소녀에게 반복해서 말했다. 파멜라가 사악하며 어차피 지옥으로 떨어질 테니 자기가 수고스럽게 취침 전 기도를 해줄 필요가 없다고 말이다. 매일 이런 말도 했다. "더러운 돼지 같으니라고. 넌 악랄해." 파멜라는 그 가정교사를 피해 숨곤 했지만 항상 발각됐다. 가정교사는 침대 밑에서 겁에 질린 소녀를 끌어내며 "사악한 녀석, 악랄한 년"이라는 말을 노래하듯 되풀이했다. 심지어 육체적 학대도 있었다. 보호해줄 사람이 아무도 없었던 파멜라는 그리스 신화가 제공하는 환상의 세계에 빠져들었다. 그리스 신화는 그녀만의 특별한 가톨릭교 신앙이었다. 파멜라는 괴로운 삶에서 벗어나려면 '어서 빨리 어른이 돼야 한다'고 생각하며 어른이 될 그를 간절히 기다렸다.

파멜라는 어른이 됐고, 자유와 모험을 좇아 다녔다. 하지만 신체적·정신적으로 학대당한 후유증은 쉬이 사라지지 않았다. 스무 살 때 신경쇠약에 걸렸다. 평판이 좋은 정신과 의사가 파멜라를 돕기 위해 불려왔다. 그녀는 빌헬름 라이히 박사가 생각해낸 초기 형태의 정신분석을 진행했다. 그 정신분석법은 먼저 '성격 갑옷character armor'을 부수고, 억눌려 있는 에너지를 방출해야 한다고 강조했다. 파멜라와 다른 환자들에게 가라데, 태극권, 호흡 훈련을 시켰다. 고함을 지르고 울고 토하도록 그들을 격려하고 부추겼다. 에너지를 방출하고, 감정의 고통에서부터 알레르기와 감기에 이르는 모든 걸 치료한다는 명목에서였다.

정신과 의사는 실제보다 더 대단해 보이는 사람이었다. 매우 지적이고 카리스마가 넘치며 의지가 굳고 열정적으로 보였다. 옳고 그름에 관한 견해가 엄격해서 환자들에게 절대적인 정직과 책임을 요구했다. 환자들이 이런 요구에 부응하지 못하면 그녀는 불 같이 화를 내며 응징했다. 또한, 자기가 동료들을 능가한다고 믿었다. 그들 대다수가 자신의 탁월함을 이해하지 못한다는 게 그녀의 결론이었다. 파멜라는 정신과 의사의 식견과 가르침에 힘입어 겁에 질린 처녀에서 자신감 넘치고 유능한 어른으로 변신했다. 그런데 시간이 흐르면서 정신과 의사는 동료 전문가들과 점점 더 멀어졌다. 자신이 돌보던 환자들과 함께 전인미답의 영역으로 걸어 들어갔다. 환자 대다수가 수십 년째 그녀의 치료를 받고 있었다. 파멜라도 매주 여러 차례, 많을 때는 매일 만나기도 했다. 그런 식으로 두 사람이 관계를 맺어온 햇수가 32년이었다. 그녀의 환자들은 함께 집단 치료를 받는 일이 잦았기 때문에 서로를 잘 알았다. 마치 한 가족

같았다.

정신과 의사는 파멜라의 치료를 시작하고 몇 년 후부터 고양이를 수집했다. 처음에 고양이들은 위락의 대상이었다. 정원에서 한 마리를 발견했을 때 녀석이 '귀엽다'고 생각했다. 한 마리 더 있으면 '두 배로 즐겁겠다'는 판단이 서자 고양이 품평회를 찾아갔고, 몇 마리를 더 집으로 데려왔다. 그녀는 고양이들을 돌보는 데 아주 까다로웠다. 다른 주의 정육 출하 기업에서 고기를 주문해 손수 빵과 섞어 먹이를 준비했다. 중성화 거세 수술 및 난소 제거술은 생각할 가치도 없다고 여겼다. 사물의 자연스런 질서를 변경하는 것이었기 때문이다. 동물들도 온전한 삶을 누릴 권리가 있었다. 그녀의 라이히적 견해에 따르면 거기에는 섹스가 포함됐다. (이런 가르침이 파멜라의 성생활에도 영향을 끼쳤을지 모른다.) 정신과 의사는 고양잇과 동물의 번식 실태를 파악하고, 암컷과 수컷을 떼어놨다. 그러나 자연은 어떻게 해서든 난관을 헤쳐나가는 법이다. 암컷들이 번식을 시작했고, 고양이 개체수가 증가했다. 그럼에도 불구하고 정신과 의사는 여전히 고양이들을 아주 잘 돌봤다. 고양이들을 병원 사무실 밖에 두면서 사람들을 고용해 먹이를 주게 했고 청소를 시켰다. 공중위생 부서가 일찍부터 정기적으로 조사를 나왔다. 그녀는 동물 수집이 연구 활동의 일부라고 주장했다. 필요하면 수의사를 데려오기도 했다. 하지만 그때까지만 해도 이런 보살핌은 강제적이기보다 자발적이었다.

정신과 의사는 머잖아 건물을 한 채 샀다. 전용 면적이 1,340세곱미터를 넘는 7층 건물이었다. 처음엔 이 건물을 문화센터로 만들고자 했었지만 이내 물건을 채워 넣기 시작했다. (우리가 면담한 동물 저장 강박자의 다수가 동물 외에 물건도 저장했다.) 맨 위 두 층에는 그녀의 다양한 수집물이 보관뒀다. 옷가지, 통조림 식품, 목공 연장, 조상 彫像, 아무도 모르는 물건이 가득 담긴 상자들이 천장까지 쌓였다. 매 층마다 저장물 한가운데까지는 뱀처럼 구불구불한 작은 통로가 딱 한 개 있었다. 정신과 의사는 맹렬하게 자기 물건을 지켰다. 환자들 중 감히 그녀의 물건을 건드리는 사람은 아무도 없었다. 가운데 3개 층은 고양이들 차지였다. 의사는 고양이를 수용하기 위해 벽을 따라 우리를 설치했고, 그 즈음에는 수효가 거의 200마리에 이르렀다. 그녀는 1층에 살면서(승강기에조차 신문이 높이 쌓여 있었다), 2층에서 업무를 보고 진료를 했다. 그곳도 어질러져 있기는 했지만 처음에는 고양이를 들이지 않았다. 그러다가 병든 고양이들이 옮겨지기 시작하면서 건물 전체에 고양이가 들끓게 되었다.

정신과 의사의 관심은 이내 뉴욕의 거리에서 고양이를 구조하는 것과 안락사를 시행하는 임시 수용 시설 및 돌보는 데 적합하지 않다고 여겨지는 사람들로부터 고양이를 보호하는 활동에 맞춰졌다. 그리고 자신의 사명과 임무를 환자들에게 알렸다. 환자들에게 도움이 필요한 고양이를 보거든 "책임감 있게 판단하라"고 격려했다. 안락사당하는 고양이, 방치된 고양이, 학대당하는 고양이의 사진이 환자들에게 책임감을 상기시키는 촉발 장치로 동원됐다. 정신과 의사의 세계, 더 나아가 환자들의 세계에서 그 사진들은 행동을 요구했다. 환자들은 담당 의사의 지도 감독 하에 자신들이야말로 고양이의 곤경을 이해하고 구조할 수 있는 유일한 사람들이라고 생각했다. 그들은 이런 신념 때문에 의사의 고양이를 돌보는 일로 곤란해졌을 때조차 다른 곳에 도움을 요청하지 않았다. 이윽고 십수 명의 환자가 고양이를 수집했다. 그들은 길을 잃은 고양이와 도움이 필요한 고양이를 찾아 뉴욕 시내를 이 잡듯이 뒤졌다.

정신과 의사의 관심사가 고양이가 된 만큼이나 30대에 접어든 파멜라도 베트남에서 돌아온 후 전쟁통에 목격한 일들로 크게 변모해 있었다. 파멜라는 이렇게 말했다. "여덟 살 때 어른이 되겠다고 맹세한 것처럼 마주치는 아이와 동물 모두를 돕겠다고 맹세했습니다." 정신과 의사의 추종자가 되는 것은 자연스런 수순이었다. 이웃이 새끼 고양이 몇 마리를 거세하려는 걸 알게 되면서 파멜라의 수집도 시작됐다. "거세에 반대했고, 그래서 두 마리를 데려왔지요." 그 직후 집단 치료를 받으러 가는 길이었다. "큼지막한 회색 수컷 한 마리가 급히 나무 위로 뛰어 올라가는 게 보였습니다. 무서웠는지 다리를 심하게 떨더라고요. 아주 강인했고 귀여웠어요. 녀석을 구조해 집으로 데려왔습니다." 파멜라는 동물 수집에 더 깊이 빠져들었다. "녀석들이 새끼를 낳으면 좋을 것 같았어요. 자연의 섭리니까요. 그래서 새끼들이 아주 많이 태어났죠. 입양을 시키려고 했지만 모두가 거세를 하거나 난소를 제거해 중성화하려고 하는 거예요." 그녀는 늘어나는 무리를 직접 책임져야만 했다. 고양이 수가 열다섯 마리에 이르자 그녀는 웨스트빌리지의 작은 아파트에서 주택 지구의 더 큰 집으로 이사했다. 승강기가 없어서 걸어다녀야 하는 방 네 개짜리의 5층 아파트였다. 그 후로 5년 가까이 파멜라의 삶은 일, 고양이, 남자로 채워졌다. 고양이들이 그녀의 삶에서 중요한 역할을 했다. 여러 차례 면담을 진행하면서 파멜라가 이런 말을 했다.

"사람이라면 당연히 필요한 사랑, 접촉, 감성 등을 나는 한 번도 경험하지 못했습니다. 어떤 사람이 내게 말하더라고요. '당신은 어머니와 깊은 유대 관계를 맺지 못했군요.' 글쎄요, 어머니는 나쁜 사람이 아니었어요. 매력적이고 친절했죠. 내 친구들은 어머니를 좋아했습니다. 하지만 어머니는 비현실적인 꿈의 세계에서 사셨어요. 동물의 경우는 태도가 항상 분명했죠. 순수한 사랑이라고나 할까요. 녀석들은 마음에 안 들면 즉시 반응을 합니다. 원한을 품거나 하지도 않고요. 정말이지 사랑스럽죠. 하지만 그게 어떤 것인지는 잘 모르겠어요. 그냥 끌렸습니다."

파멜라가 서른여섯 번째 생일을 맞이했을 때 수집된 고양이 수가 서른다섯 마리였고, 그때쯤에는 고양이들이 그녀의 삶을 장악한 상태였다. 파멜라의 직업 경력은 여전히 탄탄대로였다. 하지만 파티와 남자들은 이제 더 이상 그녀의 관심을 끌지 못했다. 정신과 의사가 파멜라에게 고양이를 수용할 더 넓은 아파트를 찾아보라고 하자 퀸스의 방 열여섯 개짜리 주택을 구했다. 퀸스의 그 구역에는 의사 휘하의 다른 환자 몇 명이 고양이를 수집하며 살고 있었다. 그쯤 되자 주변 사람들도 파멜라가 고양이를 구조하고, 녀석들을 문 앞에 풀어놓는다는 것(동물 저장 강박 증상자들에게서 흔히 볼 수 있는 현상이다)을 알았다. 새끼를 밴 고양이들을 끌어모으는 것 같기도 했다. 파멜라를 포함한 의사 추종자들은 다음과 같은 신념을 공유했다. 자신에게 다른 사람들에게는 없는 고양이들과의 의사소통 능력이 있고, 고양이들도 그들의 말과 임무를 안다고 말이다.

통제 불능

바로 그때 정신과 의사가 파멜라와 다른 환자들에게 도움을 요청했다. 600마리를 넘어서 계속 증가 중이던 고양이 무리를 돌봐달라고 부탁한 것이다. 파멜라는 치료의 대가로 의사한테 협조했다. 그런데 시간이 흐를수록 파멜라는 의사와 치료를 위해 상담하는 일이 없어졌다. 자신의 일을 하는 대신 의사의 고양이를 돌보는 일에 집중하게 됐다. 정신과 의사와 환자들의 관계가 바뀌고 말았다. 정신과 의사는 더 이상 환자들에게 관심과 정성을 보이지 못했다. 그녀의 모든 에너지(환자들의 에너지도)가 고양이를 돌보고 보호하는 일에 투입됐다. 그들은 고양이 품평회 및 임시 수용 시설 앞에서 항의 시위를 벌였다. 고양이 중성화 시술에 소리 높여 반대했고 길고양들을 구조하느라 바빴다. 파멜라는 고양이를 데리고 다니던 주정뱅이와 완력 다툼을 벌였던 얘기도 했다. 그녀가 주정뱅이의 팔에서 고양이를 낚아채 택시에 뛰어들었는데, 그가 자동차 보닛 위에 엎드려 몸을 큰 대자로 쭉 펴고 누워버리더라는 것이었다. 이런 류의 활동에 가담하지 않은 환자들은 추종자 무리에서 서서히 떨어져나갔다.

남은 환자들 가운데서 고양이를 감히 중성화시키려는 사람은 아무도 없었다. 그런 짓을 했다가 발각되면 추종자 집단에서 추방당했다. 고양이들과 충분한 시간을 함께 하지 않는다는 등의 더 사소한 위반 사항들도 처벌을 받았다. 정신과 의사의 응징은 때로 잔혹하기까지 했다. 그녀는 여러 해 동안 파멜라를 꼭 집어내서 가장 가혹하게 대했다. 파멜라가 실수를 하거나 고양이와 관련된 일을 하지 않을 때마다 스스로를 구타하게 했다. 다른 환자들이 횟수를 세게 하면서 말이다. 이런 몰지각한 처사가 오랫동안 여러 차례 반복됐다. 정신과 의사가 자제력을 잃고 감정을 못 이길 때 이런 사태가 막장으로 치달았다. 그러나 파멜라는 그런 이상한 요구를 부조리하게 생각하지 못하고 순순히 받아들였다. 나중에야 과거를 회상하면서 그 행동이 얼마나 어처구니가 없고, 자기가 속했던 무리가 얼마나 광신적이었으며, 정신과 의사가 오래전의 프랑스어 교사와 너무나 닮아 있었음을 깨닫고는 소스라치게 놀랐다.

고양이 개체수가 많아지자 전염병이 도는 것을 막을 수 없었다. 정신과 의사의 고양이들도 한번에 20~30마리씩 죽는 일이 빈번했다. 처음에는 죽은 고양이를 지붕 위에 두었다. 고양이 사체는 바짝 말라 미라가 됐다. 하지만 이내 그 수효가 너무 많아졌다. 파멜라와 다른 환자 한 명은 미라가 된 고양이들을 먼지투성이 통에 집어넣어 건물의 지하실에 보관했다. 그리고 다시금 그 통들을 묻기 위해 정기적으로 뉴잉글랜드를 찾았다.

파멜라가 퀸스로 이사했을 즈음 고양이 개체수가 순식간에 통제를 벗어났다. 무려 200마리까지 늘어난 것이다. 그녀는 엄청난 양의 고기를 사들였고 사람들을 고용해 먹이를 만들었다. 집을 깨끗이 유지하는 것은 불가능했다. 배설물이 마룻바닥을 뒤덮었다. 파멜라가 할 수 있는 최선은 그것들을 벽 쪽으로 밀어붙여 쌓아두는 것이었다. 냄새가 심해지고 매일 고기가 배달되자 이웃들이 의심하기 시작했다. 사육 비용도 만만치 않았다. 여전히 파멜라의 수입은 넉넉했지만, 그 돈이 전부 고양이 돌보는 사람들한테 지급됐다. 불과 2~3년 후 파멜라는 주택 융자와 세금을 낼 수 없는 지경에 이르렀다. 결국 담보권이 행사되면서 그녀는 집을 잃었다.

파멜라와 고양이들은 다른 환자의 집에 들어가기로 했다. 하지만 상황은 개선되지 않았다. 40대 중반의 파멜라는 의사의 고양이를 돌보는 데 하루의 대부분을 할애했다. 더 이상 일도 하지 않았다. 새벽 3시에 일어나자마자 의사의 집에 찾아가 해 질 녘까지 머물렀고, 집으로 돌아와서는 자기 고양이를 돌봤다.

　파멜라는 그 시절을 회고하면서 많은 고양이가 고통 받고 있었음을 깨달았다. "부주의하고 무심했어요. 어머니가 내게 했던 것과 똑같은 일을 내가 동물들에게 했습니다." 그녀는 정신과 의사의 집에서 하루 종일 일한 후 너무 피곤했던 나머지 발작 장애 약을 먹이지 않아서 죽어간 고양이 한 마리를 떠올렸다. 결국 이웃들의 고소로 공중위생 부서가 들이닥쳤고 동물 학대 방지 협회가 나섰다. 파멜라는 공황 상태에 빠져 우왕좌왕했다. 큰 트럭을 한 대 빌려서 가족처럼 생각하며 키워온 고양이들을 최대한 많이 싣고는 시 외곽의 임시 수용 시설로 데려갔다. 단속이 끝나면 다시 데려가려고 했지만 동물 학대 방지 협회가 임시 수용 시설까지 급습했다. 파멜라의 얘기로는 전부 도살됐다고 한다. 그녀는 무슨 일이 벌어졌는지 폭로하겠다며 다큐멘터리 촬영팀을 끌고 임시 수용 시설로 향했다. 다행히 마흔 마리 정도가 아직 살아 있었고, 파멜라는 다시 고양이들을 '구조'했다. 이제 무일푼에 직업도 잃은 파멜라와 고양이들은 또 다른 환자의 집으로 합류했다. 그 환자 역시 나름으로 고양이를 키우고 있었다. 두 사람에게 재정적 곤란이 닥치자 크게 다투게 되었다. 일방적이지만 파멜라의 입장 설명을 들어보면, 동거인이 자신을 거의 죽일 뻔했다고 한다. 그렇게 대판 싸운 후 고양이만 두고 자기는 내쳤다는 것이었다. "별안간 수중에 고양이가 한 마리도 없는 거예요. 난 노숙자였어요. 어떻게 보면 가장 극단적인 자유를 얻은 셈이었죠. 내게는 아무것도 없었습니다." 그녀는 한동안 어떤 공장의 마룻바닥에서 잠을 잤다. 거기서 근무하는 친구가 밤마다 들여보내줬던 것이다.

　파멜라는 자기 고양이들로부터 '해방'됐다. 그럼에도 불구하고 정신과 의사의 집을 계속 찾아가 노역을 했다. 이른 아침 시간부터 밤늦게까지 일했다. 그러나 의사는 여전히 더 많은 것을 요구했다. 파멜라는 매일 세 시간밖에 자지 못했고, 체중은 거의 해골만 남는 수준으로 크게 줄었다. 정신과 의사는 고양이에게 주사를 놓을 때 파멜라가 고양이를 똑바로 안고 있지 못하면 주사침으로 그녀를 찔렀다. 노예처럼 일하는 그녀의 마음속 후미진 곳 어딘가에서 부당하다는 목소리가 들려왔다. 하지만 그녀는 무력감을 느꼈으며, 이 사태에 종지부를 찍을 수가 없었다. 자신이 마치 여덟 살 소녀로 다시 돌아가 프랑스어 가정교사에게 당하는 것 같았다. 어느 날 길고 힘겨운 노역의 하루가 마감될 즈음 정신과 의사가 파멜라를 밖으로 심부름 보냈다. 기회가 온 것이었다. 청소부 복장을 한 52세의 여자가 고양이 오줌 냄새를 풍기며 달리고 있었다. 파멜라는 맨해튼의 거리를 계속해서 달렸다. 안전한 곳까지 왔다는 생각이 들 때까지 말이다. 그후로 다시는 정신과 의사를 찾지 않았다.

새로운 삶

파멜라는 갱생에 나섰다. 사회 보장국을 찾아갔고 식료품 할인 구매권을 모으기 시작했다. 노숙자 쉼터에서 실내 장식을 배우면서 작은 일거리도 몇 개 얻었다. 소규모 영화 계약을 따내기도 했다. 자신의 삶을 지키려면 동물들을 멀리해야 한다는 걸 깨달았다. 이를 담보할 확실한 조치가 필요했다. 그녀는 도움이 필요한 고양이들에게 일종의 정신적인 메시지를 전달했다. "고양이들아, 나한테서 떨어져. 더 이상은 너희들을 도울 수 없단다." 그러자 거짓말처럼 도움이 필요한 고양이들의 모습이 보이지 않았다. 아파트의 세 마리와 아직 묻어주지 못한 냉장고 속의 한 마리를 제외하면 말이다. 어쩌면 그녀가 눈치 채지 못했을지도 모를 일이지만 말이다.

내가 동물을 위생적으로 잘 돌보고 이 일을 즐기고 있냐고 물었다. "그랬는지 모르겠어요. ……정말로 즐기지는 않았습니다. 이 녀석들과 함께하는 지금까지도 느껴본 적이 없는 걸요. 뭐, 시간이 흐르면서 조금쯤은 느꼈겠지요. 하지만 그보다는 녀석들과 나를 동일시하는 일이 훨씬 많았죠. 그들이 고통을 느끼지 않음에도 나는 그들 속에서 고통을 봤어요."

동물 저장 강박 증상자 수십 명이 참여한 면담에 기초해볼 때 동물을 수집하는 사람들은 몇 가지 공통점이 있다. 대다수가 여성이고 40세를 훌쩍 넘겼으며 독신 아니면 미망인 혹은 이혼자다. 수집되는 가장 흔한 동물은 고양이와 개이며, 그 수가 매우 다양하지만 평균 개체수는 40마리 내외다. 100마리를 훌쩍 뛰어넘는 경우도 가끔 있다. 사육 부지에서 죽었거나 죽어가거나 병든 동물이 발견되는 경우가 약 80퍼센트이다. 정부 당국은 전국적으로 매년 새로운 동물 저장 강박 사례를 700~2,000건가량 확인한다. 가장 심각한 사례들만 보고가 되기 때문에 너무 적게 잡은 수치라는 데에는 이견이 없다.

동물 저장 강박의 핵심에는 동물에 대한 특별한 감정이 자리한다. 우리가 면담한 증상자들의 경우 그 감정을 분명하게 꼬집어 표현하지는 못했지만 그것은 바로 유대감이다. 파멜라는 이것을 '순수한 사랑'이라 표현했고, 다른 증상자들은 '사랑을 초월하는 것'으로, 또는 자격이 없는 인간의 감정과 비교해 '단순 소박한 것'이라고 말했다. 그들은 동물이 이러쿵저러쿵 요구하지 않으면서도 무조건적으로 사랑하고 헌신한다고 보았다. 그중 한 명은 멋쩍어하며 이렇게 실토했다. 남편과 아이들보다 개를 더 열심히 돌봤다고 말이다. 우리는 또 다른 특이 사항도 관찰할 수 있었다. 동물 저장 강박 증상자들은 시간이 흐르면서 일상 습관이 동물과 비슷해졌다. 그들의 집은 동물들에 맞게 바뀌어갔다. 거주민보다 동물들이 편의와 특혜를 누리는 것 같았다. 그들 대부분이 수집한 동물이 자유롭고 '자연스럽기'를 원했다. 동물들의 행동에 어떤 규칙도 두지 않았다. 동물들은 원하면 어디서나 먹고 잤다. 심지어 아무데나 대소변을 보는 것도 허용됐다.

대다수의 동물 저장 강박 증상자는 어린 시절에 학대를 경험했거나 방치 상태에서 자랐다. 규칙도 대책도 없는 변덕스럽고 혼란스런 어린 시절을 경험한 사람도 많았다. 파멜라는 부모와 어떤 유대도 맺지 못했고, 돌보는 사람한테 학대까지 당하며 자랐다. 그녀에게 동물들은 가족보다 더 믿을 만하고 다정한 존재였다. 우리는 이런 양상을 빈번하게 목격했고, 사람보다 동물을 더 지극정성으로 돌본다는 동물 저장 강박 증상자들의 증언도 자주 들었다. 우리가 동물 수집이 일종의 애착 장애일 수 있다고 판단한 이유다. 인간과의 유대가 사라지고, 동물과의 유대가 이를 대체했다고 보는 것이다. 여기서 동물들은 가족의 대용물이다. 한 증상자는 사랑을 찾고 싶었지만 그럴 수 없었다고 대답했다. "그런 사람을 찾게 될 때까지 고양이들이 내 사랑을 시들지 않게 해줄 겁니다." 그녀는 자기 집의 상태를 보면 어떤 열렬한 구혼자라도 그 의지를 꺾고 말리라는 것을 알지 못하는 듯했다.

우리가 면담한 증상자들 중 다수는 스스로에게 다른 사람들보다 동물들과 더 깊이 의사소통하고 교감할 수 있는 특별한 능력이 있다고 자신했다. 동물과의 특별한 유대를 뛰어넘는 정신적인 능력이 있다고 믿는 이도 여럿이었다. 이런 신념 때문인지 동물들이 무슨 생각을 하고 무엇을 원하고 어떻게 돌봐야 하는지를 다른 누구보다 자신들이 더 잘 안다고 확신했다. 그런 믿음이 파멜라가 고양이 수집을 해결하는 데 보탬이 되기도 했다. 도움이 필요한 고양이들에게 더 이상 다가오지 말라며 보낸 '텔레파시'의 효과를 믿는 바탕이 되었던 것이다.

그러나 모두가 똑같은 이유로 동물을 수집하는 것은 아니다. 그 저장 강박 행동 이면의 동기를 파악해야 한다. 제한적이나마 수행된 연구를 바탕으로 볼 때 동물 저장 강박 증상자들은 세 범주 가운데 하나에 속하는 것 같다.

● 동물을 돌보는 사람 가운데 당황해서 어쩔 줄 모르는 부류가 있다. 일명 '압도당한 동물 저장 강박 증상자overwhelmed caregiver'다. 그들은 삶에 중대한 변화가 생기기 전까지는 온갖 애완동물을 아주 잘 돌본다. 그런데 배우자가 사망하거나 수입이 줄어들거나 갑작스럽게 병을 앓는 등의 중대한 사건을 겪으면서 달라진다. 많은 수의 동물을 돌보는 일이 그들에게 압도적인 과제로 변해버린다. 태생적으로 수줍어하는 성격이라 외따로 살아온 경우가 많은 이들은 도움을 구할 줄 모른다. 이 부류는 다른 범주의 동물 저장 강박자들보다 협력적으로 문제 해결에 나서는 편이다.
● 사명감 속에서 활동하는 부류를 '구조형 동물 저장 강박 증상자

mission-driven animal hoarder'라고 한다. 이들이 동물 저장 강박 증상자의 대다수를 차지한다. 이 부류는 죽음의 위험과 고통으로부터 동물들을 구조하는 과정에서 너무 많은 수를 수용 유지하게 된다. 이들은 안락사에 반대하고, 파멜라의 경우처럼 거세에도 반대하는 경우가 잦다. 보유 동물을 소극적으로 획득하는 압도당한 동물 저장 강박 증상자와 비교할 때 구조형 동물 저장 강박 증상자들은 위험에 처해 있다고 보는 동물들을 능동적으로 찾아나선다. 앞에서 언급한 정신과 의사와 환자들은 고양이가 눈에 띄기만 하면 가리지 않고 공격적 적극성을 보였다. 남들이 잘 돌보던 고양이까지 일부 낚아채갈 정도였다. 압도당한 동물 저장 강박 증상자들처럼 구조형 동물 저장 강박 증상자들도 대개는 충분한 자원을 갖고 수집을 시작한다. 그러나 보호 업무가 이내 그들을 집어삼켜버린다. 구조형 증상자들은 압도당한 증상자 부류들과 달리 당국의 개입을 적극적으로 회피하고 저항한다. 그리고 보유한 동물을 적절하게 돌볼 수 있는 존재는 자신들뿐이라고 생각한다. 정신과 의사와 환자들처럼 광신도적인 조직이 광범위한 경우도 종종 확인된다. 동물의 개체수가 구조형 증상자를 압도하기 시작하면 그들이 그렇게도 지켜주고자 했던 유형의 위해가 동물 집단을 덮친다는 사실은 참으로 역설적이다.

● '착취형 동물 저장 강박 증상자exploiter'는 기르는 동물들과 감정적 유대를 거의 맺지 않는다. 그들에게 동물은 목적을 위한 수단일 뿐이다. 그 목적이 재정적인 경우도 있다. 동물들이 '구조' 사업을 운영하는 재원 마련의 소품 역할을 하는 것이다. 그 동기가 다른 살

아 있는 것들을 통제하고픈, 더 깊이 뿌리박힌 심리적 욕구일 때도 있다. 고양이는 물론이고 환자들까지 응징하고 통제하려 했던 정신과 의사의 경우다. 착취형 동물 저장 강박 증상자가 다루기 가장 어려운 저장 강박 사례이다. 이 부류는 피상적으로 보면 매력적이고 카리스마도 보여주지만 사회적 양심이나 가책이 없다. 똑 부러지는 성격에 호소력을 갖춘 교활한 조종자라는 게 그들의 실상이다. 그들은 자기들의 '구조' 노력에 재원이 필요하다고 속여 남의 돈을 갈취한다. 일체의 행정력을 거부하며 법망을 피하기 위해서라면 어떤 고생도 마다하지 않는다. 자기들의 목표에 부합하면 타인을 이용하기도 한다. 그러니 이런 부류가 드물다는 게 그나마 다행이다.

동물 저장 강박 행동의 가장 영문 모를 특징 가운데 하나는, 사태를 통제할 수 없다는 걸 인식하지 못하는 무능력이다. 동물 저장 강박 증상자 다수가 병들어 죽어가는 동물들과 배설물에 에워싸여 있을 가능성이 많다. 그런데도 그들은 문제가 없다고 고집을 피운다. 문제가 확실함에도 불구하고 이렇게 단언하는 것을 보면 그들의 신념 체계가 왜곡되었음을 알 수 있다. 망상 장애인 셈이다. 망상 장애는 아주 구체적이라 삶의 다른 영역들에서는 사고방식이 왜곡되지 않는다. 어쩌면 동물 저장 강박은 주된 주제인 동물과의 특별한, 거의 마법적인 유대에서 발생한 망상 장애인지도 모른다.

우리가 면담한 동물 수집 경험이 있는 사람 모두는 흥미롭게도 자신들의 신념이 참으로 터무니없다는 걸 인정했다. 그것도 동물 수집을 그만

두고 한참 후에야 비로소 깨닫게 됐다. 당시의 환경이 망상에 기여했을 것이다. 파멜라는 오직 그녀만이 할 수 있다고 생각하는 고양이와의 유대를 믿었고, 남들은 고양이를 중성화하거나 안락사시킨다고 생각했다. 그것이 고양이 수집에 매달릴 수밖에 없었던 이유다. 파멜라는 자기만의 확신에 사로잡혔고, 기존의 사태가 보이는 것만큼 그렇게 나쁘지는 않다는 것을 믿지 못했으며, 상황을 이해하는 방식에도 변화가 생겼다. 그녀의 신념은 매우 강렬했다. 동물 수집을 그만두고 20년이 흐른 후에도 당시의 노력을 여전히 긍정적으로 해석했다. "나는 20년 동안 마주치는 모든 동물을 구조했어요." 달리 생각한다는 것은 있을 수 없는 일이었다. 그것은 자신이 20년을 낭비했다는 의미일 테니 말이다. 대다수에게 그런 판정은 생각만 해도 견디기 힘든 일이다.

대다수의 동물 수집은 결국 법정에서 끝이 난다. 흔히 동물 학대로 기소된다는 사실이 참으로 아이러니하다. 다수의 동물 저장 강박 증상자가 필사적으로 기소를 피하려고 한다. 그들이 동물 보유를 포기하면 대개 기소가 취하되거나 정상을 참작해주며 법원이 상담 치료를 명령하는 경우도 많다. 하지만 그 명령이 준수되는 일은 드물다.

우리가 볼 때 동물 수집은 아주 심각한 형태의 저장 강박이다. 대다수의 무생물 수집의 경우보다 알려진 바가 현저하게 적고, 저장 강박 증상자들의 생활 환경은 더 어렵고 복잡하기까지 하다. 동물 저장 강박 증상자 중에서 심각한 정신 건강상의 문제로 고통을 받는 사람이 몇 명이나 될까? 가령 정신병, 양극성 장애, 외상후 스트레스 장애 같은 것들 말이다. 더 많은 연구를 통해 동물 저장 강박 증상자들이 동물들뿐 아니라 자신들의 건강과 후생마저 손상되는 게 명확한데도 동물들이 삶을 지배하도록 허용하는 이유를 알아내야 할 것이다. 환경이 적절하게 조정되기만 한다면 동물들의 다정다감함은 상처 받기 쉬운 사람들을 치료하는 아주 효과적인 도구가 된다. 그러나 열정적 사명감에 취한 사람들에게는 동물들의 다정다감함이 위험할 수 있다.

동물 수집도 무생물 수집처럼 대다수의 사람보다 더 광범위한 지능 및 세상의 다양한 특징들에 조응할 수 있는 능력에서 비롯되는 듯하다. 우리가 면담한 저장 강박 증상자들은 비상한 수준의 연민과 공감 능력을 보여줬다. 이것은 강박에 의해 왜곡되지 않았다면 칭찬을 들을 만한 훌륭한 특성들이다. 그러나 그 애착은 완고하리만치 융통성이 없었고, 가용한 자원이나 제약에 의해 변경되지도 않았다. 사랑하려는 노력이 결국 그 대상을 파괴하기에 이르렀다. 동물 저장 강박은 원인이 무엇이든 저장 강박 사안 가운데서도 가장 미개척되어 있는 분야로, 우리에게 여전히 도전적이고 흥미로운 과제로 남아 있다.

Chapter 7 ㅣ 물건의 잠재적 기회

버리지 마세요, 쓸 데가 있을 거예요

랠프 · 애니타

인생은 기회의 강이죠. 흥미로운 것을 붙잡지 않으면 잃고 말아요. 물건들은 나를 그냥 스쳐지나갑니다. 내가 지닌 물건은 강과 같아요. 물건들이 내 집으로 흘러들어오고, 나는 그게 흘러나가는 것을 막으려고 애쓰죠. 온전히 활용할 수 있을 만큼 붙잡아두고 싶은 거예요.

_ 아이린

베티는 랠프가 한눈에 마음에 들었다. 두 사람은 베티가 일하는 사회 복지 기관에 랠프가 찾아와 재정 문제로 도움을 요청하면서 만났다. 77세의 랠프는 부모가 신탁한 재산에서 나오는 변변찮은 수입을 관리할 수 없었다. 미수금 처리 대행 회사들이 랠프를 집요하게 괴롭혔고, 그는 대응할 방법을 몰랐다. 베티와 복지국 사람들은 재정 관리 외에도 랠프가 마당의 쓰레기를 치우고 집 수리도 하도록 도와야겠다고 판단했다. 랠프도 복지국 사람들이 마음에 들었다. 그들이 자신에게 관심을 보이자 우쭐해지기까지 했다.

사실 랠프는 거의 모든 사람을 좋아했다. 자기에게 관심을 보이는 사람이면 더욱이나 그랬다. 랠프의 소년 같은 매력에 대부분의 사람들이 빠져들었고, 그들은 랠프의 언어 장애에 구애 받지 않았다. 주변의 모든 것에 열정을 보이며 진지하게 사는 랠프에게는 어떤 호소력이 있었다. 그는 기차를 아주 좋아했다. 장난감 기차, 실제 기차, 기차 사진, 기차에 관한 생각까지도 말이다. 그래서 자기 집에 쥐라기 공원에 나오는 기찻길을 모형으로 축소 제작하겠다는 계획을 세웠고, 판지와 스티로폼 및 기타 부자재를 대거 수집했다.

베티가 마당 청소를 위해 처음 방문했을 때 가옥 옆의 잡초 사이에 있는 녹슨 양동이가 눈에 들어왔다. 그녀는 구멍이 뚫린 양동이를 집어 들면서 랠프에게 그것을 버리자고 말했다. 처음에 그는 알아듣지 못하는 눈치였다. 베티의 제안이 도무지 이해되지 않는 것 같았다. 이윽고 베티가 한 말의 의미를 깨달은 랠프는 아직 쓸 만하니 버릴 생각이 없다고 대꾸했다. "하지만 구멍이 나 있는 걸요. 물을 담을 수 없다고요." "다른 걸 담으면 돼요." "다른 양동이가 있잖아요. 물이든 다른 뭐든 담을 수 있는 양동이는 많다고요. 이건 필요 없어 보여요." 베티는 이 문제로 거의 두 시간 동안 랠프와 옥신각신하면서 한계 없는 인내심을 배웠다. 결국 랠프의 승리였다. 그 양동이를 계속 두기로 했다. 베티에게 그 양동이는 랠프의 저장 강박 증세를 알려주는 상징물이었다. 랠프는 용도를 생각해낼 수 있는 것이면 뭐든 보관했다. 그 가능성이 아무리 희박하더라도 말이다.

나는 베티를 통해 랠프를 만났다. 랠프는 공짜이거나 싼 물건들을 수집하는 자신의 행동에 관심을 보이는 사람이 있다는 사실에 크게 기뻐했다. 그리고 기꺼이 면담을 수락했다. 처음 그의 집을 찾아갔을 때 랠프는 앞쪽 현관에서 뭔가를 뒤지고 있었다. 낡거나 부러진 삽, 정원 작업용 손수레, 잔디 깎는 기계 부품들이 쌓인 더미였다. 바짝 당겨 쓴 모자 아래로 삐져나온 긴 백발이 보였다. 그는 서 있었지만 어깨가 약간 앞으로 구부정했다. 랠프는 자신이 사는 보스턴 교외에서 유명한 터줏대감이었다. 자전거 페달을 밟으며 새로 발견한 보물들이 가득 담긴 수레를 끌고 가는 그의 모습을 주변 사람들은 자주 목격했다. 랠프는 나를 보더니 활짝 웃으며 반갑게 악수를 청했다. "어서 오세요, 박사님. 잘 오셨습니다."

랠프의 집 역시 제멋대로 자란 수목과 관목에 가려 잘 보이지 않았다. 판지가 덮고 있는 창문, 벗겨진 칠, 마당에 쌓인 폐목재와 금속 더미가 전부 가려진 것은 아니었지만 말이다. 랠프의 집은 관리가 잘 된 동네의 다른 값비싼 주택들과 확연하게 대비됐다. 그는 이 집에서 50년 넘게 살았지만 부모가 죽고 나서 20년 동안 관심을 기울이지도 않고 유지 보수도 거의 하지 않았다.

언어 장애가 있는 랠프는 의사 소통 능력이 떨어졌다. 그는 이를 보완할 필요를 느꼈다. 의미를 확실히 전달하기 위해 연극적인 얼굴 표정과 몸짓을 동원했다. 은유를 활용하는 일이 잦았고 신문 기사나 잡지 사진 같은 보조 수단을 자주 써서 자신의 견해를 선명하게 드러냈는데, 이를 통해서도 그의 언어 능력이 증대됐다.

하지만 가끔은 그런 방법이 역효과를 낳기도 했다. 9·11 테러가 일어난 직후였다. 그는 테러에 관한 대화를 할 때 사용하려고 생포된 테러범 한 명의 사진을 오려뒀다. 그 테러범 같은 사람들에 대한 자신의 두려움을 알리려는 의도였다. 하지만 의도와 달리 사람들은 겁에 질렸다. 외설적인 사진을 오려내 언론이 사태를 그런 식으로 다루는 게 마음에 들지 않는다고 얘기했을 때의 결과는 훨씬 더 나빴다. 그런 사진, 이해하기 힘든 말투, 이상한 외모가 결합해 만남이 불쾌해진 경우도 여러 차례였다.

랠프는 설명하기 힘든 큼지막한 개념들을 은유하기 위해 특정한 단어들을 사용했다. 그런 단어 가운데 하나가 '프라이버시privacy'였다. 그는 남이 자기한테 강요한다는 생각이 들면, 특히 그게 집이나 소유물과 연관되면 프라이버시가 필요하다고 반복해서 말했다.

랠프의 아버지는 기사 출신으로, 육군에서 부사관으로 근무했다. 랠프가 어렸을 때 가족이 빈번하게 이사를 한 이유다. 랠프는 고등학교를 마치고 몇 년간 따로 살기도 했지만, 30대 후반에 유럽으로 장기간 배낭여행을 떠났을 때를 제외하면 인생의 대부분을 부모의 집에서 지냈다. 효심이 지극한 아들이었고, 부모와 몇 명의 친구가 그의 삶의 중심이었다. 부모님 두 분 모두 물건을 수집했다. 아버지는 사진기를 어머니는 인형과 자수를 모았다. 하지만 어수선한 잡동사니로 문제를 일으키지는 않았다. 어머니는 집을 깔끔하게 잘 정돈했다. 우리가 랠프를 찾아갔을 때, 부모님의 것이었던 물건이 나오자 그는 가슴을 두드리며 돌아가신 부모님이 사무치게 그립다는 의사 표현을 했다. 부모님이 돌아가시자 랠프의 삶은 고독해졌다. 수 년 동안 그의 집을 찾은 사람이 단 한 명도 없었다.

랠프는 아버지의 관심사를 물려받았다. 아버지처럼 물건들의 작동 원리와 고장 난 물건 고치는 일에 흥미가 있었다. 하지만 어머니의 정리 솜씨는 물려받지 못했다. 어머니는 방이 지저분하다며 랠프를 꾸짖곤 했다. 어머니가 살아계실 때만 해도 랠프에게는 잡동사니 문제가 거의 없었다. 부모님이 모두 돌아가신 후 랠프의 집이 물건으로 가득 채워지는데 얼마의 시간이 걸렸는지는 불분명하다. 아무튼 그가 맨 처음 노인국신세를 지게 된 것은 어머니가 죽고 나서 약 15년 후부터였다.

랠프는 물건의 유용성을 찾는 일에 몰두했다. 한번은 내게 오래된 베니션 블라인드Venetian blind 한 조각을 보여줬다. 1950년에 제작된 골동품이었다. 블라인드의 나머지 조각은 버려지고 없었다. 물론 랠프가 버린 것은 아니었지만 말이다. "남들은 대부분 이걸 버릴 겁니다. 하지만 난 아니죠." 그 조각을 다른 블라인드에 끼워 넣어 수리할 계획이라고 자랑스럽게 말했다. 어딘가의 누군가가 그 조각을 몹시 필요로 할 것이라고도 주장했다.

보통 대다수의 사람들에게는 이런 사실이 물건에서 쌓아둘 만한 이유가 되지 않는다. 그러나 랠프와 다른 많은 저장 강박 증상자에게는 충분한 이유였다. 랠프에게는 베니션 블라인드 조각이 물건의 용처를 찾아내야 하는 도전 과제로 비쳤다. 그러나 그도 대다수 저장 강박 증상자처럼 그걸 보관하기로 결정하는 과정에서 거기에 비용이 따를 것이라는 생각은 하지 못했다.

랠프는 물건 수리 외에도 신문을 아주 좋아했다. 유용하다고 생각되는 정보가 담긴 기사가 실린 신문이면 더욱 그랬다. 사실 랠프한테는 대다수의 신문이 유용했다. 그는 거리가 15센티미터나 침수된 홍수를 보도한 한 신문 기사를 떠올렸다. 큰물은 자동차가 떠내려갈 만큼 위력적이었다. "홍수가 그렇게 대단한 줄은 몰랐어요. 그런 일들을 잘 알아야겠더라고요. 뭐든 잘 알아야죠." 랠프의 집에는 수천 부의 신문이 깔끔하게 쌓여 있었다. 그의 키만큼 높은 일부 더미는 조금이라도 더 보탤라 치면 금방이라도 무너질 듯했다. 랠프는 공간을 정리하면서 일부를 차고로 옮겼는데, 거기서 그만 신문이 젖고 곰팡이가 피어버렸다. 하지만 랠프는 그 망가진 신문 더미와 헤어지지 못했다. 한 번은 내게 시간을 내서 읽지 않으면 그 더미에 묻혀 익사할 것 같다고 말했다.

랠프의 정보 중독은 우리가 목도한 다른 저장 강박 사례들과 아주 유사했다. 예컨대, 아이린은 스스로를 '정보 중독자'라고 했다. 그녀는 유용한 내용을 담고 있는 것이면 어떤 것도 그냥 지나치지 못했다. 랠프도 신문이 많은 지식을 담고 있으며, 그것을 보관함으로써 자신이 그 온갖 정보를 활용할 수 있다고 믿었다. 대다수의 사람들은 안락한 환경을 유지하기 위해 그 활용성을 포기하지만 랠프는 아니었다. 오래된 나머지 누렇게 변색된 신문들은 그가 도저히 놓치고 싶지 않은 기회들을 상징했다.

마당에서 양동이 문제로 티격태격했지만 랠프와 베티는 여전히 서로를 마음에 들어 했다. 비록 그랬다고는 해도 베티가 랠프의 집 안으로 들어가는 데에는 무려 4년이 걸렸다. 막상 들어가서 본 집 안의 광경에 베티는 대경실색해 간담이 서늘할 지경이었다. 집은 물건으로 가득 차 아주 위험한 상태였다. 베티는 진심으로 랠프의 생존과 안위가 걱정됐다. 신문 더미가 언제라도 넘어져 랠프를 깔아뭉갤 태세였다. 꽉 들어찬 물건 때문에 문짝 대부분이 열리지 않았다. 현관 출입문도 살짝만 열렸다. 베티는 몸을 옆으로 비틀고 들어가야만 했다. 그녀는 비좁은 산양의 통로를 도무지 헤쳐나갈 수 없었다. 불이라도 난다면 랠프는 도저히 빠져나올 수 없을 터였다.

랠프는 아무도 안을 들여다보지 못하게 하려고 판지로 창문을 가렸다. 조명이 거의 없어서 아무리 햇살이 좋은 한낮이라도 내부가 동굴처럼 느껴졌다. 방열기로 난방을 하고 있었는데 그 주위로 잔뜩 쌓인 종이, 옷가지, 기타 물건들 때문에 집 안은 얼음장이나 다름없었다. 화재 위험은 말할 것도 없었다. 환기가 안 됐기 때문에 여름에는 내부의 공기가 도저히 견딜 수 없는 상태로 바뀌었다. 주방의 냉장고 문도 겨우 열렸다. 가스레인지 위에는 종이가 높이 쌓여 있어 작동하는 화구火口는 한 개뿐이었다. 1층 화장실은 막혀 있었고 2층 화장실만 사용이 가능했다. 하지만 욕조와 샤워실은 갖은 물건으로 가득 차서 쓸 수가 없었다. 랠프는 인근 대학교 수영장에서 샤워를 했다.

베티는 이러지도 저러지도 못하는 진퇴양난의 처지에 놓이고 말았다. 그녀는 별다른 성공을 거두지도 못한 채 집 밖에서 오랫동안 랠프와 작업을 했고, 그가 집 안 청소에 결코 동의하지 않으리라는 걸 알았다. 랠프를 당국에 신고하면 법률 소송이 줄줄이 이어질 테고, 그는 현재보다 상태가 더 나빠질지도 몰랐다. 그러나 신고하지 않았다가는 랠프가 목숨을 잃을 수도 있었다. 그녀는 시 보건 당국에 전화를 걸었다. 그들은 이전에도 저장 강박 사례를 접한 적이 있었지만 모두 임대 아파트의 경우였다. 그런 곳이라면 주택 법령을 즉시 강제 집행할 수 있었다. 그러나 보건 부서의 책임자는 랠프의 경우 사유 주택이기 때문에 아무런 조치도 취할 수 없다고 응답했다.

베티와 노인국은 포기하지 않았다. 그들은 시 공중위생 감찰관 한 명의 지지를 얻어냈고, 시 당국이 나서서 조치를 취해야 한다고 계속 요구했다. 다른 한편으로 베티는 랠프와 작업을 지속하며 집을 치우려고 노력했다. 그렇게 애쓰기를 1년, 진전은 없었고 시 당국은 아무런 행동에 나서지 않았다.

베티는 마지막 수단으로 시 법무관에게 편지를 썼다. 랠프가 어떤 위험에 방치돼 있는지 자세히 적었다. 또한 시에도 법적인 책임이 있음을 명확히 했다. 보건 부서와 시 당국이 결국 조치를 취하기로 했다. 그들은 두 가지 혐의를 들어 퇴거 명령을 내렸다. 랠프가 부적절한 곳에서 사업을 운영 중이라는 게 첫 번째 혐의였다. 억지에 가까웠다. 아무튼 랠프가 뒷마당에 야적한 고철이 기소의 빌미가 되었다. 주택의 화재 위험이 두 번째 혐의였다. 두 번째 혐의 내용은 그 이유가 첫번째보다 그럴듯했다. 랠프는 최초 명령에 따라 몇 개월의 유예 기간 동안 문제를 시정해야 했다. 하지만 결국 문제를 해결하지 못했고, 소송 사건은 법원으로 이관됐다. 소방국이 즉시 그의 집을 봉쇄했고, 청소 요구를 문서로 분명히 했다. 물론 그 주체는 랠프가 아니었다.

카운티 직원들이 퇴거 서류를 전하려고 랠프의 집을 찾았을 때 베티도 함께했다. 랠프는 화가 난 것 같지 않았다. 심지어 군청 직원들과 즐겁게 대화하기까지 했다. 직원들이 왜 방문했는지를 모르는 듯했다. 베티는 지역 정신 병원에 입소하라고 랠프를 설득하는 데 성공했다. 그는 직원들의 관심을 즐기며 병원 생활을 무리없이 해나갔다. 랠프를 진단하는 데 처음에는 약간의 혼란이 있었지만, 강박-충동 장애라는 게 의사들의 결론이었다. 처방 받은 항우울제 팍실Paxil을 복용했지만, 별다른 효과가 없어 중단했다. 의료 보험 지원이 만료되자 퇴원 조치를 받았다. 다시 사립 요양원에 들어가 자기 집의 청소가 완료되기를 기다렸다. 그는 감옥처럼 느껴지는 요양원을 몹시 싫어했다. 랠프가 위생에 전혀 신경을 쓰지 않는 남자와 욕실을 함께 사용해야만 한다는 게 사태를 더욱 악화시켰다. 랠프는 무질서한 살림살이에도 불구하고 까다로운 사람이었다.

베티와 시 당국은 정신 장애를 근거로 법정에서 랠프의 후견인을 찾았다. 누구를 보호자로 지정할지와 관련해 상당한 다툼이 벌어졌다. 베티는 5년째 랠프와 가까이서 작업했고, 그를 모르는 변호사를 후견인으로 지정한다는 게 마음에 들지 않았다. 그녀는 그런 후견인이라면 랠프의 신뢰를 얻지 못하리라 확신했고, 만에 하나 그렇게 된다고 해도 변호사 수임료로 변변찮은 신탁 재산이 순식간에 사라질 걸 알았다. 판사와 변호사들은 랠프의 삶에 이미 깊이 연루된 베티를 지정하는 게 부적절하다고 생각했다. 하지만 랠프는 자기한테 닥친 사태에도 불구하고 여전히 베티를 신뢰하고 좋아했다. 이 시련을 견뎌내려면 베티가 필요하다고 생각했다. 결국 판사도 후견인으로 베티가 최선의 선택임을 인정했다.

랠프의 트라우마

청소 작업은 여러 주가 소요됐는데, 랠프는 참관마저 금지당했다. 베티는 값나가는 것을 버리지 않으려고 최선을 다했다. 하지만 온갖 잡동사니 속에서 귀중한 것을 찾는다는 게 쉬운 일은 아니었다. 작업 인부들이 대형 쓰레기 수집 용기 열세 개 분량을 랠프의 집에서 제거했다. 소매점들 뒤에서 볼 수 있는 다양한 소형 용기 말고 건설 현장에서 쓰는 대형으로, 열세 개 모두 물건이 가득찼다. 청소 작업이 진행되는 동안 베티는 매일 랠프에게 진행 상황을 알렸다. 그가 체념하고 운명을 받아들이기로 했다는 게 베티가 받은 인상이었다.

그러나 랠프가 돌아왔을 때 집의 상태가 만족스러울 리가 없었다. 그가 볼 때는 모든 게 사라지고 없었으니까. 귀중품에 대한 베티의 생각이 랠프의 생각과 일치하지 않는다는 게 분명했다. 그가 고치고 싶어 했던 것, 애지중지하던 기차 사진, 기찻길 모형 제작 부품들이 몽땅 사라지고 없었다. 청소 작업은 랠프의 인생에 뚜렷한 표시를 남겼다. 다른 어떤 사건도 시간과 강도에서 그 청소 작업과 비교될 수 없었다. 랠프는 내게 청소 작업이 자신에게 '트라우마'가 됐다고 말했다.

그 심리 외상성 사건을 겪고 3년이 흐른 후에도 랠프는 당시의 기분이 얼마나 끔찍했었는지를 아주 자세히 토로했다. 내게 집 구경을 시켜줬는데 들어가는 방마다 사라진 물건들에 대한 감회가 진하게 배어나왔다. 나는 그가 모은 기차들 사진, 아주 오래전 유럽 여행 때 메고 다녔던 배낭, 사용할 계획 중에 있었던 다른 많은 물건에 대한 얘기를 들었다.

버려진 것을 알고 특히 상심했던 물건 하나는 현관문에 달려 있던 명판이었다. 아버지의 이름이 조각된 동판을 고칠 요량으로 떼어뒀었던 것이다. "그들이 아버지의 이름을 몰아내버린 거예요!" 랠프가 한탄했다. 그는 온갖 물건을 나열하다가, 내 쪽으로 고개를 돌리더니 화난 목소리로 외쳤다. "다 사라져버렸어요!"

랠프는 자신의 요점과 취지를 더 분명히 드러내기 위해 그 심리 외상성 사건이 발생하고 얼마 안 돼 어떤 잡지에서 오려낸 사진을 내게 보여줬다. 사진 속에는 이민귀화국 소속의 특공 경찰 한 명이 반자동 소총을 쥔 채 성난 표정을 하고 있었다. 그가 소총으로 겨냥한 대상은 엘리안 곤잘레스였다. 몇 년 전 양육권 전쟁에서 초미의 관심사로 떠올랐던 쿠바 소년 말이다. 사진 속의 소년은 공포로 파랗게 질려 있었다 Google 이미지에서 Elian Gonzalez를 검색하면 해당 사진을 직접 볼 수 있다—옮긴이.

랠프는 이민귀화국 요원 위에 검정색 펜으로 "시 당국"이라고 썼고,

그 가엾은 소년 위에 랠프를 뜻하는 "R"을 끼적였다. 신문과 잡지에서 오려낸 다른 사진들에도 짧은 글을 적어넣었다. '압수자들'은 자기 집을 빼앗으려고 출동한 사악한 사람들이라는 뜻이었다. 총을 든 남자와 위협을 해대는 만화상의 등장인물들 위에 랠프는 '압수자들'이라는 단어를 썼다. (문제의 심리 외상성 사건이 있고 나서 정신과 면담이 이루어졌다. 랠프가 그 자리에서 이민귀화국 얘기를 했고, 담당 정신과 의사는 그를 정신 분열증으로 진단했다. 랠프의 은유법을 편집증적 망상이라고 판단한 것이다. 다행히도 나중에 진단 내용은 수정되었다. 의사들이 랠프가 은유를 동원해 의사소통을 한다는 걸 파악했던 것이다.)

악의도 없고 위험하지도 않았지만 그런 일들이 자꾸 일어나자 랠프는 자기 집에서 쫓겨날지도 모른다는 두려움에 시달렸다. 심리 외상성 사건이 발생하고 몇 년이 지난 어느 날 한 부동산 매매 중개인이 집 밖에 나와 있던 랠프에게 다가와 집을 내놓고 싶다면 자기에게 연락을 달라고 청했다. 그 사건 이후 랠프는 누군가가 자기를 내쫓고 집을 차지하려 한다고 믿게 됐다. 그는 종이에 긴 글을 쓰고, 말풍선이 달린 만화 컷들을 붙였다. 그 매매 중개인이 앞으로 자기 집을 찾아와서는 안 되고 팔라는 얘기도 다시는 꺼내지 말아야 한다고 주장하는 내용이었다. 랠프는 그렇게 작성한 종이 위에 다시 매매 중개인이 건넨 명함을 붙이고 여러 장을 복사해 친구들에게 나눠줬다. 부동산 매매 중개인은 크게 당황했고, 다시는 랠프를 귀찮게 하지 않겠다고 약속했다.

청소 작업의 최초 충격 이후로 랠프가 잘 적응 중이라는 게 베티의 판단이었다. 랠프는 집이 깨끗해져서 매우 좋다고 얘기했다. 그는 베티와 그녀의 남편 및 몇몇 친구들을 초대해 만찬을 베풀기까지 했다. 사람들이 창문 안으로 내부를 들여다보는 사태를 걱정하는 일도 줄어들었고 전반적으로 만족하는 듯했다.

물건들을 모아두지 않으려 하는 랠프의 자세가 베티에게는 특히나 인상적이었다. 가령, 구멍이 난 녹슨 양동이 같은 것들 말이다. 베티는 랠프의 이런 변화를 이용하려고 했다. 그녀는 다음 몇 달 동안 랠프와 협력해 다락을 청소했다. 랠프는 뭘 내다버려야 한다는 타인의 지시를 싫어했다. 혼자 힘으로 판단해야 기분이 좋다고 항변했다. 스스로 결정하는 걸 돕는 절차가 요구됐다. 두 사람은 함께 작업하면서 준수해야 할 간단한 규칙들을 고안했다. 모든 규칙을 온전히 이해하려면 여러 시간이 걸렸지만 그래도 결국에는 그게 시간을 절약해줬다.

두 사람의 다락 청소 작업이 시작됐다. 정리하려는 노력이 한 번도 시도되지 않았었고, 따라서 뭔가를 찾는다는 게 불가능한 곳이었다. 정해진 첫 번째 규칙은 '트렁크 규칙'이었다. 다락의 모든 물건을 거기 있는 여러 트렁크 가운데 하나에 반드시 집어넣기로 했다. 시간이 흐르면서 다른 규칙들도 만들어졌다. 음식은 반드시 주방에 둘 것을 규정하는 '주방 규칙'이 제정됐다. 이 규칙은 쥐와 벌레를 해결하기 위해 만든 것이었다. 두 사람이 일을 시작할 즈음에 음식이 집 안 도처에 놓여 있었고, 쥐들이 들끓었다.

랠프의 '유용성 규칙'은 켈리가 고안해냈다. 켈리는 랠프가 요양원에 있을 때 도움을 주던 사회 복지사였다. 다른 많은 사회 복지사들처럼 켈리도 랠프에게 반해 여러 해 동안 그와 함께 작업하며 계획을 세웠다. 뭔가를 획득해 보관하는 결정에 직면했을 때 랠프가 자신의 어깨 위에 앉아 있는 작은 켈리를 떠올리기로 한 일종의 방침이었다. 그의 상상 속에서 작은 켈리는 이렇게 말하는 역할을 맡았다. "당장에 그것을 사용할 수 없으면 사거나 두지 마세요." 랠프는 그런 상상을 한다는 것 자체를 아주 재미있어 했다. 그가 자기 사진을 찍은 다음 켈리 사진을 합성해 어깨 위에 앉은 모습을 연출하기까지 한 이유다. 나는 랠프가 베티와 함께 다락의 물건을 정리하는 걸 지켜봤다. 아니나 다를까 그는 빈번하게 자기 어깨를 다독이며 켈리의 규칙을 되풀이하고 있었다.

저장 강박 증상자는 보관할지 버릴지 결정할 때 대상의 유용성에 집중하는 게 일반적이다. 녹슨 양동이가 발휘할 수도 있는 잠재력 말이다. 물건이 없어서 치러야 할 비용도 고려 대상이다. 랠프의 신문에 담겨 있는 정보도 그런 예다. 물건을 보관 유지하는 데 드는 비용이나 없애버리는 데서 발생하는 편익은 거의 고려되지 않는다. 이런 방침들 때문에 랠프의 정상적인 의사 결정 과정이 왜곡 변질됐던 것이다. 랠프는 그 방침들로 인해 물건들이 자기 삶에 어떻게 부합할지를 더 '실제적으로' 생각하지 않을 수 없었다.

베티와 랠프가 그들의 공동 작업을 설명하려고 사용한 언어가 은유적이었다는 사실도 보태야겠다. 그들은 물건을 '폐기'하거나 '내다버리지' 않았다. 다만 '솎아냈다.' 랠프한테는 그런 표현이 훨씬 마음에 들었다. 그는 스스로에게 '우선순위를 매기'라고 말했다. 거기에 베티의 조언이 더해졌다. 랠프는 이를 바탕으로 소유물을 판단해 결정하는 작업에 계속 집중할 수 있었다. 저장 강박을 앓는 다른 많은 사람처럼 랠프도 쉽게 주의가 분산됐고, 새로운 물건이 눈에 띌 때마다 관련 이야기로 빠져들었다. '선택을 하라'와 '의지력'은 랠프가 청소 작업을 하면서 거듭 반복한 또 다른 자기 지침이었다.

랠프는 그 작업 과정이 도움이 된다고 말했다. 베티가 나타나 도움을 주기 전까지 그는 물건들을 가지고 뭘 해야 할지 결정하는 데서 혼란을 느꼈다. 사태가 좀 더 분명하게 이해한 랠프는 안도감을 느꼈고, 베티와 작업하면 즐겁기까지 했다. 나는 그들이 함께 하는 광경을 지켜보면서 베티가 랠프의 집중력을 유지시켜준다는 것을 알 수 있었다. 그렇지 않았더라면 랠프는 소유물의 잠재적 사용 가능성에 주의가 분산돼 물건을 제대로 '솎아내지' 못했을 것이다. 그럼에도 그 절차가 랠프에게 힘든 건 마찬가지였다.

내가 그들과 작업하기 위해 처음으로 찾아간 날이었다. 한 시간쯤 흘렀을까, 두 사람은 방 한가운데 쌓인 비디오들을 처리하는 중이었다. 랠프는 일부를 버리기로 마음먹었다. 애리조나의 콘도 매입을 광고하는 공짜 비디오테이프 같은 것들 말이다. 베티는 랠프가 보관해오던 것들을 정리해 치우는 것을 도왔다. 그 활동이 랠프에게 부담으로 작용하는 게 틀림없었다. 그는 결국 이렇게 말했다. "더는 생각을 못 하겠어요. 당신도 그만 가세요." 베티는 매 작업 일정 사이에 완료해야 할 숙제를 내줬지만 랠프는 좀처럼 내준 과제를 하지 않았다. 그는 베티가 함께 있을 때 작업하는 걸 선호했다. 그래서 베티가 현행 횟수보다 더 자주 와주기를 바랐다.

베티의 도움으로 랠프의 집은 살 만한 상태로 유지됐다. 여전히 어질러져 있긴 했지만 보건 및 안전상의 위협은 더 이상 없었다. 그러나 다시 시간이 흐르면서 솎아내기 작업은 점점 힘겨워졌다. 랠프는 작업에 열의를 잃어갔고, 베티에게 안 된다고 말하는 일이 더 자주 벌어졌다.

한번은 베티가 버리기로 함께 결정한 것들을 운반해갔다. 그런데 기차 사진이 인쇄된 봉투 하나가 그 더미에 포함됐다. 이 봉투가 어떻게 폐기물 더미에 들어갔는지는 명확하지 않았다. 그가 처음에는 버리자고 했다가 재고 중이었거나 아니면 단순한 착오였을 것이다. 하지만 랠프는 기분이 몹시 상했다. 사태의 진실이 무엇이든 랠프는 베티의 사과를 받아들이지 않았다. 그는 자신이 원하는 것을 빼앗긴 채 살아간다는 걸 도저히 인정할 수 없었다. "당신 말은 못 믿겠어요." 랠프는 베티에게 이렇게 말하고는 내 쪽으로 몸을 돌리더니 이런 말을 보탰다. "베티는 절대로 이해 못 해요." 랠프는 강조를 하고 싶었던지 정원용 손수레의 손잡이를 집어들고 말했다. "나는 이걸 수리할 거예요. 베티는 이해 못 해요. 당신은 박사이시니 내 말 뜻을 알 겁니다."

베티가 물건에 대한 자신의 애착을 이해 못 한다는 랠프의 결론은 요지부동이었다. 그날 나머지 작업 시간 내내, 그리고 다음번 작업까지도 그의 외면과 거부는 계속됐다. 베티의 어떤 말과 행동도 랠프의 마음을 돌려놓지 못했다. 랠프는 베티 때문에 미쳐버릴 것 같다고 말했다. "베티로부터의 프라이버시가 필요해요." 아마도 랠프는 더 쓸 수 있는 물건들에 대한 자신의 평가를 베티가 인정해주기를 바랐을 것이다. 그런데 베티가 기대에 부응해주지 않자 그녀를 단념해버렸다.

베티는 그런 비판을 지금까지 꾸준히 제기된 종합적 비판의 일부로 받아들였지만 점점 타격을 받기 시작했다. 랠프가 남들이 보는 데서 면박을 줄 때면 그녀의 상심은 더욱 컸다. 그가 유용한 물건들과 더 이상 사용이 불가한 물건들을 구분할 줄 알게 되었으면 하는 베티의 소망도 점점 희미해져갔다.

그러나 랠프는 혼자 힘으로 물건을 솎아내기도 했다. 겨울에 폭설이

내리자 차고 지붕이 무너졌다. 그가 거기 쌓아둔 온갖 종이와 기타 물건들이 흠뻑 젖고 말았다. 보험 회사는 차고를 청소해 수리 준비를 마칠 때까지는 보험금을 지급할 수 없다고 통보했다. 랠프가 2~3주 후 내게 전화를 걸어서 집에 와 진척 상황을 봐달라고 주문했다. 스스로가 무척 자랑스러웠던 것이다.

내가 처음 봤을 때 그 세 칸짜리 차고는 나무, 신문지, 연장, 잔디 관리 장비, 갖은 쓰레기들로 서까래까지 가득 차 있었다. 그런데 다시 가보니 랠프는 종이와 나무 대부분을 내다버린 것 같았다. 일부를 집 안에 들이기는 했지만 그래도 짧은 시간 만에 엄청나게 많은 양을 폐기한 것이었다.

랠프와 베티의 관계는 악화일로를 치달았고, 두 사람의 작업은 더 이상 누구도 참을 수 없는 전투로 비화했다. 결국 베티가 방문을 중단했다. 사회 복지국을 그만둔 베티는 그저 친구로서 랠프를 돕고 있는 상태였다. 랠프가 집을 살 만한 정도로 그럭저럭 유지할 수 있었던 것은 베티의 도움 덕분이었다. 잡동사니에서 완전히 자유로운 공간은 아니었지만 말이다. 그러나 베티가 더 이상 찾아오지 않자 랠프의 집은 빠른 속도로 상태가 악화됐다.

몇 년 후 다시 만났을 때 랠프는 새롭게 당국과 마찰을 빚고 있었다. 보건 감독관은 통로가 너무 좁아 비상 사태 발생시 구조 요원의 접근이 어렵다는 결론을 내린 상태였다. 감독관은 보일러 옆에 인화성 물질이 놓여 있으면 큰일이 날 수도 있다며 걱정했다. 하지만 보일러 상태를 점검할 수 있는 사람이 아무도 없었다. 랠프가 모아둔 나무와 종이가 담긴 상자들이 지하실 출입문 앞을 막고 있어 진입이 어려웠던 것이다.

랠프의 수중에 남은 돈이 거의 없다는 것도 문제였다. 그를 도와온 노인국은 집을 담보로 역모기지를 하려고 했다. 그렇게만 되면 랠프는 꾸준히 수입을 보장 받을 수도 있었다. 하지만 은행이 조사를 요구했고, 집을 청소하기 전까지는 그게 불가능했다. 노인국은 이 문제로 랠프의 환심을 사려고 했다. 판사는 그에게 집을 청소하라며 1년의 유예 기간을 줬다. 내가 랠프를 찾았을 때는 이미 그 유예기간의 10개월이 지나 있었지만 진척은 없는 상황이었다.

그러나 그는 사태를 수습할 수 있다는 자신감을 내비쳤다. "박사님, 내가 한 달 후에 얼마나 개선해낼지 와서 보도록 하세요." 사회 복지국 직원이 한 달 후 랠프의 집을 방문했을 때 나도 동행했다. 그녀는 이번 방문의 목적이 다가오는 법정 기일을 랠프에게 통지하는 것이라고 했다. 사회 복지국은 그날 판사에게 랠프의 퇴거 명령을 요청할 계획이었다. 그래서 다시 랠프를 임시로 요양원에 보내고 집을 청소할 작정이었다.

우리가 찾아가자 랠프는 여느 때처럼 반가워했고, 그 사이에 저장한 물건을 보여주고 싶어 했다. 지난번 나에게 청소한 내역을 보여주겠다고 한 약속은 잊어버린 듯했다. 사회 복지사가 법정 기일과 청소 문제를 언급하자 그는 자기한테서 집을 앗아가려는 사람 누구하고도 단호히 싸우겠노라고 대꾸했다. 사회 복지사는 랠프가 집을 마비시키는 잡동사니를 혼자서 치우지 못하기 때문에 사정이 불가피하다고 설득했다. 그러자 랠프는 다만 약간의 도움이 필요할 뿐이라며 치워야 할 물건들을 둘러봤다.

그가 반쯤 해진 신발 한 켤레가 담긴 상자 하나를 내게 건넸다. 버리고 싶던 자수법 책 한 권과 기타 몇 가지 자질구레한 것들을 내게 더 안

겨줬다. 하지만 10년 묵은 컴퓨터 책 한 권이 눈에 들어오자 돌처럼 굳어버렸다. 없으면 도저히 안 될 것 같은 생각이 든 것이다. 그는 주저앉아 애원하듯 사회 복지사를 바라보며 말했다. "나는 죽고 말 거예요." 사회 복지사는 딱한 생각이 들었던지 얘기를 해주면 중요한 물건들은 남기기 위해 할 수 있는 한 최선을 다해 보겠다고 약속했다. "나는 죽고 말 거예요." 랠프는 같은 말을 되풀이했다. 우리한테보다는 스스로에게 하는 말 같았다. 어쩌면 그의 말이 맞았을 것이다.

2007년 매사추세츠 주 낸터킷 공중위생국은 강제 청소 계획을 중단했다. 저장 강박증 환자 세 명이 청소된 집으로 복귀한 직후 연달아 죽었던 것이다. 청소 작업 때문에 그들이 사망한 것인지는 분명하지 않다. 하지만 평생의 저장물을 잃어버린 트라우마가 어느 정도는 기여했을 것이다.

랠프가 보인 물건들의 효용에 대한 관심은 저장 강박 증상자의 보편적 특징이다. 그가 쓸모에 집착한 것은 아이린이 기회에 중독된 것과 상당히 닮아 있다. 랠프는 물건의 사용법이나 고칠 수 있는 방법이 떠오르면 그 계획에 명확한 태도를 갖고 전념했다. 비록 그 계획을 실행에 옮기는 일이 드물었지만 말이다. 내가 그를 마지막으로 방문했을 때 그는 최근에 입수한 물건들을 보여주고 싶어 안절부절못했다. 여전히 쓸 만한 동력 띠톱과 선반이었다. 목욕탕 싱크대에서 떼 온 크롬 배관이 선반 위에 놓여 있었다. 랠프가 톱을 싸고 있는 용기에다가 구멍을 내 배관을 끼우고 진공청소기와 연결할 생각이라고 말할 때 그의 두 눈이 밝게 빛났다. 톱밥이 바로 제거되는 띠톱을 만들면 난장판을 만들지 않고도 실내에서 작업할 수 있다는 게 랠프의 복안이었다. 그의 인생은 만들고 고칠 가능성이 끝없이 확대되는 삶이었다. 하지만 물건을 모으고 저장하는 것 이상으로 나아가본 적은 한 번도 없었다.

애니타의 낭비

랠프처럼 물건들의 가능성에 마음을 빼앗기는 저장 강박 증상자들이 있는가 하면 낭비의 두려움에 사로잡히는 저장 강박 증상자들도 있다. 두 유형 모두 구멍이 난 녹슨 양동이를 보관하겠지만 이유는 다르다. 랠프는 녹슨 양동이의 쓸모를 상상하면서 만족스러워했다. 우리의 치료 연구에 참가한 애니타는 물건의 기회 가능성을 떠올리면서 시간을 보내지는 않았다. 그녀는 주로 낭비하는 행위에 대한 걱정과 죄책감에 사로잡혔다. 녹슨 양동이를 버리면 낭비하는 사람이 되고 말 것이라는 생각에 괴로워했다.

애니타는 교사 출신으로 작가이기도 했다. 자신의 사고 과정에 대한 빛나는 통찰을 보여줬고, 나는 깊은 인상을 받았다. 그녀는 자기에게 문제가 있다는 걸 알았다. 자기 앞에서 생각이 꼬리에 꼬리를 물고 펼쳐지는 걸 볼 수 있었고, 이 과정을 또렷하게 표현했다. 하지만 스스로 그 생각을 중단시킬 수 없었고 무력감에 빠지고는 했다. 그녀가 처한 곤경은 다음의 '장갑 이야기'에 구체적으로 나온다. 구멍 난 장갑을 괴로워하면서도 버리려고 하지만 결국 실패했던 것이다.

애니타에게는 장갑이 가득 든 서랍이 여섯 개나 됐다. 하지만 문제의 장갑은 그녀가 제일 좋아하는 것이었다. 착용감이 완벽하고 손목까지 감싸주는 부드러운 양모 소재에 줄무늬가 들어간 그 장갑을 애니타는 정말 예쁘다고 생각했다. 하얀 장갑처럼 유행을 타지 않았고 아주 보들보들한 감촉을 가지고 있었다. 그런데 한 짝에 그만 구멍이 나고 말았다. 애니타는 구멍을 수선할 수가 없었다. 그래서 그 장갑을 다시 끼지 못하리라는 것도 그것을 버려야 한다는 것도 알고 있었다.

애니타는 장갑을 수선해줄 만한 사람이 나타날 수도 있다고 생각했다. 그러나 구멍이 너무 커지고 말았다. 장갑이 형편없이 만들어졌고 수선할 만한 가치가 없다는 의미였다. 그녀는 장갑을 잡동사니 주머니에 처박아놓으면 되겠다고 생각했다. "그러면 장갑을 버리지 않고도 버리는 효과를 볼 수가 있어." 하지만 잡동사니 주머니는 이미 다른 넝마들로 넘쳐나고 있었다. 곰곰이 생각한 끝에 애니타는 이렇게 중얼거렸다. "쓰레기통에 버릴 수는 없지. 그것은 어리석은 짓이야. 이 장갑의 99퍼센트는 여전히 사용이 가능해! 구멍 난 것만 빼면 아직도 완벽하다고. 거기다 예쁘기까지 하고 말이야. 이건 낭비야. 보통의 미국 사람들이 물건을 얼마나 낭비하며 사는지를 소개한 기사들을 봐. 이렇게 좋고 완벽한 직물을 내가 낭비해서는 안 되지!"

그러나 애니타는 장갑을 버려야겠다고 결론 내리고 향후 부딪치게 될 다른 물건에 대비해 이런저런 논리와 사고 과정을 떠올릴 수 있도록 장갑과 관련한 자신의 생각들을 기록으로 남겨야겠다고 판단했다. 애니타의 첫 번째 논거는 예쁘다는 생각이었다. "다른 예쁜 것들도 많아. 이게 필요하지는 않지." 애니타의 생각은 계속해서 내달렸다. "내가 사용할지도 모른다고 생각한다지만 실상은 그러지 않을걸."

생각이 거기까지 미치자 그녀의 두 눈에서 눈물이 쏟아졌다. "낭비라는 생각은 들지만 그게 내 잘못은 아니야." 이제 본격적으로 울기 시작했다. 흐느낌 속에서 쏟아져나온 애니타의 생각을 더 들어보자. "내가 장갑을 하찮은 싸구려로 만든 게 아니에요. 나는 나쁜 사람이 아니라고요. 상황이 좋지 않아도 최선을 다해요. 장갑이 제대로 만들어졌으면 2년은 끼었을 테고, 전반적으로 닳아 해져서 속상하지도 않을 거라고요." 격정을 분출해서인지 마음을 다잡고 진정하는 데 약간의 시간이 필요했다. 이윽고 애니타의 고통은 분노로 바뀌었다. "그 놈의 가게가 나를 물먹였어. 쇼핑을 하면 잘 맞고 잘 만들어진 제품을 사잖아요. 난 속아서 실수를 저지른 거예요. 내 잘못이 아니라고요."

애니타는 엄격한 책임감과 심각한 완벽주의로 인해 아주 커다란 고통을 받고 있었다. 실수와 잘못을 견디지 못했고, 완벽에 못 미칠 것 같으면 시도하지 않는 쪽을 택했다. 그녀는 치료 초기에 내준 숙제를 제대로 하지 못했을 경우 엄청나게 불안해했다. 내가 자기를 질책할 거라고 예상했다. 새로 발생하는 모든 사회적 상황에서 사람들이 자기를 꾸짖으며 질책할 것 같다는 게 그녀의 얘기이기도 했다. 그녀는 이런 사태를 어떻게든 막아보려고 했다. 모든 행동을 적절하고 바르게 하기 위해 면밀히 검토하는 조치가 뒤따랐다.

치료 과정을 통해 처음 진전의 기미가 보인 것은 그녀가 한 사발 분량의 몽당연필을 버렸을 때였다. 하지만 애니타는 아들이 자기에게 화를 낼 것이라며 이내 두려워했다. 과거에 몽당연필을 버리려던 아들을 나무라며 말렸기 때문이다.

자신의 모든 행동을 잘못과 연관해 탐색하는 사람에게서 예상할 수 있는 바, 애니타는 물건 저장과 관련된 대부분의 결정에서 실수할 가능성의 지배를 받았다. 구체적으로 살펴보자. 그녀는 물건을 버리면 낭비하는 사람으로 비칠까 봐 걱정했다. "머릿속으로 이런 생각을 하는 거죠. 길을 가는데 누군가가 X선 투시기를 갖고 있고, 내가 얼마나 낭비벽이 심한지 꿰뚫어본다고요." 잡동사니로 어지러운 집에서 사는 게 애니타의 완벽주의와 어긋나는 것이기는 했다. 그러나 적어도 그녀는 낭비하진 않았다.

장갑 자체는 별로 중요하지 않았다. 다만 그녀는 남들과 자신에게 낭비하는 사람이라는 인상을 주고 싶지 않았던 것이다. 애니타는 장갑의 다른 용도를 생각해냈다. 가령, 고양이용 넝마나 장난감을 만들면 됐다. 그러나 그런 방안들이 비현실적임을 알고 있었다. 사실 장갑을 보관하는 것은 별다른 위로가 되지 않았다. "장갑이 눈에 들어오면 죄책감이 들어요. 그걸 산 게 어리석은 거죠. 그다음에는 장갑이 너무 많고 서랍을 제대로 정리하지 못했다는 것에 죄책감이 듭니다."

물건을 낭비할까 봐 근심하고 걱정하는 그녀의 자세는 삶의 모든 측면으로 확장됐다. 심지어 벤 상처에 밴드를 붙인 일에 죄책감을 느꼈다고 얘기하기도 했다. 정말로 그런 조치가 필요한지 자신이 없었기 때문이다. 거의 하지 않는 외식을 하러 나간 어느 날 밤 커다란 어려움에 직면했다고도 털어났다. 뭘 주문해야 할지 결정하기가 힘들었고, 종업원이 세 번째로 돌아왔을 때 결국 아무거나 급히 골라야 했다. 정한 음식이 아직 나오지 않았음에도 잘못 주문했다는 게 애니타의 결론이었다. 그녀는 식사를 하고서도 낭비를 했다고 생각했다. "내 탓이에요. 내가 망쳐버렸어요. 음식을 낭비했어요. 그런 일은 정말 싫어요. '낭비'라는 말만 나와도 진저리가 쳐져요."

애니타도 랠프처럼 가진 물건이 얼마나 유용한지 판단하는 데서 어려움을 겪었다. 랠프는 녹슨 양동이에서 가능성을 보았고, 그 속에서 만족스러워했다. 애니타는 구멍 난 장갑을 보면 낭비 같아서 언짢았다. 둘 다 양동이와 장갑을 보관하려고 했다. 랠프는 잠재적 가능성이 선사하는 즐거움 때문이었고, 애니타는 낭비한다는 죄책감을 모면하려고 그랬다. 랠프는 억지로 양동이를 버려야 했을 때 '프라이버시'가 침해당했다며 화를 냈다. 그는 베티를 좋아했지만 그 좌절감을 극복할 수 없었다. 애니타는 장갑을 버리면서 낭비한다는 죄책감을 느꼈다. 쓸모, 낭비, 책임에 관한 생각들은 저장 강박 증상자들의 공통된 특성이다. 그들은 물건을 소유하면 그 잠재력이 충분히 실현되도록 사용하거나 낭비해서는 안 된다는 책임감도 느끼는 것 같다.

애니타는 자신의 잡동사니를 심각한 문제로 보고 도움을 구했다. 그러나 완벽주의와 자기 비판적 태도 때문에 치료는 쉽지 않았다. "나는 감수성이 예민해요." 실수하고 비난 받을 것에 대한 두려움을 애니타는 이렇게 표현했다. 그녀가 뭔가를 버리려면 해당 물건이 더 이상 쓸모가 없고 장래에 필요치 않으리라는 확신이 있어야 했다. 하지만 이 과정 자체가 몹시 진이 빠지는 일이었고, 물건들이 애니타의 집으로 들어오는 속도를 따라잡지 못했다. 내가 갖은 노력을 다 했지만 애니타는 완벽하게 여겨지지 않는 것은 해보려는 시도조차 하지 않았다. 그녀는 효과가 있으리라는 보장이 없는 치료를 받는다는 생각에 반발했다. 치료 절차를 따라갈 수 있을지 자신 없어 했고 실패할 수도 있다는 얘기를 듣자 대경실색했다.

애니타의 최우선순위는 가장 잘 아는 고통, 곧 실수와 잘못에 따르는 고통을 회피하는 것이었다. 다음 장에서는 이 자멸적 전술에 대해 살펴보려고 한다. 애니타는 완벽하지 못한 것을 견디는 데서 약간의 진전을 보았다고 했지만 별다른 개선 없이 치료를 종료했다.

Chapter 8 | 고통 회피

인형에게 작별인사를 해도 될까요?

넬 · 리디아

정말 죽고 싶은 생각뿐이에요.
당신이 없다면 정리하고 버리는 일 따위는 절대로 하지 않을 겁니다.
_ 아이린

나는 1월 어느 날 넬의 집을 처음 방문했다. 그날 기온은 영하 17도 정도였다. 현관문을 두드린 뒤 작은 목소리가 들려오기까지는 시간이 좀 걸렸다. "누구세요?" 넬에게 우리가 만나기로 한 약속을 상기시켰다. "잠깐만요." 그 뒤로 나는 거의 10분쯤 꽁꽁 얼 만큼 추운 한데서 기다려야 했다. 문 너머 안쪽에서 이리저리 움직이는 인기척이 들렸다. 이윽고 문이 열렸다. 내가 몸을 비틀어 겨우 들어갈 수 있을 만큼이었다. 안에 들어가자 갇혀버렸다는 느낌이 엄습했다. 내게 겨우 서 있을 만큼의 공간만 허용됐던 것이다. 물건들의 벽이 허리 높이까지 쌓여 있었다. 내가 꼼짝하지 못하고 서 있자 넬이 신문과 가방을 문 쪽으로 다시 쌓았다. 거실로 이어지는 통로를 만들려는 것이었다. 나를 맞이한 여주인은 머리를 단정하게 자른 71세의 노파로, 몸집은 자그마했고 미소가 장난스러웠다.

집 안에 들어서자 넬이 문을 여는 데 왜 그렇게 오래 걸렸는지 이해됐다. 문 쪽에 쌓아둔 물건이 너무 많았던 것이다. 물건이 차곡차곡 쌓이면서 더미가 커지자 나는 불안했다. 나도 그때쯤에는 저장 강박 증상자들의 집을 이미 여럿 둘러봤고 꽤나 익숙한 편이었는데도 이런 식으로 출입구가 막히는 사태에는 여전히 동요되고 심란했다.

넬은 집 안 상태를 보여주게 되자 크게 당황했고, 내가 비웃거나 질색할까 봐 두려워했다. 그녀는 평소 갖은 방법을 동원해 아무도 집을 못 보게 막았다. 방문객을 집에 들이지 않고도 친분을 유지하는 방법에 이미 숙달해 있었다. 저녁식사를 대접하겠다고 청하거나 나가서 커피를 마시자고 제안하거나 친구들과 밖에서 만나 영화를 보는 식이었다. 친구들에게 자동차를 보여주지 않으려면 더 많은 수고가 필요했다. 차가 고장 났거나 잠깐 물건을 잔뜩 실어놨다고 핑계대면서 태워줄 수 없다고 양해를 구하는 식이었다. 행사나 모임이 있을 때면 일찌감치 도착해 주차장 맨 끝에 차를 댔다. 친구들이 차를 댈 만한 곳에서 멀리 떨어진 지점을 택한 것은 차 속의 온갖 물건에 대해 질문이 쏟아지는 것을 미연에 방지하기 위해서였다. 그럼에도 불구하고 누군가를 어쩔 수 없이 태워줘야 할 경우, 내부의 물건을 정리할 시간을 확보하고 나서야 비로소 요구에 응했다. 잡동사니를 숨기고자 하는 넬의 욕구를 능가하는 유일한 동기는 남들에게 도움이 되고 싶다는 소망뿐이었다. 자기에게 문제가 있다는 것을 알았고, 그 문제와 거의 평생 동안 드잡이를 해왔다. 자녀들도 어머니의 문제를 알고 있었으며, 잡동사니를 치우라고 노골적으로 압박하면서 그들의 관계는 심각하게 손상돼 있었다. 아들이 우리가 제공하는 치료 프로그램을 읽은 후, 넬을 설득해 전화를 걸어온 것이었다.

넬의 집 대부분이 현관 복도와 비슷했다. 가구가 있어야 할 자리에 상자들이 천장까지 위태롭게 쌓여 있었다. 넬은 타파웨어Tupperware, 식품 보관용 플라스틱 용기로, 상표명이다—옮긴이 외판원이어서 매주 화물을 받았다. 하지만 그녀는 제품을 파는 일이 드물었고, 그 상자는 도처에 쌓여갔다. 비좁은 통로에는 깡통과 병이 흩어져 있었고, 일부는 깨지거나 터져서 융단 위로 내용물이 쏟아진 상태였다. 장소를 이동하려면 그 잔해 위를 미끄러지듯 빠져나가야 했지만 내 발은 너무 컸고, 소다수 깡통, 비타민제 병, 전화번호부 등을 밟고 지나가는 걸 피할 수 없었다. 나는 복도를 따라 거실로 걸어가면서 남의 물건을 밟아 으스러뜨리는 것은 아닌가 걱정이 되었다. 넬이 넘어지기라도 하면 고관절이나 골반이 부러질 수도 있는 환경이었다.

그래도 저만치에 이용 가능한 공간이 보였다. 우리는 자리를 잡고 앉았고(그녀는 표면이 드러난 소파의 비좁은 부분에, 나는 쌓아놓은 판지 상자 위에 위태롭게 균형을 잡고 앉았다), 넬은 너무 부끄럽다면서 다시 한 번 집 안 상태에 대해 사과했다. 그러고 나서 그녀가 털어놓은 말에 나는 깜짝 놀랐다. "밤에는 잡동사니를 의식하지도 못해요!" 사실인즉 넬은 혼자 있으면서 집이 얼마나 처참한 형편인지를 전혀 깨닫지 못했다는 것이다.

넬은 나의 방문을 계기로 자신의 거주 여건이 심각한 수준이라는 것을 크게 의식하게 됐다. 이 사실을 깨닫고 몹시 우울해졌다고 말했다. 잡동사니를 의식하면서 자신이 참으로 '무가치한' 존재이며 참으로 끔찍한 엄마였으리라고 생각했다. 내가 몇 차례 방문하고 난 후, 그녀가 말했다. 처음 왔을 때 얼마나 가줬으면 하고 바랐는지 모른다고. 아무튼 나는 방문을 마치고 가야 했을 것이다. 내가 가고 나면 넬은 비로소 과거의 자아로 다시 돌아갔다. 잡동사니의 존재는 모두 잊고, 다시금 온전한 세계에 안착했다는 얘기다. 내가 찾아오면 우울했고, 내가 떠나면 기분이 나아졌다는 게 넬의 요지였다.

저장 강박 증상자들이 물건을 획득해 소유하는 데서 느끼는 즐거움에는 다른 면이 도사리고 있다. 소유한 물건들을 버리는 고통만이 아니다. 버리는 고통, 다시 말해 일체의 부정적 감정을 회피하는 기제가 이면에 자리 잡고 있는 셈이다. 이 고통 회피는 맨 처음 물건을 획득하는 단계만큼이나 저장 강박 행동의 발달과 지속에 근본적인 요소이다. 앞에서 서술한 안전감, 정체성, 기회에 대한 판단은 정신적 고통을 회피하려는 노력과 활동을 추동한다. 그들은 물건을 보관함으로써 소중한 소유물 없이 살아가는 고통을 회피한다. 여러 중요한 의미가 담긴 소유물들을 없애거나 버린다는 것은 생각할 수도 없는 일이다. 아이린은 어느 날 보물처럼 소중히 보관해온 미술사 책 한 권을 버리다가 울음을 터뜨렸다. "죽고 싶은 생각뿐이에요." 내가 없다면 책을 다시 제자리에 갖다놓고 그 망할 감정을 느끼고 싶지 않다는 말도 보탰다. 그녀는 이 일 말고도 다른 많은 경우에 보관을 통해 속상하다는 기분을 느끼지 않을 수 있었다. 애니타는 물건을 보관함으로써 대상의 쓸모와 관련해 잘못을 저지를 경우 느끼게 될 고통을 회피했다. 치료를 받으면서도 버리는 것을 거부했고, 내게 자기 인생과 투쟁에 관한 얘기를 줄기차게 해댔다. 그 분야에서 그녀는 통찰력이 뛰어났고 명확했으며 재미도 있었다. 더 중요한 사실은 그럴 때의 그녀는 자신감 넘치고 성공적이라고 느꼈다는 것이다. 내가 애니타에게 물건을 버리자고 설득하자(그저 정리하자고만 해도) 그녀는 마치 실패자가 된 듯했다. 이 분야에서는 자신감이 거의 없었고 크게 고통 받았다. 완벽주의자인 그녀는 그 고통을 회피하기 위해서라면 뭐든 했다. 애니타는 '치료가 잘못될까' 봐 두려운 나머지 결국 치료 받는 것까지 포기하고 말았다.

회피 행동 및 회피 조건화avoidance conditioning는 강박–충동 장애와 대부분의 불안 장애를 어느 정도 다스려준다. 강박–충동 장애의 경우 강박적인 의식을 수행하면 해당 강박 상태와 결부된 고통이 일시적으로나마 완화된다. 이를테면 일부는 문이 확실히 닫혔는지 확인하는 절차를 통해 안전에 대한 염려를 멈추고 안도감을 느낀다. 아이린은 물수건으로 식탁 의자의 등을 닦아야 오염에 관한 걱정에서 어느 정도 벗어났다. 이런 전략 행동들은 문제의 근원을 다루지 않는다. 사람들이 강박으로 야기된 불안과 회복이라는 힘겨운 과제를 회피하도록 도울 뿐이다. 공황 장애자들이 공황 발작 경험이 두려워 대중교통 수단 이용을 회피하는 행태도 마찬가지이다. 사회 공포증social phobia, 친숙하지 못한 사람들에게 노출되거나 다른 사람들에게 주시되는 상황에서 심각하며 지속적인 공포심을 나타내는 증상—옮긴이 환자들이 어색하고 쑥스러운 게 두려워 무리 앞에 나서 발언하는 일을 회피하는 것 역시 같은 맥락이다. 이런 종류의 회피 행동이 선호, 강화되는 것은 사람들이 이를 통해 불쾌한 감정 상태(두려움, 슬픔, 죄책감)에서 벗어날 수 있기 때문이다. 그러나 불행하게도 이 구제책의 효과는 일시적이다. 사람들은 회피 행동 때문에 그런 감정 상태를 진정 효과적으로 다루지 못하게 된다. 머지않아 회피 행동이 제2의 천성으로 자리를 잡는 게 자연스런 수순이다. 고통 받는 사람들조차 근저의 장애와 습관으로 변한 회피 행동을 구별하는 게 어려워지는 것이다.

이런 식의 해결책이 정확히 왜 발달하는지는 명확하지 않다. 한 이론에 따르면 불안과 고통에 극도로 민감한 사람들이 일부 존재한다는 것이다. 여기에 그들이 불안과 고통을 회피하거나 벗어나기 위해 극단적인 방법을 추구한다는 논리가 보태진다. 우리는 저장 강박 증상자들에 관한 최근의 한 연구에서 그게 사실임을 확인했다. 그들은 사소한 불안에도 극도로 민감했다.

아이린의 경우 가진 것들을 버릴 때 느끼는 고통의 원인이 많았다. 책이나 신문을 버리면 중요한 정보를 잃는 것일 수도 있었다. 뭔가를 어디에 둘지 선택하는 것조차 불안을 야기했다. 엉뚱한 곳에 둬서 막상 필요할 때 못 찾으면 어떻게 하지? 이런 가능성을 떠올리면 겁이 났다. 그녀는 물건을 내다버리지 않고 보관함으로써 기분이 상하는 경험을 회피했고, 결국 고통을 참고 이겨내는 법을 배우지 못했다. 매번 부정적인 감정을 회피하면서 기분이 더 나아지는 법을 터득했다. 비록 일시적일 뿐이었지만 말이다. 아이린이 회피 행동을 거듭할수록 고통을 감지해내는 능력은 더욱 더 예민해졌다. 세월이 흐르면서 회피 행동이 더 신속하게 취해진 이유다. 그녀는 불쾌한 감정에 대처할 필요가 점점 없어지자 가벼운 고통조차 다루기가 쉽지 않아 보였다. 세월이 흐르면서 가장 간단한 결정과 가장 사소한 부정적 감정마저 회피하는 법까지 터득했다. 결국 아이린은 자신의 물건 대부분을 상대하지 않게 됐다. 생각해보라. 소유물을 상대하면 힘겨운 결정을 내려야 하고 원초적인 감정을 느껴야 한다. 그녀는 그냥 물건을 쌓아두는 쪽을 택했다. 대다수의 저장 강박 증상자가 이런 귀결점에 닿게 된다. 자기들이 수집하는 물건조차 회피하는 것이다.

아이린은 폐기를 회피하면서 소유물의 진정한 가치를 발견하지도 못했다. 그녀가 문제의 미술사 책을 두고 슬퍼하며 울다가 마침내 버리기로 마음을 정한 후 채 5분이 안 돼 나는 기분이 어떠냐고 물었다. "이제는 아무렇지도 않아요. 난 그 책을 30년 동안 보관해왔습니다. 이제 깨달은 바지만 그 책은 내게 별로 중요하지 않았어요." 아이린이 여러 해전에 그 책을 버리는 사안을 놓고 더 일찍 곤경에 처했더라면 별 의미가 없단 걸 당시에 이미 깨달았을 것이다.

우리를 대하는 태도도 이런 과정의 일부였다. 우리가 함께 작업하기로 약속을 하던 첫날 아이린이 말했다. "그만두고 싶어요. 이 말을 해야겠다는 생각뿐이었어요. 해야 한다는 걸 알지만 정말 관두고 싶어요. 당신이 가줬으면 좋겠어요." 그때 아이린이 우리를 돌려보내지 않은 유일한 이유는 죄책감을 느껴서일 것이다. 한 시간 이상 자동차를 달려서 도착한 사람들을 곧장 방향을 돌려 떠나게 한다는 것은 그녀의 기준에서 무례한 행동이었던 것이다. 대다수의 방문과 만남에서 아이린이 문 앞으로 나와 보인 반응은 항상 똑같았다. "당신들이 만나기로 한 약속을 잊었으면 하고 바랐어요." 아이린은 전화를 해서 약속을 취소하자고 말하려던 경우가 잦았고, 가끔은 실제로 그렇게 했다. 그녀한테는 우리가 물건을 버리는 것과 결부된 고통의 대변자였다. 우리는 점점 아이린에게 자동으로 불안을 느끼게 하는 자극제가 되어버렸다. 저장 강박 치료를 받는 사람들은 흔히 이런 양상을 보인다. 청소와 정리에 의욕적으로 나서기보다 치료를 빼먹거나 연기 및 취소하려 하고, 종종 치료 자체를 중단하는 이유다. 다행히도 아이린은 자신에게 무슨 일이 일어나고 있는지를 옳게 파악했다. 아울러 우리를 포함해 사람들에 대한 전반적인 애정 속에서 그녀는 길들여진 회피 행동을 극복할 수 있었다.

불안은 저장 강박 증상자들만이 피하고자 하는 감정이 아니다. 증상자든 비증상자든 대다수의 사람은 슬픔을 완화하거나 미연에 차단하고자 한다. 관계가 원만하지 않거나 직업이 안 좋거나 친구에게 나쁜 소식을 전달해야 하는 사람이라면 누구나 느끼는 욕구이다. 비증상자가 증상자와 다른 점이라면 범위가 다르다는 것이 아닐까 싶다. 증상자는 이런 감정을 느끼는 원인이 다양하고 감정 자체가 강렬하며 스스로를 지키기 위해 갖은 수를 다 쓴다.

우리 연구에 참가한 리디아는 이 세 가지 요소(감정을 느끼는 원인, 감정의 강렬함, 회피 행동의 기술)의 범위가 얼마나 넓을 수 있는지를 보여주는 사례이다. 리디아의 집은 사람보다는 사물들을 담는 용도로 쓰이는 전형적인 저장 강박 증상자의 집이었다. 리디아는 구제 옷, 인형, 예쁜 그림이 들어간 것이면 뭐든 좋아했다. 그래서 그녀의 집은 커다랗고 우중충한 옷장처럼 보였다. 옷과 인형 더미는 실제로 봐도 꽤나 으스스했다. 리디아는 많은 보물을 청소하고 재단장해서 구세군에 기증하겠다는 계획이 있었다. 하지만 계획을 실행에 옮겨본 적은 한 번도 없었다.

리디아는 시험 삼아 내가 자신의 물건 한 가지를 가져다가 버리는 걸 허락했다. 그녀는 봉제 완구인 노랑색 백조를 골랐다. 몇 해 전 중고품 판매장에서 산 인형이었다. 그것은 더러웠고 넝마 상태였지만 리디아가 유대감을 느낄 만큼 충분히 오래 갖고 있었던 것이다. 그걸 가져다 버리라고 허락했지만 나를 집 밖으로 내보내기 전에 십수 장의 사진을 찍었다. 백조를 든 나, 백조를 든 그녀, 백조를 든 남편, 백조를 든 내 제자가 피사체였다. 5장에 나온 데브라처럼 리디아도 사진으로 소유 상태를 유지 보존하려고 했다. 이윽고 나가려고 문손잡이로 팔을 뻗자 리디아는 내가 떠나는 모습을 비디오로 촬영해 노랑 백조와의 인연을 짤막한 이야기로 구성해야겠다고 주장했다. 나는 이 과정이 리디아에게는 표준화된 절차라는 걸 알 수 있었다. 우선 첫째로 그녀는 물건을 검사했다. 중요한 뭐라도 들어 있지 않은지 확인하는 과정이었다. 사진 촬영이 그다음 순서였고, 맨 마지막으로는 비디오 촬영을 하면서 대상 물건의 이야기를 담았다. 이렇게 수고스런 절차 없이는 절대 어떤 물건도 버리지 않았다. 그 절차는 상실의 경험을 피하고자 계획된 의식이었다.

방문 몇 주 후 리디아가 보내온 편지에는 다음 시가 적혀 있었다.

노랑 백조

오, 노랑 백조여, 이제 너는 내가 모르는 어딘가에 있겠구나.

너한테 작별을 고하는 데는 엄청난 노력이 필요했단다.

그나마 너를 친구에게 줘서 다행이야.

하지만 그것은 랜디 프로스트의 제안을 받아들인 거였어. 막무가내의 믿음 같다고나 할까.

랜디가 너를 버리는 게 나한테 도움이 될 거라고 말했단다.

믿기 어려웠지만 아무튼 따라야 했지.

우리의 12단계 프로그램이 그렇게 권하고 있었거든.

랜디가 내 느낌을 물었어. 내 감정이 어떠냐고?

슬펐고 네가 돌아오길 기대했고 네가 그리웠지.

넌 나와 오랜 시간을 함께 했어.

우아한 너의 목에는 내 팔찌가 멋지게 걸려 있었지.

난 네가 아름답다고 생각했단다.

우리랑 살러 네가 왔을 때 얼마나 기뻤는지 아직도 생생해.

널 잃어서 슬프구나.

모임에 나가 '낡은 신발처럼' 널 버린 얘기를 하면서 울었어.

레아는 "내가 자랑스럽다"고 말해. 하지만 이유를 모르겠단다.

레아가 물건을 항상 사람들에게 주기는 해.

그녀에게 왜 내가 자랑스러운지 물어봐야겠어.

버리는 일은 내게 잘못처럼 느껴진단다.

작은 노랑 백조야, 너는 나의 희생 제물이야.

넌 새로운 자유의 상징이기도 해.

많은 물건이 남편과 나를 위해 네가 밟은 길을 따를 거란다.

우리가 살면서 가정생활을 누리고 자유를 가지려면 그 공간이 필요해.

낡은 것들을 버리면 새로운 것들의 공간이 생기겠지.

너랑 함께 해서 즐거웠어. 새로운 가족이 널 발견하고 좋아해줄 거야.

편지에는 위의 송시頌詩 말고도, 실험을 통해 집에 있는 물건 수백만 개에 자신이 엄청나게 많은 에너지를 투자해야 함을 깨달았다는 짧은 수기가 들어 있었다. 리디아는 더 많은 물건을 버릴 수 있을 거라고 생각한다고도 썼다. 그런데 다음 문장들에는 그 전 주말에 뉴욕으로 여행 갔던 일이 적혀 있었다. "내가 호텔에 비치된 비누, 샴푸, 린스를 챙기고 있지 뭐예요. 청소 아줌마가 객실에 넣어놓을수록 기분이 더 좋았죠. 세상에나, 심지어는 물건을 담아온 쟁반까지 기념품으로 달라고 했다니까요." 리디아는 적어도 이제 저장 강박 행동이 일어나면 더 잘 인식하게 되었다. 새로운 보물이 그녀를 여전히 방해하기는 했지만 말이다. 나는 노랑 백조 사건 이후로도 리디아와 여러 차례 대화를 나누었다. 그녀는 6년이 지난 후에야 그 일을 화제 삼아 소리 내어 크게 웃을 수 있게 되었다. 하지만 그 사이 몇 년 동안은 여전히 고통스런 기억이었다. 마지막으로 만났을 때 리디아는 잡동사니를 통제하는 데서 상당한 진전을 이룬 상태였다. 집에 있는 방 몇 개를 깨끗이 치워 어느 정도 살 만해졌다. 하지만 청소 작업은 지난한 투쟁의 과정이었다.

일부 저장 강박 증상자들에게는 회피 행동을 멈추는 것이 극적인 결과를 가져오기도 한다. 우리는 최근에 폐기 행위가 어떤 효과를 미치는지에 대한 연구를 마쳤다. 저장 강박 증상자들에게 그동안 버리기를 주저해온 물건을 골라 폐기토록 요구하는 연구였다. 실험에 참가한 증상자들은 폐기 행위 전·중·후에 각자의 생각과 감정을 기록으로 남겼다. 대다수가 후회, 상실, 슬픔 및 기타의 고통을 경험했다. 또, 대다수는 그 고통이 서서히 없어지는 양상을 습관화했다. 한 젊은 증상자는 고통이 곧바로 사라지는 것에 크게 놀라면서 기뻐했다. 그는 실험 3개월 후에 전화를 걸어와 우리에게 고맙다는 말을 전했다. 실험 결과에 자극을 받아 고통을 얼마나 참을 수 있는지 직접 확인해보기로 했다는 것이었다. 그는 집을 전부 청소해냈다고 자랑스럽게 알려왔다.

저장 강박증에서 확인되는 회피 행동이 폐기에만 국한되는 것은 아니다. 회피 행동은 삶의 주요 결정들과 일상의 자잘한 일들에 영향을 미치기도 한다. 아이린이 신문 가판 문제를 어떻게 해결했는지 기억하는가? 신문 가판이 보이면 피해 다녔다. 아예 안 보이도록 길 반대편으로 건너갔다. 더 나아가 신문에 관한 생각 자체를 회피했다. 갖지 못한 신문을 상상하면 무슨 일이 일어나느냐고 묻자 그녀는 "이 세상의 모든 신문을 생각하게 돼요. 그래서 하지 않으려고 합니다"라고 대답했다. 3장에서 언급했던 재닛은 특정한 가게들과 가게 안의 특정한 통로까지 회피했다. 구매 행위를 촉발할 수도 있는 도화선과도 같았기 때문이다.

구매 행위 자체가 회피 행동일 수도 있다. 물건을 열망하면서도 획득하지 않으려고 하면 강렬한 고통을 느낄 수밖에 없는데, 거꾸로 획득 행동에 나서면 그 고통을 제거하거나 모면할 수 있는 것이다. 앞에서도 언급했지만 우리는 치료 과정을 통해 저장 강박 증상자들이 획득을 시도하지 않을 때 경험하는 고통을 참아내는 법을 지도한다. 몇 년 전 시카고에서 강박 충동 재단의 연차 총회가 열렸다. 우리는 연수회를 개최했고, 끝난 후 현장에서 실험을 하나 조직했다. 대회가 미국에서 두 번째로 커다란 쇼핑몰과 잇닿아 있는 큰길 여기저기에서 열렸다. 우리는 연수회 참가자들에게 현장에서 쇼핑을 하지 않는 유람에 나설 것을 권했다. 원하는 것을 획득하지 않음으로써 느끼는 불쾌를 체험하는 실험에 동참시킨 것이다. 짐작할 수 있듯이 연수회 참가자들은 구매 행동과 관련해 심각한 장애를 앓고 있었다. 자원자들은 전원이 아무것도 사지 않겠다고 하였고, 사고 싶은 충동과 싸우며 느끼는 감정과 생각을 알려주기로 했다.

게일이 책에 중독된 여성 한 명과 동행했다. 그녀는 요리책, 손수 따라 해보는 공예 관련 책, 추리물, 소설, 심지어 아동 도서(자녀가 장성했음에도)까지 관심사도 다양했다. "내 애들이 아이를 낳으면 손자 손녀들에게 줄 수 있으니까요." 그녀가 아동 도서에 관심을 갖는 이유였다. 두 사람은 서점에 들렀고, 그녀는 요리책 코너에 마음을 홀딱 빼앗겼다. 제목들을 훑어보는 두 눈이 밝게 빛났다. 그녀는 게일의 제안에 따라 한 권을 꺼내 펴보았다. 이탈리아 요리책이었다. 큼지막한 컬러 사진에, 서체도 읽기 쉽고 매력적인 그야말로 황홀한 책이었다. 이내 파스타 요리법을 찾아냈고, 얼마나 멋져 보이는지 또 만들기는 얼마나 쉬운지를 읽어가며 주워섬겼다. 자신이 연수회에 모인 사람들에게 주방이 너무 어질러져 2년 넘게 요리를 못하고 있다고 고백한 일은 안중에도 없는 눈치였다. 눈을 휘둥그레 뜬 채 다음 몇 쪽을 더 훑어보며 '놀라운' 요리법들을 게걸스럽게 탐독했다.

그녀는 게일의 요청에 따라 책을 덮었고, 마지못해 서가에 다시 꽂았다. 실망의 표정이 가득했으며 금방이라도 눈물이 쏟아질 것 같았다. 얼굴에는 사고 싶다는 기색이 역력하게 드러났다. 그녀는 고통지수를 100점 만점에 90으로 산정했다. 그런 비참한 기분이었음에도 계속해서 실험 훈련에 나서겠다고 말했다.

두 사람은 백화점 입구를 향해 걸어갔고, 그러는데 2~3분 정도가 걸렸다. 입구에 도착하자 게일이 기분이 어떠냐고 물었다. 그녀의 고통지수는 75점으로 떨어져 있었다. 두 사람은 다시 쇼핑몰 입구로 걸어갔다. 그때 다시 산정한 고통지수는 20점 미만이었다. 이번에는 10분이 채 걸리지 않은 시간이 경과한 후였다. 게일이 서점에서 숙독한 요리책 제목이 생각나느냐고 물었는데, 그녀는 기억하지 못했다. 어떤 요리법이 흥미롭다고 생각했었는지도 떠올리지 못했다. 책표지 색깔마저 기억하지 못했다. 충격을 받은 그녀가 말했다. "정말 놀랍군요. 나는 항상 져요. 당신이 함께 하지 않았다면 책을 샀을 거예요. 그 책을 이렇게나 빨리 잊어버리다니 믿을 수가 없군요. 기분이 훨씬 낫네요. 믿을 수가 없어요!"

이런 식의 장기적인 회피 행동은 별스럽고 극단적인 결과를 야기하기도 한다. 그 가운데서도 가장 주목할 만한 현상은 '잡동사니 맹_盲'이다. 넬이 바로 잡동사니 맹이었다. 그녀는 쾌활하고 생기가 넘치는 여자였다. 낮에는 사립 병원의 간호사로 일하면서 밤에는 교회, 합창단, 연극회 활동을 했다. 대외 활동으로 분주했고, 집에서 보내는 시간이 비교적 적었다. 이것은 저장 강박 증상자들의 공통된 특성 가운데 하나다. 이런 생활 방식 역시 잡동사니를 생각하지 않는 또 다른 방법일 가능성이 높다.

나는 처음 방문한 날 넬의 집을 촬영했다. 저장 강박 증상자의 집이 대개 그렇듯 사진을 찍는 일은 어려웠다. 잡동사니 때문에 문제의 심각성을 온전히 담을 수 있는 위치를 점하기가 불가능했던 것이다. 상황은 여의치 않았지만, 아무튼 찍은 사진들은 놀라웠다. 상자들은 거의 천장까지 쌓여 있었고, 옷가지는 더미들에서 폭포수처럼 쏟아졌으며, 바닥은 전혀 안 보였다. 집 안 대부분에 신문과 잡지가 어지럽게 흐트러져 있었다. 특히 침실의 상태가 심각했다. 넬은 읽고 또 읽는 걸 좋아했고, 대개는 그 활동이 침실에서 이루어졌다. 수백 권의 잡지와 신문이 침대를 에워싸고, 일부를 덮고 있었다. 넬이 정리를 자주 하기는 했지만 기르는 개와 고양이의 방해로 성공하지는 못했다. 녀석들은 신문과 잡지를 다시금 바닥에 어질러놨다.

사진은 치료 과정에서 환자들이 어떻게 하는지를 지속적으로 관찰할 수 있는 효과적인 수단이다. 개선되는 상황을 기억보다 훨씬 더 탁월하게 기록해주는 것이다. 우리 환자들은 치운 방을 촬영한 사진들을 나중에 살펴보면서 보람을 느꼈다. 넬과 나는 두 번째 만남을 병원에서 가졌다. 거실을 찍은 사진을 보여주자 그녀가 반응을 보였는데, 놀란 건 오히려 나였다. 넬은 자기 집을 알아보지 못했다. 내가 사진 속의 집이 그녀의 거실임을 확신시키는 데에는 약간의 시간이 필요했다. 넬은 거실의 상태가 믿을 수 없을 만큼 열악하다는 사실에 큰 충격을 받았다. 그 이미지는 그녀가 마음속에 품고 있던 이미지와 전혀 부합하지 않았다. 넬은 자기 집 거실이 편안하고 안전한 장소라고 믿었다. 그런데 사진 속의 장소는 혐오스럽고 괴이하기만 했다.

우리는 그 이후로 많은 환자가 이런 식으로 반응한다는 걸 알았다. 집을 찍은 사진을 보는 것은 새로운 렌즈를 통해 보는 것과 같다. 실은 대다수가 그 렌즈로 본다. 넬도 자기한테 문제가 있다는 건 알았다. 하지만 집에 있을 때면 모든 게 정상으로 보였고, 물건들을 처치해야 하는 고통스런 과정에 나설 동기와 자극이 거의 없었다. 그러나 정황이 바뀌면서 남의 눈(방문객 또는 사진기의 눈)으로 사태를 들여다보게 되자 자신의 문제가 심각하다는 게 너무나도 명백했다.

넬은 여러 면에서 운이 좋았다. 그녀가 문제를 깨달을 수 있는 맥락이 몇 가지 존재했고, 이를 바탕으로 뭔가 조치를 취할 수 있었다. 일부 저장 강박 증상자들의 잡동사니 맹 현상은 달라지지 않는다. 그들은 이런 선택적 무지 속에서 혼란스런 감정을 덜 느낀다. 넬은 잡동사니를 보지 못했고, 그에 따른 불쾌한 감정과 생각들을 전부 비켜갈 수 있었다. 당연히 그녀는 상황을 바로잡기 위한 시도조차 하지 못했다.

우리를 찾은 또 다른 저장 강박 증상자는 약간 다른 형태로 잡동사니 맹 현상을 보여줬다. 치료사는 처음 찾아온 그녀에게 집에 있는 방들을 대강 그린 다음 잡동사니가 어디를 장악하고 있는지 표시해달라고 요구했다. 그녀의 그림에 따르면 거실은 복도처럼 공간이 좁았다. 그녀의 집을 방문한 치료사는 깜짝 놀랐다. 거실이 그림에 표시된 것보다 거의 세 배 가까이 더 컸다. 그녀는 산더미 같은 잡동사니가 시작되는 곳에 벽을 그랬던 것이다. 천장까지 쌓인 18제곱미터의 잡동사니는 자기 집의 일부가 아니기라도 한 것처럼 말이다. 또 다른 남자 환자는 방 한 칸을 아예 그리지 않았다. 그 방에는 물건이 가득 들어차 있었고, 그 역시 여러 해 동안 한 번도 들어가보지 않았던 것이다. 그에게 그 방은 더 이상 존재하지 않는 곳이었다.

넬은 잡동사니 맹 현상을 통해 저장 강박이 불러오는 고통을 회피할 수 있었다. 그러나 이것이 전부가 아니었다. 그녀는 저장 강박 자체를 활용해 다른 종류의 고통도 회피했다. 넬은 아파트를 청소하지 않는 이유를 정당화하기 위해 해괴한 생각으로 회피했다. 하루는 그녀가 수줍어하면서 말했다. "신을 보는 저의 관점은 어린애처럼 순진합니다. 나는 신이 선량하다고 믿어요. 이런 뒤죽박죽 엉망진창 속에서 내가 죽도록 내버려두지는 않을 거라는 얘기죠." 넬은 청소를 하면 하느님께서 자기를 죽도록 내버려둘 것 같다는 생각이 들었고, 소스라치게 놀라 공포감에 휩싸였다. 그녀는 15년 넘게 그런 생각을 품어왔다고 했다.

나는 그녀의 얘기를 경청했다. 넬은 자신이 얘기를 하면서도 그게 말이 안 된다는 걸 깨달았다. 하지만 그럼에도 그 생각은 여전히 넬에게 막강한 영향력을 행사했다. 그녀는 청소를 시작하면 죽음이 떠올랐고, 청소로 인해 죽게 될 수도 있다는 생각이 들었다. 청소를 중단하지 않을 수 없었고, 그러면 그 생각과 함께 고통도 사라졌다. 넬은 청소를 회피하면 틀림없이 두려워하는 사태가 일어날 거라고 말한 후에야 비로소 청소를 시작할 수 있었다(그녀는 콜리어 형제처럼 결국 잡동사니에 파묻혀 죽고 말 운명 같아 보였다). 그 해괴한 망상은 여전했지만 그래도 이제 그녀는 더 쉽게 그 생각을 물리쳤다.

넬은 저장 강박 증상자들이 보이는 또 다른 보편적 회피 행태로 고통을 받았다. 완벽주의자였던 것이다. 청결함과 단정함에 있어 특히 더 그랬다. 그녀의 집 안 상태를 고려하면 참으로 얄궂은 일이지만 말이다. 넬은 시간제로 파출부 일을 했는데, 아주 잘했다(이것도 아이러니하다). 하지만 대상이 자기 집이 되면 완벽주의가 넬을 꺾어버렸다. 그녀는 뭔가를 청소해야 하면 철저하게 작업했고, 도저히 완료할 수가 없었다. 들이는 시간과 노력이 결과에 상응하지 않는 듯했다. 당연한 일이었다. 일을 불충분하게 엉터리로 하는 것도 마음에 안 들었다. 대상 장소를 마음에 들게 청소할 수 없었기 때문에 아무것도 안 하는 게 차라리 덜 고통스러웠다. 여기에다가 잡동사니 맹 상태를 지속적으로 유지하면 그 고통이 다시 대폭 감소했다.

넬은 고통을 느끼지 않고도 집을 청소하고 정리할 수 있다고 믿었다. 그녀의 관점에 따르면 필요한 시간을 확보하여 물건들을 신중하게 살펴보는 것만으로 충분했다. 다른 많은 저장 강박 증상자처럼 넬에게도 가장 커다란 난관은 신문과 기타의 물건들을 세심하게 살피면서 필요한 것을 취할 충분한 시간이 없다는 것이었다. 그녀의 관점에 따르면 물건들이 더 이상 필요치 않다고 판단될 경우 내다버리는 것은 문제도 아니었다. 다만 더 많은 시간이 필요했을 따름이다. 하지만 그녀는 다음 신문이 배달되기 전에 이번 호를 버릴 수 있을 만큼 충분히 자세하게 살펴볼 수 없었고, 신문은 쌓여갔다. 하지만 그녀에게 시간이 있었다고 해도 신문을 보관할지 말지에 관한 모호하고 불확실한 태도가 해결되지는 못했을 것이다. 진짜로 문제가 된 것은 시간이 아니었다. 필요하지 않을 거라고 절대적으로 자신할 수 없는 물건을 버리고자 할 때 발생하는 고통을 참을 수 없는 게 진짜 문제였다.

넬은 중요한 정보가 있나 없나 살펴보는 절차 없이 신문을 버리라는 요구에 강하게 저항했다. "나한테 그렇게 하라고 요구하지 마세요." 간청하기도 했다. 그녀는 물건을 절차 없이 버릴 때 죄책감을 느꼈고, 뭔가 중요한 것을 잃거나 빠뜨렸다고 생각했다. 그 과정의 고통을 겪어봐야 한다는 사실을 이해하지 못했다. 우리와 함께 하는 공동 작업 치료에서 늘상 해오던 신중한 방식 그대로 내가 자기를 도와주기를 바랐다. 어떻게 보면 넬은 내가 함께 저장을 해주길 원했던 것 같다. 그녀의 행동 방식을 바꿔주기 위해 온 나에게 말이다.

넬의 치료는 진척 속도가 느렸다. 자세히 살펴보면서 점검하는 데 많은 시간을 잡아먹었기 때문이다. 고통을 체험해보는 실험을 수행하고 나서야 상황이 개선되기 시작했다. 넬이 슈퍼마켓에서 공짜 신문을 한 부 집어들었다. 그 신문은 지역 간행물로, 노인들이 흥미로워할 만한 기사와 소식들이 많았다. 당연히 넬에게 유용할 수도 있는 정보가 담겨 있었다. 하지만 넬은 신문을 버리고, 불쾌 정도가 어떻게 변하는지 관찰해보기로 했다. 넬의 고통지수가 과연 예상과 일치하는지, 또 그 불쾌함이 얼마나 오래 가는지 알아보는 게 실험의 목표였다. 나는 같은 실험에서 항상 하듯이 넬에게 100점 만점 척도로 고통지수를 산정해달라고 부탁했다(0은 고통이 없는 상태고, 100은 본인이 상상할 수 있는 가장 고통스런 상태다). 넬은 신문을 버린 직후에 85점을 매겼다. 그로부터 5분 후의 고통지수는 80점이었다. 다시 10분이 경과한 후의 고통지수는 60점이었고, 6일 후 15점이라고 알려왔다. 처음에는 고통지수가 꽤 높았지만, 일주일이 채 안 돼 신문의 정보를 놓친 것과 관련해 별다른 고통을 느끼지 않게 된 것이다. 넬은 실험 결과에 자극을 받은 듯했다. 별안간 더 많은 물건을 버릴 수 있게 됐고, 버리면서 더 이상 꼼꼼하게 살펴보지도 않았다. 넬의 치료는 정말 커다란 진전을 보였다.

치료 과정에서 일어난 또 다른 획기적인 사건은 넬이 자기 집에서 장시간에 걸친 청소 치료를 하기로 결정한 것이었다. 그녀는 내가 방문할 때 저장 강박 문제를 해결하기 위해 가장 애썼고 또 가장 생산적이었다. 나는 그 대부분의 시간 동안 넬과 대화하면서 폐기 절차들을 밟도록 안내하고 지도했다. 많은 저장 강박 증상자처럼 그녀 역시 내가 자기 물건을 만지거나 판단하고 결정하는 걸 싫어했다. 그러나 그녀는 더 빠른 개선을 원했고, 내가 뭘 버릴지 결정하도록 허용하는 실험에 동의했다. 정상적이라면 우리가 환자를 대신해서 그렇게 결정하는 일은 없다. 하지만 넬의 경우를 보면, 남한테 통제력을 빼앗기는 사태가 그녀가 느끼는 두려움의 일부를 차지했다. 타인이 그녀의 소유물에 영향력을 행사하며 통제하도록 허용해야 그 두려움에 맞설 수 있었다. 첫 번째 치료가 끝나고 나서 넬은 내게 전화를 걸어 어떤 물건을 찾을 수 없는 곳에 뒀다며 불같이 화를 냈다. 다시 전화를 걸 때쯤에는 물건을 찾았지만 여전히 화가 가시지 않았고, 그녀는 나에 대한 불만을 알리고자 했다. 그러나 넬은 그 후로 물건에 대한 엄격한 통제를 일부 포기하게 되었고, 내가 만지고 버리기로 결정하는 것까지 허용했다.

아이린도 사정은 비슷했다. 그녀는 치료를 마무리할 즈음에 나를 전적으로 신뢰했다. 내가 물건들을 보관할지 말지 결정해도 아랑곳하지 않을 정도였다.

넬은 우리의 치료 연구가 종료될 쯤에 상태가 크게 호전됐다. 현관 복도는 매우 깨끗해졌고 출입문도 문제없이 열 수 있었다. 거실로 가기 위해 바닥에 깔린 물건들을 밟고 지날 필요가 없어졌다. 가슴 높이까지 잡동사니가 쌓였던 거실은 말끔하게 유지됐다. 남은 잡동사니는 얼마 되지 않았다. 침실과 주방도 맨 바닥을 볼 수 있게 됐고, 넬은 다시금 요리를 시작했다. 신문과 잡지 수집은 중단했다. 이처럼 상황이 크게 개선되기는 했지만 가진 물건의 상당수는 여전히 그대로였다. 특히나 타파웨어가 문제였다. 우리는 그 식품 용기를 지하실로 옮겼다. 넬의 주된 생활 공간 밖에 '타파 산 Mount Tupper'이 생긴 것이다.

불안, 슬픔, 고통, 죄책감은 전부 인간들이 체험하는 감정의 일부다. 사람들이 이런 감정들을 회피하겠다는 목표를 세우고 처절한 사투를 벌일 경우 그 결과가 매우 참혹해질 수 있다. 고통 회피는 저장 강박 행동이 발달하고 지속되는 핵심적 동기이자 원인이다. 고통을 회피하다 보면 회피된 고통들이 참을 수 없을 만큼 나쁘다는 믿음이 강해지게 된다. 따라서 고통스런 감정들에 대처하는 사람의 능력과 의지가 약화되는 것은 당연하다. 회피는 유혹적인 대응 전략이다. 잠시나마 효과를 누릴 수는 있다. 그러나 그럴 경우 결국 개선은 기대할 수 없다.

Chapter 9 | 잡동사니 맹

도대체 말귀를 못 알아들어

대니얼

뭘 보관해야 할지 결정하려고 하지만
날짜가 지난 이 할인권마저 할머니 사진만큼 소중하게 느껴지는 걸요.
_ 아이린

승강기에서 내리자 퀴퀴한 냄새가 우리를 감쌌다. 그냥 따라가기만 해도 진원지인 아파트를 찾아낼 수 있을 정도로 냄새가 지독했다. 이윽고 집 앞에 다다르자 나를 안내해준 사람이 문을 두드렸다. 기척이 없자 다시 문을 두드렸다. 그리고, 한 번 더. 콜리어 형제가 떠올랐다. 그들은 찾아온 내방객을 전혀 응대하지 않았었다. 마침내 안에서 작은 목소리가 들려왔다. "누구세요?"

"수전이요, 사회 복지사. 청소 요원이랑 함께 왔습니다. 집을 청소하려고요."

"대니얼이 없어요." 문 뒤의 목소리가 우리에게 말했다. "아침을 구하러 갔어요."

"상관없습니다. 대니얼은 없어도 돼요."

그녀가 문을 빼꼼 열자 문틈이 거의 감지할 수 없을 만큼 움직였다.

아니 실은 움직이지 않았을지도 모른다. 세상이 조금 움직였고, 내가 잠시 균형을 잃고 당황했던 것 같다. 문이 조금 더 열렸을 때 나는 보았다. 바퀴벌레 수천 마리가 문짝 위로 달아나고 있었다.

문이 마저 열렸다. 아파트는 어두웠고, 내부를 파악하려면 시간이 필요했다. 바닥은 전혀 안 보였다. 더러운 종이, 식품 포장지, 소변으로 얼룩진 걸레들만 눈에 들어왔다. 로트와일러rottweiler, 초대형 사역견. 목축, 경비, 경찰견으로 쓰이는 독일산 개다—편집자 한 마리가 무슨 일이냐는 듯 뒤에서 모습을 드러냈다. 녀석은 더러운 옷더미 위로 불쑥 나타났다(적어도 옷처럼 보였다). 문 한쪽으로는 거대한 쓰레기 더미가 가파르게 천장까지 솟아 있었는데, 마치 거대한 파도 같았다. 쓰레기 매립지를 수직으로 절개한 단면을 보는 것 같기도 했다. 종이, 상자, 쇼핑용 손수레, 종이 가방, 더러운 의류, 전등 등 길에서 손쉽게 주워오거나 쓰레기 수집 용기에서 꺼내올 수 있는 것들이었다. 그것은 하나의 견고한 쓰레기 벽으로, 아파트 뒤쪽까지 길이가 무려 6미터에 이르렀다. 맞은편 벽 끝쪽에 창문이 있는 것 같았지만 고장 난 선풍기, 상자, 옷가지들에 가려 어두웠다.

내부로 들어가자 벌레들과 썩어가는 음식물의 자극적인 냄새가 우리를 집어삼켰다. 수전은 내게 나중에 벗어서 버릴 수 있는 낡은 옷을 입고 오라고 미리 얘기했었다. 나는 그 조언이 무척 고마웠지만 방독면도 하고 왔어야 했다는 생각이 들었다. 그것도 아주 제대로 만든 놈으로 말이다.

발걸음을 안으로 옮기자 주변 사방으로 바퀴벌레들이 돌아다니는 게 느껴졌다. 벽은 놈들의 갈색 똥으로 덮여 있었고, 가끔 한 마리씩 천장에서 아래 쓰레기더미 위로 떨어지기까지 했다. 안으로 좀 더 걸어 들어가자 주방이 시야에 들어왔다(내가 주방이라고 짐작한 곳 말이다). 사실 온전히 파악하기가 불가능했다. 모든 기물이 덮여 있었기 때문이다. 오래 돼 썩어가는 음식물, 안은 비었지만 씻어내지 않은 참치 깡통, 형형색색의 할인 쿠폰들이 그 방을 장식하고 있었다. 놀랍게도 주방으로 가는 통로가 보였다. 물론 마룻바닥에서 15센티미터 높이의 쓰레기로 다져진 길이었지만 말이다. 뭘 만진다는 게 겁이 났다. 별안간 오염 공포증에 시달리는 사람들이 너무나도 잘 이해됐다.

우리에게 문을 열어준 사람은 에디스였고, 수전은 법원이 지정한 에디스의 후견인이었다. 수전은 결국 판사의 '대대적인 청소heavy-duty cleaning' 명령서를 받아왔다. 그녀는 에디스의 건강과 안전이 위험하고, 그간의 미온적인 조치가 아파트의 참혹한 생활 환경을 개선하는 데 실패했다고 판단했다. 에디스는 집 안 환경이 이렇게 전락한 데 책임이 없었다. 함께 사는 그녀의 여동생과 아들 팀도 그건 마찬가지였다. 이 모든 사태는 남동생 대니얼의 소행이었다. 문제는 대니얼이 그들의 거주 공간에 한 짓이 잘못이란 걸 전혀 이해하지 못했다는 것이다. 그는 "이것들은 전부 사용할 수 있는 것들이라고요. 우리 집에는 문제가 없습니다"라고 주장했다.

방 다섯 개짜리 아파트에 거주하는 성인 네 명 전원이 더럽게 사는 데 익숙해진 나머지 사태의 심각성을 좀처럼 이해하지 못한다는 게 그 가족의 실상이었다. 에디스는 순회 간호사들이 집을 방문했다가 당뇨병 치료를 하지 않겠다고 했을 때조차 자기는 "아무 문제가 없다"고 주장했다. 사회 복지국은 자기 집을 갖고 있고 행위 능력이 있는 성인임에도 불구하고 에디스에게 법률 후견인을 강제 지정하는 특단의 조치를 취했다.

더럽게 살면서도 그런 사실을 알지 못하는 듯한 사람들이야말로 가장 극단적인 형태의 잡동사니 맹이다. 대니얼은 자기 집의 상태가 아주 기괴하고 건강에 해롭다는 걸 어쩌다가 보지 못하게 된 것일까? 에디스는 어째서 동생을 변호하는 것일까? 대다수의 저장 강박 증상자는 썩지 않고 그다지 더럽지 않은 것들을 모은다. 신문이나 옷이 대표적인 예다. 우리는 중장년의 저장 강박을 연구했고, 약 3분의 1 미만이 더럽게 산다는 걸 확인했다. 젊은 저장 강박 증상자들의 경우는 그 비율이 훨씬 낮았다. 요컨대 50세의 대니얼 같은 증상자 중 일부는 더럽고 썩는 물건을 수집한다. 벌레와 설치류가 꾀는 것은 굳이 물을 필요도 없는 일이다.

대니얼은 맨해튼의 거리에서 수집물을 주워왔다. 환경미화원들이 수거해가도록 인도 옆에 모아놓은 더미가 대니얼의 주된 표적이었다. 쓰레기 내놓는 날이면 많은 이들이 아침 일찍 동네의 길가로 나와 개중 값어치가 있는 보물들을 구분해 집어간다. 하지만 대니얼은 아무도 원하지 않는 물건을 수집했다. 고장 난 선풍기, 나뭇조각, 식료품 용기, 찢어지거나 더러운 옷을 집어가는 사람은 없다. 대니얼은 이런 쓰레기 말고도 먹어치워서 빈 식품 용기를 버리지 않고 씻지 않은 상태로 모아두었다.

연구 과정에서 만나는 사람들 대다수는 문제를 인식하고 도움을 요청하러 온 사람들이다. 우리가 저장 강박을 의식하지 못하는 사람을 좀처럼 만날 수 없는 것도 이 때문이다. 하지만 사회 복지나 공중위생 분야에서는 의식하지 못하는 사람의 경우가 주를 이룬다. 나는 최근 매사추세츠 서부에서 행해지는 저장 강박을 논의하는 지역 사회 대책 회의에 참가했다. 중장년 성인 보호국, 주택 및 공중위생 부서, 법원 사람들이 회의에 참석했다. 이 관리들은 가장 심각한 저장 강박 사례들을 다룬다. 물건들이 과잉 저장된 집이 당사자는 물론 이웃까지 위험에 빠뜨리는 경우들 말이다. 중장년 성인 보호국에서 나온 여성 대표는 지난 몇 년 동안 수십 건의 저장 강박 사례를 다뤘는데, 자신을 저장 강박 증상자로 인식하는 사람이 단 한 명도 없었다고 말했다. 방에 모인 다른 사람들도 동의한다며 고개를 끄덕였다.

임상의들은 대니얼과 같은 사람들을 통찰력이 없다고 기술한다. 자신들의 행동이 본인과 주변 사람들에게 어떻게 해를 끼치는지 알지 못한다는 얘기다. 통찰력 결여와 연관되는 대체적인 정신 의학적 상태는 인지 기능 악화다. 정신 분열증이나 치매처럼 정신 능력이 떨어지는 것이다. 그러나 예외도 있다. 예를 들어 알코올 중독자, 약물 중독자, 외모에 강박적으로 집착하는 사람들(신경성 식욕 부진증과 신체 추형 장애)은 일반적으로 인지 능력이 떨어지지 않는다. 대부분의 경우에서 그들의 추론 및 사고 능력은 멀쩡하게 작동한다. 알코올, 약물 사용, 신체상body image에 이르러야 비로소 그들은 문제를 일으킨다. 통찰력이 결여되는 것이다. 저장 강박 역시 이렇게 고도로 특징적인 통찰력 장애의 또 다른 예라고 할 수 있다. 저장 강박 증상자들한테서 발견되는 통찰력 결여는 그 범위가 매우 좁은 듯하다. 잡동사니에만 한정되는 데다가 맥락에 따라서 아주 다양해지기 때문이다. 많은 저장 강박 증상자가 집 밖에 나서면 자신들한테 문제가 있음을 안다. 그런데 집 안으로 들어가 버려야 할 물건들을 쳐다보면서는 전혀 문제를 깨닫지 못하는 것이다.

통찰력을 상실한 저장 강박증 환자들과 작업해본 사회 복지사들은 문제의 심각성을 깨닫도록 그들을 유도한다는 게 대체로 무익한 열정이라고 말한다. 논리적 추궁, 회유, 매수, 논쟁, 그 어떤 것도 효과가 없다. 시간이 갈수록 이들의 집 안 상태는 악화되거나 비슷한 정도를 유지한다. 상황이 최악으로 치달아 개선의 희망이 거의 보이지 않으면 어쩔 수 없다. 집을 청소하라는 법원 명령을 받아오는 수밖에.

에디스와 대니얼

저장 강박 문제가 소송으로 비화해 초미의 관심사가 되었던 뉴욕 시에서는 판사가 '대대적인 청소'를 명령할 수 있다. 사회 복지사나 공중위생 부서 관리가 청소 요원을 투입하여 쓰레기나 폐품, 기타 용인할 수 없는 물건으로 판단되는 대상을 폐기 처분하는 것이다.

에디스와 대니얼의 경우는 사안이 복잡했다. 신체 및 정신 질환, 주택 및 보건법 위반, 문제 가정 역학이 얽혀 있었던 것이다. 시의 사회 복지 위원회가 보호하려던 사람은 에디스였다. 52세의 에디스는 맨해튼의 부유층 거주 지구에 침실 두 개짜리 아파트를 소유했고, 여동생, 아들, 남동생과 함께 살았다. 그녀는 그곳에서 30년 넘게 살고 있었다. 인생의 상당 기간 동안 우울증에 시달렸지만 남편의 도움으로 그럭저럭 버텨냈다. 그러던 중 남편이 5년 전에 죽고 말았다. 그즈음에 에디스는 당뇨병이 악화되면서 혼자 지내기가 힘겨웠고, 여동생이 이사해 들어와 아들 팀과 더불어 셋이 살게 됐다. 그 직후 남동생 대니얼까지 들어왔다. 에디스가 수령하는 변변찮은 장애 수당으로는 아파트 임대료를 대기도 벅찼다. 남동생과 여동생도 둘 다 장애 수당을 받았지만 가계에 보탬이 되지는 못했다. 아들 팀은 시간제로 일했지만 그도 재정적으로 별다른 기여를 하지 못했다. 콘도 조합에서 임대료 미납을 이유로 에디스를 퇴거시켜달라는 소장을 제출했다.

에디스는 우울증 외에도 당뇨병을 앓았고 시력이 나빴으며 왼쪽 다리를 거의 못 썼다. 지팡이를 짚고 난장판 아파트를 돌아다녀야 했다. 그녀는 이런 각종 신체 질환 때문에 가정 방문 돌봄 서비스의 수혜를 받았다. 옷 입기, 목욕, 식사 준비 같은 기본적인 일상생활의 편의가 제공됐다. 그러나 아파트 내부의 환경이 수준 이상으로 나빠지자 돌봄 노동자들이 더 이상 방문하지 않게 됐다. 그들은 아파트가 비위생적이고 위험하다고 판단했다. 사태는 악화일로를 치달았다.

돌봄 노동자들이 방문을 외면하자 사회 복지 위원회가 나서 뉴욕 최고 법원에 탄원서를 제출했다. 요점은 에디스를 무능력자로 선언해달라는 것이었다. 그렇게 되면 후속 조치로 후견인을 임명 지정할 수 있었다. 판사들은 후견인 지정을 꺼린다. 의료, 재정, 소유물에 관한 결정 일체의 권리를 앗아가기 때문이다. 우울증이나 당뇨병을 앓는다고 해서 후견인을 지정하는 일은 거의 없다. 그런데 법원 평가사가 에디스의 아파트를 방문했다가 크게 충격을 받는 돌발 상황이 일어났다. 그는 에디스의 아파트에 사는 주민 전부가 위험하다고 법정에서 증언했다. 또한 남동생은 사기꾼이고, 아들은 폭력적인 데다 여동생까지 가세해 에디스가 그런 조건에 처했다고 판단했다. 에디스는 평가사의 보고서 때문에 무능력자로 처리되었고 후견인이 지정됐다.

뉴욕 시의 후견인들은 아슬아슬한 곡예를 한다고 할 수 있다. 그들은 필요 이상으로 피후견인의 삶을 장악하지 않고 그들을 보호하려고 무진 애를 쓴다. 저장 강박의 경우는 후견인들의 곡예가 훨씬 아슬아슬하고 위태롭다. 수전이 후견인으로 임명되어 에디스의 복지를 담당하게 됐다.

집 안에 저장된 잡동사니 때문에 에디스에게 무슨 일, 가령 심대한 붕괴나 화재라도 발생하면 수전이 법적으로 책임을 져야 한다는 얘기였다. 그러나 에디스는 물론이고 그녀의 가족도 생활 환경이 위험하다는 걸 인정하려 들지 않았다. 그들은 그 어떤 침해의 손길에도 필사적으로 저항했다. 다행히도 수전은 경험이 많은 노련한 사회 복지사였다. 곧바로 법원에서 에디스의 아파트를 청소할 수 있게 해달라는 명령서를 받아왔다.

아파트를 가득 채운 물건의 대부분은 대니얼이 수집한 것이었다. 그는 길에서 주워온 물건들로 자기 아파트를 가득 채웠고, 더 이상 살 수 없게 되자 2년 전에 누나의 집으로 이사왔다. 이제는 에디스의 아파트마저 주워온 물건들로 가득 찼다. 그러나 대니얼은 매일이다시피 새로운 물건을 수집했다. 가족 이외의 다른 모든 이, 곧 간호사, 사회 복지사, 변호사들은 이구동성으로 에디스에게 대니얼을 내보내라고 간곡히 권했다. 하지만 에디스는 거절하고 공과금과 청구서들을 처리하는 데 남동생이 보탬이 된다고 말했다. 이렇게 항변하기도 했다. "대니얼은 가족이에요. 당신들이라면 가족을 내팽개치겠어요?" 그러나 여동생은 생각이 달랐다. 그녀는 대니얼을 미워했다. 하지만 본인이 나서서 쫓아내기에는 역부족이었다.

에디스와 같은 사례를 책임지는 사회 복지사들은 담당 환자들의 집에서 저장물을 내다버리는 것을 염려한다. 강제로 청소를 하면 집 안 상황이 일시적으로 개선되지만 그런 조건을 만드는 행태가 바뀌는 것은 아니기 때문이다. 집은 순식간에 다시 물건들로 채워진다. 게다가 이런 청소 작업으로 환자들은 트라우마를 경험한다. 저장 강박 증상자들은 비통해하고 좌절하며 당국자들을 두려워하게 된다. 고통 받는 사람들을 돕겠다며 이 직업을 선택한 사회 복지사들도 되려 본인들이 트라우마를 주는 사람이 되는 경험은 고통스러운 일이 아닐 수 없다.

대대적인 청소는 뉴욕에서도 아주 큰 사업거리이다. 청소 영업을 하는 민영 회사들은 많은 돈을 번다. 대형 주택을 완벽하게 청소하는 데는 5만 달러 이상이 청구되기도 한다. 대니얼과 에디스의 집을 방문한 청소조는 매일 평균 네 집을 처리했다. 아무튼 그들이 첫 번째로 시도한 대대적인 청소 작업은 실패로 돌아갔다. 수전은 진행 상황을 감독할 요원으로 경험이 부족한 사회 복지사를 보냈다. 청소조가 도착하자 대니얼이 자신의 우위를 주장하고 나섰다. 그는 내버릴 물건을 거의 허용하지 않았다. 청소조는 대니얼의 방해 속에 결국 작업을 중단했다. 경험이 일천한 사회 복지사는 당황했고, 대니얼의 간섭에 속수무책이었다.

수전은 에디스를 신참의 손에 맡겨서는 안 되겠다고 판단했다. 그녀는 주로 중장년 환자를 맡아본 전문가로, 그들의 마음을 사로잡는 데 독보적인 능력을 발휘했다. 여기에 허튼 짓을 용납하지 않는 단호한 자세로 사안에 임했다. 그녀는 싫다고 발버둥쳐대는 그들을 법정으로 데려가서 대대적인 청소 명령을 받아냈다. 피후견 환자들은 수전을 보러 자주 사무실에 들렀다. 방문한 그들은 대개 사소한 핑계나 불만을 늘어놓았다. 수전은 피후견인들과 함께 자주 점심을 먹으면서 참을성 있게 그들의 문제를 귀담아들었다.

그랬던 수전도 좌절했다. 대니얼의 쓰레기를 치우는 게 해결책이 아니며 그 효과가 일시적일 뿐임을 잘 알고 있었다. 이변이 없다면 에디스의 아파트는 다시 쓰레기로 가득 찰 터였다. 수전은 다급했다. 효과적이면서도, 이런 청소가 흔히 야기하는 트라우마를 피할 수 있는 방안이 필요했다. 그녀가 2차 시도 때 나에게 동행해줄 것을 요구한 건 이런 이유에서였다. 도움을 거부하는 사람한테는 내게도 별다른 해결책이 없다고 항변했지만 말이다.

에디스와 대니얼의 관계는 복잡했다. 대니얼은 이전에도 저장 강박 행동으로 가족들에게 문제를 일으킨 적이 있었다. 아버지가 살아계셨을 때는 그가 대니얼로부터 에디스를 보호했다. 아버지는 대니얼이 누나를 이용하리라는 걸 알았던 것이다. 에디스의 남편도 대니얼을 받아들이지 않았다. 그러나 남편은 이제 죽고 없었고, 에디스는 남동생의 온갖 기행과 괴벽을 마지못해 용인했다. 그녀에게는 자립해서 독자적으로 행동할 능력이 없었던 것이다.

수전은 1차 청소 시도가 있기 몇 주 전에 에디스를 방문했다. 안에 들어가 잠깐 보는 것만도 대단히 괴로운 일이었다. 수전이 문을 두드렸지만 응하는 사람이 아무도 없었고, 결국 경찰을 부르겠다고 협박해야 했다. 에디스의 여동생이 개를 붙들어놔야 하니 조금 있다가 다시 오라고 말했다. 사납고 커다란 로트와일러 한 마리를 팀이 기르고 있었던 것이다. 수전이 고래고래 소리를 지르자 여동생이 로트와일러를 욕실에 가두고 문을 열어줬다. 판지, 옷, 종이, 폐품의 벽 때문에 방 안을 파악할 수도 에디스를 찾을 수도 없었다. 수전이 큰 소리로 에디스를 부르자 벽 뒤에서 목소리가 들려왔다. 수전은 그녀가 거실의 긴 의자에 드러누워 쉬고 있음을 눈치 챘다. 에디스는 벽 뒤에서 수전에게 말했다. 자신은 문제가 없으니 괜히 잡동사니를 헤치고 다가오지 말라고 말이다.

수전이 청소를 하겠다며 에디스와 가족에게 건넨 지시 사항들은 단도직입적이었다. 보관하고 싶은 것은 청소 작업 개시 전에 아파트 바깥으로 치울 것. 아파트에 남아 있는 것은 이유를 불문하고 전부 청소조가 재량을 발휘해 가져다 버리겠음.

어느 화창한 여름날 아침, 우리는 서둘러 맨해튼에 있는 에디스의 집으로 향했다. 수전은 이번에야말로 청소 작업을 하겠다는 결의가 확고했다. 아파트의 내부 환경이 즉시 개선되지 않으면 에디스의 건강 상태에 괴멸적인 타격이 가해질 수도 있다고 걱정했는데, 실제로 그 걱정은 당연한 것이었다. 수전은 법원 명령서와 관련 서류 일체를 가져갔다. 경찰을 불러야 하는 사태가 일어날 수 있었고, 그렇다면 모든 게 문서로 충분히 뒷받침되어야 했다. 만약 대니얼이 방해를 시도하면 그를 체포하도록 조치할 터였다. 우리는 건물 밖에서 네 명의 청소 요원과 합류했고, 5개 층을 올라 에디스의 아파트 앞에 이르렀다.

실로고마니아

노인학은 노년 및 관련 사안들을 연구하는 학문이다. 노인학 연구 문헌을 보면 쓰레기 저장 강박을 '실로고마니아syllogomania'라고 한다. (sylloge는 그리스어로 '수집한다'는 뜻이다.) 실로고마니아는 중장년에서 흔히 볼 수 있는 자기 무시 행위의 한 표시로 흔히 간주된다. 개인 위생을 소홀히 하고 거주 환경이 더러운 것 역시 자기 무시 행위를 입증해주는 예들이다. 영국의 노인학자 두 명이 1960년대 초에 '노년기 와해 증후군senile breakdown syndrome' 일흔두 건을 조사 보고했다. 두 사람은 노년기 와해 증후군의 주요 특징은 중장년한테서만 볼 수 있다고 믿었다. 개인 위생과 거주 환경이 심각하게 나빠지고, 흔히 바깥세상에 대한 적의, 고립, 거부 현상이 동반되는 것을 떠올려볼 수 있다. 실로고마니아 역시 노년기 와해 증후군의 흔한 특징이었다.

얼마 후 또 다른 영국인 노인학자가 '디오게네스 신드롬 Diogenes syndrome'이란 말을 제창했다. 시노페 출신의 그리스 철학자 디오게네스(기원전 4세기에 활약했다)는 아테네에서 대낮에 등불을 들고 '정직한 사람'을 찾아다닌 일화로 유명하다. 그는 대다수의 사회적 관습을 거부했다. 은인자중하는 삶을 선호했고 온갖 형태의 사치를 멀리했다. 한동안 집이 아니라 올리브유 통에서 살았다고도 한다. 그가 생활 여건에 무심했던 바람에 디오게네스라는 이름이 불결한 가정과 동의어가 되었을 것이다. 하지만 디오게네스는 실로고마니아 성향이 전혀 없었다. 디오게네스가 대표하는 철학 유파인 견유학파大儒學派, Cynics는 소유에 집착하지 않고 살아야 최고의 행복에 도달할 수 있다고 믿었다.

형편없는 개인 위생, 더러운 집 안, 실로고마니아가 디오게네스 신드롬의 증상들이다. (이 증후군을 가리키는 다른 명칭들도 소개해본다. '노년기 은둔 증후군senile recluse syndrome', '극단적 자기 무시 증후군extreme self-neglect syndrome', '사회성 와해 증후군social breakdown syndrome', 이런 명칭들이 해당 만성 질환을 부정확하게 기술하는 것은 사실이다. 논의 중인 증후군 자체가 중장년에 한정되지 않으며 자기 무시나 사회적 무능 이상을 포괄하기 때문이다.) 노인학자들은 최근 들어 이 증상들을 증후군이 아니라 개별적으로 다루는 추세다. 개인 위생 소홀 및 저장 강박과 구별하기 위해 '심각하게 불결한 가정'이라는 용어가 제안됐다. 전자는 집이 더럽지 않아도 발생할 수 있기 때문이다. 대니얼은 세 가지 디오게네스 신드롬 증상 중 두 가지를 드러냈는데, 집이 더러웠고 저장 강박 행동을 보였다.

노인학자들은 여러 해 동안 디오게네스 신드롬이 다른 문제들에서 기인한다고 믿었다. 가령 정신 분열증, 치매, 전두엽 손상이 원인으로 지목됐다. 실제로도 디오게네스 신드롬의 거의 절반 가까이는 앞서 언급한 장애들이 원인으로 작용한다. 그러나 절반 이상은 이런 장애가 없는 가운데서 발생한다. 디오게네스 신드롬은 소득 및 지능과 무관하며, 인생의 여러 사건들이 그것을 촉발하기도 한다. 돌봐주던 사람의 사망이나 중병이 계기가 되는 것이다. 그러나 이런 사건들이 디오게네스 신드롬의 궁극적 원인은 아니다. 한 이론은 특정한 인격 특성, 예를 들어 의심하는 성격이나 완고함이 디오게네스 신드롬의 기반일 수 있다고 본다. 대니얼은 이 두 가지 성격 특성을 모두 지녔다. 하지만 그의 가장 뚜렷한 성격 특징은 자신의 행동과 결부된 문제를 전혀 의식하지 못한다는 점이었다.

힘겨운 청소 작업

청소 요원들은 이런 집을 깨끗하게 정리하는 데 효율적인 체계를 갖추고 있었다. 그들은 건물에서 가동 중인 승강기 한 대를 전세 냈다. 그리고 사용하면서 더러워지는 걸 막으려고 두꺼운 담요를 내부에 부착했다. 청소조는 튼튼한 쓰레기봉투를, 그것도 커다란 것으로 수백 장 준비해왔다. 눈에 띄는 것은 모두 거기에 담기 시작했다. 봉투가 다 차면 아가리를 묶어서 복도로 내놓았다. 거기서 승강기를 가득 채울 만큼 충분한 양이 쌓이면 실어서 도로변으로 날랐다. 그들은 그렇게 트럭 옆으로 쓰레기봉투를 쌓았다. (도심에서는 금속제 대형 쓰레기 수집 용기보다 트럭이 더 효율적이다.) 일꾼들은 대화를 거의 나누지 않았다. 남이 말 붙이는 걸 원하지 않는다는 것도 분명했다. 조장인 벤저민이 중간에 나타났다. 그는 회사가 시 당국과 연락을 취하며 이런 청소 작업을 한다고 내게 알려줬다. 일이 많아 아주 바쁘다는 말도 보탰다. 에디스의 아파트는 그가 봐온 어떤 집들보다는 상태가 나빴지만 다른 집들에 비하면 양호하기도 했다. "바로 지난주에 이 건물의 다른 집을 작업했는데, 이 집보다 상태가 나빴습니다."

대니얼은 청소조가 작업을 개시하고 약 30분 후에 나타났다. 그는 쉰 살이었고 보통 체구에 정력이 넘쳤다. 그는 자기가 없는 가운데 청소조가 작업을 시작한 것에 대해 항의했다. 그리고 본인이 청소 작업을 지시해야 한다고 주장했다. 수전이 개입했다. 그녀는 집이 사람이 살 수 없을 지경이라고 말하고, 어쩌다가 일이 이렇게까지 된 거냐고 대니얼에게 물었다. 대니얼은 기분이 상한 듯했지만 동시에 논쟁이 벌어질 듯한 낌새가 보이자 상황을 즐기는 것 같았다. 우선 아파트가 사람이 살 수 없는 곳이라는 수전의 진단에 이의를 제기했다. 자기가 수집한 물건들의 가치를 모른다는 것이었다. 아파트가 약간 지저분하다는 건 인정했지만, 다만 정리할 시간이 없어서였다고 말했다. 독백이나 다름없었다. 거의 10분을 끈 긴 얘기는 수전이 보내준 도움의 손길에 감사하며 그녀와의 대화가 참으로 즐거웠다는 내용으로 마무리됐다. 이제 그는 청소 요원들을 감독해야 했다.

그때 수전이 대니얼에게 다른 질문을 던졌다. 그는 다시금 주구장창 대답을 늘어놨다. 자신의 인생 역정에 대한 얘기였다. 대니얼은 얘기를 마무리할 즈음 약이 오른 상태였고, 청소 작업을 감독해야겠다고 주장했다. 그때 수전이 다시 질문을 하자 답변에 해당하는 대니얼의 또 다른 얘기를 들을 수 있었다. 그가 청소 요원들을 아무리 감독하고 싶어 한다 한들 도저히 말하는 걸 중단할 수 없는 듯했다. 여러 차례의 이야기 가운데 하나가 마무리될 즈음 그는 수전에게 자신의 주의를 분산시키려고 수를 쓰는 걸 알겠다고 말했다. 그러나 그때조차도 대니얼은 쏟아져나오는 발화를 주체하지 못했다. 이런 관심을 마음에 들어 하는 것 같았다. 이야기를 복잡하게 꾸미면서 공식적인 논변으로 바꾸는 걸 즐기고 있는 게 분명했다. 무슨 정교한 논쟁이라도 하는 양 말이다. 그는 이야기 중에 간간이 장난기 어린 미소를 지었고, 우리에게 자기 논리의 헛점을 찾아보라고 채근했다.

그러던 대니얼에게 아파트의 광경이 눈에 들어왔다. 그는 깨끗하게 정리된 커피 탁자로 쏜살같이 달려갔고, 청소 요원 한 명에게 고장 난 전등을 내려놓으라고 고함을 쳤다. 청소 요원이 멍하니 대니얼을 응시했다. 이 광경을 본 나는 청소 요원이 영어를 못 알아듣는다고 생각했다. 하지만 아니었다. 나중에 보니 청소조 사람들은 모두 영어로 대화했다. 말을 못 알아듣는 척해야 대니얼 같은 까다로운 성격의 사람들을 더 편하게 다룰 수 있을 것이었다. 수전이 대니얼에게 다시 복도로 나와 청소 작업을 어떻게 했으면 하는지 말해달라고 요구했다. 다시 주의가 분산된 그는 사회 복지사들과 법원의 어리석음과 부조리 및 기량 부족에 대해 열변을 토했다. 판사의 명령에 관한 대니얼의 해석이 대미를 장식했다. 판사는 전반적인 지침을 제시한 것뿐이며 자기 가족이 지금 받고 있는 고통을 결코 묵과하지 않으리라는 것이었다.

하루 종일 이런 양상이 되풀이됐다. 짧은 질문을 던지면 긴 이야기가 흘러나왔고, 대화는 종종 갈피를 못 잡고 산으로 가버리기도 했다. 대니얼은 이야기의 세계에 살았다. 우리가 거기 머무는 동안 그는 한 가지 이외에는 거의 아무것도 전달하지 못했다. 질문을 하면 항상 답을 들을 수는 있었다. 하지만 답변의 핵심은 이야기의 흐름 속에 파묻혀버리기 일쑤였다. "소설이죠. 하지만 일관성이 없어요." 대니얼의 여동생이 그가 이야기하는 방식을 두고 내뱉은 말이다. 그의 이야기를 중단시키는 건 거의 불가능했다. 내가 시도해보기도 했지만 그는 아랑곳하지 않거나 부응해서 새로운 이야기를 시작했다. 대니얼이 이 문제를 알고 있는 것 같기도 했다. 그와 함께 밖으로 나가 점심을 먹었는데 이렇게 애원했던 것이다. "제발 예, 아니요로 답할 수 있는 질문만 해주세요. 그래야 나도 밥을 먹죠."

우리는 점심을 먹으러 나가기 직전에 에디스의 아들 팀을 만났다. 키가 크고 근육질인 20대 중반의 청년으로, 잡다한 일을 했지만 꾸준한 소득이 없었다. 그는 거실 한쪽 쓰레기들 사이에 틈새를 만들어 1인용 침대를 두고 거기서 잤다. 에디스는 수전에게 팀이 분노 조절 장애가 있다고 얘기해줬다. 사회 복지사 가운데 한 명은 일전에 팀이 얼굴을 붉히며 화를 내는 장면을 목격하기도 했다. 어머니의 귀에다 대고 뭔가를 하거나 하지 않았다며 고래고래 소리를 지르더라는 것이었다. 그런 팀이 성난 표정으로 우리에게 다가왔다. 수전은 그가 과연 뭐라고 할지 겁을 집어먹었다.

"내 옷은 어디 뒀어요?" 팀의 목소리에는 화급함과 분노가 배어 있었다. "가죽 재킷, 가죽 재킷 어디 있냐고요?"

아무도 대답하지 않았다. 팀이 대니얼에게 몸을 돌려 당장 복도로 나가보라고 시켰다. 다음 순간 몸무게가 거의 90킬로그램인 팀이 양손으로 대니얼의 가슴을 밀치는 것이었다. 대니얼이 붕 하고 공중으로 솟구쳐 복도의 끝 쪽 벽으로 날아갔다. 팀은 바닥에 쓰러진 대니얼에게 다가가 소리쳤다. "다 삼촌 잘못이야! 삼촌이 내 물건을 못 가져가게 막기로 했잖아!" 대니얼이 조카를 달래려고 했지만 도무지 들으려고 하지 않았다. 팀은 계속해서 고함을 치며 위협을 해댔다. "도대체가 말귀를 못 알아들어. 삼촌이고 뭐고 흠씬 두들겨 패줄 테다."

수전은 이미 경찰과 통화 중이었다. 몇 분이 채 안 돼 경찰관 세 명이 도착했다. 그들은 수전의 지시에 따라 팀을 떼어놓고, 질문을 시작했다. 경찰관들은 공손하고 친절했지만 자기들이 상황을 통제하고 있음을 분명히 했다. 팀은 여전히 고함을 쳐대면서 씩씩거렸고, 대니얼과 관련자 전원을 불안하게 했다. 경찰관들이 팀을 에워싸고는 그 가운데 한 명이 대화를 주도했다. 그들은 팀이 위협적인 행위를 중단해야만 한다고 주지시켰다. 그렇지 않으면 그를 체포하겠다고 경고했다. 팀은 자기한테 일어난 일을 설명하려고 했지만 경찰관들은 그가 당하는 고통의 원인보다는 그의 공격적 행동을 통제하는 일에 더 집중했다. 그들이 능숙하게 상황을 장악해 통제하는 것을 보면서 감탄이 절로 나왔다. 그들은 팀을 상대하는 내내 공손함과 친절함을 잃지 않았다. 팀의 분노는 이내 사라지고, 그 자리에는 자기 연민이 채워졌다. 그는 대니얼 같은 삼촌을 둔 자신의 불행에 대해 하소연하기 시작했다.

수전은 그때쯤 우리가 겪던 곤란을 사무실에 알렸고, 사회 복지사 두 명이 더 왔다. 두 사람 모두 대니얼을 만난 적이 있었다. 이제 복도에는 세 명의 사회 복지사, 세 명의 경찰관, 나, 그리고 팀이 서 있었다. 아파트 내부에는 청소 요원 네 명, 에디스, 여동생이 있고 말이다. 경찰관이 두 명 더 도착했다. 한바탕의 소동 속에 사람들이 늘어나자 팀은 한층 더 비참함을 느꼈다. 이 혼란스러운 와중에 아무도 대니얼이 사라진 걸 눈치 채지 못했다. 사회 복지사 한 명이 대니얼을 찾아나섰다. 잠시 후 그녀가 돌아와 보고했다. 대니얼이 바깥 보도에서 청소조가 트럭 옆에 쌓아둔 비닐봉지를 찢고 있다는 것이었다. 경찰관과 사회 복지사들, 팀, 그리고 나는 무슨 일이 벌어지는지 확인하려고 부리나케 내려갔다.

바깥 보도에 이르자 대니얼이 미친 듯이 쓰레기봉투를 찢고 있는 모습이 눈에 들어왔다. 봉투 안에서 빼낸 옷과 기타 물건 한 무더기가 쓰레기봉투 옆에 놓여 있었다. 장소가 맨해튼이었으니 당연히 고급스러운 분위기의 동네였고, 멋지게 차려 있은 많은 사람이 일터로 향하고 있었다. 그 가운데 다수가 가던 길을 멈추고 이 사태를 지켜봤다.

담당 경찰관이 대니얼에게 하던 일을 중단하고 자기와 이야기 좀 하자고 요구했다. 대니얼은 "알았어요. 잠깐 팀의 나머지 옷만 찾고요"라고 대꾸하고는 계속해서 봉투를 찢어발겼다. "아니요, 지금이요. 당장 중단하고 이리 오세요." 경찰관의 어조는 단호했다. "예, 알았어요. 하지만 옷을 찾아야 해요. 팀이 얼마나 화를 내는데요." 대니얼은 고개를 들지도 못한 채 말했다.

경찰관이 단순히 요구하는 성량 이상으로 목소리를 높였다. "당장 이리로 오세요. 안 그러면 당신을 벨레뷰Bellevue에 처넣겠소." 그가 맨해튼의 유명한 정신 병원 얘기를 꺼냈다. 그 말에 대니얼은 하던 일을 멈추고 바로 경찰관한테 왔다. "그래도 벨레뷰는 아는 것 같군요." 경찰관이 말했다. 대니얼은 아무 대꾸도 하지 않았다. 벨레뷰 정신 병원 얘기로 대니얼의 행동을 중단시키기는 했지만 그건 사실 공갈포였다. 본인의 의사에 상관없이 정신 병원에 집어넣으려면 자신이나 타인에게 위해를 초래하는 목전의 위협이 있어야 한다. 쓰레기봉투를 뒤진다고 정신 병원에 처넣을 수는 없는 일이다.

팀은 그 사이에 대니얼이 빼낸 옷더미를 살폈다. 그가 가죽 재킷을 집어들어 먼지를 털어내던 바로 그 순간 우아한 차림새의 여성 한 명이 개를 끌고 그 옆을 지나갔다. 바퀴벌레들이 사방으로 날렸고, 재수 없게 그 여성에게도 떨어졌다. 그녀는 비명을 내지르며 바윗돌처럼 굳어버렸다. 혼란스럽고 역겹다는 표정이었다. 대니얼과 대화 중이던 경찰관에게 이 광경이 눈에 들어왔고, 그는 팀에게로 몸을 돌렸다. 팀이 재차 재킷을 털었다. 이번에는 바퀴벌레들이 그 경찰관한테도 우수수 떨어졌다. 그가 바퀴벌레들을 피해 몸을 돌렸다. 두 눈에서 경악과 혐오의 표정이 읽혔다. "이것들 좀 떼줘요." 셔츠를 쥐어뜯으면서 내게 큰 소리로 말했다. 내가 바퀴벌레들을 털어내주려고 했지만 놈들은 이미 셔츠 속으로 들어가버린 후였다. 그는 티셔츠만 남기고 상의를 벗으면서 몸부림을 쳤다. 그리고 다시 셔츠를 착용했을 때쯤 경찰관은 머리끝까지 화가 나 있었다. 그는 팀에게 다가가면서 수갑을 꺼냈다. 팀은 보도 위로 제압당했다. 그러자 울음을 터뜨리며 구체적으로 누구를 향한 것인지 알 수 없지만 이렇게 탄원했다. "왜 나한테 이런 일이 일어나는 거죠? 내가 뭘 했다고요? 나는 잘못한 게 없어요."

경찰관은 그가 불쌍하다는 생각이 들었던지 꺼냈던 수갑을 치우고는 말했다. "우리랑 함께 갑시다. 체포하지는 않을 거요. 단지 여기서 멀리 떠나는 거예요. 청소 작업이 끝날 때까지 돌아오지만 않으면 체포하는 일은 없을 겁니다. 하지만 집으로 다시 오면 사회 복지사가 전화를 하기로 했으니 그때는 감옥행이오."

대니얼은 다시금 인도에 쌓아둔 쓰레기봉투를 찢고 있었고, 경찰관이 다시 그를 제지해 위층 아파트로 돌려보냈다. 청소 요원들은 지시를 내리는 대니얼을 대꾸하지 않는 방식으로 무시했다.

그러던 중 근사하게 차려 입은 여자 한 명이 옆집에서 나왔다. 나는 이렇게 지저분하고 더러운 집의 이웃으로 사는 게 어떤 일일지 궁금했다. 바퀴벌레들이 그 집으로 넘어갔으리라는 것은 분명했다. 그녀가 냄새를 못 맡았을 리도 없었다.

오전 내내 다른 승강기가 5층에서 멈출 때면 주민들은 문이 닫힐 때까지 복도 쪽 바깥을 내다봤다. 그들은 이 소동과 어마어마한 양의 쓰레기봉투에 호기심을 보였다. 나는 신선한 공기를 좀 쐬려고 밖으로 나갔다 돌아가는 길에 다른 입주민 몇 명과 함께 승강기를 기다리면서 대니얼에 관한 그들의 얘기를 들을 수 있었다.

"대니얼의 집을 청소하고 있어요. 그 사람, 쓰레기를 모은대요. 밖에 나갔다가 들어올 때면 항상 길에서 주운 물건이 들려 있는 걸 보잖아요. 미쳤어요, 미쳤어."

"그 사람 아버지를 알아요. 우리 아버지처럼 그 분도 당뇨병을 앓았죠. 그러니 우리도 관계가 있어요. 수집하는 것도 당뇨병처럼 병이래요."

"63A의 파머 여사도 그래요. 아파트가 쓰레기로 가득 차서, 지난주에 청소 작업을 했잖아요."

대니얼은 우리와 함께 있는 내내 정신이 또렷했기 때문에 현실과 동떨

어져 있는 것으로 여겨지지 않았다. 하지만 그가 이 모든 물건을 모은 이유를 얘기해줄 수는 없어 보였다. 내가 어쩌다가 이렇게 물건을 모으게 됐느냐고 묻자 그가 주장했다. 누이들이 깡통과 병은 환불 목적으로, 담뱃갑은 들어 있는 할인권을 챙기기 위해 자기한테 모으라고 했다는 것이었다. 저장 강박은 그의 문제가 아니라 누이들의 문제라고 했다. 하지만 아파트의 쓰레기 더미에서 병, 깡통, 담뱃갑은 극소수였다.

대니얼은 거의 하루 종일 자기한테는 아무 잘못이 없다고 주장했다. 하지만 짧은 한순간 그도 자신의 저장 강박이 문제라고 인정하기도 했다. 오후 늦게 내가 그의 아버지 얘기를 듣다가 두 사람의 관계를 물었을 때였다. 대니얼은 저장을 중단하려고 노력했고, 가족도 그가 무엇을 얼마나 집으로 들이는지 알려주면서 도우려고 애썼다고 말했다. 하지만 그가 이내 정신을 차리면서 그런 고백은 순식간에 중단됐다. 다시 대니얼은 모든 사태의 불공정함과 사회 복지사들의 무자격을 화두로 우리와 다투는 일에 몰두했다.

우리는 청소 요원들과 함께 오후 늦게 아파트를 나왔다. 그들은 3분의 2가량을 치웠고, 다음 주에 다시 오기로 돼 있었다. 에디스는 대니얼이 아파트에 머무는 것을 허락하자 수전은 적이 실망했다.

"대니얼이 집을 다시 채울 거예요." 수전의 예측은 그랬다.

나는 나머지 청소 작업이 어떻게 진행됐는지 알아보려고 일주일 후에 수전에게 전화를 걸었다.

"네, 끝났어요. 하지만 다음 날 찾아갔더니 경비원이 말해주더라고요. 대니얼이 청소가 끝난 후 밤새도록 물건이 가득 담긴 쇼핑용 손수레들을 밀고 들어오는 걸 봤다고요."

한 달이 채 안 돼 에디스의 아파트는 다시 물건들로 가득 차고 말았다. 수전은 그 시점에서 에디스의 후견인 자격을 이용해 대니얼을 쫓아냈고, 그의 방문을 막는 금지 명령을 받아냈다. 아파트는 다시 청소해야 했다. 이번에는 별다른 소동 없이 청소 작업이 진행됐다. 몇 달간은 사정이 좋았다. 그런데 대니얼이 방문권 소송을 제기했다. 판사가 대니얼의 손을 들어주자 수전은 크게 낙심했다. 아파트가 세 번째로 가득 차면서 또 한 번의 대대적인 청소 작업이 필요했다. 최초 청소 작업이 있고 나서 5년 동안 수전은 도합 여덟 번 대대적인 청소를 시행했고, 비용 총액은 2만 달러가 넘었다. 쓰레기 저장 욕구를 조절하지 못하는 한 남자에게 치른 대가치고는 비싼 액수였다.

정확히 얼마나 많은 사람이 대니얼처럼 통찰력이 결여되어 있는지는 잘 모른다. 우리는 최근의 한 연구에서 저장 강박 증상자의 가족들에게 이 사안에 관해 물었다. 장애를 앓는 가족 구성원이 저장 강박과 관련해 통찰력이 형편없거나 망상적이라고 응답한 사람이 그중 절반 이상이었다. 이 응답 결과가 저장 강박 증상자 전원을 정확하게 대변하는지는 의심스럽다. 사랑하는 가족을 여러 해 동안 변화시키려고 애쓰다가 좌절한 나머지 장애를 앓는 그 가족이 망상에 빠져 있다고 믿을 수도 있는 것이다. 저장 강박 증상이 아주 심각한 사람들의 경우 어쩌면 통찰력이 아예 없을지도 모른다. 물건을 두고 마음이 벌이는 전투에서 진 그들은 삶을 통제할 수 없게 됐다고 털어놓기보다는 차라리 결백한 척 무죄인 척 모른다고 선언하는 게 더 쉬울 것이다.

우리가 경험한 바로는 대다수의 저장 강박 증상자는 어느 정도 자신의 장애를 의식했다. 문제가 전혀 없다고 주장하는 사람들조차 집을 가득 채운 물건들을 숨기려고 갖은 노력을 다 한다. 그들은 남들이 자기 집을 어떻게 생각할지 아는 것 같고 부끄러워하는 것 같다. 넬처럼 남들이 있을 때만 자기 집의 잡동사니가 보이는 사람들도 있다. 그들 대다수는 남이 비밀을 눈치 채면 체면이 구겨질까 봐 걱정을 하기도 한다. 그러려면 적어도 자신의 행동이 남과 다르다는 것을 알고 있어야 한다. 면담했던 저장 강박 증상자의 대다수는 사안을 추상적으로 생각할 때면 문제가 있다는 걸 알았다. 그러나 증상자 개인이 10년 묵은 잡지를 보관하면서 귀중한 정보가 담겨 있을지도 모른다고 생각하는 순간 그 통찰 내용은 눈 녹듯 사라져버렸다. 요컨대, 잡지 한 권 정도야 물건들의 웅대한 체계에서 문제가 되지 않는 셈이다.

대대적인 청소가 여러 차례 이루어졌고 수전이 갖은 노력을 다 했음에도 불구하고 대니얼의 행태는 바뀌지 않았다. 그는 남들이 자기를 오해하고 있고, 따라서 그들의 걱정과 근심도 번지수가 틀렸다고 주장했다. 대니얼은 치료를 받겠다고 자원할 종류의 사람이 아니었다. 강제로 치료를 받는다 해도 호전될 가능성은 거의 없었다. 사정이 그러했으므로 수전이 난치성 저장 강박 증상자들의 문제를 해결하고자 도움을 요청했지만 내게도 뾰족한 수가 없었다. 약물 중독자나 신경성 식욕 부진증 환자임을 자각하지 못하는 사람을 그 누구도 도울 수 없는 것과 같은 이치이다. 환자 스스로 변화를 원해야만 하는 것이다.

저장 강박 행동을 통찰하지 못하는 사람들의 경우 대대적인 청소는 단기 해결책에 불과하다. 집 안 상태가 잠시 바뀌기는 하지만 저장 강박 행동은 그대로이기 때문이다. 아마도 대니얼의 저장 강박 행동을 중단시키기는 불가능할 것이다. 그렇다면 차선책을 생각해볼 수 있는데, 그가 저장물을 다른 방식으로 정리해 보관하도록 만들 수 있다면 에디스와 다른 가족 구성원의 잠재적 위험이 감소할 것이다. 이것이 우리가 관련 당국에 다른 접근법을 채택해보라고 권고하는 이유다. 우리는 집을 말끔히 청소하는 대신 저장 강박 증상자 스스로 기본적인 안전 기준을 충족 유지하려면 어떻게 해야 할지 판단하도록 돕는 공동 작업을 추천한다. 이런 공동 작업에는 지속적인 만남을 통해 개인적인 신뢰 관계를 구축하는 과정이 요구된다. 비용이 많이 들겠지만 대대적인 청소 작업의 횟수를 줄여 지자체의 금고를 절약할 수 있을지도 모른다. 하지만 이 방법에는 대니얼에게는 불가능해 보이는 협력과 노력이 필요조건으로 요구된다.

Chapter 10 | 저장 강박의 유전과 뇌 구조

너무 똑똑해서 탈?

쌍둥이 형제 앨빈과 제리

물건들에서 선택지가 너무 많이 보여요.
통제가 안 되는 거죠. 뇌를 다시 배선해야 할까 봐요!
_ 아이린

다람쥐의 저장 행동을 관찰한 일부 과학자는 견과류가 보이는 것만으로도 유전적으로 설계된 일련의 행동이 촉발된다고 제안했다. 그 행동은 견과류가 안 보이면 뇌에서 고이 잠잔다는 것이다. 다람쥐는 견과류 자극을 통해 배가 고프다는 느낌과 접속한다. 견과류를 모으고, 나중에 쓰려고 저장하는 이유다. 저장 강박증을 앓는 사람들도 이런 본능이 비슷한 행태로 발달했을지 모른다. 그들은 소유할 만한 물건이 눈에 들어오면 그것이 필요한데 없을 때의 느낌과 접속한다. 그 느낌이 해당 물건을 보관할지 버릴지 고려하는 과정을 지배하는 것이다.

저장 강박이 유전되는지의 여부는 상당히 심사숙고된 주제다. 그것이 선천적으로 추동되는 새들의 둥지 치기나 다람쥐의 견과류 모으기와 비슷할까? 동물의 행동을 연구하는 생태학자들은 이런 행동들이 학습한 것이 아니라 본능에 따른 것이라고 믿는다. 유명한 생태학자 콘라트 로

렌츠는 이런 본능을 '고정된 행동 양식fixed action pattern', 곧 FAP라고 불렀다. 로렌츠는 FAP가 자극과 맞물리면 뚜렷하게 구별되는 고정된 행동 절차를 따르는, 유전되는 프로그램(설계안)이라고 생각했다. 마치 다람쥐가 견과류를 모으는 것처럼 말이다. FAP가 진화의 사슬을 따라 위로 전달되어 인간 뇌의 후미진 곳 어딘가에 저장되었을지도 모른다. 일부 생태학자들은 뇌 회로의 오작동으로 오랫동안 휴면 중이던 FAP가 실수로 가동되는 것인지도 모른다고 생각했다. 요즘의 환경에서 말이 안 되는 연쇄 행동이 그 결과일 수 있다는 것이다. 쓸모없는 물건을 찾아나서고 저장하는 것처럼.

그러나 동물의 저장 모형들은 인간의 저장 강박을 설명하는 데서 몇 가지 결함을 보인다. 저장을 하는 대다수의 동물들은 환경에 적응하기 위해 행동하고, 이는 해당 생물종의 정상적인 행동이다. 사람들의 경우는 목적이 덜 분명하다. 대다수의 동물은 저장할 때 식량을 대상으로 한다. 그런데 대다수 인간의 경우 식량을 모으지 않는다. 인간의 저장 행동이 동물의 저장 행동처럼 진화가 표현된 것이라면 우리는 더 많은 식량 저장을 기대할 수 있어야 한다. 그러나 진화의 사슬에서 상위를 차지하는 인류가 '필요한 품목'을 확대해 비식량, 개인용품, 편의 도구를 포괄했을 수도 있다. 그렇다면 인간이 옷, 장식품, 나아가 정보까지도 저장하는 이유가 설명될지도 모른다. 어쩌면 인간의 저장 행동은 새와 다른 동물들이 보금자리를 만들면서 깃털로 장식하는 행동과 더 닮아 있다.

저장 강박 행동에 가족이 어떤 영향을 끼치는지 최근에야 비로소 조명받고 있다. 가계와 생물학적 조건의 역할이 주된 연구 대상이다. 우리는 저장 강박을 연구하면서 저장 강박 증상자들이 부모나 친척이 같은 증세를 보였다고 빈번하게 얘기하는 것에 크게 놀랐다. 우리가 수행한 초기 연구 가운데 하나에서 저장 강박 증상을 보이는 피험자의 80퍼센트 이상이 부모나 동기나 자녀가 비슷한 장애를 앓는다고 보고했다. 최근의 연구들로 저장 강박의 가족성家族性이 증명됐다. 국립 정신 보건원이 6개 단체 협력 회의에 자금을 지원해, 강박-충동 장애의 유전적 연관을 연구하도록 의뢰했다. 이름 하여 강박-충동 장애 유전 연구 협력단으로, 최근 강박-충동 장애자들의 동기들을 연구한 결과를 발표했다. 본인이 저장 강박 증상자이면 동기 역시 비슷한 행동을 할 가능성이 아주 높았다.

강박-충동 장애 유전 연구 협력단은 후속 연구를 수행했다. 저장 강박과 연관된 염색체 및 염색체 상의 부위에 있는 유전체를 전부 살펴본 것이다. 저장 강박 증상자가 두 명 이상인 가족의 경우 14번 염색체의 한 부위에 있는 유전자 양상이 증상자가 전혀 없는 가족에서 확인된 유전자 양상과 달랐다. 이 염색체가 왜 어떻게 저장 강박과 연계되는지는 잘 모른다. 14번 염색체의 유전자들은 면역 반응 기제를 수립하는 데서 중요한 역할을 담당하고, 알츠하이머병이 조기 진행되는 원인으로 지목돼왔다. 하지만 이런 사안들은 저장 강박과 구체적이고 명백한 연계가 전혀 없다. 투렛 증후군Tourette's syndrome, 신경 장애로 인해 자신도 모르게 자꾸 몸을 움직이거나 욕설 비슷한 소리를 내는 증상—옮긴이을 조사한 한 연구 결과를 보면, 비록 다른 염색체이기는 했지만 저장 강박처럼 가족성 연계 양상을 따랐다. 아마도 저장 강박의 유형이 다르면 유전적 장애도 다를 것이다.

이 연구 결과는 여전히 잠정적이다. 저장 강박 증상자 표본을 더 많이 구하고, 저장 강박 및 기타의 강박-충동 장애가 없는 대조군을 확보해 실험과 연구를 반복할 필요가 있다. 그럼에도 불구하고 이 연구 결과는 무척 흥미롭다. 양육만큼이나 본성이 저장 강박에서 일정한 역할을 하는 듯 보이기 때문이다. 저장 강박의 유전성을 가장 잘 확인할 수 있는 경우는 일란성 쌍둥이들이다.

쌍둥이: 현대판 콜리어 형제

수화기를 들자 전화를 건 사람이 냉큼 이렇게 말했다. "프로스트 박사님, 제리와 나는 현대판 콜리어 형제입니다. 저장 강박에 대해 말씀 좀 해주세요." 앨빈의 말은 뜬금이 없었지만 딱 부러지는 어조였다. 나는 그에게 저장 강박에 관한 자료를 좀 보내주기로 하고, 우리가 쓸 책의 개요도 설명했다. 앨빈은 인사도 하지 않고 전화를 끊어버렸다. 그에게서 다시 연락이 오리라고는 기대하지 않았다. 그런데 몇 주 후 앨빈이 다시 전화를 걸어왔다. 우리가 쓴 글에서 자신의 모습을 봤고, 우리가 묘사한 내용이 자신의 세계와 너무 비슷해 무척 놀랐다고 말했다. 그는 더 자세히 알고 싶어 했다. 그가 맨 처음 관심을 표한 것은 치료법이었다. 그러나 앨빈은 제리의 경우 '자기 물건을 너무 좋아하기' 때문에 치료를 받지 않을 거라고 확신했다. 결국 어느 형제도 치료를 받지 않았지만 앨빈과 제리는 면담을 하기로 했다. 이상이 내가 그들과 많은 시간을 함께 한 저간의 사정이다.

쌍둥이 형제 앨빈과 제리는 유명한 콜리어 형제와 닮은 구석이 있었다. 두 쌍의 형제 모두 아주 부유한 집안 출신이었고, 아버지가 유명한 의사였다. 그들은 지적이었고 매우 세련됐으며 예술에 관심이 많았다.

하지만 그것 말고 더 이상의 유사점은 없었다. 앨빈과 제리는 친구는 물론이고 아는 사람이 매우 많았다. '할렘의 은둔자들'과는 판이했다. 랭글리가 저장 강박 증상자이고, 호머는 단순히 묻어갔음에 반해 앨빈과 제리는 둘 다 저장 강박 증상을 보였다.

앨빈은 자신이 살고 있는 호텔의 거실에서 면담에 응하면서도 그들이 무엇을 저장하는지는 거의 얘기하지 않았다. 그는 키가 컸고 호리호리한 체격이었으며 쉰 살쯤 돼 보였고 약간 구겨진 양복에 나비넥타이를 하고 있었다. 앨빈은 이내 대화를 주도했다. 전화 통화를 할 때만큼 빠른 속도로 입을 놀리며, 우리가 하는 연구와 저장 강박에 관해 많은 것을 물었다. 하지만 자신의 저장 강박증이 화제에 오르는 것은 기피했다. 개인적인 문제를 말해도 좋을지 아직 확신이 안 선 상태였다. 30분 후 제리가 나타나 앨빈에게 약속이 있음을 알렸다. 구겨진 양복에 나비넥타이를 한 게 영락없는 쌍둥이였다. 말을 하는 빠른 속도와 어조도 앨빈과 똑같았다. 그러나 약간의 적개심이 느껴졌고, 앨빈이 보이던 호기심은 전혀 찾을 수 없었다. 나는 둘이서 미리 짜고 상황을 봐서 여의치 않으면 끼어들기로 했다는 인상을 받았다. 다행히도 앨빈은 가짜일지도 모르는 약속을 물리쳤다. 전화상으로 그를 처음 접했을 때는 화를 잘 내고 무례한 사람일 것 같았다. 예상은 완전히 빗나갔다. 앨빈은 매력적이었고 호기심이 많았으며 주변 사람들을 따뜻하게 배려했다. 그는 자신과 제리의 삶을 생생하게 감정의 뉘앙스를 잘 살려 문학적으로 설명했다.

집안이 부유했고, 형제는 돈을 벌 필요가 없었다. 그래도 앨빈은 행사 기획자로 일하면서 두각을 나타냈다. 그가 기획한 행사의 대부분은 고객의 성취를 축하하는 만찬 내지 모금 행사였다. 작가, 미술가, 음악가, 정치인, 운동선수 등의 유명 인사들이 그의 고객이었다. 나도 행사에 몇 번 참석했고, 앨빈이 행사장에 모인 사람들을 요령있게 대하는 걸 지켜봤다. 그는 거기에 온 모든 사람을 알고 있었다. 이름과 직업은 물론이고, 세세한 개인사까지도 말이다. 앨빈이 온갖 종류의 사람을 좋아하고, 자신의 매력과 기품을 바탕으로 그들을 '수집한다'는 게 분명했다. 그가 수집한 사람들이 그의 동아리를 형성했다. 나 역시 이미 그 일부가 돼 있었다. 두 형제 모두 항상 나를 만나는 데 열심이었고, 소유물과 삶의 다른 측면들에 갖는 애착을 얘기하고 싶어 했다. 두 형제에게 나를 부를 때 성 대신 이름을 쓰라고 했지만 그들은 항상 "프로스트 박사"라고 호칭했다. 앨빈은 그 호칭이 더 편하고, 자라온 가정환경과도 맞는다고 말했다. 그는 일과 친구에 대해서는 흥분해서 얘기했지만, 자신의 저장 강박은 폄하했다.

제리의 빠른 화법과 억양은 앨빈과 일치했지만 정서는 달랐다. 앨빈은 원기왕성하고 외향적이었지만, 제리는 걱정이 많고 내성적이었다. 제리도 주변 사람들을 진심으로 신경썼지만, 그 배려심은 근심과 걱정에서 비롯된 것이었다. 그는 뭐든 잘못 될까 봐 걱정했다. 자동차를 운전할 때면 기름이 떨어질까 봐 걱정했고, 끊임없이 멈춰서 주유를 했다. 형제는 방이 열아홉 개나 되는 저택에서 어린 시절을 보냈다. 차로 대여섯 시간쯤 걸리는 고향 집을 다녀오는 최근 여행에서 제리는 줄곧 연료계를 주시했다. 바늘이 가득 차 있다는 표시에서 조금이라도 떨어지면 제리는 주유소에 들러 기름을 넣어야 한다는 압박감에 시달렸다. 주유를 한다고 해봐야 10리터 정도를 더 넣을 수 있었을 뿐이지만 말이다. 그 여행은 목적지까지 평소보다 무려 한 시간이 더 걸렸다.

제리는 무엇보다도 앨빈을 가장 걱정했다. 앨빈이 스스로를 돌볼 줄 모르며, 남들을 너무 믿는다는 게 걱정의 이유였다. 그가 앨빈의 일상 용무를 처리했다. 청구서 지불, 우편물 정리, 의사와 약속 잡기, 세금 납부 등등. 앨빈은 삶의 소소한 측면들을 신경써본 적이 없었다. 아마도 제리가 그를 대신해 이런 일들을 처리해줬기 때문일 것이다. 앨빈은 돈에 대한 개념이 없었다. 돈의 출납을 파악하지도 현찰을 휴대하지도 않았다. 제리는 앨빈이 너무 순진해서 쉽게 이용당한다고 하소연했고, 몇 번이나 조너선 레빈의 슬픈 사례를 언급했다. 조너선 레빈은 '타임워너Time Warner' 사의 전직 최고경영자 제럴드 레빈의 아들이다. 조너선은 호사스런 삶을 외면하고, 브롱크스의 어느 고등학교에서 영어 교사로 일했다. 그의 신원을 알게 된 조너선의 학생 가운데 한 명이 아파트에 엄청난 재산이 있을 거라고 판단해 집을 털러갔다. 돈이 별로 나오지 않자 화가 난 제자 출신 강도는 현금 자동 지급기의 비밀번호를 내놓으라며 옛 선생을 고문하다가 결국 죽여버리고 말았다. 제리의 상상력은 매우 불쾌한 방식으로 그 이야기에 사로잡혀 있었다. 내게 조너선 얘기를 열 번 넘게 되풀이했다. 매번 앨빈을 걱정하면서 같은 얘기를 되풀이한다는 것도 의미심장했다. "프로스트 박사님, 나는 매일 그 생각을 합니다. 앨빈은 그런 사람들을 멀리 해야 한다는 분별이 없어요." 제리는 앨빈도 친구로 사귄 많은 사람 중 누군가에게 살해당할 수 있다고 걱정했다.

그는 앨빈을 걱정하면서 에너지가 완전히 고갈됐다. 앨빈이 지근거리에 있을 때마다 형제의 경솔함, 어울리는 사람들, 행동에 관해 푸념을 늘어놓았다. 두 형제의 관계에 긴장이 더해져 일촉즉발의 위기가 닥치는 때도 있었다. 그럴 때면 두 사람은 도저히 한방에서 지낼 수가 없었다. 심지어 그들은 친구들이나 사업상의 협력자가 면전에 있어도 아랑곳하지 않고 말다툼을 벌였다. 다툼의 주제는 언제나 똑같았다. 제리는 위험을 무릅쓰는 앨빈의 행동을 도마에 올렸다. 다른 사람이 없는 데서 내게 이렇게까지 말하기도 했다. 앨빈은 자기가 없으면 살아갈 수 없고, 쌍둥이 형제를 보호하는 게 자신의 임무라고 말이다. 제리는 근심과 걱정의 정도가 지나치다는 걸 전혀 알지 못하는 듯했다. 앨빈은 하소연했다. "제리는 나를 열 살 아이처럼 다뤄요. 꼭 엄마 같죠. 모든 면에서 내 삶을 침해하는데, 아주 끔찍합니다." 제리는 앨빈이 자신의 우려에 신경을 쓰지 않는다고 느끼면 상심한 나머지 크게 화를 냈다. 그는 앨빈이 자신을 무시한다고 느꼈지만, 앨빈도 제리의 고통을 분명히 알고 있었다. 한번은 앨빈이 내게 이렇게 말했다. "제리가 극성을 떨면 내 안으로 풍경風磬이 들어와 흔들리는 것 같아요." 앨빈은 호텔에서 다른 방을 동시에 여러 개 쓰고 있었는데, 가끔 제리한테서 달아나기 위해서라고 실토했다.

제리는 자신과 앨빈이 각각 별도로 두고 있는 아파트를 구경시켜줬다. 둘 다 그 호텔에 똑같은 펜트하우스 아파트를 보유하고 있었다. 거실 면적이 80제곱미터로 엄청나게 넓었고 천장이 무려 2층 높이였다. 그 거실을 중심으로 식당, 침실, 목욕실, 주방이 배치돼 있었으며, 위층으로 침실 두 개와 목욕실 한 개가 더 있었다. 우리는 먼저 앨빈의 아파트로 갔다. 거실과 식당 전체가 미술품과 시대 가구period furniture로 발 디딜 틈이 없었다. 18세기와 19세기의 회화, 조각, 흉상, 골동품, 조명 장치, 보석류 등에 눈이 휘둥그레질 지경이었다. 대부분의 물건이 아주 값진 것들이었다. 제리는 17세기에 제작된 대형 화병 몇 개를 가리키며 각각 1만 달러 이상은 받을 거라고 말했다. 그 방에 있는 미술품 가격이 다 합해 얼마나 될지 상상하기는 힘들지만 적어도 수십만 달러는 될 것이었다.

다수 저장 강박 증상자들의 집과 달리 앨빈의 거실에는 통로가 전혀 없었다. 따라서 그곳을 지나가려면 쌓아둔 물건들 위로 넘어가야 했다. 그런데 물건들이 2미터 가까이 쌓여 있는 곳도 있었다. 바닥은 전혀 보이지 않았다. 제리의 아파트도 혼란스럽기는 마찬가지였다. 하지만 그는 앨빈의 아파트에 있는 물건들의 안전을 더 걱정했다. 그러면서 앨빈이 문을 잠그고 다니는 일에 소홀하다고 불평했다. 그래서 결국 그가 나서 (누구도 쉽게 떠메고 갈 수 없는) 묵직한 대형 항아리를 출입구 복도에 몇 개 비치해 문을 차단했다는 것이었다. 나는 그 방을 보면서 중국 명 왕조의 무덤들이 떠올랐다. 황제들이 다스리던 시기의 온갖 보물을 부장품 방에 채워 넣은 황릉들 말이다. 두껍게 쌓인 먼지를 통해 앨빈이 저장한 물건들이 얼마나 오랫동안 잠자고 있는지 알 수 있었다. 제리는 먼지의 존재야말로 건드린 사람이 아무도 없다는 걸 의미했기 때문에 다행으로 여겼다.

쌍둥이 형제 둘 다 일종의 사진술 같은 기억력을 가지고 있었다. 제리는 모든 방이 정확히 어떤 상태인지를 마음속으로 그릴 수 있었고, 방에 들어섰을 때 조금이라도 만진 흔적이 있거나 위치가 바뀐 게 있으면 즉시 알아냈다. 방들이 무질서하고 혼란했다는 점을 고려하면 이것은 참으로 대단한 일이었다. 뭔가가 옮겨져 위치가 바뀌면 제리의 마음은 평정을 잃었다. 이것은 다른 무엇보다 혼란스럽다는 감각 지각으로 나타났다. 부적당하다고 느끼는 체험, 곧 NJRE 말이다. 제리는 뭐가 옮겨졌는지 파악하기 위해 방을 샅샅이 조사했고, 그 결과를 바탕으로 마음속의 이미지를 재조정했다. 그가 이 작업을 마치는 데 보통 30분 정도가 걸렸다.

미술품 외에는 옷이 많았다. 옷가지가 여기저기 흩어져 있거나 상상할 수 있는 모든 고리에 걸려 있었다. 주방의 대부분을 옷이 덮고 있어서 요리가 불가능했다. 종이는 거의 없었지만 업무용 명함은 수천 장이나 됐다. 게다가 뒤에는 전부 메모가 적혀 있었다. 제리는 앨빈이 명함 모으는 걸 아주 좋아하지만 들여다보지도 않고, 정작 필요할 때는 찾지도 못한다며 지독하게 투덜거렸다. 그는 앨빈 몰래 일부를 내다버리기까지 했다고 고백했다. 계단도 물건으로 덮여 있었다. 제리는 위층 방들을 보여주지 않았지만 그곳 역시 적어도 아래층만큼은 어질러져 있다고 말했다.

우리는 앨빈의 아파트를 둘러본 후 제리의 아파트로 갔다. 안으로 들어가기 위해 아주 묵직한 대형 항아리 한 개를 문에서 옮겨야만 했다. 업무용 명함이 없는 것을 빼면 제리의 아파트도 앨빈의 아파트와 거의 똑같았다. 18세기와 19세기에 제작된 대형 회화, 이탈리아 흉상, 태피스트리, 가구, 보석류가 눈에 들어왔다. 적어도 앨빈의 아파트에서 본 것만큼의 양이었다. 뻥 뚫린 통로가 없다는 것도 앨빈의 아파트와 같았다. 거실은 접근이 불가했다. 화병, 골동품 조명 장치, 대형 괘종시계가 진입을 차단했던 것이다. 옷이 도처에 널브러져 있었다. 제리는 앨빈과 달리 옷을 걸어두지 않는 듯했다. 그는 부모님 집에서 가져오거나 산 것들이라고 설명했다. 방에 있는 개별 물건에 관해 많은 내용을 꿰고 있었다. "여기 있는 모든 물건에는 나름의 사연이 있습니다. 다 기억이 나요. 만약 뭐라도 없애야 한다면 그 사연도 함께 사라지고 마는 겁니다."

제리는 아파트의 상태가 실망스럽다고 얘기하며, 잡동사니 때문에 미술품들이 훼손될 위험에 처했음을 인정했다. 하지만 대책과 관련해서는 갈팡질팡했다. "부모님이 우리 아파트를 보면 기겁을 하실 겁니다." 우리는 제리의 거실을 정리하는 방안을 놓고 짧게 이야기를 나눴다. 그는 이호텔로 들어와 살기 시작한 초창기에는 그곳이 아름다웠다고 말했다. 고위 관리, 정치인, 왕족의 접대에 사용되던 장소라는 것이었다.

다음 날 앨빈을 만나기 위해 호텔 로비로 가 기다렸다. 제리가 내 쪽으로 오는데, 딱 보아하니 앨빈 때문에 화가 나 있었다. 그는 앨빈이 나를 바람맞혔다고 말했다. 나는 제리에게 앨빈이 없어도 대화를 해보겠느냐고 물었다. 그는 잠시 생각하더니, 고통스런 표정과 함께 손을 한 번 흔들었다. "아니요, 가망 없는 일입니다." 제리는 그렇게 말하고는 자리를 떴다. 쌍둥이 형제 가운데 한 명이라도 나와 뭔가를 더 하고 싶기는 한 것인지 궁금하지 않을 수 없었다. 제리가 나중에 설명한 바로는, 전날 내가 떠난 직후 아파트로 돌아가 함께 이야기한 정리 방법을 시도해보았다고 했다. 그는 뭘 옮겨야 할지 결정을 내리다가 혼란에 빠져 좌절하고 말았다. 그러다가 나무 조각품까지 하나 부서졌다는 것이었다. 제리는 그 순간 변화의 가능성을 전부 포기했다. 앨빈도 비슷한 감정 상태를 겪었음에 틀림없었다. 그가 며칠 후 내게 전화를 걸어 사과했다. "대변 검사 샘플 같습니다. 그러니까, 박사님, 혈변血便이라는 얘깁니다. 더 이상 생각하고 싶지 않아요." 그 비유는 이상했지만 적절했다.

부모

나는 그 후로 몇 년에 걸쳐 이 쌍둥이 형제와 그들의 개인사에 대해 많이 알게 됐다. 두 형제의 아버지는 냉담하고 엄격했다. 적어도 마음이 따뜻한 사람이 아니었다는 것만큼은 분명했다. 앨빈은 아버지를 '입이 거친 사람'이라고 표현했다. 제리는 외할머니가 가족사에 여러 번 개입했다고 회상했다. 사위가 쌍둥이 손자들과 딸에게 보이는 엄격함이 선을 넘었다고 판단했던 것이다. 앨빈과 제리 모두 걸핏하면 화를 내는 아버지의 성미를 무서워했다. 형제와 아버지의 관계는 나이를 먹어가면서 더욱 악화됐다. 우리는 최근 조사 연구를 통해 다수의 저장 강박 증상자들이 어린 시절 가정생활에 따뜻함, 승인, 시시가 결어됐었음을 확인했다. 그들이 소유물에 정서적으로 강한 애착을 보이는 것은 아마도 이런 연유에서일 것이다.

형제의 아버지는 책, 잡지, 여행 정보를 수집했다. 하지만 그는 언제나 물건을 잘 정리했다. '모든 것은 제자리에'가 그의 좌우명이었다. 아버지의 어머니, 그러니까 쌍둥이의 친할머니도 수집을 했다. 교사였던 할머니는 엄청난 양의 물건을 획득하거나 물려받았고, 그것을 모두 보관했다. 그녀가 죽은 후 집을 정리한 이삿짐 회사는 쌍둥이의 부모에게 보낸 편지에서 그렇게 물건이 많은 빅토리아풍 가옥은 본 적이 없다고 썼을 정도였다.

쌍둥이의 어머니도 물건을 모았다. 꽃병, 중국 인형, 테디 베어가 그 품목들이었다. 어머니는 세계 최정상급의 쇼핑객이기도 했다. 쌍둥이 형제는 어머니가 뭘 버리는 걸 본 적이 없다고 증언했다. 외할머니가 개입해야만 집을 겨우 깔끔한 상태로 유지할 수 있었다. 결국 부모가 60대에 접어들면서 집은 가득 차기 시작했다. 어머니가 만년에 이르러 와병했을 즈음 제리의 추정에 따르면, 그들의 집에는 종이 가방이 5천 개가량 흩어져 있었다. 쌍둥이 형제는 부모의 집을 팔지 않고 계속 보유했지만 거기서 시간을 보내는 일은 거의 없었다. 지하실은 여전히 화장지곽, 종이 수건, 1960년대에 출시돼 다 쓴 100개 이상의 방취제 튜브로 가득 차 있었다. 다른 방도 대부분 너무 혼잡해서 사용이 불가했다. 제리는 고향 집을 찾으면 쓸 수 있는 침대가 하나도 없어서 거실의 마루에서 잔다고 말했다.

제리는 어머니와의 관계가 특별했다. 그는 어머니와 함께 여러 시간씩 연속극을 보거나 쇼핑을 했다. 형제는 20대 초반에 접어들면서 아버지와의 관계가 심하게 틀어졌다. 앨빈의 말을 그대로 인용해본다. "아버지는 우리가 무는 거북 snapping turtle 과 같은 심성을 가졌다고 말하고는 했지요. 잘못 된 것들만 문다나요." 아버지는 자식들을 더욱 더 힐난하고 질책했다. 그런 자식들의 상처를 보듬고 싶었던 어머니는 마음껏 쇼핑을 하게 해줬다. 형제는 싸구려 장식품에서 고급 미술품에 이르는 온갖 것을 구매했다. 제리가 어머니의 죽음을 회상할 때 두 눈에 눈물이 고였다. "매일 어머니를 생각합니다. 과연 다시 어머니를 만날 수 있을까요? 어머니가 돌아오시면 기대할 만한 모습으로 집을 유지합니다. 뭐라도 없앤다면 어머니를 단념하는 것과 다를 바가 없지요." 제리는 그런 태도가 비합리적임을 인정했다. 하지만 어머니는 그가 결코 쉽게 무시할 수 있는 대상이 아니었다. 그녀는 임종하면서 제리에게 자기를 위해 두 가지의 부탁을 해놓았다. 친척들에게 자기 물건을 절대로 팔지 말 것과 앨빈을 돌봐달라는 것이었다. 제리는 그 약속을 모두 지켰다. 하지만 거기에는 상당한 대가가 따랐다.

어머니는 쌍둥이를 지나치게 보호하려 들었다. 그들이 동네의 다른 아이들과 너무 많이 어울리는 것을 허락하지 않았다. 쌍둥이를 집에 두고 공부시켰다. 다른 아이들이 집에 와서 함께 노는 것도 허용하지 않았다. 집이 엉망으로 변할까 염려했던 것이다. 앨빈의 말을 들어보자. "변화가 너무 많으면 어머니는 불안해하고 속상해하셨습니다." 앨빈은 어머니가 대부분의 시간을 안전하게 보호 받는 장소라고 느끼던 집에서 지냈다고 말했다. "어머니는 집을 고치처럼 여기셨어요." 대저택의 열아홉 개나 되는 방 가운데서 쌍둥이가 들어갈 수 있는 방은 몇 개 안 됐다. 어머니는 당신이 원하는 방식대로 일단 방을 정리하면 어떤 누구의 출입과 사용도 허락하지 않았다.

쌍둥이가 함께 사용하는 방과 옷장마저 직접 정리하도록 내버려두지 않았다. 그녀는 아이들을 대신해서 그 일을 직접 했다. 매일 쌍둥이가 입을 옷을 준비했고, 그 과정에서 의견을 묻거나 상의하는 일은 없었다. 형제는 함께 쓰는 그들의 방에 극소수의 옷만을 둘 수 있었다. 새로 구매한 신상 의복으로 가득 채워진 옷장에 정작 쌍둥이는 접근할 수 없었다. 이 옷 중 다수는 단 한 번도 착용된 적이 없으며, 여전히 정가표가 붙은 채로 고향 저택에 걸려 있었다. 그 집은 약 10년 전 부모가 사망했을 때와 거의 비슷한 상태로 유지됐다. 제리는 가끔씩 고향 집을 찾았지만 앨빈은 전혀 그러지 않았다.

쌍둥이는 가끔씩 다른 아이들의 집에 가서 놀기도 했고 학교에서 친구를 사귀기도 했지만 둘 다 또래의 다수가 그들의 부와 지능을 시기한다고 느꼈다. 두 소년 모두 천재의 자질을 보였고 급우들과의 관계를 어려워했다. 앨빈은 자식들이 수집을 좋아한다는 걸 부모가 처음으로 주목하고 깨달은 것은 쌍둥이가 세 살 때였다고 말했다. 아이들은 보모와 함께 산책을 하면서 유모차에 나뭇가지와 잎사귀를 모았다. 그리고 보모에게 그것들을 절대 버리지 말라고 당부했다. 집으로 돌아오는 길에 특정한 나뭇가지가 없어진 걸 알게 되면 몹시 안달을 했고, 결국 보모가 그걸 찾아와야 했다. 그들은 다른 것도 수집했다. 조개껍질, 솔방울, 그리고 나중에는 도자기 입상도 모았다. 제리는 학급 신문을 버리는 게 참 어려웠다고 회상했다. 그러면서 초등학교 1학년과 2학년 때의 신문이 아직도 고향 집 어딘가에 처박혀 있을 거라고 덧붙였다.

잡동사니 속에서 살기

실상 앨빈도 제리도 내가 구경한 아파트에서 살지 않았다. 그들은 거기 사는 게 불가능해지면서 이미 아파트를 탈출한 상황이었다. 그들은 공간을 깨끗하게 치우고 사는 게 아니라 모든 것을 그냥 그대로 두고, 같은 호텔의 다른 아파트로 옮겨갔다. 제리는 작은 스위트룸에서 살았는데, 그 방도 사람이 거의 살 수 없을 지경으로 물건이 가득 차 있었다. 주로 종이, 옷, 책 들이 아무렇게나 흩어져 있었고, 미술품도 두세 점 눈에 띄었다. 펜트하우스 아파트처럼 그 스위트룸에도 통로가 전혀 없었다. 방에 들어선 우리는 마룻바닥을 덮고 있는 30센티미터 두께의 물건들을 밟으며 걸어야 했다. 주방은 쌓인 더미가 그 정도로 두껍지는 않았지만 그렇다고 바닥이 보이는 것도 아니었다. 개수대에는 잡다한 폐물과 보석이 가득 차 있었다. 요리를 할 만한 곳은 눈을 씻고 찾아봐도 없었다.

욕실은 주방의 상태를 뛰어넘었다. 욕실 바닥은 비타민제 병으로 덮여 있었다. 제리가 욕조를 사용하려면 두 다리를 벌려 알약 병 더미를 넘어가야 했다. 욕실의 조명 설비가 고장 난 상태였지만 사람을 불러 고치려고 하지도 않았다. 사는 곳이 엉망이어서 면목이 없는 데다가 뭐라도 훔쳐갈까 봐 걱정이 되었던 것이다. 제리는 주방의 조명에 의지해 욕실을 썼다. "주방 전등이 나가면 어떻게 해야 할지 모르겠어요. 다른 아파트로 또 이사해야할까 봐요." 그는 실제로 그냥 그렇게 할까 생각 중이라고 말했다. 그 스위트룸에서 사는 것도 이미 상당히 힘겨워진 상황이었기 때문이다. 제리는 이 아파트를 돌아다닐 수 없을 만큼 피곤할 때면 병용 중인 호텔의 다른 방들 가운데 하나에서 잠을 자기도 했다.

제리는 수집한 미술품의 일부를 펜트하우스 아파트에서 그 스위트룸 아파트로 옮겨놓았다. 대개가 작은 것들로, 주방의 식기장 하나는 보석류, 또 하나는 크리스털 화병과 장식 유리로 가득 차 있었다. 제리는 방 한쪽의 옷가지들 아래에 그림 몇 점을 숨겨놨다고도 말했다. 그는 그것들을 꼭 곁에 두고 싶었다고 설명했다. "이것들이 있어야 안심이 돼요. 고치 같은 거죠." 전에도 들어본 바 있는 후렴구였다. 그는 최근에 시외로 나갔었는데 누군가 아파트로 침입해 물건을 훔쳐갈까 봐 겁이 났다고 고백했다. 그것이 그림 위에 옷을 쌓아둔 이유였다. 그럼에도 불구하고 그는 그림을 안전한 곳으로 치우는 것은 고려하지 않고 있었다.

제리와 앨빈 모두 자신도 모르는 사이에 어린 시절의 경험을 되풀이하고 있었다. 많은 옷을 갖고도 입는 옷은 극소수였다. 하지만 쌍둥이 형제가 포장을 뜯지 않은 채로 옷을 얌전히 보관한 것은 아니다. 그들은 각자의 스위트룸 여기저기에 옷을 난잡하게 어질러놨다. 마룻바닥의 옷

더미들은 그 자리에 몇 달, 어떤 경우에는 몇 년째 방치되기도 했다. 제리는 마루에 떨어져 있는 옷은 절대로 입지 않았다. 주방의 위쪽 식기장 손잡이에 걸어둔 옷 몇 벌만 입었다. 작은 붙박이장 하나에도 옷이 차 있었지만 입지 않았다.

2년 전에 온수관이 터지는 사고가 났고 아파트 전체에 물이 새서 제리의 물건이 몽땅 젖고 말았다. 수해로 페인트가 부풀고 벗겨졌다. 제리는 인부들을 데려와 물에 불은 벽지를 제거시켰다. 하지만 다른 전문가를 데려와 온수관이나 벽을 고칠 마음은 전혀 없었다. 그때 이후로 제리의 아파트는 난방이 안 됐다. 그는 이전 두 차례의 겨울 동안 털모자를 쓰고 두꺼운 담요를 덮고 자면서 추위와 싸웠다. 제리는 그 아파트에 있는 걸 싫어했다. 아래층 식당에서 모든 식사를 해결했고, 앨빈의 일터에서 대부분의 시간을 보냈다.

가지가 많은 생각

어린 시절에 천재 소리를 듣긴 했지만 형제 중 어느 누구도 대학을 졸업하지는 못했다. 앨빈은 마음을 "조종하기가 너무 어렵다"고 하소연했다. "가지가 너무 많은 나무 같습니다. 모든 게 연결돼 있는 거죠. 어떤 가지든 어딘가로 이어져요. 가지가 너무 많아서 길을 잃고 마는 겁니다. 너무 빽빽하고 울창해 꿰뚫어볼 수가 없어요." 앨빈은 생각이 마구 떠오르고, 이 주제에서 다른 주제로 가지 치는 속도가 너무 빨라서 한 가지를 집중해 정리할 수가 없다고 말했다. 그는 이런 사정을 TV 코미

디 쇼 〈아이 러브 루시〉의 어떤 내용에 비유했다. 그 방송분을 보면 루시와 친구 에델은 초콜릿 공장에서 일한다. 그들의 임무는 일관 작업대에서 초콜릿을 집어 상자에 담는 것이다. 일관 작업대의 운행 속도가 빨라지자 루시와 에델은 뒤처지고 만다. 하지만 일관 작업대는 멈출 줄을 모른다. 초콜릿이 도처에 쌓이고, 결과는 대혼란이다. 그 뒤죽박죽 엉망진창인 상태는 쌍둥이의 마음뿐만 아니라 그들의 방과도 닮았다.

제리 역시 앨빈이 했던 말과 유사한 내용을 적은 편지를 내게 보냈다.

아무래도 지금 종이에 적는 상황은 창피한 비밀인 것 같습니다. 보통 사람들은 이런 곤경 내지 불가항력적인 상황을 도저히 가늠하거나 헤아리지 못할 겁니다. 중요한 물건(운전면허증, 신용카드, 자기식 차고 열쇠 등등)을 함께 모아 보관하는 것도 내겐 정말이지 대단한 일이에요! 내 머릿속에는 돌아가는 줄거리가 너무 많습니다. 밤에 꾸는 꿈도 사납게 요동을 치고, 불안하기 이를 데 없죠. 과연 내가 이런 혼란에서 벗어날 수 있을지 궁금합니다.

복잡하게 생각하다가 길을 잃는 앨빈의 경험은 저장 강박 증상자들 사이에서 보편적인 현상이다. 처음에 우리는 그들이 비증상자들보다 더 똑똑할지도 모른다고 생각했다. 물론 이 가설적 추론은 사실이 아닐 수도 있다. 하지만 그들이 더 복잡하게 생각하는 듯하다는 것만큼은 사실이다. 구체적으로 보면, 보통 사람들이 못 보고 넘어가는 소유물의 세세한 부분까지 신경 쓰느라 저장 강박자들의 마음에는 생각의 홍수가 나는 것이다. 아이린은 자주 이렇게 말했다. "나는 큰 그림을 보는 종류의 사람이 아니라 자잘한 세부 사실에 주목하는 형이에요. 하지만 너무 오랫동안 세부 사항들을 모았고, 이제는 그것들을 아울러야 합니다."

복잡한 생각은 물건을 뛰어넘어 확장된다. 저장 강박 증상자들이 공통적으로 보이는 호기심은 그들과 통화를 해보면 알 수 있다. 그들이 남기는 메시지는 길고 장황하고 두서가 없으며, 무관한 사실들로 인해 일관성까지 없다. 내 전화기의 음성 녹음 장치는 2분짜리 메시지를 6개까지 기록할 수 있다. 그런데 이 기계가 단 한 명의 메시지로 가득 차는 경우가 잦다. 최근에 연락을 취해온 한 여성을 예로 들어보겠다. 정해진 2분의 말미에 이르자 기계가 첫 번째로 그녀의 말을 잘라먹으면서 종료됐다. 메시지는 아직 본론에 이르지도 못한 상태였다. 그녀는 다시 전화를 걸어, 첫 번째 전언 내용을 절반가량 되풀이 말했다. 자신의 이력과 도움을 받고 싶다는 생각을 밝혔고, 저장 강박과 관련해 남자 형제가 했다는 얘기를 들려줬다. 그녀는 남자 형제가 정확히 언제 그 얘기를 했는지에 대해 잠깐 동안 혼자 옥신각신하더니 크리스마스경이었다고 결론지었다. 어머니가 칠면조를 태워먹은 해로, 그해 크리스마스에는 눈도 왔다고 말했다. 기계가 다시 그녀의 말을 끊어먹었다. 세 번째 메시지를 남길 차례였다. 그녀는 앞의 두 차례 녹음 내용에 대해 사과했고, 자기 인생의 시시콜콜한 얘기를 더 했다. 세 번째 2분이 끝나갈 무렵에야 전화번호를 남겼다. 그녀는 단 한 개의 질문도 하지 않았고, 자기한테 전화를 해달라고 내게 요구하지도 않았다.

산자야 색시나 박사는 캘리포니아 대학교 샌디에이고 캠퍼스에서 저장 강박의 신경 과학을 연구하는 정신 의학자이다. 그는 이런 성향을 "20초짜리 질문에 20분 대답하는 격"이라고 설명했다. 저장 강박 증상자들은 지나치게 자세히 말하는 일이 잦다. 세부 사항을 너무 많이 나열하다가 주제를 놓치거나 잃어버리는 것이다. 대니얼의 경우 관계가 없는 얘기를 주구장창 해댔다. 그들은 무관한 사실들을 걸러낼 수 없는 것 같다. 또한 개별 사실이 또 다른 개별 사실만큼 중요한 듯하다. 그들은 사실들을 정리하거나 사실들에서 결론을 끌어내지 못한다. 앨빈은 그가 처한 곤경을 이렇게 설명했다. "모든 게 강렬해서 도저히 눈을 뗄 수가 없습니다. 뭐든 서로 단단히 결합되는 것이죠. 그 연관성을 망가뜨리지 않고서는 과정과 흐름을 중단시킬 수 없습니다."

이런 사태가 저장 강박 증상자가 보이는 의사 결정 장애를 해명해주는지도 모른다. 메뉴판을 보고 음식을 주문하는 것처럼 아주 단순한 결정을 내리는 일조차 몹시 고통스러울 수 있다. 앨빈은 방에서 스무 개가량 되는 타이를 내게 보여주며 말했다. "아침에 어떤 타이를 메야 할지 고민하느라 애를 먹어요. 이거 하느라고 하루 종일도 보낼 수 있습니다." 제리도 비슷한 문제를 토로했다. "행사가 있어 외출할 때면 옷을 예닐곱 벌은 챙겨야 해요. 뭐가 더 나은지 판단을 못 하겠거든요." 앨빈은 어머니도 비슷한 문제를 겪었다고 회상했다. 쌍둥이가 어렸을 때의 일이다. 부모가 유람선 여행을 예약했는데 어머니가 짐을 다 싸지 못하는 바람에 승선을 못할 뻔했다는 것이다. 결국 외할머니가 와서 짐을 꾸려주셨다.

설문지 작성조차 그들한테는 문제가 된다. 한 연구 참가자의 경우 10분이면 다 쓰는 설문지를 완성하는 데 한 시간 이상 걸리기가 일쑤였다. 우리는 그 설문 자료를 사용하지 못했다. 제시된 답변들 가운데 하나를 선택해 동그라미를 쳐야 하는데, 질문마다 한 문단씩 에세이를 써냈기 때문이다. 진단을 목표로 진행하는 우리의 면담은, 참가자들이 세부 사실을 끝없이 얘기하거나 잠자코 앉아 있을 경우, 통상 두세 시간이면 끝날 일이 여섯 시간에서 여덟 시간까지 걸리기도 했다. 면담에 응한 저장 강박 증상자들은 증상 때문에 얼마나 괴로운지와 관련해 스스로 마음을 정하지 못한다. 그들은 중요한 사실과 중요하지 않은 사실을 분류하고 정리하는 기제가 손상된 게 분명하다. 나무들 때문에 숲을 보지 못하는 것이다. 제리는 이런 사정을 "만화경 같다"고 설명했다. "조각들이 깨져서 맞아떨어지지 않는 겁니다."

앨빈이 물건을 정리하는 데서 어려움을 겪는다는 사실을 맨 처음 깨달은 것은 아홉 살 무렵 캠프를 마치고 떠날 때였다. 다른 아이들은 짐을 다 꾸리고 집으로 돌아갈 준비를 마쳤지만 앨빈만 소지품들을 펼쳐놓고 앉아 있었다는 것이다. 그는 가방에 소지품을 어떻게 정리해 넣을지 궁리하면서 친구들이 차례로 떠나는 걸 지켜봤다. 또래 아이들은 매우 능률적이라는 사실에 앨빈은 깜짝 놀랐다. 그는 자신의 비효율이 그들과 비교가 되자 상당히 괴로웠다. 앨빈의 아버지는 수집한 책과 그림과 잡지들을 효과적으로 정리하는 자신을 자랑스럽게 여겼다. 아버지의 좌우명 '모든 것은 제자리에'가 캠프에서 집으로 돌아오는 앨빈의 머릿속에서 떠나지 않았다. 앨빈은 정리하는 데서 겪는 어려움을 어떻게든 해결해보겠다고 마음을 굳게 먹고, 아버지가 우편물을 분류하고 정리하는 걸 봐도 되겠느냐고 물었다. 조숙한 아들의 요구가 상식 밖이라고 생각한 아버지는 허락하지 않았다. 앨빈은 그 사건으로 사태를 바로잡을 기회가 영원히 날아가버렸다는 기억을 생생히 간직하고 있었다.

제리는 열흘 일정으로 밴쿠버의 친구들을 방문하는 여행에 나서기 전까지는 물건 정리 문제에 대해 생각해본 적이 거의 없었다. 밴쿠버 체류가 일주일째로 접어들 무렵 친구들이 만찬을 베풀어줬다. 그는 친구들이 손님들에게 집 구경을 시켜줄 때 주방에 앉아 있었다. 그들이 제리가 머물던 방에 이르렀을 때 왁자한 웃음소리가 났다. 제리가 왜 웃었냐고 묻자, 과연 그가 혼란을 수습해 물건을 전부 갖고 집으로 돌아갈 수 있겠는지 설왕설래하던 중이라는 대답이 돌아왔다. 난잡하게 어질러진 방을 본 친구들의 반응에 그는 창피하고 혼란스러웠다. 앨빈도 시카고에 사는 한 친구를 방문했을 때 비슷한 경험을 했다. 겨우 나흘이 지났는데 주인은 앨빈의 동의를 얻어 방을 대신 정리해주려고 했던 것이다.

증상자들의 다른 경험을 종합해보면 주의력 및 집중력 결핍이 저장 강박의 커다란 요소로 여겨진다. 내가 제리의 방에 함께 있을 때였다. 제리가 신문에서 오려낸 기사를 하나 보여주고 싶다고 말했다. 그는 기사를 어디서 찾아야 하는지 대충 알고 있었다. 하지만 해당 기사를 찾아내기도 전에 영국의 왕족 및 앨빈과 함께 찍은 사진 얘기에 정신 줄을 놔버렸다. 개수대의 보석류 얘기가 그 뒤를 이었다. 다시 보석함의 명각 얘기가 나왔고, 또 다른 얘기, 다른 얘기가 이어졌다. 보여주고 싶다던 기사를 찾는 과정에서 그는 눈에 띈 모든 물건에 대해 할 얘기가 있었다. 결국에는 보여주겠다던 애초의 신문 기사를 찾지 못했고, 무언가를 찾고 있던 중이라는 사실조차 기억하지 못했다.

우리는 연구 과제 중 하나로 저장 강박 증상자들을 기타의 기분 및 불안 장애자, 정서 장애가 전혀 없는 사람들과 비교했다. 저장 강박 증상자의 대다수는 어린 시절에 다음과 같은 경험을 하는 일이 잦았다고 응답했다. 주의 산만, 주의력 결핍, 과제 수행 장애, 과제 미완성, 물건 분실, 건망증, 지나친 수다. 이 모든 게 주의력 결핍 과잉 행동 장애의 증상들이다. 성인이 된 그들에게 이런 증상들은 훨씬 더 뚜렷했다. 성인 저장 강박 증상자는 지속적으로 정신을 쏟아야 하는 과제의 경우 아예 하지 않으려는 경향이 있다고도 응답했다. 이런 문제를 갖고 있는 사람의 대표적인 본보기가 제리다. 그는 물건을 정리하는 데 시간을 거의 쓰지 않았다. 엄청난 노력이 요구됐는데, 어찌 할 바를 몰라 좌절하다가 결국 정리를 포기했다. "나는 뭘 하든 어렵고 힘들어요. 생각이 너무 많거든요." 제리는 이렇게 하소연했다.

산산조각 난 인생

쌍둥이 형제는 물건을 정리하지 못했고, 결국 거주 공간을 저장고로 바꾼 다음 새로운 생활 무대를 찾아 떠나는 방식으로 사태에 대응했다. 다행스럽게도 형제에게는 그럴 만한 재정적 수단이 있었다. 그렇다 해도 새 집이 물건으로 채워지는 속도가 너무 빨라 형제는 늘 제 기능을 다하지 못하는 공간에서 살아야 했다. 제리가 화장실을 쓰려고 한밤중에 일어났던 적이 있었다. 그가 침대 옆으로 쌓인 여러 더미 가운데 하나에 걸려 넘어지면서 아름다운 베네치아 화병을 걷어차는 불상사가 발생했다. 화병이 옷가지 위에 놓인 어떤 금속 용기에 부딪쳐 산산조각 났다. 제리가 그 더미 위로 지나가려 했으므로 유리 조각이 발에 박히고 말았다. 유리 조각을 빼냈지만 좀체로 걸을 수가 없었다. 유리 조각으로 인한 상처는 아주 깊었고, 결국 응급실을 찾아가야 했다. 그는 사고로 인해 고통을 당하고 곤란을 겪었지만 여전히 그 유리 조각을 치우지 않고 있었다. 그 이유를 묻자 그가 대꾸했다.

"모르겠어요. 정말이지 어리석다는 생각이 듭니다."

"청소를 시도해보기는 했어요?"

"어제도 거기 올라가서 살펴봤습니다. 우울했어요."

제리는 그렇게 수 년 동안 박살 난 물건들에 대해 내게 얘기해줬다. 어머니의 골동품 조명 장치, 값비싼 샹들리에, 내가 처음 방문한 직후 부서진 나무 조각품이 열거됐다. "지난 세월 동안 많은 게 부서졌고, 앞으로도 망가질 겁니다. 그래요, 청소를 해줘야 하는 방들에 있는 다른 위태로운 물건들도 떠오르네요. 거의 포기해버렸죠." 제리의 결론은 이랬다. "이런 거죠. 내 인생은 산산조각 났습니다!"

깨진 유리를 치우는 데는 한 시간이 채 걸리지 않을 터였다. 하지만 청소를 하려면 그 시간 동안 우울한 기분을 참아야만 했다. 그래서 청소를 하지 않았다. 적어도 문제의 방을 떠나 있는 한은 우울할 필요도 없었다. 아무튼 아침저녁으로 방에 들어가 자야 할 때면 대면하게 되는 그 고통을 피하기 위해 약간의 꼼수를 동원했다. 방에 머무는 동안 다른 생각을 하면서 스스로 주의를 분산시켰던 것이다.

나는 유리를 치우는 과정에 동참하게 해달라고 제리를 설득했다. 제리는 그런 불편을 감수하고 싶지 않았지만 나의 위신 때문에 하는 수 없이 그러마고 했다. 그는 40분가량 엎드려서 손수 유리 조각을 주웠고, 먼지와 기타 쓰레기를 치웠다. "아버지라면 내가 이렇게 하는 걸 보고 졸도하실 겁니다. 아버지는 큼직한 장치와 시스템을 좋아하셨지요. 어쩌면 내가 진공청소기를 가져와 이 일을 할 수도 있을 거예요." 하지만 제리는 계속해서 손으로 작업을 했다. 그는 이 과정에서 고통을 거의 느끼지 못하는 듯했다. 내가 함께 하지 않았다면 청소도 안 했을 거라고 말했다. 우리는 이런 종류의 작업 치료를 할 때 함께 대화하는 것 말고는 별도의 개입을 거의 하지 않는다. 그들에게 필요한 것이라고는 계속 집중할 수 있게 해주는 존재 정도이다. 제리는 내가 함께 해서 불편을 조금이나마 잊은 것 같았고, 계속해서 작업을 했다.

제리는 깨진 유리를 대부분 치우고 버렸지만 커다란 조각 두 개는 남겨두며 말했다. "이건 보관해두고 싶어요. 꽃병이 박살나기 전에 어땠는지 기억이 납니다. 유리 조각을 다 내다버리면 아름다웠던 꽃병을 포기하는 것과 다를 바 없죠. 그러고 싶지 않아요. 어쩌면 깨진 꽃병이 다시 복원될 수 있으리라고 생각하는 거죠. 절대로 그럴 수 없기 때문에 말이 안 된다는 건 알아요. 하지만 그게 바로 지금 제 느낌인 걸요. 그냥 포기하면서 외면하고 싶지 않네요. 꽃병이 그대로 있다고 생각하고 싶은 겁니다." 나는 이 말을 들으면서 제리가 어렸을 때 살았던 고향 집을 그대로 두는 게 어떤 심리 상태에서일지 연상해보았다. 그 집을 파는 것은 어머니를 포기하고 외면하는 것 같으리라.

만약 그 유리 조각 두 개를 버려야 한다면 어떤 기분이 들 것 같으냐고 묻자 다음과 같은 대답이 돌아왔다. "화병이 깨졌을 때만큼 나쁘겠죠. 오랫동안 그런 느낌에 시달릴 겁니다." 우리가 전에도 들은 적 있는 말이었다. 내가 조금 더 밀어붙이자 제리는 이렇게 대답했다. "유리 부는 장인 glass blower이라면 이게 필요할 수도 있을 겁니다." 결국 제리도 한 달 정도 후면 지녔던 유리 조각을 버릴 거라고 응답했다. 그때쯤이면 꽃병이 사라진 사태를 극복할 수 있으리라는 것이었다. 4년 후 제리를 찾아갔을 때, 유리 조각은 여전히 그대로 남아 있었다.

기억: 물건들이 하는 이야기

　　다수의 저장 강박 증상자는 집에 머무는 것을 싫어하고 잡동사니를 의식하면 우울해하지만 역설적이게도 개별 저장물은 아주 좋아한다. 앨빈은 잠시 동안이라도 거의 매일 펜트하우스 아파트를 들린다고 했다. 업무에서 놓여나 수집 저장한 물건을 즐기기 위해서였다. 앨빈은 거기 가서 정리 작업을 하지도 물건을 추려내 버리지도 않았다. 그냥 보물 속에 파묻혀 있는 자제를 즐겼던 것이다. 나도 동행한 적이 있었다. 그는 방을 살펴보면서 말했다. "대다수한테는 이게 엉망진창으로 보일 거예요. 마구 쌓인 게 복잡한 건 사실이죠." 앨빈의 시선이 어떤 물건에 고정됐고, 그는 도취된 듯 자세히 들여다봤다. 오레포스Orrefors, 스웨덴의 유리 공예 업체—옮긴이의 크리스털 잔이었는데, 그가 그 잔에 적용된 아리엘 기술과 그레일 기술Ariel technique & Grail technique, 둘 다 오레포스에서 개발한 유리 제조 기술—옮긴이에 관해 자세히 언급했다. 하지만 앨빈이 정말로 들뜬 것은 그 명품들의 모양과 윤곽이었다. 그의 눈에 또 다른 보물이 들어왔다. "이거 보세요, 프로스트 박사님." 앨빈이 구리로 만든 코끼리 상을 집어들었다. 등에 바구니가 있고 그 안에 남자가 앉아 있는 형상이었다. 앨빈은 10년도 더 전에 어떤 골동품 가게에서 그 조상을 발견해 입수한 경위를 얘기해줬다. 그런데 가게와 매입 과정에 관한 자세한 얘기를 듣고 있자니 마치 어제 일인 듯 생생하게 다가왔다.

　"잠깐만요, 박사님. 이것도 보세요." 앨빈이 벽에 고정해 전등을 설치할 수 있는 스테인드글라스 판을 가리켰다. "이건 부모님 집에서 가져온 겁니다. 거기 가면 아직도 여덟 개가 벽에 붙어 있는데, 불을 켜는 것도 가능하지요. 소더비 경매장에서 이런 것 하나가 4천 달러 이상에 거래되더라고요."

"여기, 이것 보세요, 박사님!" 반지를 발견한 앨빈의 목소리가 신이 나서 커졌다. 그는 그 반지가 인도 서부에서 제작됐을 것이라고 추정했다. 거의 호두만 한 크기였고 가운데는 커다란 사파이어가 박혀 있었는데, 그 청옥 양쪽으로는 부처, 가장자리에는 코끼리들이 은에 금으로 상감 세공돼 있었다.

아파트에는 옷걸이가 여러 개였는데, 그중 하나가 쓰러지는 바람에 앨빈이 소중히 여기는 반지들을 보관하는 함이 묻혀 있는 상태였다. 그가 수집한 반지의 개수는 500개가 넘었다. 모두가 나름의 사연이 있었고, 아버지의 월장석 반지에서부터 어느 날 밤 고급 식당에서 직접 구매한 반지에 이르기까지 모두가 특별한 관련성이 있었다. 앨빈은 식당 화장실의 옆 소변기에 서 있던 남자의 손가락에서 그 반지를 보았고, 얼마면 팔겠느냐고 세 번씩이나 제안해 끝내 손에 넣었다. 그는 그렇게 보유한 반지 각각의 예술성을 음미하며 즐겼다. 하지만 앨빈에게 더 중요했던 것은 모든 반지가 그의 인생을 담고 있다는 점이었다. 그는 반지를 통해 인생의 사건들을 정리하고 기억했다. 앨빈의 반지들은 그저 단순히 회상하는 것으로는 얻을 수 없는 생생함을 제공했다. 나는 아파트에 있는 훌라후프에 대해 물었다. 앨빈은 최근에 다녀온 여행에서 샀다고 대답했다. "최근에 다녀온 여행이라는 영화를 다시 상영해주는 필름 같다고 할까요."

하지만 이 문제는 단순히 기억하는 걸 돕기 위해 물건이 필요한 사안이 아니었다. 앨빈이 물건들을 통해 과거의 사건을 추체험할 수 있다는 게 더 중요했다. 그가 서류철을 잃어버린 최근의 경험을 소개했다. 그 서류철에는 행사를 조직하면서 작성한 메모가 잔뜩 들어 있었다. 그런데 그것을 분실하는 바람에 해당 행사를 전혀 기억하지 못하게 됐다. 누가 참석했고 무슨 일이 있었는지 등등 말이다. 다행히 서류철을 찾게 되면서 앨빈의 기억이 돌아왔다. "서류철을 살펴볼 필요조차 없었어요. 다 생각이 났으니까요. 물건과 결합되면 기억이 생생하죠. 꼭 홀로그램 같다니까요."

"박사님, 이것 보세요!" 앨빈의 목소리가 다시 한 번 커졌다. 문설주 옆으로 박힌 못에 되는 대로 걸려 있던 19세기의 리시아 성화가 눈에 들어왔던 탓이다. 대단한 걸작으로, 앨빈이 정성스럽게 목재의 뒤판과 상감한 부분을 어루만지는데, 그냥 봐도 작품을 음미하는 중이란 걸 알 수 있었다. "여기 어디에 십여 점 더 있을 겁니다."

"잠깐만요, 박사님." 이제 그는 물건들 사이를 달리고 있었다. 앨빈이 19세기에 프랑스에서 제작된 서랍장의 어질러진 상단으로 다가갔을 때 나는 또 값진 예술품을 보여주겠거니 하고 예상했다. 그런데 아니었다. 그가 집어든 것은 초록색 플라스틱 소재의 싸구려 안경이었다. 안경을 만지면서 찬사를 늘어놓는데, 그 경외심이 성화를 대할 때와 다르지 않았다. 앨빈은 직접 조직한 '에메랄드 시티Emerald City, 오즈의 마법사가 산다는 '에메랄드 성'으로 추정된다―옮긴이' 파티에서 그 안경을 구했다고 설명했다.

"여기 들어오면 꼭 과거로 들어가는 것 같아요. 보세요." 앨빈이 이렇게 말하면서 서랍장을 열고, 업무용 명함 무더기를 꺼냈다. "명함을 모아요. 2만 5천 장이 넘을 겁니다. 이 사람들 각각에 대해 뭐가 됐든 조금쯤은 다 말해줄 수 있어요. 어디서 만났고 함께 뭘 했는지 말입니다. 명함을 건네받으면 주는 사람 및 당시의 과거와 물리적으로 연계되죠. 내 기억력에 물질적 조건이 갖추어지는 셈입니다. 내게는 물리적 연계가 필요해요."

앨빈의 기억들이 물건과 결부되는 사태는 공감 주술을 상기시킨다. 물리적 대상이 원 소유자나 최초 사건과 결부된다고 보는 것이 공감 주술이었다. 내 학생 가운데 한 명은 제리 사인펠트가 입었던 셔츠에 공감 주술적 사고방식을 투사했다. 앨빈은 전직 푸에르토리코 지사와 만찬을 함께 한 일이 있었다. 그 지사 출신자가 한 연설이 마음에 든 앨빈은 연설 내용의 골자를 적은 메모를 얻을 수 있겠느냐고 물었다. 그런데 식사 중에 종업원이 그 쪽지를 집어가버리는 일이 발생했다. 전직 주지사는 앨빈에게 이메일로 연설문을 보내주겠다고 약속했지만 원본을 확보하겠다는 앨빈의 의지는 결연하기만 했다. 그는 한 시간 이상 주방 쓰레기를 뒤지면서 쪽지를 찾았다. 앨빈은 그 원본 쪽지에 만찬의 '물리적 기억'이 응축되어 있다고 주장했고, 당연히 그걸 확보해야만 했다.

앨빈은 많은 물건을 모았고, 이를 통해 알지 못하는 사람들과도 인연을 맺었다. 몇 년 전 한 벼룩시장에서 산 반지를 내게 보여줬다. 거기에는 "딸에게"라는 말이 새겨져 있었다. 앨빈은 딸에 대한 부모의 사랑이 아름답다고 느꼈고, 그 반지를 사지 않을 수 없었다. 그는 이런 물건을 "이전 소유자의 영혼에 찍힌 발자국"이라고 말했다.

우리는 거의 한 시간가량 앨빈의 물건을 살펴보았다. 아파트를 떠날 무렵 앨빈의 양손은 보물들을 쓰다듬으면서 묻은 먼지로 까매져 있었다. 그는 소유물을 통해 자신의 과거 및 타인들의 과거와 연결됐다. 물건들이 갖는 의미는 단순한 물리적 존재를 뛰어넘었다. "언어 같습니다. 물건들이 말을 하는 거죠."

앨빈은 세부 사실과 복잡성 측면에서 물건들을 대다수의 사람들보다 훨씬 풍부하게 경험했다. 그의 온갖 보물에는 엄청난 양의 정보가 담겨 있었고, 물건을 보기만 해도 그 모든 것을 상기해냈다. 그는 개별 소유물에 비장된 기억, 또는 그것들이 남들과 관련해 담고 있는 이야기들 속에서 쉽게 길을 잃고 말았다. 하지만 이 물건들은 물리적으로 존재했고, 앨빈은 관련 기억만큼이나 그 사물의 모양, 색깔, 윤곽에 이르는 특성들에 매혹되었다. 그가 자기 보물을 보여주면서 흥분하는 것을 지켜보던 나는 자연스럽게 아이린을 떠올렸다. 아이린도 병뚜껑을 모아 담은 가방을 보여주면서 흥분했었다. 앨빈이 온갖 물건의 물리적 특성을 생각히고 음미하는 태도는 놀라웠다. 물건의 여러 물리적 특징에 관심을 집중했고, 이 과정에서 해당 물건의 가치와 의미가 확장됐다. 그는 내게 이렇게 말하기도 했다. "시각 예술을 감상하고 있으면 내 안의 전자가 튀어나옵니다." 엄청나게 많은 수의 저장 강박 증상자가 스스로를 예술가로 규정한다. 그들이 비증상자보다 더 지적이고 창조적이며, 물리적 세계를 그들만의 방식으로 통찰하기 때문일지도 모른다. 저장 강박의 이런 부분은 일종의 선물이라고 할 수 있다. 그들은 물건들에서 아름다움, 쓸모, 의미를 볼 줄 아는 특별한 재능을 가진 것이다.

그러나 이 타고난 재능에는 저주가 따라붙는다. 앨빈은 자기 마음을 '가지가 너무 많은 나무'라고 하소연했는데, 그의 비유는 저장 강박의 가장 안 좋은 측면을 가장 정확하게 진술한 것으로 보인다. 정보 과다로 인해 정리하고 조직할 엄두를 내지 못하는 것이다. 한편으로 재능이었던 것이 심각한 문제이자 위험 상황, 가끔은 극심한 불행의 원인이 되고 만다. 저장 강박은 어쩌면 창조성이 미쳐 날뛰는 것인지도 모른다.

저장 강박을 부르는 뇌 회로

아이린은 나와 만날 때까지 30년 넘게 저장 강박 문제로 싸웠다. 그녀는 이 장애를 제어하지 못하는 외관상의 무능을 다음과 같이 푸념했다. "이렇게 태어났으니 이렇게 죽겠지요. 물건들에서 선택지가 너무 많이 보여요. 통제가 안 되는 거죠. 뇌를 다시 배선해야 할까 봐요!" 저장 강박 행동이 발달하는 데 뇌 회로가 관여할지도 모른다.

1848년 가을 버몬트 주의 철도 건설 노동자 피니어스 게이지는 제거해야 하는 바위에 구멍을 뚫고 화약을 설치했다. 그는 재워 넣은 화약 상단에 다짐대로 모래를 채웠다. 문제의 다짐대는 길이가 0.9미터의 쇠막대로, 직경이 3센티미터에서 점점 가늘어져 다른 쪽 끝은 0.6센티미터 정도였다. 모래를 다져넣는 과정에서 불상사가 일어났다. 화약이 폭발하면서 다짐대가 게이지의 두개골로 날아간 것이다. 왼쪽 눈 바로 아래로 들어간 다짐대는 정수리로 빠져나와, 무려 25미터를 날아갔다. 게이지가 그 사고에서 살아남아 이후로도 거의 10여 년을 더 산 것은 기적이었다. 그는 사고 후 행동에 변화를 보였고, 신경 과학 분야 최초의 가장 유명한 사례 연구 대상이 됐다.

게이지는 여러 가지 행동 변화를 보였는데, 특히 기념품을 '아주 좋아하게' 됐다. 그의 저장 강박 행동에 관한 기록은 별로 남아 있지 않다. 하지만 전두엽이 손상되고 나서 저장 강박 증상을 보이는 다른 사례들이 이후로 많이 보고되었다. 아이오와 대학교의 연구진이 그 이유를 찾아나섰다. 그들은 부상 후유증 속에서 비정상적으로 물건을 모으게 된 뇌 손상 환자들을 물건을 수집하지 않는 뇌 손상 환자들과 비교했다. 그 결과 비정상인 수집가 모두 전두엽 앞부분 중앙이 손상돼 있는 것이 발견되었다. 반면 수집 행동을 보이지 않는 환자들의 손상 부위는 전두엽 전반에 걸쳐 있었다. 전前전두엽은 목적 지향의 행동, 계획, 조직화, 의사 결정을 담당한다. 저장 강박 증상자들이 시험대에 오르는 활동들이다.

뇌 촬영 연구로 저장 강박 증상자들의 뇌에서 무슨 일이 벌어지는지를 추가로 알게 됐다. 산자야 색시나는 저장 강박 증상자들의 경우 아이오와 대학교의 연구 결과와 대체로 일치하는 뇌 부위에서 물질 대사가 저조함을 확인했다(뇌의 해당 부위가 미약하게 가동된다는 뜻이다). 그들은 특히 전두 대상 피질의 신진대사율이 떨어졌다. 전두 대상 피질은 동기 부여, 주의 집중, 오류 발견, 의사 결정을 담당한다.

색시나는 쉬고 있거나 적어도 과제를 수행 중이지 않은 상태의 뇌를 먼저 조사했다. 후속 연구들에서는 저장 강박 증상자들이 소유물을 버리는 사안과 관련해 의사 결정을 내릴 때 뇌에서 무슨 일이 벌어지는지 실험해보았다. 코네티컷 주의 하트포드 병원에 재직 중인 동료 데이브 톨린도 비슷한 종류로 기발한 실험을 하나 생각해냈다. 저장 강박 증상자들과 비증상자 대조군이 집에서 받은 광고 우편물을 연구소로 가져오면, 실험자가 광고 우편물을 집어서 파쇄기로 가져가는 장면을 보여주면서 두 집단의 뇌를 촬영하는 것이다. 피험자들은 실험자가 광고 우편물을 파쇄기에 집어넣도록 할지 말지를 결정해야 했다. 저장 강박 증상자들은 결정을 내려야 할 때, 전두 대상 피질과 같은 부위들이 뇌가 쉬고 있을 때나 대조군보다 훨씬 많이 활성화됐다.

뇌의 이 부위들이 저장 강박 증상자들이 어려움을 겪는 여러 기능을 담당하기 때문에 거기의 문제일지도 모른다는 심증을 갖게 되는 연구 결과들이다. 어쩌면 앨빈의 나무는 가지가 너무 많을지도 모른다. 이 부위들이 기능 장애를 일으켜 저장 강박이 발생한다고 결론짓기는 쉽다. 하지만 아직 과학만으로 그렇게 결론내리기는 이르다. 뇌에서 벌어지는 사태가 저장 강박 증상자들이 경험하는 내용과 일치하는 것 같기는 하지만 뇌가 고장 나서 저장 강박이 발생했다고 볼 수는 없는 것이다. 뇌의 기능은 물론 구조도 경험을 통해 바뀌기 때문이다.

저장 강박이 유전되고, 뇌의 배선에 문제가 생겨 일어난다고 해도 저장 강박 증상자들은 해당 장애를 통제하는 법을 배울 수 있는 것 같다. 나는 여러 시간 동안 쌍둥이 각각과 정리 폐기 작업을 함께 했다. 진전 속도는 느렸다. 하지만 두 사람 모두 분류해서 버리는 일이 가능했다. 그들이 노력하면 저장 강박 행동을 통제하는 법을 배울 수 있겠다는 생각이 들었다. 쌍둥이 형제에게는 정리 작업 때 믿을 만한 누군가가 꼭 필요해 보였다. 그들은 현장에 타인을 대동해야 수행 중인 과업에 계속 주의를 집중할 수 있었다. 그들이 각자 알아서 혼자 힘으로 과제를 수행케 하려던 나의 시도는 실패했다. 베티가 랠프에게 기울인 노력이 실패했었던 것처럼 말이다.

제리는 정리 작업을 전담할 요원을 고용해보기도 했다. 하지만 누군가 다른 사람이 자기 물건에 대해 판단을 내리자 좌절감을 느끼며 불만스러워했다. 나도 여러 차례 앨빈과 제리를 맡아줄 치료사를 물색했다. 하지만 마땅한 적임자를 도무지 찾을 수가 없었다. 그들은 나름으로 최선을 다했다. 앨빈은 하는 일이 있었고, 많은 시간을 집 밖에서 보냈기 때문에 사정이 나았다. 반면 제리의 경우는 더 괴로운 상황이었다. 물건은 이미 그의 삶이었고, 어느 정도 즐거움을 주기는 했지만 걱정을 거듭하면서 커다란 타격을 입었던 것이다.

앨빈과 제리의 얘기는 주목할 만하다. 둘의 저장 강박 행동이 비슷하고 일찌감치 시작됐으며 어머니도 저장 강박 증상을 보였다는 사실을 상기해보면 쌍둥이 형제의 행동이 유전에 크게 좌우됐음을 짐작해볼 수 있다. 그러나 양육도 개입했을 것이다. 형제는 난잡하게 어질러진 집에서 어머니의 방식을 보고 자랐다. 유전학자들의 경우 저장 강박에 있어 적어도 얼마간은 유전이 상당한 원인으로 작용한다고 확신하는 실정이다. 하지만 무엇이 유전되는지는 정확히 알지 못힌다. 저장 강박 증상자들이 정보 처리 결함이나 정상인들과 다른 정보 처리 방식을 물려받는다는 것도 한 가지 가능성 있는 시나리오다. 아이린이 병뚜껑의 모양과 색깔에서 보여줬듯, 그들은 시각적 세부 사항을 매우 민감하게 지각하는데, 아마도 이런 특성을 물려받을 것이다. (정상인들이 간과하는) 물건의 시각적 세부 사항들은 저장 강박 증상자들에게 특별한 의미와 가치를 발휘한다. 그들의 뇌가 기억을 정상인들과 다르게 저장하고 인출하는 경향을 물려받은 것일 수도 있다. 저장 강박 증상자들이 기억을 인출하는 데 시각적 단서, 곧 물건이 필요하다고 해보자. 그 단서를 제거해버리면 그들에게는 기억이 사라지는 것과 진배없다. 무엇이 유전되든 간에 저장 강박 행동이 완전히 발달하려면 이런 성향에 정서적으로 예민한 감수성이 동반되어야 할 것이다.

Chapter 11 ｜ 가족의 저장 강박

나는 저장 강박자와 산다

애슐리와 매들린 · 헬렌과 폴

나만의 엄청난 비밀이었죠.
친구들이 집에 못 오게 하려고 항상 꿍꿍이를 내야만 했습니다.
_ 애슐리

저장 강박증 부모

　　애슐리는 아파트에 들어서자마자 공포에 질렸다. 그 어느 때보다 상황이 더 나빴다. 물건들의 산 사이로 난 통로들이 예전보다 더 좁아진 것 같았다. 더미들은 더 높아져 있었고, 폐쇄 공포증이 이전 어느 때보다 더 빠른 속도로 애슐리를 엄습했다. 더 이상은 이렇게 살 수 없어. 애슐리는 결심했다. 몇 주 전에 대학에 진학해 집을 떠났고, 온전히 통제할 수 있는 방을 하나 갖게 된 상태였다. 더 이상은 뭐가 깨질까 염려하며 걷지 않아도 됐다. 더 이상은 물건을 잘못 건드리거나 옮겼을까 걱정하지 않아도 됐다. 애슐리는 느긋하게 자기만 돌봐도 됐다. 그럼에도 엄마의 아파트를 둘러보면서 더 이상은 이런 집을 보아 넘길 수 없음을 깨달았다.

저장물이 쌓인 집에서 자라는 아이들이 받는 영향은 참으로 극적이다. 그들의 어린 시절은 또래와 현저하게 다르다. 어린 시절의 경험이 성인기의 삶을 규정하기도 한다. 애슐리가 바로 그런 경우였다. 스미스 대학교에서 시작된 2학년 생활은 여러 사안으로 애슐리를 애먹였다. 특히 엄마에 대한 갖은 걱정으로 괴롭기 이를 데 없었다. 그녀는 학생 상담소와 약속을 잡았고, 처음으로 엄마의 기벽을 털어났다. 그리고 치료사가 엄마의 행동 양상을 알고 있는 것에 큰 충격을 받았다. 그런 행태에 명칭까지 있다는 사실은 더욱 놀라웠다. 저상 강박이라니. 치료사는 그녀에게 같은 학교에서 우리가 저장 강박 연구를 하고 있음을 알려줬다. 애슐리는 상담 치료 후 바로 내게 전화를 걸어왔다.

애슐리는 교수라면 누구나 좋아할 만한 학생이었다. 똑똑하고 사려 깊고 책임감이 강하고 호기심이 많았다. 그녀는 어머니가 처한 곤경과 그 속에서 자라는 게 어떠했는지를 내게 아주 솔직하게 털어놨다. 애슐리는 저장 강박 문제를 공부하는 데 열심이었고, 4학년 때는 내 연구실에서 과제를 수행했다. 그녀의 연구 과제가 '저장 강박 증상자가 있는 가정에서 자라는 경험이 가족에게 미치는 영향'이었던 것은 당연했다. 그녀는 저장 강박 증상자들의 자녀 마흔 명 이상과 면담을 진행했고, 그들이 증언한 성장 경험을 검토했다. 우리는 애슐리가 수집한 정보를 발판 삼아 이 주제를 연구할 수 있었다.

애슐리는 우리와 처음 만났을 때 어머니의 질환이 학문적 연구의 대상임을 알고 안도하면서도 슬퍼했다. 어머니의 질환이 식별 지정돼 있다는 걸 알자 뭔가를 해볼 수도 있겠다는 희망이 싹텄지만 실상 어머니에게는 그 희망이 여러 해 전에 필요했기 때문이었다. 애슐리의 아버지가 떠난 것은 어머니의 저장 강박을 견디지 못해서였다. 아버지가 떠나자 어머니는 극심한 우울증에 시달렸다. "병명이라도 알았다면 엄마를 보호해드릴 수 있었을 텐데 아쉬워요. 엄마가 자아 존중감을 유지할 수 있었을 테니까요. 자신이 변덕을 부려서 생긴 결과가 아니었단 걸 알 수 있었다면요." 애슐리는 어머니의 질환에 이름이 있었다면 함께 이야기해볼 수 있었을 것이라는 생각도 했다. 현실에서는 그런 그녀의 시도가 항상 좌절과 분노로 끝났던 것이다.

애슐리는 아주 어릴 적 부모가 외출하면서 애 봐주는 사람을 들일 때 자기 집에 뭔가 '문제'가 있음을 처음 깨달았다. 애 봐주는 사람을 들이기 전 주말 내내 애슐리와 부모는 미친 사람처럼 청소를 했다. 엄마가 어느 것도 버리려고 하지 않았기 때문에 물건의 대다수가 창고로 사용하던 오피스텔로 옮겨졌다. 애슐리는 그 오피스텔을 오갔던 일과 미친 듯한 끝마무리를 기억했다. 그 물건들은 나중에 다시 제자리로 돌아왔다.

누가 방문하더라도 대규모 혼란을 맞닥뜨려야 했으므로 그들의 문지방을 넘은 사람은 극소수였다. 애슐리는 이 사태를 당연한 일로 받아들였다. 하지만 아버지는 불만을 느꼈고 화를 냈다. 한바탕 일을 치른 어느 날 아버지가 딸을 한쪽으로 데리고 가 이렇게 말했다. "나이를 먹거든 이렇게 살아서는 안 된다." 아버지가 딸이 이런 행동을 물려받았을까 봐 걱정하면서 경고를 한 것인지, 아니면 딸이 감내해야만 하는 사태에 대해 사과를 한 것인지 애슐리는 쉬이 판단을 내리지 못했다.

애슐리는 자기 집이 너무 지저분했기 때문에 친구들 집에 가서 놀았다. "그게 좋았어요. 친구들 집은 깨끗했거든요." 하지만 그녀는 친한 친구들 사이에서 공평하게 돌아가는 거래를 항상 보류해야만 했다. 삶의 일부를 친구들과 공유할 수 없었다. 친구들이 "왜 우리는 너의 집에 가서 못 노는 거야?" 하고 물으면, 기분이 좋지 않았다. 늘 진실을 숨겨야 했고 교묘하게 핑계를 댔다. 그 핑계를 거짓말이라고는 생각하지 않았다. 오히려 자신을 보호하는 행위에 가까웠다. 부모에게도 방패가 필요했다. 무엇으로부터 보호 받아야 하는 것인지가 확실하진 않았지만, 손님이 오기로 되어 있을 때의 반응을 보면 집이 숨겨야 할 무엇임을 알 수 있었다. 애슐리는 그게 가장 안 좋았다고 말했다. 그녀는 이 일을 가장 커다란 비밀이라 불렀고, 그 비밀을 엄수해야만 한다고 느꼈던 것이다. 더 큰 문제는 애슐리에게 집 안 꼴을 설명할 수 있는 어휘가 전혀 없다는 사실이었다. "뭐가 뭔지 모를 때 그 뭔가에 대해 말하기가 어려운 법이잖아요. 상황이 정상적이지 않다는 건 알았어요. 하지만 나는 정상인 것처럼 행동했습니다." 애슐리는 어느 해 여름 참가한 캠프에서 새로 사귄 친구에게 비밀을 털어놓았다. 공감과 이해를 바랐던 것이다. 하지만 돌아온 건 '소름끼치는 관심'뿐이었다. "마치 내가 동물원에서 본 멋진 새를 알려주기라도 한 것 같았어요." 애슐리는 마음의 문을 닫았고, 한동안 다시는 그런 바보짓을 하지 않았다.

애슐리가 어렸을 때 집 안 도처에는 신문, 책, 상자, 각종 기념품이 가득했다. 엄마는 목표를 세우고 기획해 활동하는 것을 좋아했다. 물건을 창의적으로 사용할 수 있는 계획이라면 특히 더 그랬다. 눌러 짜내는 플라스틱 병, 각종 플라스틱 용기, 판지, 주변에서 눈에 띄는 것이면 무엇이든 좋았다. 엄마는 이런 물건들에 걸맞은 기획을 수백 개쯤 생각해냈다. 엄마의 물건들이 마룻바닥의 대부분과 수평면의 전부를 차지했다. 그럼에도 불구하고 애슐리 가족은 각고의 노력을 통해 적어도 잠시나마 집을 남에게 선보일 수 있을 만큼은 자주 이사했다. 하지만 애슐리가 열한 살 때 아버지가 집을 나가자 사정은 바뀌었다. 저장 강박이 두 사람의 갈등을 일으키는 유일한 문제는 아니었지만 큰 비중을 차지했다. 아버지가 떠나면서 애슐리의 어머니 매들린은 나락으로 추락했다. 아파트는 훨씬 어수선해졌다. 물건들의 더미가 가구를 점령하기 시작했다. 설상가상으로 이혼 절차가 몹시 험악했다. 창고로 쓰던 오피스텔이 날아가버렸던 것이다. 거기 보관했던 물건 대부분이 느닷없이 모녀의 집으로 들어왔다. 물건들이 애슐리의 방을 제외한 모든 방을 순식간에 접수했다. 엄마가 잡동사니를 가끔 내다버리기도 했다. 하지만 그렇게 치운 공간은 한두 주 이내로 다시 가득 채워지기 일쑤였다.

매들린은 남들이 물건을 건드리거나 옮기는 것에 점점 더 과민하게 반응했다. 애슐리는 자기 방 밖의 물건은 일체 건드리지 말라는 엄마의 명령을 따랐다. 말을 안 들으면 비싼 대가를 치러야 했다. 애슐리는 성격이 변덕스러운 엄마가 불끈 화내는 사태를 미연에 방지하기 위해 조심하는 법을 익혀야 했다. 적어도 애슐리의 방만큼은 그녀 마음대로 할 수 있었다. 그녀는 자기 방을 깔끔하게 유지하면서 자기 물건이 엄마 물건의 바다 속에서 실종되는 사태를 차단했다. 애슐리에게 그녀의 방은 오아시스였다. 혼란과 혼돈에서 벗어날 수 있는 유일한 곳이었던 셈이다.

애슐리는 열세 살 때 한 달 동안 캠프에 참가하면서 처음으로 엄마와 떨어져 지냈다. 캠프 체험은 애슐리가 집에서 벗어나는 해방의 기회였다. 그녀는 혼자서 독립적으로 책임감 있게 행동하면서 캠프 생활에 임했다. 하지만 애슐리가 없는 사이에 엄마의 물건이 그녀의 방을 침범했다. 매들린은 이 기회를 활용해 아파트를 말끔히 청소해야겠다고 생각했고, 애슐리의 방을 임시 거점으로 삼았던 것이다. 아파트의 다른 곳에 있던 물건을 애슐리의 침대 위에 쌓았다. 캠프가 끝나갈 무렵에는 애슐리의 방이 물건들로 가득 찼다. 아파트의 다른 곳이 더 나아 보이지도 않았다. 나중에 매들린이 말했다. "후회스러웠습니다. 사태를 수습할 수 있다고 계속 되뇌었죠. 하지만 못했어요."

애슐리가 캠프에서 돌아왔을 때 두껍게 쌓인 엄마의 물건이 딸의 물건을 온통 뒤덮고 있었다. 방으로 들어갈 수조차 없었고, 거기서 잔다는 것은 가망 없는 일이었다. 엄마가 딸에게 아무것도 손대지 못하게 했기 때문에 그녀는 자기 방을 잃은 것이나 다름없었다. 그녀는 그때부터 대학에 진학할 때까지 엄마 침대에서 엄마와 함께 잤다. 물건들의 바다 속에 있는 섬에서 말이다.

애슐리는 청소년기 내내 고통을 받았다. 그녀는 당시를 이렇게 회상했다. "나를 위한 공간을 도무지 확보할 수가 없었어요. 호르몬이 분비되고 발육을 거듭하면서 몸이 바뀌고 있었죠. 하지만 엄마랑 함께 잤기 때문에 변화를 도모할 수가 없었습니다!" 그런 상황에도 반항을 하지는 않았다. "그게 내 삶이었으니까요. 참으면서 사는 법을 배워야 했습니다. ……나는 절대로 엄마의 딸이 아니었어요. 엄마의 배우자였죠. 내가 사태를 바로잡아야만 했습니다. 책임을 져야 했어요. 나 자신과 내가 원하는 것들은 생각도 할 수 없었죠." 애슐리는 어머니를 보호하고, 커다란 비밀을 지키는 일에 점점 더 익숙해져갔다. 아기 돌봐주는 사람과 친구들을 상대로 지켜야 했던 비밀을 그 즈음에는 아버지한테서도 지켜야 했다. 아버지가 아파트의 상황이 어떠냐고 물으면 아버지가 떠날 때와 별반 다르지 않다고 대답했다. "사실대로 말해봐야 좋을 게 하나도 없었으니까요." 그렇다 해도 아버지가 자기 말을 믿는지는 자신하지 못했다. 이 모든 사태 속에서 애슐리는 엄마와 긴밀하게 결속됐고, 그 여파는 항구적이었다. "엄마와 헤어질 수 없었어요." 애슐리는 자기 이해를 추구하는 법을 배우지도 못했다. "그것 때문에 아직도 애를 먹어요." 그녀는 대학 진학으로 집을 떠나야 하자 엄마가 혼자서도 잘 지낼 수 있을지 걱정이었다. 신산한 삶에서 엄마를 보호하고, 엄마와 동반자로 지내는 일에 익숙해진 상태였기 때문이다. 애슐리가 떠난 후 엄마 침대에서 그녀가 쓰던 쪽은 물건이 차지했다.

애슐리는 엄마가 (별나기는 해도) 세상을 예리하게 관찰하는 것에 감탄하곤 했다. 하지만 엄마의 획득 욕망을 도저히 이해할 수 없었다. "엄마가 주목하고 관심을 쏟는 물리적 세계는 정말이지 놀라워요. 나 같은 사람은 전혀 주목하지 않는 것들을 보니까요." 애슐리는 우유곽의 색깔과 비타민제 병의 모양을 예로 들었다. 매들린은 사진에 피사체로 담긴 파란 하늘과 낡은 건물의 대비가 흥미롭고 강렬한 이유를 딸에게 한 시간 동안 설명했다. "엄마는 특출한 백치savant 같아요. 엄마의 뇌는 내 뇌가 보지 못하는 것을 봅니다. 나도 사물의 아름다움을 보죠. 하지만 엄마는 물체를 구성하는 원자를 보는 것 같아요. 내가 아는 그 누구보다 더 많은 것을 봅니다. 엄마한테는 모든 물건이 다른 사람보다 더 많은 의미를 지녀요."

매들린은 물건을 바라보는 딸의 관점을 이해하지 못했고, 가끔씩 '배반'당했다는 생각에 화를 내기도 했다. 매들린이 욕실의 일부를 청소해 냈을 때의 일이다. 그녀에게는 이게 대단한 성취였는데, 애슐리는 엄마에게 찬사를 보내지도 흥분하지도 않았다. "나한테는 전혀 흥분되는 일이 아니었어요. 깨끗한 상태가 지속되지 못하리라는 걸 알았으니까요. 화를 내셨죠. 그다음에는 내가 화를 냈고요. 엄마와 나의 다툼은 대개가 이런 식이에요." 애슐리가 엄마에게 치료사를 붙여줬을 때도 매들린은 배신감을 느꼈다. "엄마는 내가 다른 사람에게 엄마를 넘기고, 손을 털어 버리려 한다고 느꼈습니다. '애슐리가 신경을 너무 많이 써서 탈진했고, 나에게 치료사를 붙여줬'고는 절대로 말씀하지 않으셨죠. 내가 누군가 를 데려와서 엄마가 돈을 쓰게 생겼다는 게 엄마의 반응이었어요."

애슐리는 매들린이 자기 문제가 딸에게도 문제가 될 거라 생각했을 것이라고 판단했다. "하지만, 엄마가 나한테 그런 얘기를 입 밖에 낸 적은 없습니다." 매들린은 딸이 난장판 집에서 자라는 게 어떤 결과를 야기할 지와 관련해서는 별 생각이 없었다는 것이다.

졸업식이 열린 주말에 애슐리가 내 연구소로 어머니를 모시고 왔다. 우리는 한담을 나누다가 저장 강박을 화제로 삼게 됐다. 매들린은 자신의 문제를 솔직하게 인정했다. 하지만 이겨낼 수 있으리라는 희망이 매들린에게는 거의 없었다. 엄마와 딸의 대화도 내게는 충격적이었다. 나는 그간 애슐리와 토론하면서 내 제자가 엄마의 저장 강박 행동을 싫어하지만 체념하고 순순히 받아들인다는 인상을 받았었다. "참고 살 수밖에요. 싸울 수는 없잖아요." 이렇게 말하곤 하던 애슐리가 내 연구실에서 어머니의 저장 강박을 문제 삼으며 도발했던 것이다. 매들린은 왜 창고가 다섯 개나 되는지 설명하려고 했다. 그런데 애슐리가 끼어들어, 거기 쌓인 물건은 비용을 대면서 보관할 만한 값어치가 없다고 주장했다. "왜 없애지 않는 거죠?"라고 따지는 딸에게 매들린도 강경하게 대응했다. 둘사이는 매사가 그런 식이라는 게 눈에 훤히 보였다. 애슐리는 그런 직접

적 도발이 전혀 도움이 되지 않는다는 것과 엄마에게 상처를 줄 수도 있다는 걸 연구를 통해 잘 알고 있었다. 하지만 아는 것은 아는 것일 뿐, 그 숱한 좌절과 염려의 세월을 그냥 지나칠 수 없는 것 같았다.

매들린도 딸만큼이나 자신의 저장 강박 행동에 당황하고 있었다. 그녀는 나이를 먹고 한참을 살 때까지 자신에게 그런 문제가 있다는 걸 몰랐다. 문제를 파악해 치료해보려고 그간 만나온 수많은 정신 건강 전문의들이 뾰족한 수를 제공하지 못했다는 매들린의 회고는 비통하기 이를 데 없었다. 그녀는 최근의 치료 과정에서 자기가 아홉 살 때부터 저장 강박 행동을 보였음을 깨달았다. 그리고 어머니가 자신의 저장 강박과 많은 관계가 있다고 생각했다.

매들린이 아홉 살 때 어머니가 책상의 물건을 치우라고 시켰다. 그녀는 학교에서 나눠준 유인물과 걸스카우트 제복 같은 자질구레한 잡동사니들이 문제가 될 거라고는 상상도 하지 못했다. 며칠 후 하교해서 집에 와보니 책상에 있던 물건이 몽땅 쓰레기통에 처박혀 있었다. 매들린은 사생활을 침해당했다고 느꼈고 화를 냈다. 하지만 이런 '침해'가 계속됐다. 그녀는 매일 쓰레기를 뒤져서 자기 물건을 회수해왔다. 그녀와 엄마 사이에 고성이 오갔다. "내게 통제력이 전혀 없다고 느꼈어요." 매들린은 내게 이렇게 말했다.

그 즈음에 매들린의 의식도 시작되었다. 기도를 하기 시작했다. 그녀는 취침 시간이 가장 두려웠다. 거미, 불, 어둠, 깨어나지 못할지도 모른다는 두려움. 매들린이 기도를 한 이유였다. 그녀는 기도 하나를 끝마치면 다음 기도를 했고, 또 그다음 기도를 했다. "머잖아 저녁 시간 내내 예배를 드리게 됐습니다." 10대 시절에 접어들면서 매들린의 마음을 사로

잡은 건 기도가 아니라 두드리기와 어루만지기였다. 그녀는 현관의 거울 아래 있던, 상단이 대리석인 탁자를 쓰다듬어야만 한다는 생각에 사로잡혔다. 두드리는 횟수는 날짜에 기초했다. 왜 그런 생각이 드는 것인지 정확히 알지 못했다. 아무튼 다음 날 살아 있으려면 그렇게 해야 한다고 생각했다. 매들린은 이 의식을 통해 차분해졌고 상황을 통제한다는 느낌을 받았다. 나와 만났을 때 매들린의 의식이 예전만큼 심하진 않았지만 그래도 여전히 날짜에 기초해 정한 횟수만큼 뭔가를 두드려야 했다.

매들린은 자신이 치르는 의식을 오랫동안 비밀로 간직했다. 남들도 그런 강박에 시달린다는 걸 알지 못했기 때문이다. 남편이 떠난 후 담당 치료사가 매들린에게 프로잭Prozac, 우울증 치료제 상표명―옮긴이에 관한 책을 읽어보라고 권했다. 물건을 두드리면서 숫자를 세는 의식이 그 책에 언급돼 있었다. 정말이야? 남들도 이런다는 거야? 영화 〈이보다 더 좋을 순 없다〉에서 마룻바닥을 발로 두드리는 잭 니콜슨의 강박 행동을 지켜본 매들린은 당황해서 얼굴이 벌개졌다. 그리고 다음 수순은 화를 내는 것이었다. 내 것을 훔쳤어!

매들린은 열두 살 때 초경을 시작했다. 하지만 당황한 엄마는 대처법을 얘기해주지 않았다. 매들린은 사용한 생리대를 빨래집게 주머니에 숨겼다. 그걸로 달리 뭘 해야 할지 몰랐고, 쓰레기통에 버렸다가 남자 형제들이 보기라도 하면 어쩌나 두려웠던 것이다. 그녀는 생리혈을 자신의 일부라고도 느꼈다. 버리는 게 불편했다. 엄마는 문제의 주머니를 발견하고는 깜짝 놀라 당장 버리라고 했다. 이런 소동에도 불구하고 매들린은 사용한 생리대를 계속해서 몰래 모았다. 모은 폐기물에 대한 역겨움이 자신의 일부를 잃는 불쾌함을 능가할 때까지 말이다. 우리는 사용한 탐폰, 깎은 손톱, 심지어 소변과 대변까지 저장하는 경우를 무수히 봐왔다. 그들의 관점에서 이것들은 중요한 자신의 일부였다.

매들린은 대학 3학년 때 옷, 종이, 책, 연극 프로그램 같은 기념품을 기숙사 방 한가운데에 쌓기 시작했다. 정리하고 버려야겠다고 늘 생각하고 있었지만 그러지 못했다. 그녀는 둥근 천장 형태로 쌓인 무더기를 보면서 고대의 봉분을 연상했다. 봉분으로 혼합된 재료의 질감과 색깔이 미학적이라고 생각했다. 매들린과 동거인 모두 그 더미를 특이한 예술 작품으로 보고, '사물의 구조'라고 이름 붙였다. 매들린은 더미의 모양과 색깔이 마음에 들었다. 삐져나온 물건들에는 관련 사건의 기억들이 담겨 있는 듯도 했다. 더미를 해체하는 것은 생각할 수도 없는 일이었다. 변형을 가하는 것 역시 마찬가지였다.

매들린은 대학을 마치고 따로 아파트를 구해 살게 되면서 개수대의 더러운 식기로 두 번째 '사물의 구조'를 만들었다. 그 무더기가 매들린의 주방을 2년 동안 차지했고, 그녀는 수저, 포크, 칼, 대접, 컵 각 한 개씩만으로 그럭저럭 버텨야 했다. 작품 '사물의 구조'는 매들린이 어디에 살더라도 자연스럽게 만들어졌다. 따로 계획할 필요가 없었다. 사물의 구조는 혼자 힘으로 자연스럽게 성장했다. 매들린은 완성된 작품의 미학적 가치만 음미하면 됐다. 그쯤 되면 해체하거나 망가뜨린다는 것을 도저히 상상할 수 없었다.

사물의 구조가 처음에는 별다른 어려움을 야기하지 않았다. 그러나 매들린이 처음으로 문제를 인식하게 된 것은 뉴욕의 자그마한 오피스텔로 이사하면서부터였다. 읽지 않은 신문이 쌓이면서 작은 생활 공간이 장악 당했다. 절친한 친구의 자살로 우울증에 빠진 매들린은 자기 문제를 돌볼 여력이 없었다. 신문에 도움이 될 만한 중요한 정보가 담겨 있다는 걸 알았지만 신문 더미를 처치할 시간도 정력도 남아 있지 않았다. 결국 그녀는 더 큰 아파트로 이사했고, 부모가 나서서 신문을 내다버렸다. 그러지 말라고 눈물로 호소했지만 소용없었다. 그녀는 다시 한 번 어머니에게 유린당했다고 느꼈으며, 소중히 여기던 물건을 통제하지 못하게 된 상황에 분노했다.

매들린은 새 아파트에 살면서 모든 걸 상자에 담아 보관했고, 전에 했던 것처럼 몇 개의 물건만 꺼내놓고 썼다. 머잖아 '산양의 통로'가 나타났다. 작품 '사물의 구조'에서 그랬듯 산양의 통로가 하나 만들어지자 변경이 불가능해 보였다. 상자에서 물건을 꺼내려고 했지만 무엇부터 치워야 할지 결정을 내릴 수가 없었다. 매들린은 상자 하나에서 시작했다가 이내 다른 상자에 주의를 빼앗겼고 이 상자 저 상자 옮겨다니다가 결국 아무것도 하지 못했다.

매들린이 결혼을 하면서 저장 강박 행동을 제어해야겠다는 동기가 생겼다. "남을 위해서는 정돈을 잘 할 수 있습니다. 나한테는 아니지만요." 그녀와 남편이 신문 처리를 놓고 벌이는 다툼은 사소한 수준이었다. 아무튼 그녀는 두 사람이 사는 아파트가 편안한 거주는 물론이고 심지어 파티를 열 수도 있을 만큼 깨끗했다고 단언했다. 몇 해 후, 삶이 매들린을 집어삼키면서 이런 상황에도 변화가 일어났다.

매들린에 따르면, 그녀와 남편은 애슐리가 태어나고 처음 4년 동안 잡동사니가 별 문제를 일으키지는 않았다고 했다. 배우 생활을 하던 매들린은 여러 가지 육체적 질병으로 고통 받기는 했어도 행복했다. 애슐리가 자라면서 매들린은 배우 생활을 청산했고, 그 후로 고립감과 우울증에 시달렸다. "엄마는 마당발이 아니에요." 애슐리는 매들린을 이렇게 평했다. 읽지 않은 신문들이 작은 더미로 쌓이기 시작했다. 매들린의 말에 따르면, 그 더미들은 애슐리의 인형, 미술 숙제, 옷가지와 섞였다. 뜯어보지 않은 우편물들이 비닐봉지에 처박히거나 벽장 구석으로 던져 넣어졌다. 애슐리가 다섯 살 때 가족은 새 아파트로 이사했는데, 살림 대부분을 포장도 뜯지 못한 채 이사 화물 상자에 고스란히 담아두어야 했다. 매들린이 벽에 페인트를 칠하겠다고 했기 때문이다. 하지만 그녀는 불합리할 정도로 완벽의 기준이 높았고, 페인트 작업은 지연됐다. 가족은 몇 년 동안 상자들 사이를 오가며 살았다. 매들린은 벽 하나를 손수 페인트 칠을 하고 나서 자부심에 차 이렇게 자랑했다. "완벽한 벽이 됐어요!" 매들린 역시 많은 저장 강박 증상자가 보이는 완벽주의에 사로잡혀 있었고, 결국 나머지 벽은 칠을 마치지 못했다.

매들린은 자신의 행동이 애슐리에게 어떤 영향을 끼칠지에 대해 당시에 별 걱정이 없었다. 매들린의 얘기로는 애슐리가 네다섯 살 때까지는 집으로 친구들을 데려왔다고 한다. 그 친구들 가운데 한 명은 애슐리와 마찬가지로 난장판인 집에서 살았다. 그러나 다른 아이들의 집 안 사정은 달랐다. 그들의 거주 공간은 훨씬 넓었고, 당연히 잡동사니도 더 적었다. 애슐리가 여섯 살쯤 되자 더 이상 친구들을 데려오지 않았다. 매들린은 안도했다.

매들린은 애슐리가 고등학생 때 아파트가 엉망임을 알았다. 하지만 그녀로서도 어쩔 수가 없었다. 매들린은 완벽주의자였고, 그건 어떤 기획에 착수하면 흠결 없이 완벽하게 일을 진행해야 한다는 얘기였다. 그녀는 옛날 신문을 내다버릴 수 없었다. 중요한 정보가 있는지 검토해야 했던 것이다. 그것들을 전부 살펴보려면 몇 년은 족히 걸릴 터였다. 매들린이 그 작업을 회피하고, 하나도 들여다보지 않은 이유다. 그녀가 분기탱천해 청소를 시작해도 어떤 진전을 이룰 만큼 오랫동안 집중하지는 못했다. 인생의 여러 사건과 질병이 항상 그녀를 방해하는 듯했다. 어떤 곳을 청소하고 나면 매들린은 내면의 공허를 느꼈고, 순식간에 그곳을 다시 채워야 했다.

매들린은 지난 몇 년 사이에야 비로소 애슐리가 자라면서 무엇을 인내해왔는지 깨달았다. "하지만 그때는 애슐리가 대학에 다니고 있었고, 과거를 돌이키기에는 때가 늦었죠." 매들린의 어머니는 최근에 알츠하이머병을 앓게 됐고, 매들린이 병구완을 위해 어머니 댁에 들어갔다. 애슐리는 할머니가 엄마의 운전면허증을 내다버린 적이 있다고 내게 알려줬다. 엄마가 다시금 쓰레기를 뒤지고 있다는 게 딸에게는 커다란 모순으로 느껴졌다. 할머니가 값나가는 뭐라도 버리지 않았을까 노심초사하며 확인해야 하는 처지라니! 애슐리는 엄마가 운전면허증 외에도 플라스틱 쟁반이나 오래 된 신문을 여전히 회수하는지가 궁금했다.

애슐리는 대학에 진학하고서야 겨우 독립을 할 수 있었다. 그녀의 관심사와 엄마의 관심사가 그제야 비로소 분리됐다. 매들린은 혼자서 저장강박 및 삶과 드잡이해야 했다. 하지만 과거의 유산은 남았다. 애슐리는 엄마의 짜증을 수 년 동안 경험했고, 갈등과 충돌을 아주 싫어했다. 그래서 갈등 상황을 피하겠다는 일념에 거의 모든 걸 감수했다. 애슐리는 최근에 공원을 산책하다가 나무를 감탄하며 바라보는 자신을 깨닫고 소스라치게 놀랐다. 자신이 나무의 몸통과 잎사귀가 선보이는 질감과 색조의 대비에 주목하고 있었다. 그녀는 생각했다. '내가 엄마랑 같다니. 엄

마한테서 물리적 세계를 파악하는 능력을 물려받은 건가? 나쁜 요소는 안 물려받았어야 할 텐데.'

저장 강박 증상자가 가족 구성원인 집에서 자라는 경험은 그 영향이 상당할 수도 있다. 인터넷 상에서 정보와 위로와 지지를 구하고, 제공하는 집단이 결성돼 활동하는 것이 놀랍지 않은 이유다. '함께 저장 강박을 극복해요Overcoming Hoarding Together, OHT'를 만든 건 한 저장 강박 도움 단체에서 주도적으로 활동하는 사람들이다. 저장 강박 증상자와 가족들은 여기서 서로 교류하며 돕고 협력한다. '저장 강박 증상자들의 자녀Children of Hoarders, COH'는 저장 강박 증상을 보이는 가족과 어린 시절을 보낸 후 갓성인이 된 사람들이 그런 경험을 공유해야 할 필요성을 느끼고 만든 단체다. '저장 강박 증상자들의 자녀'의 사이트는 그 임무와 역할을 확대해 저장 강박 행동을 종합적으로 개관한다. 사이트를 방문하면 저장 강박에 관한 정보는 물론이고 최근의 연구 동향까지 읽을 수 있다. '저장 강박 증상자들의 자녀'가 진행한 한 설문 조사에 따르면 회원 약 1,400명 가운데 80퍼센트 이상이 자라면서 자기 집만 그런 극단적 난장판 속에서 사는 것으로 생각했다고 증언했다. 이 모임을 설립한 사람들은 각자의 체험과 곤경을 공유할 수 있는 토론 마당을 개최해 회원들의 고립감을 덜어주려고 한다.

어린 시절의 비밀을 털어놓으려고 애쓰는 시도가 항상 그렇듯, 가끔은 감정이 정제되지 않은 날것으로 마구 발산되기도 한다. 더욱이 저장 강박 증상자들의 자녀 가운데 일부가 같은 문제로 씨름하기 때문에 그런 시도는 격한 다툼으로 치달을 가능성이 있다. 한 인터넷 토론마당에서 어떤 회원이 저장 강박 증세를 보이는 엄마, 나아가 모든 저장 강박 증상자가 자녀들보다 자신의 이해를 우선한다며 분통을 터뜨리자 저장 강박증을 앓는 어머니 신분의 또 다른 회원이 화를 내며 맞대응했고, 그 충돌은 야비한 논쟁으로 비화했다. 이런 갈등에도 불구하고 사이트에 올라오는 글 대다수는 자기 경험을 이해할 뿐만 아니라 함께 나눌 수도 있는 사람들을 발견하게 돼 얼마나 고맙고 안도하는지 모르겠다는 내용들이다.

우리는 최근에 저장 강박 증상자들의 가족을 연구하면서, 저장 강박을 앓는 사람이 가족 구성원인 집에서 자라는 게 해로운 결과를 초래한다는 걸 밝힐 수 있었다. 아이가 몇 살 때 저장 강박이 시작되느냐에 따라 그 영향은 천차만별이었다. 열 살 이전부터 난장판인 가정에서 사는 아이들은 부모의 저장 강박이 열 살 이후에 시작된 아이들보다 더 어색해하고 덜 행복했으며, 친구를 집으로 데려오는 일이 더 적었고, 자라면서 부모와 맺는 관계에 더 큰 긴장감이 형성됐다. 그들은 어른이 돼서도 대인 관계 불안과 긴장을 경험할 가능성이 더 많았고, 부모와의 관계도 여전히 더 껄끄러웠다. 어수선한 집에서 어린 시절을 보내는 아이들은 그 시절에 부모의 저장 강박 행동이 두드러지지 않은 아이들보다 부모를 더 강력하게 거부했다. 하지만 후자의 집단도 부모를 적대하는 수준이 아주 높았다. 다른 형태의 심각한 정신 질환을 앓는 사람들의 가족이 보이는 적개심보다도 훨씬 심각했다. 저장 강박이 아이들에게 미치는 부정적 결과가 평생을 따라다니는 게 분명하다.

부모가 저장 강박 행동을 보이는 아이들은 스스로 문제 해결법을 찾아낸다. 애슐리는 자신의 욕구를 무시한 채 보호자가 됐다. 우리 연구에 참가한 한 여성은 여섯 자녀 가정의 중위中位 딸이었다. 아버지가 물건을 잃어버리면 몹시 화를 냈는데, 가족이 그를 달래기 위해서 정성스럽게 의식을 치렀다는 게 그녀의 설명이었다. 아버지는 집을 어수선하게 채우고 있는 수천 부의 「뉴욕 타임스」 중에서 원하는 기사를 찾지 못하면 난폭하게 굴면서 가족들을 동원해 수색하게 했다. 아버지의 분노가 극에 달한다 싶으면 어머니는 수를 써서 그를 진정시켰다. 아이들에게 성 안토니우스를 찬송하면서 물건을 찾게 했던 것이다. 성 안토니우스는 분실한 물건의 수호성인이다.

안토니우스 성자님, 안토니우스 성자님, 제발 돌아와주세요
물건을 잃어버렸는데, 찾을 수가 없어요.

자녀들은 일제히 더 빠른 속도로 찬송을 하면서 물건을 찾았다. 그들이 문제의 기사를 찾지 못한다고 해도 찬송은 아버지의 화를 가라앉혀주는 듯했다.

저장 강박 증상자가 가족 구성원인 집에서 성장하면 감정적으로 큰 대가를 치러야 한다. 이게 전부가 아니다. 그들의 자녀는 위험하고 건강에도 해로운 상황에서 살고 있는 부모가 더 나이를 먹으면 어떻게 해야 하나 하고 고민하게 된다. 대다수의 자녀는 여러 해에 걸쳐 부모의 문제 해결을 시도하지만 성공하지 못한 채 분노하고 좌절한다. 그들이 부모를 사랑하고 걱정한다는 것도 사실이다. 자녀들은 사랑과 분노의 감정 속에서 견딜 수 없는 처지에 놓인다. 부모의 문제를 이해한다고 해도 집 안 꼴이 바뀌는 것도 아니다. 한 여성은 COH의 웹사이트에 어머니가 불결한 집에서 어떻게 죽었고 자신이 부끄러움, 죄책감, 당혹감, 분노로 만

신창이가 되고 말았다는 글을 올렸다. 그러면서 다음과 같이 충고했다. "여러분, 부모님이 아직 살아계시다면 상황 개선을 돕기 위해 개입하는 비용과 희생이 무엇이고 얼마가 됐든 개의치 마세요."

부모의 집에서 물건을 몰래 빼내는 것도 개입은 개입이다. 강제 청소 작업은 시간이 많이 걸리고, 폭언이 오가는 험악한 상황이 연출되며, 따져보면 효과적이지도 못하다. 대규모 청소로 건강 및 안전상의 위기가 일시 해소될 수는 있다. 그러나 저장 강박의 원인과 문제 행동은 거의 바뀌지 않는다. 문제가 재발하는 상황이 잦은 것이다. 우리는 정신 건강의 관점에서 합법적으로 강제 시행되는 청소 절차에 저장 강박 증상자를 동참시키라고 강력하게 권고한다. 그들이 치매나 정신병 같은 질환으로 정상적인 생활을 영위하지 못할지라도 어떻게든 참여를 시키면 트라우마를 줄일 수 있다. 본인이 물건을 처리하는 과정에 참여하지 못하면 물건에 대한 애착과 획득 및 저장 관련 판단도 바뀌지 않는다. 물론 상황이 위기에 처했거나 사람의 목숨이 위험하면 안전을 확보하기 위해 즉각 조치에 나서는 것은 필수다. 그러나 개입 절차에 당사자를 참여시킬수록 일 처리는 대폭 느려지겠지만 가족 관계 (및 법률 당국과의 관계) 양상과 질이 크게 개선된다.

자녀, 동기, 부모가 그들의 소망에 반해 물건을 버리면 일반적으로 사태가 악화된다. 분노하고 억울해 하고 욕보임을 당했다고 느끼며 자살을 기도하기도 한다. 가족 구성원은 그들대로 좌절하고 분노한다. 가족 전체가 망가지는 것이다. 이쯤 되면 가족 구성원들은 대개 그들을 포기하고 더 이상 할 수 있는 게 없다고 결론내린다. 저장 강박 증상자는 더욱 고립되고 남들을 믿지 않게 된다.

가족들이 상이한 행동 방침의 장단점을 옳게 파악하여 무게중심이 어디에 놓여 있는지 이해하는 게 열쇠다. 세인트루이스에서 활약 중인 C. 알렉 폴라드 박사 연구진은 전화 상담 프로그램을 개발하여 저장 강박 및 기타 강박-충동 장애를 앓는 가족을 어떻게 도와야 할지 고민하는 개인들을 지원 중이다. 가족이라면 사랑하는 이가 소유물을 다룰 때 어떤 경험을 하는지 먼저 이해해야 한다.

치료사들은 증례가 심각한 저장 강박 증상자들이 치료를 해달라고 찾아오면 추가적으로 부담을 져야 한다. 현재 미국의 모든 주에서 시행되는 법령으로 인해 정신과 전문의들은 아동 및 노인 학대 및 방치로 의심되는 사례를 보고해야 하는 것이다. 심각한 저장 강박은 대개 방치 행위와 결부된다. 심각한 저장 강박 증상으로 치료를 호소하는 경우 당사자가 아동 및 노인 보호국을 상대해야 하는 불상사까지 겪을 수도 있는 셈이다. 치료사가 법률적·윤리적 의무에 입각해 학대 및 방치 의심 사례를 신고하면 환자가 다시 찾아와 치료를 받을 가능성은 0이 돼버린다. 보호국은 대체로 악평이 자자하다. 그 악평이 불공정한 경우도 있지만 말이다. 저장 강박에 대해 잘 알고 대응법을 교육 받은 복지사라면 도움이 많이 된다. 하지만 복지사가 저장 강박에 무지하면 일 처리가 관련자 모두에게 트라우마를 안길 수도 있다. 신고를 의무화한 법률로 인해 저장 강박 증상자가 자발적으로 치료에 임할 가능성이 줄었다는 것은 불행한 일이다. 환자의 처지가 노출 공개되면 법원이 치료 과정에 개입하기도 하는데, 담당 치료사는 그들의 억울함과 원통함을 달래고 어르는 일부터 해야 하는 것이다.

매들린은 애슐리의 도움을 받아 저장 강박을 잘 아는 치료사를 만나 치료를 시작했다. 마지막으로 만났을 때 그녀는 아파트 청소에서 많은 진전을 이뤘다고 즐겁게 얘기했다. 아흔 개 이상의 상자를 빼냈다고 했다. 물론 대다수가 운용 중인 창고로 들어가긴 했지만 말이다. 매들린의 아파트는 호전되고 있었지만 어머니의 집에 둥지를 튼 방이 열악해지고 있었다. 방의 통로들이 좁아졌고, 창문에 다가서려면 침대 위로 올라가야 했다. 이런 차질에도 불구하고 매들린은 희망에 차 있었다. 그러나 오랫동안 엄마의 이전 시도를 지켜본 애슐리가 비관적인 태도를 보인 건 당연했다.

잡동사니와 결혼하다니

저장 강박에 대해 연구해보니 확실히 저장 강박 증상자들은 결혼할 가능성이 낮았다. 또한 결혼을 해도 이혼하는 경우가 더 많았다. 우리가 1993년에 처음 시도한 참여 연구에서는 저장 강박 증상자의 42퍼센트만이 기혼자였다. 이것은 비증상자들의 기혼자 비율이 80퍼센트라는 것과 크게 비교되는 수치이다. 우리는 2001년에 보스턴에 사는 중장년 저장 강박 증상자를 대상으로 연구했는데, 55퍼센트가 미혼이었다. 65세 이상 전체 인구의 5퍼센트만이 미혼자라는 점에서 현격하게 대비되는 수치임을 알 수 있다. 불안 장애 및 우울증 질환자들조차 기혼자가 상당히 많은 걸 보더라도 저장 강박 증상자들의 혼인율은 매우 이례적이다. 저장 강박증의 어떤 요소가 증상자들을 고립시키는 것이다. 에리히 프롬은 무려 1947년에 '저장 강박 성향'의 사람들이 스스로를 고립시키는

측면이 있다고 말했다.

임상의 구전 지식도 대체로 이런 내용이었다. 임상의들은 저장 강박 증상자를 늘 집 안에 틀어박혀 있고, 사귀기 힘든 성격을 가진 사람으로 정형화한다. 하지만 우리가 경험한 바에 따르면 저장 강박 증상자들의 대인 관계 기술은 천차만별이다. 나머지 전체 인구와 다를 바가 하나 없었다. 한쪽 끝에 아이린처럼 대화를 즐기는 유쾌한 성격이 있고, 다른 쪽 끝에 대니얼처럼 극도로 폐쇄적이며 고립적인 성격이 있었던 것이다.

배우자 없이 사는 저장 강박 증상자가 아주 많은 한 가지 이유를 밝힐 수 있는데, 그리 특별한 것은 아니다. 그렇게 온갖 물건과 살고 싶어 하는 사람은 아무도 없다는 것이다. 저장 강박은 그런 면에서 혼란을 야기하고, 증상자가 친밀한 관계를 맺고 유지할 가능성을 낮춘다. 그들 대다수는 잡동사니를 통제하지 못하는 무능을 몹시 부끄러워하고, 타인에게 집 안 꼴을 보이지 않으려고 애쓴다. 저장 강박 행동은 20대 중반이면 보통 극에 달한다. 성인기에 접어든 저장 강박 증상자들이 잡동사니가 가득 쌓인 집으로 사람을 들이지 못하는 이유다. 데이트는 고사하고 단순한 친구 관계조차 거의 불가능해지는 것이다.

저장 강박에 뒤따르는 수치심으로 대인 관계 불안이 야기되기도 한다. 저장 강박 증상자의 4분의 1 정도가 정신병적으로 사회 공포증을 진단 받을 만큼 대인 관계 불안이 심각하다. 수줍음이나 무례함으로까지 나타나기도 하는 이런 불안 장애로 인해 친밀한 관계를 만들지 못하는 것이다. 그들은 파티, 외식, 데이트를 기피한다.

친밀함을 원하고 얻으려는 투쟁이 더 복잡한 사람도 있다. 동물 저장 강박 증세를 보이던 한 여성은 사랑할 사람을 필사적으로 찾고 있다고 내게 말했다. 거의 쉰 살에 가깝던 그녀는 진지하고 심각한 관계를 맺어본 적이 단 한 번도 없었다. 사교 모임들에 참석하고 인근 대학교에서 야간 강좌를 수강하기도 했다. 남자를 만나려고 말이다. 하지만 상대 남성이 그녀의 집을 방문하는 순간 더 이상 진지한 관계를 만들어가기가 어려웠다. 그녀는 잡동사니를 쌓아두진 않았지만 고양이가 수십 마리였다. 동물 보호 단체가 그녀를 요주의 인물로 지목할 만큼 개체수가 많았다. 그녀가 고양이 개체수를 최소로 유지하면서 정기적으로 감사를 받지 않을 경우 동물 전부를 압수당할 수도 있었다. 집에서 고양이 냄새가 어찌나 진동하던지 나도 두 시간 동안 면담을 진행하면서 머리가 깨지는 줄 알았다. 그녀는 주장했다. "남자친구를 만날 때까지 고양이들이 내 사랑을 지켜주고 있어요." 그녀는 누군가를 만나게 되면 대부분의 동물을 없앨 수 있을 거라고 믿었다.

동물 구조 대원들이 불시에 집을 찾아와 고양이를 대부분 가져간 후 뉴햄프셔 주의 그녀가 사는 도시에서 주민 회의(뉴잉글랜드 지방의 전통이다)가 열려 공중위생에 미치는 악영향에 대해 토론한 일은 더 큰 비극이었다. 사회적 불안 장애에 시달리는 여자를 맨 앞줄에 앉혀놓고 주민들이 그녀의 행동이 위험하다며 꾸짖고 책망했을 상황을 떠올려보라. 그녀는 그렇게 공개적으로 창피를 당한 후 더 한층 고립되었다.

다수의 저장 강박 증상자가 타인과 공간을 공유하는 게 어렵다는 게 밝혀졌다. 아마도 부부 두 사람 모두 저장 강박 증세를 보이는 경우는 제외해야 하겠지만 말이다. 이런 감응성 정신 장애는 공간이 부족해져 갈등이 폭발하거나 당국이 개입해 변화를 강제할 때까지는 만족해하며 함께 살아간다. 우리가 경험한 바로는 한쪽 배우자가 저장 강박이 문제임을 깨닫고 변화를 원하는데도 다른 쪽 배우자가 그렇지 않을 때면 다른 문제가 발생했다. 그런 가족의 경우 우리의 저장 강박 사안 해결율이 낮았다는 것은 전혀 놀라운 일이 아니다.

저장 강박 증상자들이 영위하는 결혼 생활의 대부분이 위태위태한 것은 당연하다. 배우자는 좌절하고, 저장 강박증을 앓는 상대방을 비난한다. 혼인 관계가 종료되거나 냉랭한 교착 상태가 이어진다. 아이린의 결혼 생활이 대표적이다. 그녀는 잡동사니를 통제하려던 노력이 실패하면서 저장 강박이 점점 더 악화됐다. 남편은 이런저런 결점들을 들먹이며 아내를 비난했다. 비판의 목소리가 높아지자 아이린의 우울증은 악화됐다. 따라서 사안을 통제할 수 있는 능력도 한층 더 약화되었다. 결국 남편은 떠났다. 아이린은 다시 잡동사니를 통제할 수 있게 됐지만 혼인 관계를 유지하기에는 때가 너무 늦고 말았다. 우리가 파악한 다른 사례도 소개해본다. 저장 강박 증상자의 배우자들은 결혼 생활에 성실히 임하지 않았다. 그들은 배우자와 집을 외면한 채 바깥에서 다른 사람들과 어울리며 좌절과 불만을 해소했다.

다른 시나리오도 있기는 하다. 상대방의 저장 강박 행동을 묵인하고, 그냥 참고 사는 법을 배우는 게 그것이다. 벨라와 남편 레이는 벨라가 저장 강박증을 보이기 시작했을 때 이미 몇 년째 결혼 생활 중이었다. 그로부터 20년이 흘렀고, 그들의 집 안 대부분의 공간은 더 이상 머물 수 없는 곳이 되었다. 레이는 그 모든 세월 동안 단 한 번도 불평을 하거나 변화를 요구하지 않았다. 그다음 10년 동안 벨라는 치료사의 도움을 받아 저장 강박 행동 통제법을 익혔다. 부부는 생활 공간의 상당 부분을 되찾는 쾌거를 이뤘다. 레이는 본인이 저장 강박 증상자가 아님에도 불구하고 잡동사니에 구애 받지 않았으며 벨라가 앞장서서 수집 저장하고 다시 청소하는 일련의 과정을 순순히 따랐다.

저장 강박과의 전쟁

저장 강박 증세를 보이지 않는 배우자가 집 안의 거주 공간을 통제하는, 불안한 휴전을 이루고 사는 부부도 일부 있다. 이 경우 잡동사니는 지하실, 다락, 차고, 창고로 제한된다. 이런 합의가 성공하려면 저장 강박 증상자인 배우자가 생활 공간을 어지르는 행태를 효과적으로 떨쳐내야 한다. 공간을 난장판으로 만드는 욕구를 통제하고 저장 행동이 재정 및 기타 문제를 일으키지 않으면 결혼 생활이 유지될 뿐만 아니라 행복한 경우도 많다. 하지만 잡동사니를 생활 공간 밖에 두려는 노력이 끊임없이 전투를 야기하면 이 불안한 휴전도 깨져버린다.

헬렌과 폴이 그런 경우였다. 내가 둘을 만났을 때 헬렌은 50대 중반이고 폴은 일흔에 가까웠으니, 나이 차이가 거의 15년이었다. 헬렌에 따르면 폴은 결혼을 하고 10년쯤 지난 후부터 저장 강박 증세를 보이기 시작했다. 그전에는 작지만 깔끔한 보금자리에 잡동사니라고는 없었다. 그러나 폴은 20대 중반부터 지독하게 저장을 하기 시작했다고 한다. 물건을 창고, 직장, 친구들에게 분산시키며 이 사실을 헬렌한테서 숨겼다. 백화점과 기계 공장에서 나오는 폐물도 모았다. 그것들은 대다수의 기준으로 보면 쓰레기에 불과했다.

폴은 외출했다가 귀가할 때 뭐든 손에 들려 있지 않으면 기분이 좋지

않았다고 말했다. 머잖아 그의 저장 강박은 구매로 확장됐다. 대개가 잉여 물품이었다. 결혼했을 때만 해도 헬렌은 남편의 문제가 얼마나 심각한지 알지 못했다. 당시에 폴은 "술 취한 사람처럼 물건을 샀다"고 했다. 헬렌도 폴이 물건을 사서 보관하는 걸 좋아한다는 것 정도는 알고 있었다. 하지만 그녀에게 남편의 행동 습성은 무해한 기벽쯤으로 비쳤다. 두 사람이 프랑스로 이사해서 집을 산 연후에야 폴의 저장 강박이 명백하게 드러났다. 남편의 물건들이 마당과 새로 산 집의 현관 두 곳을 순식간에 채웠고, 이내 집 안으로 들어오기 시작했다. 그 순간부터 잡동사니와의 전투가 둘의 결혼 생활을 규정했다.

처음 헬렌을 만나 면담을 진행했는데 그들의 집과 결혼 생활이 꼭 교전 지역 같다는 생각이 들었다. 헬렌은 주방, 식당, 응접실을 통제했다. 폴은 욕실, 거실, 세탁실을 장악했다. 현관과 마당은 최전방 분쟁 지역이었다. 교전 수칙이 끊임없이 개정됐다. 남편의 저장물이 아내의 영토를 침입하면 아내는 해당 물건을 옮긴 후 남편을 꾸짖을 수 있었다. 하지만 마음대로 내다버리는 것은 절대 허용되지 않았다. 헬렌이 뭐라도 없애면 폴은 이성을 잃었고 폭력적으로 돌변하기까지 했다.

그는 은퇴하면서 물건 저장에 투자할 시간이 더 많아졌고 약간의 영토를 획득했다. 헬렌도 가만있지 않았다. 공중위생 부서를 동원해 집의 상태를 문제 삼으며 남편을 법원으로 데려갔다. 그렇게 재정복이 이뤄졌다. 하지만 판사가 폴의 매력과 활력에 넘어가 남편에게 청소할 시간을 너무 후하게 주고 말았다. 적어도 헬렌의 관점에서는 말이다. 폴은 물건을 정리하고 청소하고 보관하는 데 추가로 시간이 더 필요하다고 판사를 설득했다. 그는 집으로 들어오는 모든 물건을 청소했다, 아니 청소하려고 노력했다. 다음 순서로 물건들을 깔끔하게 묶어서 보관했고, 대개 다시는 들여다보지 않았다. 모은 걸 깨끗하게 정리해서 치울 시간이 부족하고, 날마다 새로운 물건이 들어오는 바람에 분류하고 정리해 보관하는 활동 이외에는 시간을 거의 못 낸다는 게 문제라고 말했다.

폴은 물건이 공짜거나 값이 싸면 반드시 획득한다는 명제를 행동 지침으로 삼았다. 그는 페인트 가게, 식료품점, 빨래방의 뒷골목들을 쏘다녔다. 주인들한테 쓸모가 없는 게 분명하고 버려진 것이면 뭐든 폴의 노획물이 됐다. 그는 머잖아 마당과 현관을 차지하는 전투에서 승리를 거머쥐었다.

주방은 헬렌의 영역이었다. 그런데 폴이 식료품점에서 버린 야채 등의 농산물을 주워오는 일이 잦았다. 농산물의 일부가 마당에서 썩어가자 이웃 주민들이 소송을 걸어왔다. 폴은 일부를 주방으로 옮겼다. 부패하기 시작한 물건들이니 헬렌 역시 역겹지 않을 수 없었다. 하지만 폴은 아내의 처지는 안중에도 없는 듯했다. 헬렌은 어떤 이유에서인지 썩어가는 음식물을 내다버릴 수 없었다. 농산물이 부부의 교전 수칙을 초월하게 된 이유다.

섹스하는 것을 놓고도 전투가 벌어졌다. 침실은 폴의 영역이었다. 헬렌이 거기서 자려면 침대 밖으로 저장물의 일부를 옮겨야 했다. 그녀는 공세를 취했다. 남편이 침실에서 저장물을 깨끗이 치울 때까지 섹스하지 않겠다고 선언한 것이다. 폴은 거부했고, 두 사람은 교착 상태에 빠졌다. 섹스를 전쟁 무기로 사용하려던 헬렌의 시도는 실패하고 말았다. 폴은 아내가 가정생활을 파괴 중이며 자기로 하여금 매춘부를 찾게 강요한다고 주장했다.

헬렌은 계속해서 전투를 벌였다. 항복도 결혼 생활 청산도 거부했다. 그렇게 몇 년이 흐르면서 변화가 생겼다. 폴이 더 이상 저장을 하지 않겠으며 그동안 쌓아놓은 물건을 대거 처분하겠다고 선언했던 것이다. 헬렌은 폴의 회심이 놀랍기 이를 데 없었다고 말했다. 그녀는 남편이 태도 변화를 선언하기 몇 달 전부터 그에게 저장 강박 관련 연구 논문을 열심히 읽어줬다. 폴은 아내가 글을 읽어주는 게 좋았고, 주의를 기울여 연구 내용을 비평했다. 헬렌이 우리가 작성한 치료 안내서 초고를 발췌해 읽어주자 폴은 수집과 저장을 중단했다. 몇 년 후에 만난 폴이 내게 이유를 설명해줬다. 언젠가는 모아둔 물건을 사용하게 될 거라고 생각했는데, 나이를 먹고 보니 그럴 가능성이 전혀 없다는 걸 알게 되었다는 것이었다. 저장 강박을 극복해가던 또 다른 환자는 이렇게도 말했다. "저장한 걸 영구차에 싣고 갈 순 없죠." 헬렌은 시 당국과 친구들의 압력은 물론 아무런 변화가 없으면 연말에 떠나버리겠다고 한 자신의 위협이 남편의 태도를 바꾸게 했다고 생각했다.

부부와 마지막으로 면담했을 즈음에는 상황이 크게 개선된 상태였다. 하지만 남은 문제의 심각성에 대한 두 사람의 인식은 크게 달랐다. 헬렌은 냉장고를 사용하고 식탁에서 밥을 먹고 중요한 서류를 찾고 침대에서 자는 게 저장물 때문에 여전히 어렵다고 집의 상태를 설명했다. 폴은 아내가 나열한 사항 가운데 어느 하나도 문제가 되지 않는다고 생각했다. 헬렌은 집의 여러 곳이 화재 위험이 아주 높고 매우 비위생적이라고도 말했다. 폴은 두 사람의 집이 안전하고 깨끗하다고 생각했다. 가치 있는 물건에 대한 폴의 인식은 헬렌 및 대다수 사람들의 그것과 크게 달랐다. 어느 날 한 방문객이 그렇게 많은 넝마를 세탁하고 걸어 말리면서도 정작 한 번도 사용하지 않는 이유를 따져 물었다. 폴은 그 질문에 격분했다. 그는 중고 의류와 천 조각을 사람들이 '넝마'라고 부르기도 한다는 걸 도무지 이해하지 못했다. 그것이 넝마일 뿐이라면 결코 입수해서 보관하지 않았을 터였다.

헬렌과 폴의 부부 싸움은 취약한 휴전 상태였다. 작은 충돌이 여전히 끊임없이 발생했고, 계속 평화를 유지할 수 있을지는 미지수로 남았다.

손 대지 마! 내 거야!

에이미 · 에릭 · 제임스 · 줄리언

에이미가 갖고 있었으면 그것은 에이미 것입니다. 갖기를 바라는 게 있을 거 아니에요? 그것도 에이미 것입니다. 장래에 가질 가능성이 있는 것도 에이미 것입니다. 에이미가 사랑하는 사람이나 에이미를 사랑하는 사람이 소유한 것이면 뭐든 에이미 것이에요.
_ 에이미의 엄마

심리학자, 정신 의학자, 사회 복지사, 주거 및 공중위생 관리들 다수는 저장 강박이 중장년의 장애라고 주장한다. 보건 및 소방 부서와 저장 강박 때문에 갈등을 빚는 대다수가 중년 아니면 노년이다. 그간 나온 연구 내용을 일별해봐도 같은 결론에 도달하게 된다. 가령, 우리 연구에 참가한 사람들은 나이가 18세에서 90세에 이르기까지 다양하게 분포했고, 그 평균은 50세가 약간 넘었다. 하지만 우리는 연구를 통해 저장 강박이 이른 나이에 시작됨을 알 수 있었다. 아이들의 저장 강박을 연구한 내용은 거의 발표되지 않았다. 하지만 일부 학자들은 저장 강박 행동을 보이는 아동의 사례를 다수 보고한다. 오린 와그너는 로체스터 대학교에 재직 중인 아동 임상 심리학자로, 『Up and Down the Worry Hill: A Children's Book about Obsessive-Compulsive Disorder and Its Treatment근심 걱정의 산을 오르내리며: 아동 강박-충동 장애와 치료』를 썼다. 그녀가 내게 알려준 드문 사례를 소개한다. 한 여섯 살 소녀는 눈에 띄는 거의 모든 것을 수집했다. 식당의 빵 조각, 학교에서 연필을 깎고 남은 부스러기, 다 마시고 남은 음료수 곽 등등 걸리는 것이면 무엇이든 말이다. 부모가 집을 개보수 중이었는데 인부들이 아이의 방에서 건식 벽체를 뜯어내자 발끈하기도 했다. 부모랑 월마트에 갔을 때의 일이다. 아이의 신발에서 흙이 떨어졌다. 마침 지나가던 가게 점원이 기민하게 대응해 떨어진 흙을 쓸어 담았다. 아이는 가게에서 울고불고 난리를 치면서 가져간 흙을 내놓으라고 요구했다. "내 거야!" 아이가 제시한 유일한 이유는 그렇게 밝혀졌다.

일부 추정에 의하면 아동의 90퍼센트 이상이 뭔가를 수집한다고 한다. 자갈돌, 인형, 병뚜껑, 전투 인형 등등. 그러나 10장에서 소개한 앨빈과 제리(형제는 걷다가 발견하는 나뭇가지에 유달리 집착했다) 이야기 및 앞 문단의 여섯 살짜리 아이 같은 이야기들은 극단적으로 보인다. 아동기에 흔히 볼 수 있는 정상적인 수집 활동은 언제 저장 강박으로 번질까? 저장 강박과 정상적인 수집을 구별할 수 있는 가장 좋은 방법은 대상 행위가 가족에게 문제를 일으키는지 여부일 것이다. 강박-충동 장애를 전공한 아동 심리학자 테드 플림턴이 최근에 아동 저장 강박 문제를 자신의 연구 경력에 포함시켰다. 그는 아동 저장 강박 사례를 거의 보지 못했고, 강박-충동 장애 아동과 부모에게 저장 강박 사안을 물어본 적도 없다고 했다. 그러던 그가 조사를 시작하자 임상에서 여러 건의 사례들을 확인할 수 있었다. 저장 강박이 강박-충동 장애를 앓는 아동들의 가장 힘겨운 사안은 아니다. 임상과 치료에서 그것이 크게 대두되지 않은 이유다. 그럼에도 불구하고 저장 강박은 부모가 나서서 조치를 취해야 할 만큼 심각한 사안이었다. 저장 강박증 아동을 둔 부모 몇 명은 그런 이유로 우리와의 면담에 응했다. 이 장에서 그렇게 수집한 사례 네 가지를 소개하고자 한다. 면담은 부모 한 명이 응한 경우도 있고, 두 명이 다 참가한 사례도 있다. 이런 작업을 통해 아동의 저장 강박을 더 일찍 더 많이 진단해낼 수 있을 것이다. 햇수가 거듭되면서 습관이 굳어버린 성인들보다 아이들의 경우 치료가 더 쉬울 수도 있다.

소유권

에이미는 태어나고 처음 5년 동안 학대하고 방치하는 엄마와 함께 살았다. 에이미의 엄마는 알코올과 약물 중독, 강박-충동 장애, 에이즈 등 많은 문제로 고통을 받았다. 에이미와 여동생은 위탁 시설을 들락거리다가 마침내 크리스털 부부의 집에 안착했다. 크리스털의 가족은 수양 자녀, 입양 자녀, 생물학적 자녀가 섞여 있었고 그중 많은 아이가 아스페르거 증후군Asperger's syndrome, 자폐의 일종으로, 관심사가 편협하고 강박적이며 타인과 관계를 맺는 데서 어려움을 겪는다―옮긴이, 주의력 결핍 과잉 행동 장애, 틱 장애, 강박-충동 장애 등 다양한 질환을 앓았다. 에이미와 여동생은 처음에 수양딸들이었지만, 2년이 채 안 돼 크리스털 부부에게 입양됐다. 크리스털은 아주 총명하고 유능한 여자로, 아이들의 장애에도 불구하고 흔들림 없이 의연해 보였다. 그녀가 하는 자녀들 얘기에는 사랑이 넘쳤고, 부부가 직면한 문제들의 중요성을 얕보지도 않았다. 크리스털과 처음 면담했을 때 에이미는 스물두 살이었다. 에이미는 갓 대학을 졸업하고 뉴욕에서 몇몇 친구와 살며 일하는 중이었다.

크리스틸 부부는 바로 에이미의 저장 강박 행동을 알아봤다. 당시 다섯 살에 불과했던 에이미는 학교에서 나눠주는 모든 유인물을 중요도에 상관없이 보관했다. 에이미와 여동생은 음식을 침대 아래 숨겼다. 크리스틸은 두 아이의 음식 저장이 어린 시절 방치당한 결과라고 보았고, 굶주림을 모면하려고 그랬을 거라 추정했다. 크리스틸은 이렇게 다짐했다고 한다. "내가 부족함 없이 잘 먹이면 이제 음식을 원할 때 언제든 먹을 수 있다는 걸 아이들도 알게 될 거야." 에이미 동생의 저장 강박 증세는 차츰 약화되었다. 하지만 에이미의 저장 강박은 심각해졌다. 크리스틸은 음식물에 쥐와 벌레가 꼬이고, 에이미가 상한 음식을 먹었다가 탈이라도 날까 봐 걱정이 이만저만 아니었다. 그녀는 용단을 내렸고 효과가 있었다. 에이미에게 위생을 강조하며 음식물을 상자에 보관하도록 시킨 것이다. 에이미가 음식을 저장하는 횟수는 점점 줄어들었다. 하지만 다른 저장 강박 행동이 확대됐다.

크리스틸도 다른 엄마들처럼 학교에서 나눠준 유인물을 냉장고에 붙여놨다. 집안에 아이들이 많았기 때문에 가정 통신문은 새로운 것을 붙이면서 정기적으로 버려졌다. 하지만 냉장고에 붙여뒀던 에이미의 가정 통신문과 기타 유인물이 버려지지 않는다는 걸 크리스틸이 깨닫는 데는 그리 오랜 시간이 걸리지 않았다. 에이미는 숙제, 필기한 것, 유인물, 잡지를 모아서 침대 밑과 벽장에 보관했다. 5학년이 되자 저장 강박 증세는 더 이상 통제할 수 없는 지경에까지 이르렀다. 크리스틸은 에이미에게 그간 모은 걸 버리라고 하자 에이미는 크게 화를 냈다.

에이미는 여러 가지 말썽에도 불구하고 새 가족과 공동체에 성공적으

로 적응했다. 아주 놀라운 아이였다. 예뻤고 밝았으며 매력적이었고 매우 총명했다. 유치원 생활 3주 만에 선생님들은 월반을 권유했다. 이미 읽기에 능숙했고 산수 실력도 2학년 수준에 도달해 있었다. 하지만 선생님들에게 골칫거리이기도 했다. 싫증을 쉽게 냈던 에이미는 소란스러웠고 태도가 거칠었으며 지저분했고 방해꾼이기도 했다. 크리스털은 그 때문에도 유치원 선생들이 에이미를 월반시키려 했다고 판단했다.

에이미에게는 친구들이 많았다. 그녀는 친구들 집에 놀러 가면 친구들과 부모한테서 이것저것 받아오고는 했다. 에이미가 갖고 싶다고 암시하거나 직접 요구를 하면 바로 효과가 있었다. "그렇게 귀엽고 매력적이고 예쁜데 누가 외면할 수 있겠어요?" 크리스털은 이렇게 촌평했다. 에이미가 집으로 가져오는 물건에 논리는 별로 없어 보였다. 집에 있는 영화나 필요 없는 옷이기도 했다. 친구와 부모들은 처음에 이 호기심 많은 어린 소녀에게 관대했다. 하지만 얼마 후부터는 에이미의 행동이 기껍기보다는 그들을 화나게 했다. 크리스털한테 낭패스런 전화가 걸려오기 시작했다. "에이미가 우리 딸의 셔츠와 신발과 인형을 가져간 것 같아요." 에이미는 훔치지 않았다. 빌리거나 부탁했던 것이다. 누구 집에 가면 반드시 뭘 가지고 나와야 했다. 가져온 물건은 대개 빌린다는 명목이었지만 그것들이 소유자에게 돌아가는 일은 거의 없었다.

이런 행태를 제외하면 에이미의 어린 시절은 매우 정상적이고 활력에 차 있었다. 테니스, 축구, 무도회, 남자친구들로 분주하고 행복했다. 귀엽고 예쁜 아이가 이목을 끄는 아름다운 젊은 숙녀로 성장했다. "미스 아메리카도 문제없어요." 크리스털이 말했다. "완벽한 외모, 완벽한 치아, 완벽한 보조개, 완벽한 머리칼." 에이미는 어떻게 옷을 입어도 모두의 시선을 사로잡았다.

그러나 '수집' 습관이 에이미의 매력을 저버렸다. 뭔가가 공유 영역을 벗어나 에이미의 침실에 들어오면 그때부터는 에이미의 것이 됐다. 서재의 가족 소장 DVD는 에이미 침실의 문지방을 넘는 순간 그녀의 것이었다. 친구가 스웨터를 돌려달라고 하면 에이미는 모욕당했다고 느꼈다.

"어떻게 그럴 수가 있어요? 내가 도둑질을 했다고 비난하다니!"

"하지만 에이미, 네가 그걸 일곱 달 동안이나 가지고 있었잖니. 그럼 훔친 것처럼 보이는 거야." 크리스털이 이유를 설명했다.

"저는 정직해요. 나는 훔치지 않는다고요!"

에이미가 대학교 2학년 때 친구의 어머니가 크리스털에게 전화를 걸어 딸이 빌려간 비싼 사진기를 돌려줄 것을 요구했다. 에이미는 노발대발했다. 그 여자가 어떻게 감히 엄마에게 그런 전화를 할 수 있는지 도저히 이해하지 못하겠다는 것이었다. 크리스털이 에이미의 방에서 디지털 카메라를 네 대 찾았는데, 그 가운데 에이미 것은 한 대뿐이었다. 크리스털은 성난 전화가 더 걸려올 것임을 직감했다.

가족들의 개인 물건도 에이미의 방으로 옮겨졌다. 옷, 보석, 머리핀 등등. 에이미가 가족들에게 말을 할 때도 있었지만 그냥 가져가는 경우도 많았다. 대개는 작은 물건들이었지만 값비싼 것을 가져가기도 했다. 예컨대, 아버지의 쌍안경이 그런 것들이었다. 크리스털은 새로운 수양 자녀를 갓 데려왔던 때를 회고했다. 방치당하던 어린 소녀가 가진 것이라고는 입고 있는 옷 단벌뿐이었다. 에이미는 만난 지 몇 시간도 안 됐는데 새로 온 아이의 운동복 상의를 빼앗아 입었다. "옷이 예쁘잖아요. 신경도 안 쓰던데요." 에이미는 이렇게 해명했다. 크리스털은 에이미에게 그때만큼 화를 내본 적이 없었다. "어떻게 한 벌뿐인 옷을 빼앗아갈 수 있니?"

에이미의 방에서 물건을 되찾아오려면 충돌이 불가피했다. 사태는 에이미가 화를 내거나 상심하는 것으로 귀결되기 일쑤였다. 다툼이 사라진 물건보다 에이미를 모욕하는 것으로 비화했던 것이다. 크리스털은 에이미 방의 보물 상자로 자기 녹음기가 사라졌다는 의심이 들었지만 회수를 포기했다. 괜한 다툼을 하고 싶지 않았던 것이다.

물건을 가져가는 문제로 에이미와 대화를 해보면 크리스털은 좌절하지 않을 수 없었다. "에이미, 네 것이 아니고, 허락을 받지 않았다면 그건 도둑질이야. 그게 요점이란다."

"하지만 가족이면 훔치는 게 아니에요." 에이미는 이렇게 항변했다.

에이미가 획득하는 물건의 숫자를 놓고 벌어지는 충돌도 불만스럽기는 마찬가지였다. "도대체 넌 손톱깎이가 몇 개나 필요한 거니?"

"모르겠어요. 하지만 도저히 찾을 수가 없었다고요."

에이미는 보통의 사람들과 소유권 개념이 달랐다. 크리스털은 에이미의 태도와 철학을 이렇게 설명했다. "에이미가 갖고 있었으면 그것은 에이미의 것입니다. 갖기를 바라는 게 있을 거 아니에요? 그것도 에이미 것입니다. 장래에 가질 가능성이 있는 것도 에이미 것입니다. 에이미가 사랑하는 사람이나 에이미를 사랑하는 사람이 소유한 것이면 뭐든 에이미의 것이에요."

저장 강박을 인정하는 에이미의 태도는 들쭉날쭉했다. 자신의 처지가 좋으면 저장 강박 때문에 삶이 힘겹다고 선선히 인정했다. 하지만 처지가 나쁘면 이렇게 말하고는 했다. "남 일이니 관심 끄세요." 이럴 때면 친구들의 비판도 가족들의 분노도 별 소용이 없었다.

에이미는 친여동생과 방을 함께 썼다. 두 소녀 모두 강박-충동 장애를 앓았다. 하지만 증상은 엄청난 차이를 보였다. 동생은 균정 강박과 정리 충동에 시달렸고, 에이미는 오염과 세균을 두려워했다. 크리스털은 에이미가 더러운 걸 좋아하지 않는다는 사실을 알고는 있었지만 그게 문제임을 깨달은 건 에이미가 열네 살이 되고서였다. 쇼핑몰에 갔을 때의 일이다. 에이미가 문 앞에서 멈춰 섰다. 크리스털은 두 팔에 아기를 안고 있었기 때문에 직접 문을 열 수 없었다. 그래서 에이미에게 대신 문을 열어달라는 몸짓을 하자 에이미가 말했다. "다른 사람이 들어갈 때까지 기다릴래요."

"왜?" 크리스털이 물었다.

"소매가 짧은 옷을 입고 있잖아요!"

"그래서?"

"문손잡이를 못 만지겠어요!"

크리스털은 그제야 깨달았다. 지난 9년 동안 문손잡이를 잡는 에이미의 모습을 본 적이 없다는 걸 말이다. 에이미는 나이를 먹어가면서 이 장애를 효과적으로 극복해냈지만 쇼핑몰에 갈 때는 여전히 소매가 긴 옷을 입었다. 옷소매를 내리면 문을 만지지 않아도 됐기 때문이다.

침실에서 에이미 쪽의 공간은 물건들이 바다를 이루었다. 혼란스럽고 지리멸렬하다는 것은 두말하면 잔소리였다. 반면 여동생 쪽은 잡동사니가 일체 없는 완벽한 그림이었다. 그녀는 물건들을 정확하고 세심하게 정렬하느라고 아주 많은 시간을 보냈다. 데브라와 앨빈 및 제리처럼 여동생도 방에 들어서는 순간 누가 자기 물건을 건드리거나 옮겼는지 간파

했다. 서랍장 위의 머리빗이 조금이라도 옮겨져 있으면 대번에 화를 냈다. 에이미도 누가 자기 물건 건드리는 걸 좋아하지 않았다. 하지만 그녀는 자기도 못 알아 볼 만큼 물건을 아무렇게나 방치했다. 중앙을 따라 난 경계선 좌우의 공간을 보노라면 청소 전과 청소 후 사진 같다는 인상을 받았다. 자매는 이렇게 서로 다투는 악마들과 끊임없이 씨름했다.

에이미는 모든 물건을 중요하게 여겼지만 어느 정도 구별은 있었다. 크리스털은 에이미가 어떤 물건은 다른 물건보다 더 중요하게 여긴다는 걸 알았다. 실제로 에이미는 자기 물건 일체를 곁에 두고자 했지만 중요한 것들에 더 신경을 썼다. 이를테면 에이미의 친구들이 써준 메모가 든 상자들이 크리스털의 집을 채우고 있었다. 그녀는 모든 메모를 작은 삼각형 모양으로 세심하게 접어두었다. 그러나 옷은 중요하지 않았다. 옷을 없애거나 줘버리지는 못했지만 대개는 무시로 일관했고, 옷가지는 방 여기저기에 아무렇게나 흩어진 채로 방치됐다. 크리스털은 만약 그 옷들이 없어진다면 에이미가 과연 눈치 채기는 할까 의심스러웠다.

에이미는 다녀온 곳이 어디든 그곳의 기념물을 보관했다. 초점이 어긋나거나 모르는 사람의 뒤통수가 나오는 사진까지 갖고 있었다. 크리스털이 그런 사진들을 버리라고 하자 에이미는 강하게 반발했다. "제가 그 음악회를 얼마나 좋아했는지 아시잖아요. 어떻게 이 사진들을 버리라고 하실 수 있는 거죠?" 우리가 다수의 성인 저장 강박 증상자한테서 확인한 것처럼 에이미의 물건들도 그녀가 가까이 두고 싶은 개인사와 정체성의 일부인 것 같았다. 에이미가 3학년 때 치른 맞춤법 시험지와 흐릿한 사진들은 맹렬한 기세로 지키면서도 정작 엄마가 만들어준 '생애사 책'을 잃어버린 것은 아이러니라 하지 않을 수 없었다. 그것은 에이미의 생물학적 부모 및 어린 시절과 관련해 크리스털이 찾아낸 온갖 정보를 모아 놓은 스크랩북이었다. 거기에는 에이미를 입양해도 좋다는 판결문도 있었다. 크리스털은 안타까워했다. "에이미는 중요하지 않은 물건을 보관해요. 그런데 정작 중요한 물건은 없습니다."

에이미가 이사를 해서 나간 후로도 가족은 그녀의 행동 때문에 괴로움을 겪었다. 크리스털의 또 다른 수양딸이 에이미가 언제 집에 오느냐고 물었다. 크리스털이 "오늘 밤"이라고 알려주자 그 아이는 다음 몇 시간 동안 자기 방에 틀어박혀 뭔가를 하더니 돌아와 이렇게 말하는 것이었다. "이제 모든 준비를 마쳤어요. 신경이 쓰이는 물건은 벽장 뒤쪽, 책상자 뒤에 넣었고, 머리핀과 장신구도 전부 숨겼어요."

에이미에게는 성인 저장 강박 증상자에게서 흔히 보는 다른 특징이 또 있었다. '만약의 경우에 대비하자just in case' 증후군이 그것이다. 에이미는 어딜 가든 엄청난 양의 물건을 휴대했다. 크리스털도 에이미가 다른 학생들과 비교할 때 항상 더 크고 꽉 찬 가방이나 더플 백을 가지고 다닌다는 걸 알아챘다. 우리는 여러 연구를 통해 저장 강박 증상자들이 각종 비상사태에 대비하기 위해 온갖 물건을 휴대하려고 애쓴다는 걸 알게 되었다. 우리를 찾은 환자 가운데 한 명은 쇼핑백 두 개를 항상 가지고 다녔는데, 거기에는 남들이 필요할 수도 있는 물건이 가득 담겨 있었다. 빗, 일회용 반창고, 스웨터, 심지어 여분의 신발까지. 그녀는 이런 물건들을 휴대해야만 한다고 생각했고, 이를 충족하지 못하면 죄책감이나 무능함을 느꼈다.

혼란과 무질서는 저장 강박 증상자들의 전형적인 특성이다. 그들도 물건을 잘 정리하기만 하면 아무 문제없이 살아갈 것이다. 10장에서 얘기했듯, 성인 저장 강박 증상자들은 주의력 결핍 과잉 행동 장애 특유의 주의력 결핍 수준이 아주 높은 편이다. 에이미가 주의력 결핍 과잉 행동 장애를 진단 받은 적은 없다. 하지만 크리스틸은 과거를 돌이켜보며 딸의 행동이 이 증후군에 부합할 수도 있다고 생각했다. 에이미는 항상 물건을 잃어버렸고, 방 역시 완전한 혼란 상태였다. 학교에서 집중하는 데 어려움을 겪기도 했다. 스물두 살의 에이미는 쭉 살아온 대로 여전히 무질서했다. 크리스틸은 에이미가 최근 귀향했던 때를 떠올렸다. 무려 3주 동안 아무도 에이미와 연락이 닿지 않았다. 에이미는 며칠 동안 전화 충전기를 잃어버렸고 그전에는 휴대 전화를 어디다 뒀는지 몰라서 전화를 받지 못했다고 대답했다. 에이미가 자초지종 설명을 끝내자 크리스틸이 딸에게 운전면허증을 건넸다.

"이건 어디서 나셨어요?" 에이미가 물었다.

"우리한테 우편으로 왔더구나. 펜웨이 파크Fenway Park, 보스턴 레드삭스 야구팀의 홈 구장—옮긴이는 언제 간 거니? 말해봐!"

"오, 맙소사. 거기 갔었구나. 이제 생각났어요. 가긴 했지만 놓고 온 것 같진 않은데."

그것은 에이미의 다섯 번째 운전면허증이었다. "현금 자동 입출금기 카드는 셀 수도 없어요." 크리스틸의 말이다. 에이미가 방문을 마치고 떠나려고 할 때 크리스틸이 물었다. "에이미, 뭐 잊은 거 없니?"

"아, 예. 배낭."

"다른 건?"

"없는 것 같은데요."

"휴대 전화는?"

"아, 어디 있지?"

"충전한다고 꽂아뒀잖니, 저기."

크리스털은 에이미 얘기를 마치면서 깊은 한숨을 내쉬었다. "이런 게 비극이 아니라면 우스운 일이죠."

에이미는 대학을 졸업하고, 직장에 다니며 몇몇 친구와 함께 살고 있었다. 그 아파트가 깔끔하고 잘 정돈된 상태는 아니었지만 고향 집의 에이미 방만큼 심각하지는 않았다. 에이미는 대마초 흡연이 자신의 강박-충동 장애와 저장 강박 모두에 도움이 된다고 믿었다. 크리스털은 에이미의 약물 사용 소식을 내켜하지 않았다. 에이미가 자신의 증상을 다스리기 위해 정신 요법 약물 복용을 일체 시도하지 않았기 때문에 더욱 얄궂게 느껴졌다. 하지만 크리스털은 에이미가 대마초를 피우면서 저장 강박 행동과 혼란 상태에 변화가 생겼음을 인정했다. (대마초가 저장 강박 증상자들에게 도움이 된다는 증거는 전혀 없다. 하지만 인터넷을 살펴보면 그렇다는 증언을 다수 접할 수 있다.)

에이미의 문제를 간파해내는 크리스털의 통찰력은 경이로웠다. 딸의 여러 장애에도 불구하고 그녀가 실망감이나 후회의 감정을 전혀 내비치지 않았다는 사실도 존경스러웠다. 저장 강박 증상자들의 가족을 연구해보면 대다수가 좌절감, 실망, 적개심이 상당한 수준에 있기 마련이다. 그러나 크리스털은 전혀 그러지 않았다. 그녀는 에이미를 "매력적이고, 아름답고, 사랑스런 딸"이라고 말했다. 저장 강박증에도 불구하고 성공적으로 살아가고 있는 에이미의 능력이 양모 덕택인 것은 의심의 여지가 없었다.

사건 저장 강박

　　두꺼운 안경을 끼고 불안한 미소를 짓는, 자그마한 열두 살 소년 에릭은 여덟 살이 되면서 물건과의 관계에서 애를 먹기 시작했다. 물건이 들어 있던 상자를 모으기 시작했던 것이다. 그때 이후로 저장 강박은 내내 씨름해야 하는 드잡이 상대가 되었다. 에릭의 부계와 모계 양쪽 집안 모두가 저장 강박 병력을 가지고 있었다. 친할머니는 집과 차를 물건으로 가득 채웠다. 누구도 그녀의 차에 탈 수 없었다. 에릭의 외할머니는 거의 모든 것을 저장했고, 돈과 저축 채권까지 집에 쌓아놓은 옛날 잡지 안에 숨겼다. 에릭의 어머니는 자기 어머니를 '세계 최정상급 저장 강박 증상자'라고 말했다.

　에릭은 세 종류의 물건(레고 관련 제품, 학교 유인물, 특별한 사건을 기념하는 물품)을 저장했다. 그리고 각각의 물건은 모으는 이유가 다 달랐다. 그는 레고를 가지고 노는 걸 가장 좋아했다. 혼자서 여러 시간 동안 계획을 세워가며 레고 블록을 쌓았다. 그렇게 만든 완성품뿐만 아니라 레고가 들어 있던 상자, 사용 설명서, 포장 재료까지 보관했다. 에릭은 세심하게 공들여 만든 구조물을 자랑스럽게 여겼고, 부모도 레고로 무언가를 창조하는 일은 아들에게 스스로 유능하다는 만족감을 준다고 생각했다. 부모가 에릭에게 조립물을 해체하거나 없애라고 하지 못한 이유다. 에릭은 지능이 높았다. 하지만 약시로 인해 읽기를 힘겨워했고, 그로 인한 학습 장애를 보충하려면 엄청나게 열심히 공부해야 했다. 또한 완벽주의적 태도가 극심했고, 남과 달라 보이고 싶지 않다는 생각도 강렬해서 학교생활이 힘겨울 수밖에 없었다.

에릭의 레고가 거실의 가장자리를 가득 메웠다. 어느 누구도 그것을 만지거나 옮길 수 없었다. 하지만 레고가 거실의 중앙을 침범하면 에릭의 부모는 치울 것을 명령했다. 이게 에릭한테는 중대한 사태였다. 준비를 거쳐 완료하는 데 여러 주가 걸렸기 때문이다. 에릭은 물건 이동과 청소를 자신이 직접 하겠다고 고집했다. 남이 자기 물건 건드리는 걸 도저히 참을 수 없었기 때문이다. 하지만 청소는 신속히 이뤄져야 했고, 커다란 갈등이 빚어졌다. 이 갈등은 곧 진정되는 일시적인 감정의 폭발이 아니었다. 그 갈등은 울음과 비명으로 시작되어 몇 시간씩 계속되는 경우도 있었다. "에릭은 자기가 괴롭다는 걸 모두에게 알리고자 합니다." 에릭의 아버지가 말했다. 이런 사건들이 벌어지면 에릭은 말할 것도 없고 가족까지 진이 다 빠졌다.

에릭이 더 어렸을 때의 일이다. 이웃 소녀 몇 명이 집으로 놀러왔는데, 에릭의 레고 조립물 하나가 박살나는 불상사가 발생했다. 범인은 소녀들 아니면 에릭의 고양이였다. 화가 치민 에릭은 소녀 가운데 한 명을 물리적으로 공격했고, 아버지가 나서서 그를 말려야 했다. 그 후로 에릭네 집에 놀러 오겠다는 아이는 한 명도 없었다. 남자 형제의 친구들이 왔을 때 부모는 에릭을 할머니 집으로 보냈다. 그는 거기서 자기 물건이 안전할까를 걱정해야 했다.

에릭은 4학년으로 올라가기 전 여름부터 이상한 의식을 하기 시작했다. 특이한 방식으로 물건들을 만졌던 것이다. 그 의식을 정확하게 수행하지 못했다는 생각이 들면 스스로 됐다 싶을 때까지 행위를 반복했다. 구체적이고 뚜렷한 이유는 전혀 없었다. 단지 그렇게 해야 된다고 느껴졌기 때문이었다. 얼마 후 4학년 할로윈 파티가 열렸는데, 급우 한 명이 식중독이었는지 교실에서 구토를 했다. 에릭은 토사물의 '세균'으로, 학교와 그날 관련된 모든 게 오염됐다고 확신했다. 그는 더 이상 할로윈 파티를 즐길 수 없었고, 오랫동안 파란색 옷은 아예 입지 않았다. 토한 친구가 입고 있던 셔츠의 색깔이 파란색이었던 것이다.

에릭한테 가장 문제가 됐던 상황은, 이제 학교에서 집으로 가져오는 것은 무엇이든 세균으로 오염되었기 때문에 자신의 보물 레고와 격리해야 한다는 것이었다. 에릭의 방과 집의 나머지 공간 상당수가 오염되었기 때문에 레고는 거실에 보관됐다. 학교 유인물은 주방과 에릭의 방에 쌓였다. 에릭이 그걸 내다버릴 수 없었던 건 집에서마저 세균을 다룬다는 게 도저히 내키지 않았기 때문이었다. 이 보관 행위는 저장 강박이라기보다는 강박-충동 장애의 증상인 오염 공포에 더 가까웠다. 에릭은 학교에서 집으로 돌아오자마자 자기 방으로 들어가 오염된 옷을 벗었다. 뭔가가 의도치 않게 더러워지면 철두철미하게 씻었다. 에릭의 아버지는 아들이 개수대에서 해체 분해될 때까지 편지를 물로 씻던 일화를 들려줬다. 에릭의 세균 공포와 씻어내기 의식은 저장 강박보다 더 심각한 문제였고, 그의 삶과 가족의 생활에 훨씬 큰 악영향을 미쳤다.

에릭은 레고와는 별도로 특이한 것들을 저장했다. 집을 방문해 부모와 면담을 진행한 방의 한쪽 구석에는 한 달 전 에릭의 생일잔치에 썼던 물건들이 있었다. 풍선 대여섯 개, 목욕용 가운, 기타 품목이 몇 개 보였다. 그것들은 잔치 이후로 아무도 건드린 사람 없이 그 자리를 지키고 있었다. 에릭은 잔치가 열리기 전날 밤이 힘겨웠다. 사람들이 와서 애써 만든 레고를 만지거나 옮기기라도 하면 어쩌나 하는 걱정 때문이었다. (친구가 거의 없어서 가족과 친지들만 왔는데도 말이다.) 그런데 그날은 사정이 아주 좋았다. 잔치는 매우 흥겨웠다. 에릭은 선물(목욕용 가운, 암석과 광물에 관한 책, 청바지 한 벌, 셔츠)도 많이 받았다. 에릭은 선물이 무척 마음에 들었지만 사용할 생각이 전혀 없었다. 그 물건들은 이제 에릭의 특별했던 날과 결부된 것이다. 물건들에 마치 그날의 온갖 기억과 감정이 담기기라도 한 것처럼. 에릭은 평범한 날에 그 목욕 가운을 입으면 가운이 평범해지면서 특별했던 날과의 연계성이 사라질 것을 두려워했다.

에릭의 어머니는 아들의 그런 행동을 '특별한 사건 저장 강박'이라고 불렀다. 에릭의 특별한 사건 저장 강박은 오염 공포와 거의 같은 추론 과정을 따르며, 2장에서 설명한 감염 효과의 전형적인 예다. 물리적으로 멀리 떨어져 있거나 상징적일지라도 구토 사건과 결부된 대상이면 뭐든 세균에 오염됐던 것처럼 에릭이 생일선물로 받은 목욕 가운과 옷에도 좋은 감정과 기억이 스며들어 있다고 믿었다. 그럼에도 불구하고 이 물건들이 좋은 기억을 퍼뜨릴 수는 없다는 인식이 흥미롭다. 에릭의 판단은 거꾸로였다. 이 물건들을 평범한 날에 사용하면 그 특별함이 상실되어 평범해지리라고 본 것이다. 에릭의 아버지는 부활절 날 아들에게 청바지와 셔츠를 입으라고 설득했는데, 이는 부활절 역시 특별한 날이었기 때문에 가능한 일이었다. 그러나 아버지는 에릭이 생일선물로 받은 옷을 입고 학교에 가도록 설득할 수도, 목욕 가운을 입게 만들 수도 없었다. 식기 세척기를 교체해야 했을 때 에릭이 흥분해서 제정신이 아니었던 것에도 비슷한 설명을 할 수 있다. 그는 식기 세척기를 보면 여름날 아침 엄마와 함께 주방에 있을 때 느꼈던 특별한 감정이 떠오른다고 말했다. 그리고 식기 세척기의 금속 부품을 보관할 수 있게 해달라고 간청했다. 부모는 그래도 좋다고 허락했다. 그러나 그들은 아들이 식기 세척기의 다른 부품 몇 개도 몰래 마당에 숨겼다는 사실은 몰랐다. 아버지가 에릭이 마당에 숨겨놓은 부품을 발견하고 버리자 아들의 분노가 폭발했다.

다수의 저장 강박 증상자처럼 에릭도 주의가 쉽게 산만해졌고, 레고 블록 말고는 집중을 유지하는 데 어려움을 겪었다. 그는 주의력 결핍 과 잉 행동 장애 진단을 받았을 확률이 가장 높다. 에릭의 어머니는 아들에 대해 이렇게 설명했다. "에릭은 한 가지 사안에서 다음 사안으로 넘어갈 때 주의가 쉽게 산만해져요. 내가 양치질을 하라고 하면 갑니다. 그런데 한 1미터나 갔을까, 고양이를 어루만집니다. 다시 1미터쯤 간 후에는 방 향을 돌려 돌아와서는 레고를 정리합니다. 그림이 그려지실 거예요. 새 레고를 사려고 함께 완구점에 갈 때도 사정은 똑같아요. 우리 어머니도 그랬죠." 에릭의 기벽은 한 세대를 건너뛰었지만 가계에서 물려받은 것 같았다. 우리는 마지막 면담 때 에릭의 오염 강박-충동 장애가 약물 치 료로 개선되었다는 얘기를 들었다. 부모가 확실하게 한계를 설정해주면 서 저장 강박 행동도 효과적으로 제어 중이라는 소식도 함께 전해들을 수 있었다.

공감 능력

자폐 아동을 지도하는 친구가 어느 날 전화를 걸어와 환자 가운 데 한 명의 동기同氣에 관해 이것저것 얘기를 하며 궁금한 점을 물었다. 제임스는 예쁜 아이였다. 밝고 재미있고 호기심이 많고 대화에도 소질이 있었다. 그러나 그는 두 살 때부터 잡동사니에 탐닉했다. 어머니에 따르면 제임스는 자기 물건에 둘러싸여 있을 때만 행복해 보였다고 한다. 내가 어머니와 면담을 했을 때 제임스는 여섯 살이었다. 가족, 특히 어머니가 제임스의 물건 중독과 힘겹게 씨름하고 있었다. 제임스는 사탕 포장지까지 못 버리게 했다. 다른 저장 강박증 아동처럼 제임스도 다른 문제가 수두룩했다. 불과 16개월 됐을 때부터 두꺼운 안경을 꼈다. 주의력 결핍 과잉 행동 장애가 있었고, 의료진이 '감각계 이상(가벼운 형태의 자폐일 것으로 추정)'이라고 진단한 병으로 인해 학교생활 및 또래 아이들과 어울리는 데서 어려움을 겪었다.

제임스의 방은 잡동사니로 어수선했지만 약간 지저분한 정상 아동의 방과 크게 다르지 않았다. 장난감과 동물 봉제 인형이 여기저기 흩어져 있었다. 제임스의 저장 강박도 에릭처럼 저장물의 양이 아니라 소유물과 맺는 관계가 문제였다. 제임스가 물건을 완벽하게 통제하려 한다는 게 주된 문제였던 것이다. 어머니는 뭐라도 건드리거나 옮기면 제임스가 즉각 알아보고, 속상해한다고 말했다. '속상해한다'는 어머니의 표현은 사태를 순화한 것이었다. 어머니는 '애절하다', '비통해한다' 같은 어휘를 동원해 아들의 반응을 묘사했다. 그녀에게는 아들이 육체적 고통을 느끼는 것처럼 보였다. 실제로 제임스가 엄마에게 이렇게 말하기도 했다. "엄마, 몸이 너무 아파요." 그는 남들이 장난감을 만졌을 경우 그 행방을 모르는 사태를 가장 걱정하는 것 같았다. 사태를 모른다는 것은 도저히 견딜 수 없는 일이었다.

이런 불쾌감은 환경과 일상에서 일어나는 온갖 변화에도 그대로 적용됐다. 제임스는 매일 규칙적인 일상을 따랐고, 그 틀이 바뀌면 속상해했다. 활동들이 들쭉날쭉 바뀌는 것은 항상 문제가 됐다. 아마도 제임스가 소유한 물건들은 바뀌지 않았기 때문에 위로가 됐을 것이다.

그는 항상 완벽을 추구했다. 수행 과제를 단박에 제대로 해내지 못하는 상황을 견디지 못했다. 어머니는 제임스에게 팀 스포츠를 권유했다. 하지만 농구장에서 벌어진 첫 번째 사건은 제임스에게 재앙이었다. 자신이 골을 성공시키지 못하자 바닥에 주저앉아 눈물을 쏟았다. 어머니가 나서서 그를 데리고 나와야 했다. 제임스는 가라데도 배웠다. 하지만 어떤 동작을 첫 번째 시도로 숙달해내지 못하자 좌절해서 그만뒀다. 그는 사소한 실수와 실패조차 이겨낼 수 없었다.

어머니는 제임스가 겪는 문제의 일부가 시간을 온전히 이해하지 못하는 데서 기인한다고 생각했다. 제임스는 뭔가를 원할 때 기다리는 걸 참지 못했다. 컴퓨터를 부팅하는 데 걸리는 시간 10초도 말이다. 어머니는 컴퓨터가 완전히 켜질 때까지 주의를 분산시키기 위해 아들에게 장난감을 쥐어줘야 했다. 그녀는 "제임스는 세상에서 가장 지독한 '못 기다리기' 대장"이라고 말했다. 제임스는 영원이라는 개념에서도 곤란을 겪었다. 그는 물건을 두 가지 범주로 나눌 수 있다고 봤다. 얼마 안 돼 사라지는 물건과 영원히 지속되는 물건으로 말이다. 대다수의 쓰레기와 일상생활의 폐기물은 얼마 안 돼 사라질 물건이었다. 제임스는 곁에 더 오래 머무를 물건들은 영원하다고 봤다.

누군가가 제임스의 물건을 옮기면 엄마는 물론 본인도 스스로를 위로할 수 없었다. 어머니는 제임스가 1년 전보다 현재 상태가 조금 나아졌다고 말했다. 하지만 제임스는 자기 물건의 정결함이 약간이라도 침해당하면 여전히 하루 종일 슬퍼했다. 어머니는 망가진 장난감이 가득 담긴 가방을 보관하고 있었다. 버리는 것에 대한 아들의 반응이 내심 두려웠기 때문이다. 동물 봉제 인형이 제임스를 얼마간 위로해주는 듯했다. 어머니가 만약을 대비해 학교 가는 제임스에게 두세 개씩 안겨 보내는 이유였다. 하지만 학교에서는 그게 오히려 화근이 됐다. 선생님들은 제임스가 집에서 가져온 인형에 정신이 팔려 집중을 못 한다면서 가져오지 못하게 조치했다. 이런 휴대품 제한 조치가 없었다면 제임스는 책가방에 결코 헤어질 수 없는 장난감을 가득 채웠을 것이다. 우리가 성인 저장 강박증상자들에게서 보아온 '만약에 대비하자' 현상인 셈이다.

어머니에 따르면 제임스는 물건들, 특히 수집한 물건들과 유대 관계를 맺었다. 제임스가 제일 좋아하는 수집품은 동물 봉제 인형과 〈스타워즈〉 캐릭터 장난감이었다. 하지만 그는 자신의 상상극에 집어넣을 수 있는 것이면 어떤 것이라도 상관없이 돈독한 관계를 맺었다. 어떤 물건이 일단 제임스의 공상 세계에 편입되면 버리기가 힘들어졌다. 어머니는 아들이 그런 물건들을 사람만큼 중요하게 여긴다고 생각했다. 제임스는 그런 물건들과 생생하게 대화를 주고받았으며 인간의 특성을 부여하는 일도 잦았다. 한번은 제임스가 스타워즈 병정 하나를 집어들더니 엄마에게 이렇게 말했다고도 한다. "이 녀석은 유머 감각이 대단해요." 동물 봉제 인형을 놓고 다음과 같이 말하기도 했단다. "슬퍼하고 있어요." 아이들 사이에서 이런 정도의 의인화는 그리 이상한 행동이 아니지만 제임스의 인격화 대상은 놀라울 정도로 광범위했다. 어느 날 제임스가 주택 진입 차도에 과일 음료를 쏟고서 울기 시작했다. 포장도로가 아주 뜨거워서 과일 음료가 화상을 입었을 거라고 여긴 것이다. 잠시 동안이지만 먹기를 중단한 적도 있었다. 먹는 행위로 음식물의 감정이 상할 거라고 생각했다. 제임스는 느끼는 고통을 말로 정확하게 표현하지 못했다. 하지만 어머니는 제임스가 이 물건들을 자기 몸의 일부처럼 느끼는 것 같다고 보았다. 물건이 고통을 느끼면 제임스도 아파했다. 우리는 다른 아동 저장 강박 사례 및 성인들에서도 이런 특징을 발견할 수 있었다. 이를테면 한 어린 소녀는 주거나 버리면 장난감을 죽이거나 배신하는 것이라고 믿었다. 또 다른 아동은 장난감에도 인격과 의견이 있다고 주장했다. 한 중년 여성은 식기 세척기 하단부에 놓인 접시들이 위에 있지 못해서 속이 상할 거라고 말했다.

제임스는 가진 물건뿐만 아니라 만진 물건과도 유대 관계를 맺었다. 친구가 그에게 장난감 광선검을 빌려주자 어머니는 결국 그 친구에게 새 광선검을 사줘야 했다. 제임스가 빌린 광선검과 헤어지려 하지 않았기 때문이다.

제임스를 슈퍼마켓에 데려가는 일도 무척 고된 시련이었다. 하루는 제임스가 거기서 발견한 로봇을 수집하고 싶어 했다. 엄마가 사주지 않자 그는 하루 종일 슬퍼하며 시무룩해했다. 그렇지만 문제의 로봇을 끝내 가질 수 없었다.

우리가 살펴본 다른 사례처럼 제임스 가족도 저장 강박 병력이 있었다. 제임스의 친할머니는 생애 대부분의 기간 동안 물건을 모았다. 여든 살인 그녀는 자신의 저장 강박을 조금도 부끄러워하지 않았다. 제임스의 어머니는 시어머니에 대해 이렇게 말했다. "시어머니는 내가 지금껏 보아 온 사람 중에서 가장 인색한 분입니다." 할머니는 모든 것에 대해 견해가 분명했고 거침없이 의사 표현을 했다. 대공황기에 자란 할머니는 자신의 저장 강박이 절약해야만 했던 어린 시절 때문이라며 미덕으로 생각했다. 1940년대부터 음식을 병조림으로 가공했고, 지하실에 여러 대의 냉장고를 구비한 채 음식물을 가득 채웠다. 집에는 신문과 잡지, 그 밖에도 수집 가능한 온갖 것이 어지럽게 널려 있었다. 그 잡동사니 사이로 난 통로는 비좁기 이를 데 없었고 말이다. 그녀는 몇 년 전에 그간 저장한 갖은 물건을 수용할 방을 하나 새로 만들었다. 하지만 그 방도 순식간에 채워졌고, 집 안 상태는 그 어느 때보다 더 심각했다. 가족들은 할머니의 기벽을 종종 농담으로 삼기도 했지만, 그에 대해 걱정이 이만저만이 아니었다. 집 안 상태가 위험 수준에 도달했지만 가족 중에 나서서 문제를 제기하고 해결하려는 사람은 아무도 없었다.

제임스가 물건들에 보이는 극단적인 애착, 가족의 저장 강박 병력, 완벽주의는 저장 강박증 아동에게서 흔히 볼 수 있는 양상과 일치한다. 에릭과 에이미처럼 제임스도 물건들을 몹시 감정적으로 대했고, 기이할 정도로 사납게 주변 환경을 통제하려고 했다. 어머니는 최근에 제임스의 행동 양상에 변화가 일어났음을 인지했다. 이전보다 더 쉽게 감정을 제어할 수 있게 됐고, 남이 자기 물건을 만지거나 옮겨도 묵인 내지 허용할 만큼 상태가 호전된 것이다.

낭비하는 슬픔

줄리언은 일곱 살 때 친구들과 도보 여행을 하다가 팔이 부러지는 사고를 당했다. 무려 서른여섯 시간 동안 응급실을 전전한 경험은 그에게 참으로 괴로운 시련이었다. 부러진 뼈를 여러 차례 다시 맞춰야 했기 때문이다. 줄리언은 그 과정 내내 단 한 번도 울지 않았다. 아버지는 아들의 용기에 놀라움을 금치 못했다. 하지만 그 직후에 저장 강박이 시작됐다.

부모는 맨 처음으로 줄리언이 발렌타인데이 사탕과자를 두고 이상하게 반응한다는 것을 인지했다. 그는 허쉬 사에서 특별판으로 내놓은 빨강색 키세스 초콜릿을 먹지도, 심지어 포장을 뜯으려고도 하지 않았다. 줄리언은 물었다. "이 초콜릿이 다시 안 나오면 어떻게 하죠?" 그리고 머잖아 손이 닿는 거의 모든 것을 걱정했다. 학교 유인물, 빈 우유곽, 냅킨, 종이 접시, 학교 화장실의 종이 타월, 심지어 다 먹고 텅 빈 포테이토칩 포장지까지. 부모가 그것들을 버리라고 하자 줄리언은 서랍장 아래와 주머니에 숨기기 시작했다. 담임선생님도 그의 문제를 파악했다. 줄리언은 보관할 필요가 없는 종잇조각 과제를 완성한 후 쓰레기통에 버리는 데서 어려움을 겪곤 했다. 기분이 언짢은 날에는 옷에서 발견한 보풀조차 버리지 못하기도 했다.

부모가 이 문제를 상의하려 들자 줄리언은 침착함을 잃고 흥분했다. 팔이 부러졌을 때도 울지 않던 극기심 많은 소년이 바지 주머니에 구겨넣은 종이 타월을 버려야 한다는 생각에 엉엉 울어댔다. 어머니는 줄리언이 사고 전에도 물건 버리는 일을 주저했음을 알고 있었다. 방에 있는 물건이 그렇게 많지는 않았지만 한참을 주저하다가 버리고는 했다는 것이다. "망가진 장난감이 항상 말썽이었어요." 그럼에도 불구하고 놀라서 겁을 집어먹을 만한 정도는 아니었다. 그러나 이번에는 반응이 달랐고, 걱정이 된 부모는 심리학자에게 도움을 요청했다.

심리학자는 줄리언에게 종이에 그림을 그려보라고 했다. 그림을 다 그리자 심리학자는 그걸 버리면 얼마나 힘겨울 것 같냐고 물었다. 줄리언은 두 눈에 눈물을 가득 머금은 채 대답했다. 그 어려움을 10점 중 7점으로 산정했다. 심리학자는 그림을 안 그린 백지를 버리는 것은 얼마나 힘들 것 같으냐고 다시 물었다. 줄리언은 그 고통에 4점을 부여했다. 심리학자가 떠올릴 수 있는 대다수의 것이 줄리언에게 고통을 줬다. 유일한 예외는 화장실에서 밑을 닦고 버리는 휴지뿐이었다.

줄리언은 자신의 행동을 거의 해명하지 못했다. 그는 처음에 심리학자에게 이렇게 말했다. "물건을 보관하는 이유를 모르겠어요. 하지만 절대로 못 버려요." 부모가 능란하게 줄리언의 말문을 터주자 그는 이렇게 설명했다. "뭔가를 버려야 하거나 버린 물건이 떠오르면 슬퍼요." 줄리언은 그 생각으로 밤에 잠을 이루지 못했다. "보관하지 않고 버린 물건이 걱정돼요. 언젠가 사용할 수도 있는데, 하는 생각이 들거든요. 두 눈을 꼭 감고 생각하지 않으려고 노력해요. 컨트리 음악을 떠올리려고 한답니다."

줄리언의 아버지는 아들이 주로 걱정하는 게 낭비라고 판단했다. 줄리언은 자기가 쓰는 물건이 절대로 낭비돼서는 안 된다는 강박에 사로잡혀 있는 듯했다. 사용한 냅킨 같은 것들조차 말이다. 본인이 사용한 물건은 물론이고 가족이 사용한 것들에 대해서도 책임감을 느꼈다. 줄리언은 식사가 끝난 다음에 냅킨과 종이 접시를 보관해도 좋으냐고 자주 물었다. 더 나아가 음식까지 걱정하며 접시에 담긴 음식을 항상 다 먹었다. 다른 가족이 음식을 남기면 그것도 먹겠다고 나섰다. 우리가 살펴본 다른 저장 강박증 아동과 달리 줄리언은 남과 자기 장난감을 공유하는 데 전혀 구애받지 않았다. 심지어 낡은 것의 경우 줘버리거나 팔기까지 했다. 그렇게 이동하는 장난감은 낭비되는 것이 아니라 사용할 사람에게 가는 것이라고 생각했다.

심리학자와의 면담이 줄리언에게 도움이 되는 듯했다. 아버지는 문제가 사라진 건 아니지만 줄리언이 물건 버리는 일을 더 쉽게 받아들이게 됐다고 말했다. 첫 번째 면담 치료 후에 직접 하기가 너무 어려웠던지 부모에게 자기 대신 물건을 버려달라고 부탁할 정도로 말이다. 두 번째 면담 중에는 어떤 물건의 경우 직접 버릴 수 있게 됐다. 하지만 면담 치료의 말미에 이르자 버린 물건들 때문에 슬프다고 심리학자에게 토로했다. 면담 치료가 몇 차례 더 이루어졌고, 줄리언의 사정도 나아졌다. 문제가 완화되는 것처럼 보였다. 줄리언은 팔의 깁스를 풀면서 익숙하게 즐겼던 활동적 삶을 재개했다. 저장 강박 행동이 서서히 사라졌고 정상적으로 물건을 버렸다. 그러나 아버지는 줄리언이 버려야 한다는 걸 아는 물건들, 가령 다 먹은 포테이토칩 봉지 같은 것을 쓰레기통 안이 아니라 그 언저리에 놓는 경우가 있다는 걸 알아챘다. 관련해서 질문을 받은 줄리언은 완전히 버리고 싶지는 않았다고 실토했다.

줄리언의 부모는 약 6개월 후에 다시 심리학자에게 전화를 걸었다. 줄리언이 물건을 버릴 때 다시 '슬프다'는 생각이 든다고 얘기했던 것이다. 특히 수학 시간에 버린 물건이 생각나 울어버릴까 봐 크게 걱정했다. 그가 고급 수학반으로 막 올라갔는데, 이 수업에서는 신속한 문제 해결 능력이 강조됐다. 그런데 신속하게 문제를 해결해야 한다는 것 때문에 줄리언은 늘 압박감을 느꼈다. 새로운 도전 상황에 성공적으로 적응하지 못할 수도 있다는 두려움이 다시 저장 강박 증세의 기폭제로 작용한 듯했다. 몇 주 후 수업 과제를 능히 해결할 수 있겠다는 확신이 들자 줄리언은 더 이상 걱정하지 않게 됐고, '슬프다는 감정'도 사라졌다. 저장 강박 행동 역시 다시 누그러졌다. 줄리언이 부모에게 사용한 종이 접시와 냅킨을 씻고 빨아서 보관하라고 가끔 요구하기는 했지만 말이다. 그러나 더 이른 시기의 상태와 비교해 볼 때, 줄리언은 물건을 버리라는 부모의 지시를 확실히 더 잘 수용했다. 그는 담임 선생님을 포함해 학급 전원이 물병을 버리지 말고 재활용해야 한다는 주장을 펴서 부모와 내가 만나기 바로 전날 우수 시민상을 받았다. 줄리언의 아버지에게는 그 일이 참으로 얄궂게 느껴졌다.

줄리언은 항상 불안해하는 아이로, 위험을 무릅쓰는 것을 두려워했다. 돈을 쓰는 사안에 이르면 우유부단함이 두드러졌다. 그는 식당에서 뭘 주문해야 할지 돈이 조금 생겼을 때 뭘 사야할지로 씨름했다. 또한 1학년 때 약간의 주의력 장애 증세를 보였고, 수업 중에 완료하지 못한 과제를 마무리하기 위해 휴식 시간까지 써야 하는 경우도 있었다. 아버지는 줄리언의 방식을 찬찬한 신중함이라고 설명하면서 자기 아버지, 곧 줄리언의 할아버지도 그랬다고 덧붙였다. 줄리언은 일을 정확하게 수행하고자 했으며, 신중하고 꼼꼼했다. 그런데 이런 성향에도 불구하고 다른 분야에서는 완벽주의를 무시했다. 줄리언이 선보인 유사 강박-충동 장애 의식은 부모님께 하는 작별 인사뿐이었다. 그는 엄마 아빠를 여러 차례 껴안고 뽀뽀한 다음에야 만족한 상태로 자리를 떠날 수 있었다. 아버지가 창가에 서서 손을 흔들어주지 않으면 나중에 불만을 털어놓곤 했다.

줄리언은 우리가 살펴본 다른 아동 저장 강박 사례와 달리 강박-충동 장애 내지 저장 강박의 가족력이 전혀 없었다. 그의 저장 강박증은 대체로 소심한 성격 및 심리 외상성 사건들과 긴밀히 결부된 듯하다. 사람들은 두려움을 크게 느끼면 사소하고, 불합리한 걱정과 습관이 제어가 불가능할 정도로 확대되기도 한다. 줄리언의 저장 강박이 더 이상은 문제가 되지 않았음에도 불구하고 아버지는 경계심을 늦추지 않았다. "아직 안 끝났다는 게 내 판단입니다."

수집에서 저장 강박으로

이 아동들이 보이는 저장 강박 행동의 다양성을 우리는 성인 저장 강박 증상자들한테서도 보았다. 어떤 저장 강박증 아동은 낭비를 걱정해서였다. 정체성이 소유물과 밀접하게 융합함으로써 버리는 행위가 자신의 일부를 잃는 것처럼 느껴지는 경우도 존재했다. 대다수의 저장 강박증 아동은 소유물을 강력하게 통제하고자 하며, 그 장악력이 도전을 받으면 매우 속상해하고 공격성을 보이기도 한다. 우리가 면담한 대다수의 부모들에게는 자녀들에게 저장 강박 행동이 문제가 될 수도 있다는 것을 이해시키는 일조차 어려웠다.

아동의 저장 강박은 성인의 경우보다 강박-충동 장애 행동 및 의식과 관계가 더 밀접할 것이다. 이 장에서 서술한 네 명 중 두 명이 저장 강박 행동 외에도 강박-충동 장애 증상이 두드러졌다. 이 주제에 관한 연구가 매우 적은 것을 고려할 때, 강박-충동 장애 아동의 절반 가까이가 저장 강박 증세를 보이는 것으로 짐작해볼 수도 있다. 성인의 경우 강박-충동 장애 환자의 약 25~33퍼센트가 저장 강박을 앓는다. 플로리다 대학교의 에릭 스토크 박사 연구진은 저장 강박증 아동들이 주술적 사고와 질서 부여 및 정리 충동 등 특정한 강박-충동 장애 증상들을 보인다는 걸 확인했다. 성인 저장 강박 증상자들에게서 균정 강박과 질서 부여 및 정리 충동을 확인할 수 있다는 연구가 생각나는 대목이다.

강박-충동 장애 영역을 넘어서면, 유전적 장애가 저장 강박과 결부된다. 프라더-윌리 증후군 Prader-Willi syndrome 을 앓는 아동 50퍼센트 이상에서 저장 강박이 발생한다. 프라더-윌리 증후군은 아버지가 15번 염색체에 기여하지 않아 생기는 유전 질환이다. 프라더-윌리 증후군 환자들은 흔히 지능이 조금 떨어지고, 포만 기제에 문제가 있어 비만인 경우가 많다. 자폐 스펙트럼 장애 아동 사이에서 저장 강박 증세가 높은 빈도로 발생한다는 사실도 보고됐다. 우리가 이 장에서 검토한 사례들 중에는 제임스만 가벼운 증상의 자폐를 앓은 것 같다. 저장 강박의 원인이 발달 장애 아동과 정상 아동 모두에게 동일하게 작용하는지의 여부는 여전히 두고 볼 문제다. 위탁 보호자들은 맡아서 키우는 아이들의 저장 강박 행동을 오래전부터 알고 있다. 하지만 위탁 아동의 저장 강박 행동을 상세히 전하는 연구는 한 건도 이루어지지 않았다.

플로리다 대학교의 연구에 따르면 저장 강박 아동은 정상 아동보다 더 불안해하고 신체적 문제가 많으며 행동이 공격적이었다. 앞서 소개한 네 명의 아동만 보더라도 그런 온갖 문제가 어느 정도 존재함을 알 수 있다. 누가 네 아이의 물건을 만지거나 옮기면, 아니 그러겠다고 위협하기만 해도 그들은 두려움, 분노, 슬픔, 불만, 죄책감 등 격렬한 감정을 느꼈다. 저장 강박 장애를 앓는 성인들에게서도 동일한 감정 반응이 목격된다는 것은 흥미로운 사실이다. 제임스, 에릭, 줄리언은 불안해했고 쉽게 좌절했으며 속상한 감정에서 회복하는 데 큰 어려움을 겪었다. 에릭은 행동이 공격적이기도 했다. 스토크 연구진은 아이들의 경우 처한 문제를 제대로 통찰하지 못하기 때문에 행동이 공격적일 수도 있다고 본다. 스토크의 연구에 따르면, 저장 강박증 아동들은 강박—충동 장애 등 다른 증상이 있는 아이들보다 자신의 증상을 문제로 인식하는 데서 더 큰 어려움을 겪었다. 저장 강박증 아동들이 저장을 문제로 생각하지 않는다면 부모가 획득 행동을 막고 물건을 버리라고 시킬 때, 분노와 원한과 적대감에 직면할 가능성이 더 많다.

여기 나온 네 명의 경우 저장 강박은 여러 장애 가운데 하나일 뿐이었고, 가장 심각한 것도 아니었다. 아무튼 부모들은 명확한 규칙과 신중한 계획을 통해 자녀들의 저장 강박을 제어할 수 있었다. 그런 증세를 통제할 수 있는 부모의 능력을 보면, 임상의들이 아동 저장 강박 사례를 접할 기회가 거의 없다는 이유를 알 것도 같다. 아이들을 의사한테 데려가 도움을 구할 때는 다른 문제들, 가령 강박—충동 장애, 주의력 결핍 과잉 행동 장애, 아스페르거 증후군인 경우가 대부분이다. 저장 강박은 보통 전혀 언급되지 않는다. 정신 병원 쪽이 진단 목적의 면담 절차에서 잡동사니 및 물건 저장 강박에 대해 묻는 일도 없다.

줄리언의 저장 강박 증세는 일시적이었다. 어떤 이유로 상심하고 낭패스러울 때 주로 발생하는 것 같았다. 팔이 부러지는 사고를 당했을 때나 상급 수학반에 진급했을 때처럼 말이다. 그러나 대다수 성인의 경우 저장 강박은 만성적이며 부단히 이루어진다. 예컨대, 저장 강박의 변천에 관한 우리의 연구를 보더라도 저장 강박이 세월이 지나면서 완화됐다고 보고한 사람은 1퍼센트 미만이었다. 다른 강박—충동 장애 증상, 이를테면 강박적 청소나 점검 의식은 시간의 경과에 따라 변동하지만 저장 강박은 꾸준하게 유지된다.

아동의 경우에는 사정이 달라지기도 한다. 일부 부모, 특히 다른 강박—충동 장애 증상도 보이는 자녀의 부모들이 우리에게 말하기를, 자녀들에게 나타나는 저장 강박 행동은 시작과 끝이 아주 명료하다는 것이었다. 그러나 성인의 저장 강박은 스트레스 요인에 대응하면서 시작된 행동이 만성적 습관으로 굳어지는 것 같다.

저장 강박증 아동이 소유물에 간섭하려는 시도에 감정적으로 극렬하게 대응하면 집안에 대혼란이 야기되기도 한다. 부모는 집안의 평화를 유지하기 위해 이상한 물건을 수집해 보관하는 저장 강박을 허용하는 일이 잦다. 부모가 저장 강박 증세를 보여도 비슷한 문제가 발생하고, 그러면 다른 가족 구성원들이 부모를 받아들여야 하는 상황이 된다. 우리는 11장에서 그런 사례를 살펴보았다.

많은 아동이 어릴 때 두려움 속에서 나름의 의식을 개발한다. 이 두려움은 대부분 청소년기와 성년기 초반에 극복된다. 저장 강박에도 이런 진술을 할 수 있을지, 우리는 아직 모른다. 다만 저장 강박 행동의 양상이 완벽주의나 고통을 극단적으로 회피하는 방편이라고 말할 정도까지 견고해지면 정신과 전문의의 도움을 받아 제동을 걸어줄 수 있을 것이다.

Chapter 13 | 소유, 존재, 저장 강박

소유는 존재다

저장 강박 치료

이것들이 없으면 난 아무것도 아니에요.

_ 한 저장 강박 증상자

소유 개념이 없거나 경시되는 사회가 소수 존재하지만 대다수 문화에서는 사람과 소유물의 상호 작용이 삶에서 중요한 부분을 차지한다. 2장에 적었듯, 저장 강박은 전 세계적인 현상이다. 저장 강박에 관한 언급은 무려 14세기까지 거슬러 올라간다. 하지만 이것이 오늘날의 서구 사회만큼 명시적으로 드러나는 곳은 없다. 값싸고 손쉽게 구할 수 있는 물건들이 넘쳐나면서 저장 강박은 이 시대의 질병이 되었을 것이다. 1990년대 말 PBS에서 〈어플루엔자Affluenza, 부자병. 풍요를 뜻하는 affluece와 유행성 독감을 뜻하는 단어 influenza의 합성어. '풍요의 시대에 만연한 소비 중독 바이러스'라는 의미로 사용되었다—옮긴이〉이라는 한 시간짜리 프로그램이 방송됐다. 미국인들의 물질주의와 과소비 문화가 상세하게 소개됐고, '부자병'은 전염이 되는 사회적 불행으로 규정됐다. 소유물이 삶을 압도하면서, 우리가 획득을 통해 얻고자 했던 바로 그것을 결국 잃게 된다는 것이다.

저장 강박 연구를 통해 명백해졌음에도 불구하고 우리는 물건들을 여전히 집에 둘 것이다. 하지만 물건들도 우리를 소유한다. 물건들은 획득, 사용, 간수, 저장, 처분 등 일련의 책임을 부담으로 지운다. 지난 50년 동안 가정에 들어온 물건의 수가 크게 늘어났고, 우리들은 더 많은 책임을 지게 됐다. 우리는 이 모든 것을 가지게 되면서 사람과의 상호 작용에서 활기 없는 대상과의 상호 작용으로 옮겨갔다. 아이들은 이제 온라인상에서 더 많은 시간을 보낸다. 가족이나 친구들과 상호 작용하기보다는 각자의 방에서 혼자 텔레비전을 시청하거나 비디오게임을 하는 것이다. 애초 삶이 더 편해지고 자유 시간이 증대될 것이라는 약속과 함께 팔린 물건은 정반대의 일을 수행했다. 부모 둘 다 끊임없이 증대하는 새로운 편의를 뒷받침하기 위해 장시간 일하는 경우가 많다. 그래서 가족은 함께 보내는 시간이 점점 더 줄어든다.

어느 정도는 우리 문화가 상업화되었기 때문에 이런 일이 일어난다. 사람들이 소유해야 할 물건이 이렇게 많았던 적이 없었다. 물건을 소비자들에게 판촉할 수 있는 방법이 이렇게 많았던 적도 없었다. 존 디 그라프, 데이비드 왠, 토머스 네일러가 PBS 방송 후속으로 집필한 『소비 중독 바이러스 어플루엔자Affluenza: The All-Consuming Epidemic』에서 지적했듯이 미국에는 쇼핑센터가 고등학교보다 두 배 더 많다. 물건을 소개해 소비 욕망을 불러일으키는 방법을 찾아내는 데 엄청난 노력과 돈이 투입된다. 마케팅 및 소비재 판매를 전문으로 다루는 잡지가 100종이 넘는다.

마케팅의 성공 전력은 눈이 부시다. 물건에 대해 만족할 줄 모르는 욕망은 임대할 수 있는 개인 저장 공간이 늘어나면서 뒷받침준다. 40년 전에는 미사용 개인 소유물을 보관할 수 있는 시설이 사실상 전혀 존재하지 않았다. 현재 4만 5천 개 이상의 시설에서 약 1억 8천만 제곱미터의 공간을 저장용으로 임대할 수 있고, 그 공간의 대부분이 이미 꽉 찼다! 「뉴욕 타임스」는 2007년 3월 자가 저장 공간 임대가 1995년 이래 90퍼센트 증가했으며 1,100만 가구 이상이 외부 저장 공간을 임대했다고 보도했다. 그 신문에 따르면 여러 개의 저장 공간을 장기간 임대하는 사람의 수가 꾸준히 증가하고 있다. 그들은 막 이사해서 가재와 집기를 임시로 보관하는 사람들이 아니다. 아끼는 보물들과 절대로 헤어지지 않겠다는 사람들이었다. 소유하고 있는 집이 더 이상 수용할 수 없는 그 물건들을 '언젠가는 사용할 것'이라고 믿으며 외부 저장 공간에 보관했다. 임대되는 저장 공간이 탐욕스럽게 늘어나는 현상이 전부가 아니다. 주택의 평균 크기가 1970년 이래 60퍼센트 증가했다. 2008년의 부동산 붕괴로 이런 추세가 바뀌고 있는지는 모르겠다. 아무튼 흔히 '맥맨션McMansion'이라고 불리는 대저택 중 대부분에는 별도의 저장 공간이 부설되기 마련이다. 어쩌면 우리가 저장 강박 민족이 되어 가는 것은 아닐까?

한 세대 전인 1947년, 에리히 프롬은 우리 사회가 소유물에 집착하게 될 거라고 예견했다. 그는 세상에 대한 두 개의 기본적 지향 가운데 하나로 사람을 규정할 수 있다고 주장했다. 그 두 개의 지향이란 '소유'와 '존재'였다. 이것이 사람들의 사고방식, 감정, 행위를 결정하는 대종을 이룬다. 지향이 '소유'인 사람은 재산은 물론이고, 사람까지 획득하고 소유하려 한다. 소유는 개인의 자아의식 및 세계 속의 의미를 구축해주는 열쇠다. 프롬에 따르면, 상업주의가 동력으로 작용하는 문화는 사람들로 하여금 '소유'를 지향하도록 조장하여 공허함과 불만을 낳는다. 반면 '존재'를 지향하는 사람은 소유보다는 경험에 관심을 쏟는다. 타인과 공유하고 교류하면서 의미를 찾는 것이다.

현대의 사회학자들은 '소유' 지향을 '물질주의'라고 기술하며, 물질주의 탐구에 상당한 진척을 보였다. 그리고 프롬이 예견한 내용 상당수가 입증됐다. 물질주의자들의 삶에서는 소유물이 커다란 역할을 수행한다. 물질주의자들의 소유물은 자기를 매혹하는 수단, 정체성을 확인하는 수단, 사회적 지위를 과시하는 수단, 일상 활동의 원동력이다. 물질주의자들은 소유물이 자아의식을 확대 강화해줄 뿐만 아니라 행복까지 담보해줄 것으로 기대한다. 하지만 모순적이게도 소유물은 정반대의 역할을 하는 듯하다. 고도로 물질주의적인 사람들이 지향이 '소유'가 아닌 사람들보다 삶에 덜 만족하고 더 불행하다는 사실을 지적한 연구도 많다. 하지만 물질주의 때문에 쉽게 만족하지 못하고 불행한지 아니면 불행한 사람들이 물질주의를 추구하는지에 대해서는 이 연구만으로는 분명히 밝힐 수 없다.

최근에는 개인의 미덕과 덕성 연구에 집중하는 '긍정 심리학'이라는 분야가 발달 중이다. 긍정 심리학은 다음과 같은 질문들에 관심을 기울인다. "무엇이 사람을 행복하게 만드는가?" 긍정 심리학이 소유물의 역할과 의미에 관심을 돌린 것은 놀랄 일이 아니다. 사람들이 어떤 유형의 구매 행위 속에서 더 행복한지를 묻는 조사가 이루어졌다. 외식을 한다거나 여행을 가는 등으로 사건이나 경험과 결부된 구매 행위가 물건 획득과 결부된 구매 행위보다 더 행복한 것으로 밝혀졌다. 가장 최근의 구매 행위를 자평해달라고 요구한 다른 연구도 결과는 마찬가지였다. 최근의 구매 행위에 관한 생각을 묻자 사람들은 대체로 물건 자체보다는 경험을 떠올릴 때 더 행복하다고도 응답했다.

리프 반 보벤은 콜로라도 대학교에 재직 중인 긍정 심리학자다. 그는 경험 구매가 물질 구매보다 더 행복한 이유 세 가지를 말한다. 첫째, 물질 구매는 경험 구매만큼 환기와 추체험의 대상이 되지 못한다. 물론 2장에서 서술한 게걸스런 수집가들은 예외일 것이다. 하지만 가족과의 휴가 여행을 떠올리면 식당에 놓을 가구를 구매한 일을 떠올릴 때보다 기분이 더 좋다. 휴가 이야기는 다시 해도 기분이 좋아지기만 한다. 둘째, 물질 구매는 이웃과 친구들의 유사한 구매와 비교하면 그 매력이 감소한다. 하지만 경험 구매는 사회적 비교가 이루어져도 그 효과가 감소하지 않는다. 셋째, 물질 구매는 대체로 단독 행동임에 반해 경험 구매는 본래 사회적 활동인 경우가 많고, 긍정적인 기분이 장기 지속되는 경우가 대부분이다. 반 보벤과 동료들은 이 발상을 한 발짝 더 밀어붙였다. 서로 모르는 사람들에게 즐거움을 누린 최근의 물질 구매나 경험 구매를 화두로 대화를 나눠달라고 요청한 것이다. 실험 참가자들은 대화 종료 후 경험 구매에 대해 얘기한 사람들을 더 우호적으로 평가했다. 더 친구 하고 싶은 대상 역시 경험 구매를 얘기한 사람들이었다. 경험은 물건보다 사회적 잠재력이 더 큰 듯하다. 사람들은 '존재'와 '소유'를 비교 검토하는 과정에서 행복에 더 가까이 다가갔다.

이를 볼 때, 물건을 소유하면 행복해질 것이라는 우리의 기대는 직접 경험에서 기인하는 게 아니라 '소유' 지향을 강조하는 교묘한 마케팅 전략 때문인 것 같다. 과학적으로 개발된 판촉 기법들은 대개 효용, 안전, 정체성을 강조하는데, 저장 강박 증상자들이 지나친 획득 행동을 합리화하는 단골 메뉴도 이것들이라는 사실은 참으로 흥미롭다. "사용할 수 있는 것입니다." "위로가 됩니다." "나의 일부라니까요." 어찌 보면 저장 강박 증상자들은 마케팅의 희생자들이라고도 할 수 있다. 획득 중독자들은 판매 설득을 이기지 못한다. 도박 중독자가 로또 가게를 그냥 지나치지 못하고, 알코올 중독자가 술집의 네온사인에 불가항력적으로 이끌리는 것과 같다.

하지만 우리는 저장 강박 연구를 통해 다음과 같은 사실을 알게 됐다. 물질주의가 저장 강박증의 일부 원인이기는 해도 물질주의자인 사람들과 저장 강박 증상자들 사이에는 근본적인 차이가 있음을 말이다. 물질주의자들은 소유물을 성공과 부를 과시하는 외면적 징표로 이용한다. 소유물이 외면적 자아의 일부인 셈이다. 물질적 부를 과시하면 주변에 성공과 사회적 지위를 보여줄 수 있다. 물질주의의 주된 특징이 바로 이것이다. 하지만 전형적인 저장 강박 증상자는 소유물을 숨기기 위해서라면 어떤 수고도 마다하지 않는다. 그들은 공적 정체성이 아니라 내면의 개인적 정체성을 확보하기 위해 물건을 저장한다. 그들에게 물건은 세상 사람들에게 보여주고 과시하는 장식적 허울이 아니라 정체성의 일부다. 우리를 찾은 환자 한 명은 이 점을 다음과 같이 말했다. "이것들이 없으면 난 아무것도 아니에요." '소유'를 논한 프롬의 다음 진술과 유사함을 알 수 있다. "내가 가진 게 나인데, 그게 사라지면 나는 무어란 말인가?"

'어플루엔자'에 대한 PBS의 방송과 책은 미국 문화의 치부를 드러냈고, 그런 추세에 대항하는 노력을 촉발시켰다. 소비로 점철된 삶 속에서 인생의 의미가 상실되고 있다는 걱정과 함께 단순 소박하게 살자는 운동이 자생적으로 태동했다. 이 운동은 소비를 최소화하고 소유를 줄인 가운데 인생을 충만하게 즐길 것을 강조한다. 탄소 배출량과 지구에 미치는 영향을 줄이자는 환경 운동과도 궤를 같이 하는 셈이다. 물질주의 속에서 탄소 배출량이 증대했고, 물건의 상태가 여전히 좋은데도 새것으로 교체되는 경향이 비등했다. 우리가 수집하는 물건의 상당수는 새로운 모델이 나오거나 유행 스타일이 바뀌면 선뜻 버려지고 교체된다. 거의 사용하지 않은 수많은 물건이 전국의 매립지에 묻히고 있다. 우리가 물건을 획득하고 버리는 속도를 보면 지구의 천연자원이 몇 세대 안에 고갈되고 말 것이다. 자진해서 실천하는 단순 소박함과 녹색 지향의 삶은 이런 끔찍한 예측의 자연스런 귀결이다.

다수의 저장 강박 증상자가 어느 정도는 그런 걱정 때문에 저장을 한다는 게 얄궂다. 랭글리 콜리어는 담당 변호사에게 자신과 형이 나름의 방식으로 살면서 자신들의 생활을 단순 소박하게 꾸려가노라고 말했다. 랠프는 닳아서 못 쓰게 된 물건들의 용도를 찾아냈고, 애니타는 조금치의 낭비에도 죄책감을 느끼며 괴로워했다. 그들은 사회가 거들떠보지 않는 쓰레기에서 특별한 가치를 발견하고, 누구도 원하지 않는 물건들의 관리인, 나아가 보호자를 자처한다. 그들은 남들이 남겨놓은 물건들의 보관 책임을 맡은 사람들이나 다름없다. 새것에 탐닉하는 물질주의자들을 물구나무 세운 사람들인 셈이다. 우리의 수집 문화에서 저장 강박 증상자들은 부럽지는 않을지라도 독특한 위치를 차지한다. 그들이 보여주는 머리와 가슴의 장애가 더 넓은 우리 문화의 약점과 만나는 것이다. 한 비증상자가 농담 삼아 던진 말을 소개한다. "모든 사회에는 저장 강박 증상자가 필요합니다. 그들이 없다면 도처에 쓰레기가 넘쳐날 겁니다. 그들은 적어도 한곳에는 모읍니다." 저장 강박 증상자들과 우리 사회 모두가 처한 곤경이 얄궂게 강조되고 있다.

저장 강박은 저장된 물건이 사용되고 생활 공간을 더럽히지 않으면 사회적으로 이로운 행동이 될 수도 있다. 불행하게도 남들이 버리는 물건을 수집 저장하는 활동만으로는 매립을 막을 수 없다. 그런 물건들 중 실제로 사용되는 것은 거의 없기 때문에 저장 강박 증상자들은 그저 간이역일 뿐인 것이다. 그들이 죽으면, 그 물건은 전부 쓰레기 하치장으로 직행한다. 하지만 재활용 분야가 발달하면서 그들의 삶도 개선됐다. 적어도 물건 낭비에 죄책감을 느끼던 저장 강박 증상자들은 말이다. 우리의 초창기 연구에 참가한 다수의 환자들은 1970년대에 재활용이 이루어지면서 상당량의 물건, 특히 신문을 버릴 수 있었다고 증언했다. 구세군 같은 전통적인 조직들과 '프리사이클 네트워크'처럼 새로운 단체들 모두가 자신의 보물을 유통하고 유포시키려는 저장 강박 증상자들한테는 멋진 수단이다. 하지만 그런 단체들이 공짜 물건을 새로 획득하는 출처도 된다는 사실은 불행이라고 봐야 할 것이다.

우리는 정보 저장 강박 증상자를 돕는 노력의 일환으로 대다수의 인쇄물 정보를 인터넷에서 쉽게 얻을 수 있다고 강조했다. 하지만 이 사실이 그들의 정보 저장 습관을 바꾸는 데 별다른 역할을 하지 못했다. 그들은 정보를 물질적으로 구현해야 한다는 욕구가 강렬했다. 그래야 더 쉽게 이용할 수 있을 것 같아 보이기 때문이다. 우리에게 이런 불평도 했다. 자신의 컴퓨터 하드드라이브와 이메일 계정이 분류하기에는 너무 많은 메시지와 파일들로 가득 찼는데, 너무나 귀중해서 버릴 수 없다고 말이다. 우리는 이 경우가 저장 강박의 원인이었던 정보 처리상의 문제가 동일하게 발현된 결과일지도 모른다고 생각한다.

우리는 물건들이 넘쳐나는 물질주의 문화 속에서 산다. 그런데 수집과 저장에 대한 열정이 왜 병리 현상으로 취급되어야 하는가? 수집 습관과 집 및 사무실의 수집물 더미가 장애의 발로인지, 아니면 그냥 기벽에 불과한 것인지 잘 모르겠다며 우리를 찾아오는 사람이 많다. 물건을 획득해 저장하는 일은 본래 문제적 행동이 아니다. 우리 문화에서 그런 행동은 지극히 규범적이다. 하지만 전체 인구의 5퍼센트에 육박하며, 이 책에 등장한 사람들의 경우는 그런 행동이 제어가 되지 않아 심각한 장애와 고통을 유발한다. 이들 집단은 정신 건강 및 신경 과학 분야의 연구 대상이다.

근년에 저장 강박에 대한 관심이 비등했다. 텔레비전의 리얼리티 쇼가 엉망으로 지저분한 집들을 다룬 탓이다. 이 쇼의 주인공들은 정리 전문가들로, 난장판인 집을 「하우스 앤드 가든」이라는 인테리어 잡지에서 소개될 법한 멋진 무대로 바꿔냄으로써 임무를 완수한다. 정리 전문가들은 혼자 힘으로 정리를 하지 못하는 사람들에게 용역을 판매한다. '전국 정리 전문가 협회'는 1985년 설립되었을 때 회원이 열여섯 명이었는데 현재 4천 명 이상의 단체로 급속히 성장했다. 산하 단체인 '만성적 무질서 연구회'는 이른바 '장기 지속 혼란 상태'의 해결법을 연구한다. '장기 지속 혼란 상태'는 저장 강박을 에둘러 표현한 말이다. 이들의 용역이 저장 강박 증상자들에게 도움이 되는 경우가 많다. 하지만 문제가 심각한 증상자의 경우에는 만족스럽지 못하다는 것도 사실이다.

정리 전문가들이 빠른 속도로 늘어나고, 활동이 자세히 알려지자 우리의 삶에서 무질서와 혼란을 제거하는 게 과연 필요하고, 지혜로운 처사인지에 의문을 제기하는 사람들이 나타나기도 했다. 컬럼비아 대학교의 경영 관리 교수인 에릭 에이브러햄슨과 작가이자 편집자인 데이비드 H. 프리드먼이 『A Perfect Mess: The Hidden Benefits of Disorder 뒤죽박

죽: 우리가 모르는 무질서의 혜택』이란 책을 펴낸 것이다. 두 사람은 이 책에서 엉망 진창 혼란상이 효율성과 창조성을 드러내는 표지이고, 정리하느라고 시간과 정력을 너무 많이 쓰는 게 현명치 않은 행동일 수 있다고 주장한다. 그들은 크게 성공했지만 기초적인 정리와 계획을 전혀 하지 못한 사람들을 나열하며, 뒤죽박죽 상태가 치료해야 할 장애가 아니라 축하할 대상이라고 결론짓는다. 우리는 오랫동안 저장 강박을 관찰 연구했고, 두 사람의 주장에도 어느 정도 일리가 있다고 생각한다. 어느 정도까지는 무질서와 혼란이 우리에게 전혀 해롭지 않다. 심지어 창조성과 생산력을 발휘할 수 있는 토대가 되어 주기도 한다. 하지만 어느 선을 넘어가면 삶의 질이 훼손될 만큼 사태가 심각해진다. 손해가 이익을 능가하니 장애라고 해야 할 것이다.

장애로 여겨도 될 만큼 삶의 질이 손상된 시기를 꼭 집어내는 작업. 그게 항상 쉬운 일만은 아니다. 일부한테는 저장 강박에 적극적으로 대응하는 게 시민적 자유를 침해하는 조치로 비치기도 한다. '잡동사니 경찰'이라는 사람들이 개인 가정으로 쳐들어간다고 보는 것이다. 하지만 이 책에 나온 사람들의 생활 공간에 들어가본 우리는 그런 견해에 동의하기 힘들다. 이 진퇴양난의 처지를 생생히 전달하기 위해 나는 수업 참가 학생들에게 매년 BBC가 제작한 다큐멘터리 〈더러운 삶A Life of Grime〉을 보여준다. 거기 등장하는 에드먼드 트레부스는 제2차 세계대전 직후 폴란드에서 영국으로 건너온 이민자다. 트레부스는 런던에 정착했고 결혼하여 자녀가 다섯이며 수집가로서의 삶을 시작했다. 그는 4층짜리 빅토리아풍 가옥의 위층들을 주제별로 가득 채웠다. 이 방에는 진공청소기, 저 방에는 사진기 등속으로 말이다. 자녀들이 성인이 돼 독립했을 즈음에는 집 안 공간 대부분이 물건으로 꽉 찼고 여전히 공짜로 얻을 수 있는 것이면 뭐든 모으고 있었다. 아내는 자신의 공간이 남아 있는 동안에는 인내했지만 결국 떠났다. 트레부스는 떠난 아내의 공간마저 물건으로 채웠다. 그는 이후로 다시는 아내와 자녀들을 보지 못했다. 그가 계속해서 정원에 쌓아둔 저장물에 쥐가 꼬이는 사태로 지자체 해링게이 행정구와 다투는 과정을 다큐멘터리에서 볼 수 있다. 트레부스는 여러 차례 저항하거나 불복했고 체포됐다. 정원의 저장물은 세 번이나 강제로 청소됐다. 그는 매번 청소 요원들에게 악담을 퍼부었다. "엿이나 먹으라고!"

허약한 트레부스 노인이 그에게 소중하지만 사용되지 않은 채로 허물어져 가는 저장물을 놓고 건장한 청소 요원들과 승강이하는 장면을 보고 있노라면 공중위생을 책임지는 사람 누구나 직면하는 윤리적 딜레마를 절절히 깨닫게 된다. 트레부스는 호감이 가는, 있을 법하지 않은 영웅으로 그려진다. 무자비한 정부에 맞서는 대단한 괴짜로 나오는 것이다. 영국에서 숭배의 대상이 됐을 정도였다. 2002년 그가 죽자 웹사이트들은 그의 삶과 투쟁을 기렸다. 나는 수업 시간에 프로그램을 보여준 후 학급을 찬성측과 반대측으로 나눠서 트레부스와 같은 사람의 재산을 강제로 청소하는 행위의 윤리적 측면을 토론하게 한다. 논쟁은 재산권, 시민적 자유, 공동체의 책임과 의무 등 광범위한 쟁점을 건드린다. 학생들은 최종적으로 양측 모두에 동의하면서 끝맺음을 하는 게 다반사다.

치료의 결과

　　아이린 및 그녀와 비슷한 다른 많은 사람들의 경우에는 소유물이 즐거움, 기회, 위안, 안전, 그리고 정체성을 담보해주는 개인의 역사이자 자아다. 아이린은 소유물과 분리되자 낭비하고 있다는 생각, 죄책감, 고통을 느꼈다. 나머지 우리도 소유물에서 비슷한 감정을 느낀다. 하지만 아이린을 비롯한 다른 저장 강박 증상자들은 물건을 획득해 소유해야 한다는 충동이 아주 강하고, 그런 태도를 바꾸기가 매우 어렵다. 최근에 열린 한 연구자 발표 대회에서 많은 이가 존경하는 동료 한 명은 저장 강박 증상자를 자신의 강박-충동 장애 치료 결과 연구에서 빼버렸다고 고백했다. "저장 강박 증상자들을 집어넣으면 치료 결과 통계가 엉망이 돼버려요." 그녀의 이 말에는 저장 강박에 관한 임상의 구전 지식이 담겨 있다. 저장 강박은 치료가 아주 어렵고, 기존의 치료법은 전혀 통하지 않는다는 게 바로 그 내용이다.

　　전문가가 이런 좌절과 불만을 토로하는 것을 확인한 우리는 저장 강박 증상자 치료 프로그램의 필요성을 더욱 절실히 느끼고 개발에 나섰다. 우리는 연구 결과와 임상 경험에서 배운 것들을 참조했으며, 실제로도 약간의 성공을 거두었다. 그들이 획득 행동을 통제하고 더 효과적으로 물건을 버려서 집을 비우는 걸 도울 수 있었던 것이다. 우리가 최근에 완성한 치료 결과 연구를 소개한다. 치료 프로그램에 참가한 환자들은 대기자 명단에 올라 있는 대조군과 비교해 불과 열두 차례의 치료만으로도 증상이 크게 개선됐다. 총 26회의 치료 프로그램을 마칠 무렵에는 치료사들의 판단에 따르면 3분의 2 이상이 호전됐고, 80퍼센트가 상당히 혹은 크게 좋아졌다고 자가 진단했다.

이렇게 좋은 결과를 가져왔지만 많은 저장 강박 증상자가 부분적으로만 개선됐고, 집은 여전히 혼란스럽고 어지러웠다. 우리의 치료로 호전된 양상이 얼마나 유지되는지에 대해서 아직 모른다는 사실도 보태야겠다. 연구 초기 치료에 성공한 일부 증상자는 집의 상태를 유지하기 위해 분투해야만 했다. 아이린이 그런 경우가 그랬다. 그녀는 집의 거의 모든 방을 비우는 데 성공했고, 그렇게 구축한 새로운 삶을 상당 기간 동안 꽤 잘 유지해나갔다. 그런데 두 가지 사건이 발생했다. 첫째, 아들이 학업 때문에 집을 떠났다. 결국 집에는 아이린 혼자 남게 됐다. (우리가 연구한 바에 따르면 혼자 사는 저장 강박 증상자들이 잡동사니를 통제하는 데서 훨씬 많은 어려움을 겪었다.) 둘째, 아이린이 새로 직장을 구했는데 하필 도서관이었다. 여러 해 전처럼 다시금 구간 자료 '솎아내기' 임무를 맡은 그녀는 오래된 신문과 잡지를 폐기해야 했다. 결국 아이린은 그 가운데 많은 양의 자료들을 집으로 가져왔다. 그렇게 들여온 잡동사니는 우리가 맨 처음 함께 작업했을 때만큼 방대하지는 않았지만 내가 마지막으로 면담했을 때 이미 방 여러 개를 장악하고 있었다.

저장 강박증이 심각한 사람들은 소유물에 대한 사고방식을 통제하기 위해 평생 노력해야 할지도 모른다. 캘리포니아 주 버클리에서 우리에게 저장 강박 관광을 시켜줬던 크리스는 집을 5년 이상 잡동사니가 없는 상태로 유지했다. 나는 이 책을 쓰는 과정에서 그녀를 '저장 강박 증상자였던 사람'이라고 소개해도 되겠느냐고 물었는데 아니요라는 대답이 돌아왔다. 크리스는 자신을 저장 강박 증상자'였던' 사람이라고 생각하지 않았다. 물건에 대한 애착과 매일 씨름하기 때문이다. 최근 그녀가 요구르트 용기를 버리는 과정에서 경험한 내용을 내게 써 보냈는데, 아래의 서술을 보면 그녀가 어떤 곤경에 처하는지를 분명하게 알 수 있다.

요구르트 병을 재활용 용기에 던져 넣는데 불현듯 이런 생각이 들지 뭐예요. 통에 젖은 상태로 오래 방치하기보다는 씻고 말려서 버리는 게 낫겠다고 말이에요. 우선은 요구르트 병을 꺼내 씻어서 말리겠다는 구상을 이겨내야 했습니다. 그런 생각을 하는 게 아주 어리석게 느껴졌지만 떨쳐버리기가 쉽지 않았죠. 그래서 든 생각이 입구가 위로 가게 해야 한다는 거였어요. 불안했으니까요. 다시 통으로 가서 확인하고, 바로잡고 싶었죠. 눅눅한 채로 두는 게 불안했습니다(그래서 요구르트 병이 '불편할' 것 같았고요). 요구르트 병에게 사과하지 않으려고도 애써야만 했죠. 병이 살아 있는 게 아니고, 플라스틱 용기일 뿐임을 잘 알았지만 말이에요.

그래요, 이 모든 것 때문에 아주 미칠 지경이었습니다.

그놈의 요구르트 병을 계속해서 집에 둘 수 있는 것으로 사지 않은 게 후회됐습니다. 그렇게 안 하고 재활용품 용기에 투척한 것에도 책임감이 느껴졌고요. 결국 긴 여행 끝에 파쇄되겠죠. 가능한 한 '편안하게' 여행할 수 있게 해줘야 한다는 생각이 들었습니다. 막상 그렇게 하지는 않으면서도 말이죠. 요구르트 병이 눅눅하고 습한 상태에서 장기간의 여행을 견뎌야 한다고 생각하니 마음이 편치 않았습니다. 이런 생각이 바보스럽고 한심하다고 이어서 바로 생각했지만요. 불안감을 덜기 위해 하고 싶은 일을 실행에 옮기는 것에도 저항해야만 했고요.

감정을 무생물에 투사하는 크리스의 의인화는 저장 강박 증상자들 사이에서 흔히 볼 수 있는 현상이다. 그들이 저장 강박 충동을 통제할 수 있음은 분명하다. 그러나 그렇게 할 수 있으려면 장기간에 걸쳐 상당한 노력을 기울여야 한다. 우리 연구의 다음 단계도 계속 발전시켜가면서, 치료의 성과를 유지 보존하는 법을 찾아내는 것이다.

자가 치료 지침서

인간의 다른 많은 문제처럼 사람들의 청소를 돕겠다는 자가 치료 서적도 시장에 많이 나와 있다. 아마존닷컴을 훑어봤더니 해결책을 약속하는 책들이 90종 이상이었다. 몇 권 소개해본다. 『Clutter's Last Stand 잡동사니의 옥쇄』, 『How to De-Junk Your Life 당신의 삶을 쓰레기에서 구출하는 법』, 『Outwitting Clutter 잡동사니의 의표를 찔러라』, 『The Clutter-Busting Handbook 잡동사니 폭파 핸드북』, 『Clutter Control: Putting Your Home on a Diet 잡동사니 통제: 당신의 집을 다이어트하라』, 『Help! I'm Knee-Deep in Clutter 도와줘요! 잡동사니가 무릎까지 찼어요』, 『The Clutter Cure 잡동사니 구제책』, 『The Complete Clutter Solution 잡동사니 해결책 완벽 가이드』, 『Love It or Lose It: Living Clutter-Free Forever 사랑하거나 혹은 벗어나거나: 잡동사니 없이 살아가기』, 『Good-bye Clutter 잡동사니여 잘 있거라』, 『Clutter, Chaos and the Cure 잡동사니, 혼란, 구제책』. 이들 책의 다수는 정리 전문가들이 썼다. 그들은 다년간 광범위한 사람들과 협력해가며 물건을 통제하는 일을 해온 사람들이다. 사람들이 난잡하게 어질러놓은 것을 정리하고, 사용하지 않고 있거나 조만간에 사용하지 않을 물건을 버리게 하는 데서 이들 책이 보탬이 되리라는 것은 명백하다. 친척 아줌마한테 받은 결혼식 선물이나 두 치수 작은 옷을 버릴지 말지 결정하는 데서 유용한 안내를 받을 수 있다. 소유물에 과도하게 집착하지 않는 사람들이라면 책에 나온 지침들이 효과 만점의 설득력을 발휘할 것이다. 하지만 저장 강박 증상자들의 강렬한 애착과 기타 장애들을 보아온 우리는 이런 책들이 그들의 잡동사니 문제를 거의 해결하지 못할 거라고 생각한다.

　정신 건강 전문가들이 쓴 자가 치료 지침서도 몇 권 있다. 우리가 쓴 『Buried in Treasures: Help for Compulsive Acquiring, Saving, and Hoarding 저장 강박: 강박적으로 얻고, 모으며, 쌓아두는 장애 행동 치료법』과 퓨겐 네지로글루 박사 연구진의 『Overcoming Compulsive Hoarding 저장 강박 극복하기』이 그것들이다. 이 책들은 저장 강박의 본질은 물론 해결책까지 더 심층적으로 고찰한다. 우리는 이 책들이 과연 저장 강박 행동을 바꾸는 데 효과가 있는지 검증하는 작업에 착수했다. 일부에게 도움이 되리라는 생각은 한다. 장애가 덜 심각하고 아직 단단히 자리 잡지 않은 사람들이 효과를 볼 가능성이 가장 많다. 우리를 찾는 환자의 다수는 책꽂이에 잡동사니 제거 관련 서적이 그득하다. 장애를 치료하는 것은 고사하고 잡동사니만 추가되는 불행한 현실인 셈이다.

도움 단체

　저장 강박증을 앓는 사람이 이용할 수 있는 도움 단체가 몇 있다. 샌드라 펠튼이 1981년에 세운 '메시스 어나니머스 Messies Anonymous,

'익명의 저장자'라는 뜻─옮긴이'가 관련 단체로는 가장 클 것이다. 샌드라는 삶을 바꾸기 위한 노력에 나서기 전까지 자신이 가망 없는 저장 강박 증상자였다고 말한다. 그녀는 다시 집을 통제할 수 있게 되자 타인을 돕기 위해 나섰다. 메시스 어나니머스는 현재 전 세계를 무대로 활동 중이며, 미국에도 추종자들이 많다. 샌드라는 웹사이트도 하나 운영하고 있다. 온라인 동호회가 있으며, 정기적으로 발행되는 회보에서 샌드라의 글도 읽을 수 있다.

저장 강박 증상자였던 멕시코 마이크 넬슨이 2000년에 창립한 '클러터리스 리커버리 그룹스Clutterless Recovery Groups'도 저장 강박 증상자들을 지원한다. 마이크도 샌드라처럼 몇 권의 책을 썼고, 잡동사니 없는 삶을 영위하는 방법과 관련해 유용한 조언을 해준다.

'클러터러스 어나니머스Clutterers Anonymous'라고 하는 단체가 미국의 여러 지역에서 결성됐다(어느 단체도 서로 결연하고 있지는 않다). 이들 집단이 저장 강박 증상자들을 얼마나 효과적으로 지원하고 있는지는 아직까지 불명확하다.

더 주목 받는 도움 단체로 '함께 저장 강박을 극복해요'가 있다. 앞서 소개한 바와 같이 크리스가 이 단체를 1998년 출범시켰고, 관리 운영 중이다. 약 100명이 이 단체 소속이고, 100명이 대기자 명단에 올라 있다. 가입 희망자는 빈자리가 날 때까지 1년 이상을 기다려야 한다. 저장 강박을 앓고 있거나 앓았던 회원 몇 명이 조정하고 관리하는 역할을 맡으며, 열성적인 심리학자 두세 명이 단체를 돕는다. 여기의 프로그램은 우리가 개발한 모형과 치료 방법에 기초를 두고 있다. 단체 회원들은 교육 자료, 청소 및 정리 관련 정보, 전문가 조언 및 소개, 진행 평가지, 인지 치료 방법, 실시간 대화방을 이용할 수 있다. 회원들은 각자의 청소 목표를 달성하기 위해 애쓰며, 목표·실행 계획·진척 상황을 적어도 한 달에 한 번 누리집에 올려야 한다. 회원들은 서로 교류하면서 고립감과 외로움을 떨쳐버리는데, 이런 감정은 저장 강박 증상자들이 공통으로 직면하는 문제이다.

최근에 '함께 저장 강박을 극복해요'의 지도자들이 회원 자격을 부여하고 운영하는 방식이 저장 강박 증상자들에게 도움이 되는지 여부를 파악해달라고 우리에게 요청했다. 동료 가운데 한 명인 조다나 머로프 박사가 이 사안을 조사 중에 있다. 자료를 1년 정도 모으고 나면 이 단체의 성공 여부와 정도를 가늠해볼 수 있을 것이다. 단체 회원들은 잡동사니와 획득물을 얼마간 줄였다고 보고했으며, 대기자 명단의 사람들보다 저장물을 더 쉽게 없앨 수 있었다. 그럼에도 불구하고 잡동사니의 전반적 감소량은 그리 대단하지 않은 수준이었다.

우리가 관찰한 바로는 인터넷 기반의 저장 강박 치료 방법이 제대로 훈련 받은 치료사들이 없는 지역의 저장 강박 증상자들에게 효과적일 수도 있는 새로운 방편이자 치료를 머뭇거리는 사람들도 시도해볼 수 있는 좋은 1단계 조치였다. 우리는 일정하게 성공을 거두며 순조롭게 활동 중인 대면 도움 단체들과 최근 실험에 착수했다. 단체 회원들은 교류를 즐기며, 그 경험에서 잡동사니를 해치우겠다는 동기와 결의를 끌어내는 듯하다. 이 방법이 정말로 유용하다고 말하는 게 시기상조이지만 말이다.

우리는 10년도 더 전에 저장 강박 치료법을 개발하기 시작했고, 연구를 통해 배운 내용이 결합되면서 성과도 쌓였다. 그럼에도 불구하고 여전히 가야 할 길은 멀다. 우리가 저장 강박 연구를 시작했을 때 이 문제를 다루는 기관이나 단체는 전혀 존재하지 않았다. 현재는 최소 10여 개의 수준 높은 연구진이 전 세계에 포진하고 있으며, 그들은 신경 생물학, 신경 심리학, 유전학, 중복 이환comorbidity, 저장 강박 치료 등 이 행동의 온갖 측면을 연구한다. 10년 후면 이 흥미진진한 인간 질환을 이해하는 데서 틀림없이 많은 진전이 있을 것이다.

저장 강박 연구의 난제 가운데 하나는 긍정적 측면과 병리적 측면을 구별하는 작업이다. 물건의 세부 사항에 주목하는 것이 특수한 형태의 창조성으로, 과연 일상 용품의 미학적 측면을 감식해내는 것인지 우리는 궁금하다. 물리적 세계를 공감하는 것이 삶의 지평을 확대하고, 우리를 세상과 서로에게 연결해 의미를 부여해주는지도 마찬가지 맥락이다. 저장 강박은 다른 무엇보다도 기회의 역설을 대변한다. 저장 강박 증상자들은 많은 물건에서 기회를 볼 줄 아는 능력을 타고 났다. 동시에 그 어떤 가능성도 내려놓을 수 없는 우유부단함을 저주처럼 물려받았다. 그들이 떠올린 선택지 중 실현되는 것은 거의 없다. 저장 강박은 축복과 저주를 한 몸에 받고 태어난 사람들의 긍정적 능력과 부정적 능력이 둘 다 발현되는 증상인 것 같다. 학자들이 이 역설적인 상황을 정리해, 증상자들이 기회는 활용하고 비용은 치르지 않도록 도울 수 있다면 다행일 것이다.

공적 영역에서 이루어진 사태 전개도 극적이다. 전국적으로 60개 이상의 도시가 저장 강박 사안을 다루는 대책반을 꾸렸다. 소방, 보건, 주택, 노인국 관리들, 정신 건강 부문 및 저장 강박 증상자들이 스스로 대책반을 구성했다. 대책반은 자신의 행동으로 발생하는 위협을 깨닫지 못하는 가장 심각한 저장 강박 사례와 개인들을 다룬다. 이 대책반의 구성원 다수는 9장에서 언급된 수전과 같은 전문가들로, 돈이 많이 드는 대규모의 청소 작전을 반복해 수행한다. 가장 오래 운영 중이며 활약도 눈부신 곳은 샌프란시스코 정신 건강 협회 산하의 '저장 강박 대책반'이다. 샌프란시스코 저장 강박 대책반이 최근에 도시의 저장 강박 관련 현황을 정리한 종합 보고서를 발표했다. 보고서는 저장 강박 활동이 샌프란시스코 시 당국자들과 집주인들에게 안기는 재정 비용(연간 640만 달러)을 추산할 뿐만 아니라 저장 강박 사례를 더 효과적으로 다룰 수 있는 일련의 방안도 제시한다. 공무원들뿐만 아니라 저장 강박 증상자들도 대책반에 구성원으로 참여해 공동 노력을 기울인 결과 이 보고서가 탄생했다. 샌프란시스코 대책반의 노력으로 '저장 강박 및 잡동사니 연구소'도 세워졌다. 이런 종류로는 아마도 최초의 조직일 것이다. 저장 강박 및 잡동사니 연구소는 대중을 상대로 관련 교육을 진행하고, 시 당국자들을 훈련시키며, 증상자들에게 지원 단체 및 치료 집단을 소개해주고, 저장 강박으로 인한 무주택 상황을 막기 위해 힘쓴다. 다른 기관 및 외부 지자체와 협의해 저장 강박 관련 정책을 입안하는 것도 이 연구소의 몫이다. 우리는 저장 강박 및 잡동사니 연구소의 활동이 선례가 되어 미래에는 보다 효과적으로 저장 강박 문제를 다룰 수 있게 되기를 희망한다.

도움 구하기

당신이나 사랑하는 소중한 사람에게 저장 강박증이 있다면 도움을 얻기 위해 취할 수 있는 조치들을 몇 가지 소개한다.

- 저장 강박증을 다뤄본 경험이 있는 치료사를 찾아라. 강박 충동 재단, 행동 및 인지 치료 협회, 불안 장애 협회 등 여러 전문적인 조직이 해당 지역에서 찾아가볼 수 있는 치료사를 소개해준다. 이들 조직에 등록된 치료사들은 저장 강박 치료를 포함해 각자의 전공 영역을 알 수 있다. 곤경에 처한 소중한 사람을 돕고 싶은데, 그 또는 그녀가 도움을 거부할 경우 이들 치료사의 도움을 받아 상호작용하는 법을 모색해볼 수도 있다. 결과적으로 소중한 사람이 혼자 힘으로 도움을 구할 가능성이 커질 수도 있는 셈이다.

- 해당 지역의 저장 강박 대책반을 찾아라. 당신이 사는 지자체에 대책반이 설치돼 있을 수도 있다. 당신이나 소중한 사람이 저장 강박 사안으로 보건 당국 및 기타 부서와 갈등 중이라면 저장 강박 대책반이 도움이 될 수도 있다. 저장 강박 문제를 공감하는 기조 속에서 해결하려는 사람들이 이들 조직을 구성하기 때문에 처벌이나 청소를 1차적 수단으로 삼는 실수를 범할 가능성이 적다. 대책반에 참여하는 부서들은 주민의 건강과 복지를 담당한다. 저어하지 말고 그들에게 도움을 요청하라.

- 지역의 저장 강박 지원 단체를 찾아라. 지자체의 많은 대책반이 지원 단체를 출범시켰거나 관련해서 정보 센터 역할을 한다. 사는 곳에 지원 단체가 전혀 없다면 하나 만드는 것도 방법이다. 저장 강박 증상자들이 지원 단체에 가입할 수 있도록 지역 신문이나 소식지에 광고도 내보는 것이다. 처지가 비슷한 사람들이 같은 지역에 살고 있음을 확인하는 것만으로도 치료의 도정에서 내딛는 첫걸음으로는 탁월할 수 있다. 우리가 도움 단체들을 연구한 바에 의하면 치

료 조언들을 활용한 사람들이 다른 회원들에게 긍정적인 영향을 미쳤다.

● 이 장에 소개한 자가 치료 지침서를 한 권 골라서 읽도록 하라.

● 마이클 톰킨스와 타마라 하틀이 지은 『Digging Out 디깅 아웃』을 읽어라. 저장 강박 증상자의 가족 구성원이 위해를 최소화하며 사태에 접근하는 법을 개설하는 이 책은 소중한 사람이 자신의 문제를 모를 때 특히 도움이 된다. 조력자들을 어떻게 꾸릴지 소중한 사람이 자신의 문제를 깨닫고 도움을 구하거나 받아들이게 만들어 합심 협력하는 법이 책에 자세하게 적혀 있다.

● 저장 강박증이 있는 소중한 사람과 긍정적이고 건전한 관계를 유지하도록 애쓰는 게 무엇보다 중요하다. 그 또는 그녀가 물건에 대한 애착을 잘 제어하지 못한다는 사실을 명심하라.

소유가 부르는 병

동네에서 '고양이 여사'나 뭐든지 모으는 '이상한' 할아버지가 한 명쯤 있었을지도 모르겠다. 소비주의와 상업 문화가 만연한 미국의 경우, 전체 인구의 5퍼센트가량이 저장 강박을 앓는다고 한다. 사회 생활이 조직되는 방식과 문화적 규범이 미국에 크게 수렴하는 한국에 단순 외삽법을 적용해보면 인구 5천만 명 가운데 250만 명이라는 어마어마한 숫자가 저장 강박증을 앓는 셈이다. 이쯤 되면 경미한 강박-충동 장애와 결부된 자신의 수집 활동이 저장 강박증인가 걱정이 될 수도 있겠다. 문제는, 내가 아는 한 이 사안을 임상에서 다루거나 전문적으로 연구하는 심리학자가 한국에 거의 없다는 것이다. 언론이나 기이한 것을 소개하는 텔레비전 쇼에서 간혹 다루어질 뿐이다. 저장 강박 증상자들이 있어도 있는지 모르고 과연 있기는 한 것인지 오리무중이니 이를 그림자 현상shadow things이라 부를 수 있겠다. 『잡동사니의 역습』이 한국어로 소개되는 것은 이 그림자 현상을 분명한 언어로 식별 지정한다는 데 의의가 있다. 본문에 나오는 어느 환자의 가족은 이렇게 말한다. "병명이라도 알았다면 엄마를 보호해드릴 수 있었을 텐데 아쉬워요. 엄마가 자아 존중감을 유지할 수 있었을 테니까요. 자신이 변덕을 부려서 생긴 결과가 아니었단 걸 알 수 있었다면요."

해서 번역어에 관해 첨언해두지 않을 수 없다. 이 책은 Hoarding, 곧 '축장蓄藏'을 다룬다. 국립국어원 표준국어대사전을 보면 "모아서 감추거나 거두어 둠"이라는 새김말을 찾을 수 있다. 익숙지 않은 이 어휘는 편집부에 고민을 안겼고, 결국 의료계와 심리학자의 자문을 통해 '저장 강박'이라는 술어로 이 책 전체에서 통용되게 됐다. 독자 여러분도 한국어 사용자이고, 전체 한국어 사용자 N 가운데 1의 발언권을 가지고 있으니 이 어휘에 대해 자유롭게 의견을 표명할 수 있을 것이다.

제목에서 짐작할 수 있듯이 강박적인 저장 행태가 이 책의 주제다. 건전한 수집 행동을 뛰어넘어 병리적 현상으로 발전한 저장 강박을 심리학, 철학, 문학, 유전학, 뇌 과학, 공중 보건학, 노인학, 가정학의 차원에서 살펴본다.

본문은 뉴욕의 유명한 저장 강박 증상자 콜리어 형제의 얘기(1947년의 에피소드다)로 시작한다. 그들의 이름을 딴 공원이 존재하고, 소방관들이 아직도 이 형제 얘기를 하며, 주택 관련 법률에까지 언급된다. 미국의 아이들은 방을 깨끗이 청소하지 않으면 콜리어 형제처럼 된다는 꾸중을 듣는다. 각 장의 여러 사례 연구 및 치료 과정을 통해서 독자들은 자신이 경증 내지 중증으로 앓는 여러 증상들을 확인하면서 깊이 공감할 수 있을 것이다. 방법론적 개인주의에 입각해 해결책을 도모하는 여러 장들과 달리 2장과 13장에서는 사회 문화적인 분석도 수행된다. 여기서 (실제의) 소유, 소유 개념, 소유권에 대한 기초적 논의를 접할 수 있을 뿐만 아니라 많은 사람들이 지금까지 사르트르와 철학자 에리히 프롬을 읽는 이유도 깨닫게 될 것이다.

내게 허락된 페이지이므로 다른 책을 한 권 추천하고자 한다. 『수집: 기묘하고 아름다운 강박의 세계』와 더불어 이 책을 읽으면 우리가 물건과 맺는 관계를 포괄적인 풍경으로 큰 그림에 담을 수 있는 유익한 체험이 될 거라고 확신한다. 당연히 이 말에는 어폐가 있지만 미국 저술가와 유럽 저술가의 지적 배경과 글쓰기 풍토가 확연히 대비된다고도 할 수 있겠다.

정병선

옮긴이 **정병선**
영어로 된 책을 읽거나 번역한다. 영문법 책을 한 권 쓰고 있고, 한국어로 옮긴 책으로 『여자가 섹스를 하는 237가지 이유』, 『타고난 반항아』, 『브레인 스토리』, 『게임 체인지』, 『건 셀러』, 『렘브란트와 혁명』 등 다수가 있다.

잡동사니의 역습: 죽어도 못 버리는 사람의 심리학

펴낸날 | 초판 1쇄 2011년 9월 10일 초판 3쇄 2015년 12월 31일
지은이 | 랜디 O. 프로스트, 게일 스테키티
옮긴이 | 정병선
펴낸이 | 이주애, 홍영완
펴낸곳 | 윌북
편집 | 장정민, 주진형, 전수영
디자인 | 이석운, 김성인
마케팅 | 장재혁
출판등록 | 제406-17호
주소 | 413-756 경기도 파주시 교하읍 문발리 파주출판도시 518-2
전자우편 | willbook@naver.com
전화 | 031-955-3777
팩스 | 031-955-3778

ISBN 978-89-91141-73-5 03180